Antholz/Gundlach (Hrsg.)
Musikpädagogik heute

Heinz Antholz/Willi Gundlach (Hrsg.)

Musikpädagogik heute

Perspektiven – Probleme – Positionen

Zum Gedenken an Michael Alt
(15. 2. 1905 – 20. 12. 1973)

Pädagogischer Verlag Schwann Düsseldorf

1. Auflage 1975
Umschlaggestaltung Ralf Rudolph
Satz und Druck Express-Druckerei Düsseldorf
ISBN 3-590-14223-5

Inhalt

Vorwort der Herausgeber 7

Sigrid Abel-Struth
Musik-Lernen als Gegenstand von Lehre und Forschung.
Zur Diskussion von Musikpädagogik und Musikdidaktik
an den Hochschulen der Bundesrepublik Deutschland 9

Heinz Antholz
Musikpädagogik heute – Zur Erkenntnis ihrer Geschichte
und Geschichtlichkeit ihrer Erkenntnis 22

Ulrich Günther
Musikpädagogik und Forschung.
Vom Arbeitskreis Forschung in der Musikerziehung zum Arbeitskreis
Musikpädagogische Forschung 41

Peter Brömse
Musikverhalten und Schichtenzugehörigkeit.
Teilbericht über Ergebnisse einer Umfrage bei 14- bis
16jährigen Schülern 51

Hermann Rauhe
Sozialisationsbedingtes Musikverhalten als Problem
musikpädagogischer Forschung und Curriculumentwicklung 64

Ernst Klusen
Zwischen Symphonie und Hit: Folklore?
Anregungen zu einer notwendigen Diskussion 79

Friedrich Klausmeier
Singen im Enkulturationsprozeß und die didaktischen Folgerungen 92

Joachim Thiele
Bemerkungen über Musik als Kommunikationsphänomen und die
Gegenstände kommunikativer Musikdidaktik 102

Helga de la Motte-Haber
Bemerkungen über die Wendung zum Szientismus in der
Musikpädagogik 115

Hans-Peter Reinecke
Über »Kommunikation« in der Musikpädagogik.
Bemerkungen zu einem umstrittenen Begriff 125

Günther Noll
Lernmotivation im Musikunterricht als Forschungsproblem 134

Wilfried Fischer
Über einige Bedingungsvariablen der Lernmotivation im Musikunterricht 149

Willi Gundlach
Lehrplan und Musikunterricht 165

Gottfried Küntzel
Zur Klassifikation von Lerninhalten im Musikunterricht 174

Karl Heinrich Ehrenforth
Musikalische Hörerziehung und Unterrichtswirklichkeit oder: Von den Grenzen schulischer Musikerziehung heute 187

Gerhard Kirchner
Fundamentum musicum. Situationsanalyse und Perspektivplan 199

Siegfried Vogelsänger
Musik in der sozialpädagogischen Ausbildung 209

Werner Probst
Musik als Unterrichtsgegenstand und therapeutisches Mittel in der Sonderpädagogik 219

Richard Jakoby
Hochschulpolitische Fragen der Kunst- und Musikhochschulen 229

Bernhard Binkowski
Überlegungen zur heutigen Musiklehrerausbildung 242

Gregor Vedder
Bibliographie der Schriften von Michael Alt 255

Autorenliste 260

Vorwort

Im Spätsommer 1973 trugen die Unterzeichneten mehreren Kollegen, besonders solchen, die sich mit Michael Alt durch den »Arbeitskreis Forschung in der Musikerziehung« verbunden fühlten, die Bitte vor zu erwägen, ob der 70. Geburtstag des Gründers dieses Kreises am 15. Februar 1975 Anlaß zu einer Schrift sein könnte. Waren sich die Herausgeber anfangs doch nicht sicher, ob sie die aus mancherlei Gründen ja nicht unumstrittene literarische Gattung der Festschrift um ein weiteres Exemplar vermehren sollten. Um so überraschender war das einmütig zustimmende Echo auf die behutsame Anfrage. Über ihr Ergebnis wurden die Kollegen, die sich zur Mitarbeit bereit erklärt hatten, am 17. Dezember 1973 unterrichtet. Herausgeber und Autoren ahnten nicht, daß sie nur wenige Tage später die Nachricht erreichen sollte, daß Michael Alt am 20. Dezember 1973 verstarb. Sie waren sich mit dem Verlag einig, die geplante Veröffentlichung, deren Empfang Michael Alt nicht mehr vergönnt war, mit gleicher zeitlicher und inhaltlicher Disposition weiterzuverfolgen – nun im ehrenden Gedenken an den Verstorbenen.

Fest- und Gedenkschriften sind versucht, sich mehr oder weniger als Reverenz ad personam darzustellen; leicht auch formieren sie sich zu Spezialstudien, die sich nur schwer zu einer gesamtthematischen Korrespondenz zusammenfügen wollen, daher auch häufig nicht einen breiteren Leserkreis anzusprechen vermögen. Mit dieser Schrift wurde der Versuch unternommen, Probleme heutiger Musikpädagogik aus verschiedenen Perspektiven und von unterschiedlichen Positionen aus darzustellen, wobei ein gemeinsamer Nenner durch das Tätigkeitsfeld der Beiträger gegeben sein dürfte, die fast alle in der Musiklehrerausbildung wirken: an Universitäten, Musikhochschulen, Pädagogischen Hochschulen und Fachhochschulen. Die Autoren beziehen sich ständig auf aktuelle Diskussionsthemen der Musikpädagogik, die sie mehr oder weniger aus der Perspektive ihrer jeweiligen Institution angehen.

Bewußt mied der Titel der Schrift – Musikpädagogik heute – den Artikel, da er eine integrative Theorie der Musikpädagogik suggerieren könnte, und sei es auch nur im Horizont der Situationsanalyse. Aus den versammelten Einzelbeiträgen läßt sich nicht einfach die Quersumme *der* Musikpädagogik heute ziehen. Fällt es doch kaum schwer, Themen und Problemkreise zu nennen, die nicht in Beiträgen abgehandelt werden.

So entsteht zwar kein geschlossenes Ganzes – wie vermöchte man dies heute auch zu leisten –, aber sicherlich ein mosaikartiges Gefüge gegenwärtiger musikpädagogischer Probleme. Als Konvergenzzone lassen sich wohl Theoriebedürftigkeit der Musikpädagogik und Praxisnot des Musikunterrichts bestimmen. Beides spiegeln die Beiträge ohne Selbstbeschwichtigung.*
Möchte sich dem Leser mit dem Anlaß dieser Schrift, dem Gedenken an Michael Alt, durchgängig und deutlich ihre thematische Ursache verbinden, nämlich das Konstitutionsproblem der Musikpädagogik, auf das gerade der Verstorbene ständig reflektierte, erneut zu konturieren.

Bonn und Dortmund
im Herbst 1974

Heinz Antholz
Willi Gundlach

* Alle Beiträge wurden im Sommer 1974 abgeschlossen.

Musik-Lernen als Gegenstand von Lehre und Forschung

Zur Diskussion von Musikpädagogik und Musikdidaktik an den Hochschulen der Bundesrepublik Deutschland

Sigrid Abel-Struth

Michael Alt hat sich große Verdienste um die Musikdidaktik und durch den Aufweis der Aufgaben musikpädagogischer Forschung erworben. Doch ist Michael Alt für einen weiteren weniger gängigen, aber dennoch wesentlichen Anstoß zu danken: die Beobachtung der besonderen wissenschaftstheoretischen Problematik der Musikpädagogik, mit der er sich zwischen der frühen Arbeit »Schulmusik und Erziehungswissenschaft« (in den Mitteilungen der Hochschule für Musik, Köln, 1929, I.) und einer umfassenden Darlegung in »Aufgaben der musikdidaktischen Forschung« (in: Die Pädagogische Hochschule, Struktur und Aufgaben, hg. von der Pädagogischen Hochschule Dortmund, Ratingen 1964) stetig auseinandergesetzt hat. Die Entwicklung der Lehrerausbildung im Fach Musik gibt Veranlassung, dieses Thema Michael Alts in Dankbarkeit für seine Anregungen aufzugreifen.

Daß Musik selbst in Hochschulen gelehrt wird, daß es eine Hochschul-Ausbildung gibt mit dem Ziel, künstlerischen Nachwuchs zum Komponieren und Interpretieren von Musik zu befähigen, erscheint heute im fachlichen wie auch öffentlichen Bewußtsein als Selbstverständlichkeit. Diese musikalisch-künstlerische Ausbildung ist in Musikhochschulen oder auch Einrichtungen ähnlicher Art institutionalisiert. Auch die Musikwissenschaft erscheint heute (nach langer Vorgeschichte mit vornehmlich musiktheoretischen Aspekten) im Katalog der Hochschulfächer als selbstverständlich, trotz aller Unterschiedlichkeit der wissenschaftstheoretischen Auffassungen bezüglich Historik, Psychologie, Ethnologie und Soziologie der Musik. Zu diesen Fachgebieten, der künstlerischen Ausbildung in Musik und des wissenschaftlichen Studiums der Musik, mit ihrer Historie als bisher dominantem Lehr- und Forschungsgebiet, ist in der Gegenwart das Musik-Lernen als Gegenstand von Lehre und Forschung getreten.

Dieses Fachgebiet besitzt gegenüber den beiden genannten noch wenig Selbstverständlichkeit im öffentlichen wie im wissenschaftlichen Denken. Denn Theorie scheint hier entbehrlich zu sein, weil einerseits das Problem als ein rein pragmatisches aufgefaßt wird (»Musikmachen mit kleinen Kindern«, »Klavierunterricht« und »Notenlernen«) oder andererseits ein Teilproblem, das des Objektes Musik, mit dem Gesamtproblem, dem menschlichen Zugang zu diesem Objekt, verwechselt und als alleiniger theoretischer Ausgang angesehen wird. Das Fachgebiet um Musik-Lernen besitzt auch noch wenig Selbstver-

ständnis, wie bereits die Unterschiedlichkeit der Fachbezeichnungen im Umkreis von Musik-Lernen aufzeigt, die über Musikerziehung und Musikalische Bildung zu Musikdidaktik und Musikpädagogik reichen. Doch gerade die Diskrepanz zwischen dem allgemeinen Bewußtsein bezüglich dieses Fachgebietes und seiner Aufgabe in den Hochschulen, in der Lehrerausbildung wie in den Aufbau-Studiengängen für den Dozenten-Nachwuchs, fordert dazu auf, sich mit Musik-Lernen als Gegenstand von Lehre und Forschung auseinanderzusetzen. Wegen der genannten Unterschiedlichkeit der Bezeichnungen des Fachgebietes wird dabei zunächst vom Gegenstand selbst, dem Musik-Lernen, ausgegangen, der jedoch in seinem weitesten Sinne aufgefaßt wird: über den traditionellen Sinn von materialem Erlernen der Musik hinaus als das Gesamt der menschlichen Verhaltensweisen und Verhaltensänderungen im Zusammenhang mit musikalischen Ereignissen.
Man neigt leicht dazu, die Expansion der theoretischen Bedürfnisse im Zusammenhang mit Musik-Lernen als pure Konsequenz bildungspolitischer Maßnahmen, der Akademisierung auch der Musiklehrer-Ausbildung, anzusehen. Doch erscheint bei einem Rückblick sowohl auf die Geschichte der Musikwissenschaft als auch auf die bisherige Entwicklung des theoretischen Umkreises von Musik-Lernen die bildungspolitische Anforderung der Gegenwart für die wissenschaftliche Expansion des Musik-Lernens keineswegs als auslösend, wenn auch als herausfordernd und gelegentlich überfordernd. Zunächst zur Geschichte der Musikwissenschaft: Bei ihrer historischen Betrachtung läßt sich eine zunehmende Ausdifferenzierung spezieller Gegenstände beobachten. Denn am Anfang aller Rationalisierung der Musik standen zunächst allein die Lehre von den Grundlagen der Musik und die Philosophie der Musik. Diese erfuhren eine entscheidende Erweiterung, als im 17. Jahrhundert, im Zusammenhang der Entwicklung der Naturwissenschaften, die induktive Erforschung musikalischer Grundlagen und damit die Akustik begann. Dann trat im 18. Jahrhundert, im Zuge der Zeitströmungen, die sich dem geschichtlichen Werden zuwandten, die Musikgeschichte als neuer Gegenstand in die Entwicklung ein. Als mit den aufsteigenden »positiven Wissenschaften« im letzten Drittel des 19. Jahrhunderts das Musik-Wissen über diesen historischen Teil hinaus zu streben begann, gewannen musikpsychologische und musikethnologische Gegenstände zunehmend Interesse und Selbständigkeit, im 20. Jahrhundert entscheidend erweitert durch die »soziale Tatsache Musik« als zentralem Gegenstand einer Soziologie der Musik. Diese Entwicklung ist voll inhaltlicher, historischer und wissenschaftstheoretischer Teilprobleme, die in der Zuständigkeit der Disziplin selbst liegen. Doch erlaubt ein Rückblick die These, daß die Entwicklung des Musik-Wissens insgesamt einen von jeweiligen Zeitströmungen angestoßenen Prozeß zunehmender Ausdifferenzierung musikbezogener Gegenstände erkennen läßt. Und dieser Prozeß eben hat in der Gegenwart – im Zusammenhang einer erziehungs- und sozialwissenschaftliches Denken akzentuierenden Zeitströmung – die Ausdifferenzierung des Mu-

sik-Lernens erreicht. Die in der Gegenwart sich vollziehende Spezialisierung auf Wissen über Musik-Lernen erscheint als die zeitgenössische (und zeitgemäße) Fortführung einer langfristigen Entwicklung zunehmender Ausdifferenzierungen innerhalb des Musik-Wissens.

Ebenso gibt nun die historische Situation des Wissens über Musik-Lernen selbst Aufschlüsse über die tieferen Ursachen des gegenwärtig so stark zunehmenden Interesses am Gegenstand. In einer langen Vorgeschichte beschränkte sich die Problematisierung des Musik-Lernens zunächst ganz pragmatisch auf die Umsetzung von Musik in Unterricht. Angefangen bei einfacher praktischer Musikübung mit Singen oder als Instrumentaltechnik, von mehr oder weniger reflektierter Hoffnung begleitet, daß ein nicht nur technischer, sondern auch musikalischer Lernerfolg sich schon irgendwo und irgendwann einstelle, wurden im Nachvollzug der Entwicklung des Musik-Wissens zunächst Musiktheorie, dann Musikgeschichte gemäß der sachlogischen bzw. chronologischen Ordnung, doch reduziert und simplifiziert, in Lehr- und Schulbücher umgesetzt. Diese Vorgeschichte reicht mit Kinder- und Volksliederbüchern für die Schule, mit »Einführungen« in Musiklehre und anekdotenreichen Musikkunde-Büchern, auch mit historisch und formanalytisch angelegten Schallplattenreihen für den Unterricht bis in die Gegenwart und tradiert das Mißverständnis eines Musik-Lernens im Sinne einer bloßen Vermittlung und Erklärung von musikalischem Material.

Erst mit der Loslösung von einem solchen nur materialbezogenen Denken beginnt jedoch die moderne Geschichte des Wissens über Musik-Lernen. In ihr sind zwei sehr unterschiedliche Bestrebungen zu verfolgen, und zwar eine zielintentionale und eine empirisch forschende. Die zielintentionale Bestrebung setzt und reflektiert Ziele des Musik-Lernens. Sie reicht mit der Lehre vom Ethos in der griechischen Musik in die Antike zurück, sie erfuhr eine besonders nachhaltige Prägung in der idealistischen Bildungskonzeption, sie manifestierte ein spezifisches Modell von Musikerziehung im Zusammenhang der Musischen Theorie, und sie führt in der Gegenwart gerade zu einer weiteren Neuprägung: der Zielintention eines mündigen musikalischen Verhaltens. Alle diese Zielintentionen für Musik-Lernen werden abgeleitet aus den Relationen, die Mensch und Musik in den Bildungs- und Erziehungsmodellen der jeweiligen Epochen erhalten. – Die empirisch forschende Bestrebung im Bereich des Wissens über Musik-Lernen ist wesentlich jünger. Sie setzte in den zwanziger Jahren ein, nicht nur in der Musikpsychologie, sondern auch als »experimentelle Musikpädagogik« (im Umkreis insbesondere von Georg Schünemann und Richard Wicke). Die Entwicklung ist in den vergangenen 4–5 Jahrzehnten vor allem in den anglo-amerikanischen Ländern und in der DDR intensiv weitergeschritten und hat nun im letzten Jahrzehnt auch in der Bundesrepublik (langsam, wohl wegen des Fehlens zentraler bzw. tragfähiger Institutionen) unverkennbar an Boden gewonnen. Damit wurde die Grundlagenforschung des Faches eingeleitet, mit allen Chancen der Relativierung von Zielsetzungen und

mit den methodischen Mitteln zur Untersuchung hypothetischer Materialien. Diese entscheidende methodische Aufschließung trifft in der Gegenwart zusammen mit einer grundlegenden inhaltlichen Erweiterung, nämlich der Einbeziehung der sozialen Aspekte der Musik und der beginnenden Einsicht in soziale Zusammenhänge des Musik-Lernens (die hier gewiß nicht in ihrer sozio-ökonomischen Verkürzung gemeint sind, sondern im umfassenden Sinne aller sozialbezogenen Merkmale des musikalischen Verhaltens). Diese wirkten nicht nur auf die aktuelle Zielintention des Musik-Lernens ein, sondern schlossen vor allem eine Fülle von Hypothesen und Fragestellungen auf, verstärkten das Bedürfnis nach Erforschung des gesamten Feldes um Musik-Lernen in mehr oder weniger engem Anschluß an Fragestellungen und Methoden der Sozial- und der Erziehungswissenschaften. All dies läßt erstmals in der Geschichte des Wissens über Musik-Lernen – und dies eben mag die eigentlich entscheidende Ursache der gegenwärtigen wissenschaftlichen Expansion um den Gegenstand Musik-Lernen sein – in Deutlichkeit die Chance einer mit Recht so zu nennenden Theorie des Musik-Lernens erkennen, einer Theorie im Sinne eines mehr oder weniger komplexen Systems von Aussagen kognitiven Charakters zur Erklärung von Erscheinungen des Musik-Lernens.
Doch die disziplinäre Zuordnung des Gegenstandes Musik-Lernen erweist sich gerade angesichts eines solchen Zusammentreffens vielfältiger inhaltlicher und methodischer Anstöße als schwierig. Denn nicht nur die Musikwissenschaften, und hier vor allem die Musikpsychologie, interessieren sich im Zuge der beschriebenen zunehmenden Ausdifferenzierung für das Musik-Lernen, nicht nur die erziehungs- und sozialwissenschaftlichen Disziplinen erweisen sich als relevant, sondern auch Anthropologie, Ethnologie, Verhaltensforschung, medizinische Wissenschaften und neue Forschungsgebiete wie Kommunikation erweisen sich als aufschlußreich. Der Gegenstand Musik-Lernen steht zudem nicht nur in mehreren Disziplinen an, er paßt sich offensichtlich auch leicht unterschiedlichen Denkmodellen an, folgt besonders bereitwillig allen Wandlungen innerhalb der verschiedenen Disziplinen. Dies mag ein Blick auf die Entwicklung der Zielintentionen des Musik-Lernens, aber auch eine Beobachtung der Forschungsansätze belegen.

Exkurs über die Adaption von Zielintentionen und Forschungsansätzen des Musik-Lernens

Zunächst einige Belege für die Anpassung von Zielintentionen des Musik-Lernens: Bis in die 50er Jahre war das in Lehrplänen vielfach erklärte Ziel des frühen Musik-Lernens das Entfalten der musikalischen Anlagen des Kindes und das Wecken von Freude an Singen und Musizieren. Man ging aus von der Vorstellung einer durch biologische Reifeprozesse gesteuerten und demgemäß entwicklungsbedingten musikalischen Leistungsbereitschaft. Demgemäß wurden für das Grundschulkind vor allem das Kinderlied und die sog. elementaren Instrumente zur Ausführung einer spezifischen Kindermusik empfohlen, einer pädagogischen Musik, die eingängige Dur-Melodik, kurze symmetrische Formteile und vor allem schlichte rhythmische Formeln bevorzugt. Die neuen Zielvorstellungen für das Musik-Lernen des jungen Kindes verwerfen wegen der anzunehmenden frühen musikalischen Prägung durch dieses Material die Bevorzugung solcher künstlerisch arg reduzierten Musik; man unterstreicht die Teilhabe des jungen Kindes an der Realität unserer gesamten Hörwelt samt der Notwendigkeit, ihm eben schon für diese Orientierungshilfen zu vermitteln. Unschwer sind hinter diesen so rasch aufeinander folgenden gegensätzlichen Zielintentionen für Musik-Lernen zwei verschiedene theoretische Positionen erkennbar: einerseits die entwicklungspsychologische, deren Schonraum-Denken bei der Umsetzung in das bestimmende Ziel von Musik-Lernen eine Verkürzung der Schulmusik, besonders in der traditionellen Volksschule, auf vorkünstlerische Musik auslöste, und andererseits in etwa eine neue lerntheoretische Position, der gemäß alles weiterführende Lernen eben weniger von Anlage wie Reifung und stärker von vorausgegangenen Lernanregungen und -anreizen, von der Qualität des Lernangebotes abhängig ist. Zu diesem Beispiel gibt es in der Geschichte des Musik-Lernens viele Parallelen. Mit Emphase griff man im Anschluß an reformpädagogisches Denken das Theorem der Selbsttätigkeit auf – freilich in undifferenzierter Weise vielfach nur auf motorische Aktivität reduziert, während der Begriff in der Pädagogik doch spätestens seit Fröbel auch den Aspekt der Sinnerfassung einschließt. Doch so emphatisch Selbsttätigkeit zum Leitbegriff jugendbewegten Musik-Lernens der zwanziger Jahre erhoben wurde, so nachdrücklich rückte man in der Nachfolge der Adornoschen »Kritik des Musikanten«, doch mehr noch im Anschluß an die Ausbreitung gesellschaftskritischer Diskussion der Musik von der einst befürworteten musikalischen Eigentätigkeit ab und stellte nun das Gespräch über Musik als soziale Tatsache als Ziel auf. Verborgen hinter einem mißverstandenen Theorem der Kreativität – mißverstanden, weil dessen bestimmende Bedeutung als probleminteressiertes und problemlösendes Verhalten dem Musik-Lernen ganz andere und tatsächlich höchst effektive Aufgaben anbietet – scheint sich die genügsame Spielerei mit musikalischen Materialien jedoch unter neuer Flagge als Zielintention für Musik-Lernen fortzusetzen. Auch der Ansatz der Ausbildung des sittlichen Charakters mit Mitteln der Musik, theoretisch begründet durch Herbarts Ableitung des Erziehungszieles aus der Ethik, gibt in seinem Für und Wider, der Umsetzung in einen erziehenden Musikunterricht, der Gefühle und Willensentscheidungen lenken und ordnen lehrt (Luise Ramann) gegenüber der heutigen völligen Ablehnung aller Intentionen von erzieherischer Einwirkung durch Musik (gemäß dem heutigen Konzept Politischer Bildung) einen weiteren Beleg für die ständige Anpassung von Ziel-Intentionen des Musik-Lernens an Denkmodelle und Tendenzen verschiedener Disziplinen. Das Gleiche gilt für den Wandel von der Kunstwerk-Intention für das Musik-Lernen zu Intentionen, die stärker auf die sog. auditive Kommunikation und/oder auf Pop-Musik zielen. Nicht, daß eine dieser Zielvorstellungen damit als unwesentlich für das Musik-Lernen erachtet würde! Es gilt nur, das Problem in den Blick zu nehmen, daß diese Zielintentionen jeweils zu ihrer Zeit als Niederschlag allgemeiner aktueller Denkansätze für das Musik-Lernen aufgegriffen werden, hier usurpieren und dadurch als Konzept musikalischen Lernens erscheinen, während sie in Wirklichkeit Teilintentionen sind, deren Stellenwert nur das umfassendere langfristigere Gesamtkonzept aufzeigen kann.

Dies ist die Erklärung für die auffallende Wechselhaftigkeit und Gegensätzlichkeit der sog. Konzepte für das Musik-Lernen und die Labilität der jeweiligen Argumentationen, hier liegt die Ursache des Perpetuums euphorischer Hoffnungen bezüglich eines gerade neuen »Konzeptes« und anschließender Resignation. Denn gerade anstehende Auffassungen werden ja nicht durch neue Erkenntnisse überwunden, sie werden vielmehr abgelöst durch Einpassung in eine neue, anderenorts entwickelte Lehrmeinung, ohne Revision aus neuem Wissen über den Gegenstand selbst, eben das Musik-Lernen.

Ebenso zeigt die Beobachtung der Grundlagenforschung um das Musik-Lernen auf, daß die Herkunft aus verschiedenen Disziplinen eben nicht nur eine interdisziplinäre Vielfalt der Ansatzmöglichkeiten widerspiegelt, sondern inhaltlichen Einfluß je nach der disziplinären Zugehörigkeit des jeweiligen Ansatzes ausübt, und zwar weniger im Sinne von Korrektur aufgrund eines Einzelergebnisses als vielmehr durch die Auslösung konzeptioneller Tendenzen gemäß Gegenstand und Methoden der gerade dominierenden Disziplin. Das läßt sich zurückverfolgen in den Anfang unseres Jahrhunderts, als die Musikwissenschaft begann, ihre Aufgabe für die musikalische Bildung in den Blick zu nehmen (insbesondere seit Hermann Kretzschmar). Abgesehen von der Reflexion der Problematik musikalischer Bildung, von der zahlreiche Vorträge namhafter Musikwissenschaftler im Rahmen der Schulmusikwochen der zwanziger Jahre zeugen, äußerte sich die Dominanz musikwissenschaftlicher Forschung für das Musik-Lernen in der Übernahme der vorwiegend gattungsgeschichtlichen Denkweise in das Schulmusik-Konzept der höheren Schule, einem Stoffverteilungsplan gemäß dem historischen Kontinuum. Eine konzeptionelle Auswirkung oder zumindest den Beleg für Einfluß auf das Musik-Lernen zeigt auch die musikpsychologische Forschung. Ihr Interesse, vor allem in den letzten beiden Jahrzehnten und noch weiter zurückreichend, hat sich im wesentlichen auf die Messung von Faktoren der Musikalität bzw. der musikalischen Disposition gerichtet; diese Faktoren wurden übereinstimmend aus dem Verhalten gegenüber den einzelnen musikalischen Parametern abgeleitet. Dies gilt für fast alle vorhandenen Tests mit Ausnahme der wenigen, die auf vokale oder instrumentale Befähigung gerichtet sind (Hillbrand, Mosher, Watkins-Farnum) oder auf Wertung (Hevner, Schoen, Kyme). Nur wenige Tests für musikalische Begabung bzw. Leistung gehen über die Messung mit direktem Parameter-Bezug hinaus, so Gordon, der die Messung musikalischer Sensitivität einzubeziehen versucht, oder Wing, der mit einer Relation zwischen IQ und Musikalter arbeitet. Diese hier bei Messungen im Zusammenhang musikalischer Faktoren zutage tretende Orientierung mag auch methodische Gründe haben, beleuchtet aber zugleich die Selbstverständlichkeit der musikpsychologischen Denkweise im System musikalischer Parameter. Und genau diese Denkweise, die allerdings auch alte historische Vorläufer hat, ist in der Methodisierung der Musiklehre für Unterricht bis in die Gegenwart hinein bestimmend geworden und konnte sich sogar, als Musikalische Früherziehung verstärkt einsetzte, auch für diese Altersstufe als Prinzip stofflicher Gliederung ausbreiten. Auch die gegenwärtige Orientierung an sozialwissenschaftlicher Forschung scheint sich für das Musik-Lernen konzeptionell niederzuschlagen. Vor allem sind durch diesen Anschluß Erkenntnisse und Erfahrungen an Musik als sozialwissenschaftlichem Objektbereich in das Musik-Lernen aufgenommen worden. Doch zeigen sich auch Tendenzen, mit sozialwissenschaftlicher Methode statistisches Material zu Einzelfragen im Bereich musikalischen Verhaltens anzusammeln (insbesondere nach bevorzugten Musikgattungen zu fragen usw.) und daraus – als Zugeständnis an das Mehrheitsverhalten – konzeptionelle Schlüsse zu ziehen. Die ideologisch bedingte Zielsetzung wird in ihr Gegenteil, die (anscheinend) ideologiefreie Zielableitung verkehrt. Dies wäre gründlicher zu analysieren, doch geht es hier vordringlich darum, aufzuweisen, daß die Vielzahl beteiligter Disziplinen nicht nur bezüglich der Zielintentionen, sondern auch durch die Auswirkungen von Forschungsansätzen den gemeinsamen Gegenstand Musik-Lernen zu einem höchst labilen, stets und rasch sich anpassenden Gegenstand hat werden lassen.

Vor dem Hintergrund der eingangs dargelegten wissenschaftlichen Entwicklung um den Gegenstand Musik-Lernen und der nachfolgenden Erklärung der Wechselhaftigkeit und Gegensätzlichkeit von konzeptionellen Postulaten und Forschungsansätzen des Musik-Lernens lassen sich nun jedoch einige Bedingungen für das Fachgebiet um Musik-Lernen, seine realen interdisziplinären Möglichkeiten, hinsichtlich der Fachbeziehungen, sowie besonderer Konsequenzen für Lehrer und Forschung erkennen. Zunächst wird deutlich: Das theoretische Umfeld des Musik-Lernens ist nicht identisch mit dem theoretischen Umfeld eines anderen Faches, auch nicht mit dem theoretischen Umfeld von Musik selbst oder dem theoretischen Umfeld des Lernens insgesamt. Das theoretische Umfeld des Musik-Lernens umfaßt vielmehr gerade die spezifischen Relationen, die zwischen dem musikalischen Material in seinem weitesten Sinne und dem Verhalten des Menschen zu diesem Material (wozu auch lernendes Verhalten gehört) bestehen. Ein theoretischer Anschluß nur an Materialprobleme, ein theoretischer Anschluß nur an Lernprobleme sowie eine additive Kombination von Teilproblemen aus diesen beiden Fachgebieten kann den Gegenstand Musik-Lernen selbst nicht umfassen, weil sein eigentliches Konstituens aus dem Blick bleibt, die Eigenart des Lernens von Musik bzw. des Lernens im Zusammenhang musikalischer Ereignisse; das Lernen im Zusammenhang mit Musik ist nicht faßbar durch den Transport eines Materiales, der Musik, in die Denkzusammenhänge allgemeinen Lernens.
Sodann ist unverkennbar, daß trotz der genannten Notwendigkeit eines speziellen theoretischen Umfeldes um Musik-Lernen der enge Zusammenhang mit anderen Fachgebieten unabdingbar wird. Aber das Schlagwort »interdisziplinär« ist hier leicht gesagt, doch schwer getan. Historische Musikwissenschaft als die Wissenschaft des musikalischen Objektes ist die unentbehrliche Material-Wissenschaft des Musik-Lernens, die sich zudem mit einigen in der Gegenwart sich vollziehenden thematischen Verlagerungen auf größere zeitgeschichtlich bedingte Zusammenhänge der Musik den Fragestellungen des Musik-Lernens deutlich anzunähern beginnt. Die zahlreichen tangierten Humanwissenschaften von den Erziehungswissenschaften über Psychologie (und zwar zumindest pädagogische Psychologie, Wahrnehmung-, Ausdrucks-, Musik- wie Sozialpsychologie), über Anthropologie und Sozialwissenschaften bis zu Physiologie, Ethologie und Ethnologie sind oft genug aufgezählt und als interdisziplinäre Verflechtung graphisch dargestellt worden. Dies freilich tendiert insgesamt zu dem schon berüchtigten Konglomerat der Teildisziplinen, das eben doch kein Alibi für die gewünschte »Wissenschaftlichkeit« des Umfeldes von Musik-Lernen abzugeben vermag. Einem solchen Ansatz stellen sich nicht nur kaum überwindbare methodische Schwierigkeiten entgegen, die sich ja bereits deutlich schon in solchen musikbezogenen Teildisziplinen zeigen, die nur mit einer einzelnen Dimension in eine weitere Disziplin reichen. Dieser Ansatz erscheint vielmehr als letzter historischer Ausläufer der Entwicklungsphase eines Faches, das zunehmend die Notwendigkeit seiner wis-

senschaftlichen Grundlegung und Selbständigkeit erkannte, doch nun die ursprüngliche Anlehnung an Fachdisziplinen lediglich umwandelte in einen Katalog von möglichen Hilfsdisziplinen. Aber solche Kataloge aus das Musik-Lernen betreffenden disziplinären Forschungsrichtungen bedeuten nur eine Schein-Systematik, die den Blick verstellt für die Notwendigkeit der Entwicklung von Systematik gemäß den Strukturen des eigenen Forschungsfeldes. Und dies – nicht die Frage, ob autonom oder nicht, ob spezielle Fachwissenschaft des Musik-Lernens mit Material- und Hilfsdisziplinen oder Teildisziplin anderer Disziplinen oder gar müßige Diskussion über den Grad erreichter »Wissenschaftlichkeit« – dies ist das eigentliche Problem einer Lehre und Forschung betreffs des Gegenstandes Musik-Lernen: die Entwicklung der an den speziellen Problemen orientierten und detaillierten Fragestellungen, die methodisch lösbar sind, entsprechende Untersuchungen und Aufarbeitung der internationalen Forschung, strengere begriffliche Klärung und umfassende Systematik. Die Richtung solcher aus der speziellen Fragestellung entwickelten Forschung mit Ansatzmöglichkeiten für die Theorie des Musik-Lernens zeichnet sich gegenwärtig in der Zentrierung einzelner Forschungskomplexe ab: der Erforschung musikalischer Fähigkeiten, der Erforschung musikalischer Tätigkeiten, der Erforschung der Phänomene musikalischen Verhaltens (insbesondere bei Jugendlichen), der musikalischen Lernvorgänge und der Test-Entwicklung. Auf dieser Basis ist ein echter interdisziplinärer Ansatz möglich, indem einerseits andere Disziplinen für die facheigenen Fragestellungen und Hypothesenbildungen herangezogen, vor allem unterschiedliche Methoden sachgerecht eingesetzt werden können, doch andererseits Erfahrungen an musikalischem Verhalten auch für Fragen anderer Disziplinen aufgeschlossen werden könnten – ein Verfahren, das gewiß im Zuge der einerseits immer feiner werdenden Gliederung der Wissenschaften und der andererseits sich immer mehr verwebenden Humanwissenschaften nicht nur das Umfeld des Gegenstandes Musik-Lernen betrifft. Es bleibt festzuhalten, daß das Fachgebiet um Musik-Lernen ohne interdisziplinäre Korrespondenz nicht zu entwickeln ist, daß aber, um in diese Korrespondenz eintreten zu können, die verstärkte Entwicklung eigener Fragestellung und Systematik unumgänglich ist; nicht durch Ergebnis-Transfer und Methodenhilfe anderer Disziplinen, sondern nur durch die Entwicklung des eigenen Fachgebietes werden Relativierung von Zielintentionen und Sachbezogenheit von Forschungsansätzen, die dann tatsächlich in zahlreiche Disziplinen reichen, möglich.

Zu der Frage der Bezeichnung des speziellen Fachgebietes um Musik-Lernen ist aus geschichtlicher Sicht zunächst festzuhalten, daß im Fachschrifttum Tendenzen zur Verselbständigung des Fachgebietes um Musik-Lernen eine lange Tradition haben. Zumindest seit Hans Georg Nägeli ist dies zu beobachten; auch der ästhetische Ansatz von Karl Christian Friedrich Krause, der über Otto Lange und Adolph Bernhard Marx weit ins 19. Jahrhundert hineinreicht, wird in der Geschichte des Faches gelegentlich als Anfang des eigenen Wissen-

schaftsgebietes Musikpädagogik angesehen (Diss. Walter Clemens). Neben einer zu Beginn unseres Jahrhunderts einsetzenden Tendenz vor allem im Umkreis und in der Nachfolge Hermann Kretzschmars, das Fach als Teildisziplin der Musikgeschichte zu sehen, die schließlich bis zur Definition von Musikpädagogik als angewandter Musikwissenschaft führte (Internationaler musikwissenschaftlicher Kongreß Bamberg 1953) und Versuchen, diese Musikpädagogik wissenschaftstheoretisch durch die Doppelzugehörigkeit zu Erziehungs- und Musikwissenschaft in den Griff nehmen zu können, – neben solchen Tendenzen verstärkten sich seit den zwanziger Jahren zunehmend die Postulate autonomer Musikpädagogik, verbunden vor allem mit den Namen Georg Schünemann, Richard Wicke, Walter Kühn und Fritz Reuter, wobei Schünemann mit seiner Unterscheidung zwischen experimenteller und erkenntnistheoretischer Musikpädagogik den Gesamtzusammenhang im Blick behielt, während andere Autoren, vornehmlich auch Wicke, die Musikpsychologie als die entscheidende Hilfsdisziplin in die Mitte ihrer Arbeit rückten. Die Unterschiedlichkeit der für das heutige Hochschulfach um Musik-Lernen verwendeten Bezeichnungen ist nur aus dieser Historie erklärbar, da die unterschiedlichen Fachbezeichnungen gemäß dem jeweiligen Wechsel von Zielintentionen des Musik-Lernens entstanden und vielfach unkritisch bis in die Gegenwart tradiert wurden. So wurde beispielsweise im Zusammenhang neuhumanistischen Bildungsdenkens über »musikalische Bildung« reflektiert, wurde im Nach-Herbartianismus »Musikdidaktik« zum Leitbegriff, bereits hier unterschieden von einer umfassenderen Musikpädagogik im Sinne von Lehrforschung. Die Parallelität im Wechsel von theoretischem Anschluß und bevorzugter Fachbenennung zeigt schließlich auch die Bezeichnung »Musikerziehung«, die in solchen Phasen in Erscheinung tritt, die von einer Theorie des Erziehens durch und zu Musik bestimmt sind. Mit Fritz Jöde setzte die Inflation des Modewortes Musikerziehung ein, dem totalitären Regime nach 1933 nur willkommen, denn die Bezeichnung verstärkte die Möglichkeiten politischer Wirksamkeit: das Erziehen-Wollen mit Musik. Durch den Rückgriff der deutschen Musikpädagogik nach 1945 auf das fachliche Bewußtsein vor 1933 konnte zunächst die Bezeichnung Musikerziehung für den gesamten Bereich bestimmend bleiben, wird jedoch gegenwärtig zunehmend abgelöst.
Weist so die Entwicklung deutlich auf die Ablösung der historischen Bezeichnungen Musikalische Bildung und Musikerziehung für das Fachgebiet um Musik-Lernen, so bleibt doch die Klärung der Bezeichnungen Musikdidaktik und Musikpädagogik offen. Schon in der Mitte des vorigen Jahrhunderts ist im Gebrauch beider Bezeichnungen eine Abgrenzung zu erkennen, wobei für Musikdidaktik ein mehr praktischer (unterrichtsmethodischer) Akzent erkennbar ist, während Musikpädagogik als umfassender Begriff und bei der Reflexion über die Bedeutung von Musik in der Pädagogik gebraucht wird, auch schon die spezielle wissenschaftliche Ambition zum Ausdruck bringt (Luise Ramann). Diese Tendenz läßt sich deutlich in den ersten beiden Jahrzehnten un-

seres Jahrhunderts weiterverfolgen, wo trotz zunehmenden Gebrauchs der Bezeichnung Musikerziehung etwa bei Leo Kestenberg selbst konsequent immer dann von Musikpädagogik gesprochen wird, wenn nicht das musikdidaktische Konzept, die »Idee« und Praxis der erzieherischen Erneuerung durch und zu Musik, sondern Forderungen nach theoretischer Durchdringung der musikalischen Erziehungspraxis angesprochen werden. Dies zeigen besonders deutlich die Teilkapitel »Musikpädagogisches Forschungsinstitut« der Denkschrift Musikerziehung und Musikpflege und die Begründung für die von Eberhard Preußner fortgeführte Schriftenreihe Musikpädagogische Bibliothek. Auch die Berichte über die ersten Schulmusikwochen in den zwanziger Jahren lassen eine verhältnismäßig konsequente Unterscheidung zwischen Musikdidaktik und -methodik einerseits sowie der umfassenderen und stärker theoretisch akzentuierten Musikpädagogik andererseits (auch Allgemeine Musikpädagogik oder Musikalische Fachpädagogik genannt) erkennen. Parallelen sind auch im außerschulischen Musikunterricht nachweisbar, wo solche Schriften als Klavier- oder Violinpädagogik bezeichnet werden, die über instrumental-methodische Anleitung hinaus ein umfassenderes Musik-Lernen am Instrument begründen (wie Frieda Loebenstein, Nelly Lutz-Huszagh). In der Gegenwart ist umgangssprachlich Musikpädagogik als Oberbegriff üblich (auch die ganze Praxis einbeziehend); im fachsprachlichen Gebrauch wird Musikpädagogik i. w. S. als Oberbegriff von Musikdidaktik und Musikpädagogik i. e. S. verwendet. Die Musikdidaktik oder Fachdidaktik Musik lehrt das Musik-Lehren und -Lernen unter dem Aspekt von Unterricht; ihre Forschungsbereiche sind mit Schwerpunkt Unterricht und Curriculum. Gleich an welchem Begriff von Didaktik man sich für eine Fachdidaktik orientiert, so bleibt doch immer die Theorie von Unterrichtsgeschehen die bestimmende Komponente.

Für die didaktische Planung und Entscheidung werden jedoch Auskünfte über das Musik-Lernen benötigt, die tiefer zurückgreifen müssen als Beobachtung von Unterrichtsbedingungen und Unterrichtsgeschehen, die auch weiterreichen als eine den Didaktik-Begriff durch Einbeziehung von interdependenten Momenten des Unterrichtsgeschehens ausweitende Curriculum-Theorie. Die benötigten Erfahrungen und Erkenntnisse reichen vielmehr letztlich an die Voraussetzungen und Bedingungen des menschlichen musikalischen Verhaltens sowie dessen Veränderungen durch Lernen: eben in die musikpädagogische Grundlagenforschung. Daß diese Forschungs- und Lehraufgaben einer Musikdidaktik und die einer so verstandenen Musikpädagogik i. e. S. identisch seien, ist – so vielfältig sie zu korrespondieren haben – eine wissenschaftstheoretische Utopie. Denn das musikdidaktische Perpetuum des sich immer wieder Einpassens in Denk- und Erziehungsströmungen der jeweiligen Gegenwart weist auch Aspekte sachlicher Notwendigkeit auf, da für jede Fachdidaktik die Auseinandersetzung mit jeweils aktuellen Denkmodellen Voraussetzung eines gegenwartsnahen Unterrichtes darstellt. Doch ebenso ist die Sicherung der

Grundlagen des Musik-Lernens, ihre Erweiterung, die Transparenz langfristigerer Strukturen einer umfassenderen Theorie unabdingbar. Die erforderliche Bezogenheit auf Unterrichtsgeschehen, Zieldenken und dafür nötige gesellschaftliche Aktualität einerseits und die ebenfalls erforderliche Aufhellung von Ursachen, Bedingungen und Effekt didaktischer Entscheidungen samt ihrer niemals ausschließbaren Ideologiebedingtheit andererseits ergibt die Notwendigkeit einer Ausdifferenzierung des Fachgebietes um Musik-Lernen in eine in Lehre und Forschung auf Unterricht und Curriculum gerichtete Fachdidaktik Musik und ein Lehr- und Forschungsgebiet Musikpädagogik. Dieses erforscht und sichert die Grundlagen, die der Musikdidaktik begründbare und kontrollierbare Entscheidungen möglich machen, und entwickelt eine historisch weiter reichende Theorie des Musik-Lernens, eine Theorie, die sich nicht verwechselt mit einem musikdidaktischen Konzept bzw. aktuell outrierten Teilkonzepten, eine Theorie vielmehr, die – in Korrespondenz mit musikpädagogischer Grundlagenforschung – die Voraussetzungen, Bedingungen und Möglichkeiten des Musik-Lernens klärt und ordnet, um dadurch Maßstab und Bezugmöglichkeit eben gerade für unterschiedliche musikdidaktische Konzepte, um spezielle Orientierungen abgeben zu können. In disziplinärer Sicht stellen die beiden Lehr- und Forschungsgebiete einen zusammengehörigen Fachbereich um den gemeinsamen Gegenstand Musik-Lernen dar, der jedoch inhaltlich und methodisch unterschiedlich aufgefaßt und beobachtet wird. Gemäß der grundlegenden Bedeutung des als Musikpädagogik bezeichneten Teilgebietes, auch gemäß der geschichtlichen Tradition und des üblichen Sprachgebrauchs erscheint es sinnvoll, die Bezeichnung Musikpädagogik für das gesamte Fachgebiet beizubehalten, doch den Unterschied zwischen der Bezeichnung in ihrem weiteren Sinne für den gesamten Bereich und der Bezeichnung in ihrem engeren Sinne für das Teilgebiet der Grundlagenforschung (neben dem zweiten Teilgebiet Musikdidaktik) bewußt zu halten. Für Musikpädagogik in diesem engeren Sinne als Bereich der Grundlagenforschung und Theoriebildung wird ein enger (noch auszudifferenzierender) Bezug zur Musikpsychologie deutlich, wobei bei einem wachsenden Forschungsinteresse der Musikpsychologie an (über Parameter-Bezüge hinausreichendem) musikalischem Verhalten das zentrale Interesse der Musikpädagogik sich auf Veränderungen dieses Verhaltens durch Lernen im Zusammenhang musikalischer Ereignisse richten könnte.

Die Konsequenzen einer inhaltlichen und methodischen Unterscheidung von Musikdidaktik und Musikpädagogik innerhalb des Fachgebietes um Musik-Lernen sind weitreichend, vor allem unter hochschuldidaktischem, personellem und forschungspolitischem Aspekt. Zunächst der hochschuldidaktische Aspekt: Im Rahmen des Regelstudienganges eines Lehrerstudenten mit dem Wahlfach Musik sind neben den anderen Pflichtfächern des Lehrerstudiums allein im Wahlfach Musik zu bewältigen die praktisch-künstlerische Ausbildung, das Studium von Theorie und Geschichte der Musik sowie das zentral

auf die spätere Unterrichtstätigkeit zielende Fachgebiet des Wissens über Musik-Lernen. Durch die so notwendigerweise eintretende Verknappung der theoretischen Studien zum Musik-Lernen entsteht die Gefahr der unkritischen Konsumentenhaltung gegenüber musikdidaktischen Anregungen, die Neigung zu Anfälligkeit für Moden und Leerformeln, das Auswälzen von Novitäten, die ihre beste Zeit längst hinter sich haben. Gerade im Sinne der Korrektur der Lehrerausbildung, wie sie durch die Einführung in Hochschulen erfolgte, ist darum das wenigstens einführende Studium der Musikpädagogik i.e.S. notwendig, die den in der Musikdidaktik gelegentlich ungeregelten Grenzverkehr zwischen Theorie und Praxis bewußt hält und die Identifizierung einer Position zwischen Experiment und gesicherter Theorie ermöglicht. Denn gerade der junge Student mit seinem Wunsch nach festen Antworten läßt sich leicht durch didaktische Konzepte verführen zu Dogmatismus und geht dabei an einer wesentlichen Möglichkeit seines Studiums vorbei: die Fähigkeit erwerben zu können zur Relativierung von Positionen, zur produktiven Skepsis. Aus diesen Gründen erscheint die inhaltliche Unterscheidung zwischen Musikdidaktik und Musikpädagogik als hochschuldidaktisch besonders wesentlich.
Der personelle Aspekt betrifft einerseits die gegenwärtig tätigen Hochschullehrer und andererseits den wissenschaftlichen Nachwuchs. Das Problem der Hochschullehrer des Fachgebietes ist die noch sehr selbstverständlich angenommene Personalunion von Musikdidaktiker und Musikpädagoge, wobei unterschwellig auch noch erwartet wird, daß dieser zugleich ein hervorragender Musikpraktiker und ausgewiesener Musikhistoriker sein solle. Wie jedoch die Differenzierung von ausübendem Künstler und spezialisiertem Theoretiker sich unverkennbar bereits vollzogen hat, wie sich in der Musikwissenschaft Historiker und Systematiker unterscheiden, so werden sich auf weitere Sicht in der Hochschul-Lehre Musikdidaktiker und Musikpädagogen spezialisieren, wenn erst das alte Praxis-Bezug-Tabu einem neuen Verständnis der für Musik-Lernen notwendigen Theorie-Praxis-Differenzierung gewichen ist. In anderen Fächern zeichnen sich ähnliche Entwicklungen ab, etwa in der Relation Sportdidaktik und Sportwissenschaft oder auch in den Bezügen zwischen Sprachdidaktik und Linguistik. Wahrscheinliche größere künftige Organisationsformen könnten die Möglichkeit, in der Hochschul-Lehre des Fachgebietes zunehmend Spezialisierungen zu entwickeln, fördern. Der wissenschaftliche Nachwuchs hat das Problem der Parallelität von berufsbezogenem Studiengang und wissenschaftlichem Spezialstudium zu lösen. Vor allem auch im Interesse dieses für Lehre wie Forschung so dringlich benötigten wissenschaftlichen Nachwuchses erscheint die deutliche Scheidung zwischen musikdidaktischem und musikpädagogischem Lehrangebot dringlich: um durch früh- und rechtzeitige Bildung von Studienschwerpunkten Voraussetzungen für Aufbau-Studiengänge mit akademischen Abschlüssen im Fachgebiet Musikpädagogik schaffen zu können. Dies wiederum wäre für die Forschung in beiden

Gebieten von großem Nutzen, insbesondere für die musikpädagogische Grundlagenforschung. Denn im Zug der Curriculum-Entwicklung hat sich auch die facheigene Forschung – nicht zuletzt im Zusammenhang mit der Bevorzugung praxisbezogener Forschungsvorhaben bei der Zuteilung von Forschungsmitteln – auf Tests und Forschungsbegleitung von Schulversuchen konzentriert, während gerade die Grundlagenforschung für das musikalische Lernen einer verstärkten Förderung bedarf.

Der eingangs beschriebene Prozeß der Ausdifferenzierung des Gegenstandes Musik-Lernen mit der Entwicklung eines spezifischen Lehr- und Forschungsgebietes um diesen Gegenstand setzt sich gegenwärtig in dem Ansatz einer zusätzlichen Binnendifferenzierung dieses Bereiches in Musikpädagogik und Musikdidaktik fort. Die in beiden Teilbereichen anstehende Fülle von Detail-Forschungen im Interesse der Weiterentwicklung und zunehmenden Sicherung der Theorie des Musik-Lernens ist gewiß ein »Jahrhundert-Programm« (was an sich nicht grundsätzlich von der Arbeit an dieser Aufgabe abhalten muß). Doch es geht heute garnicht vordringlich um diese Zukunfts-Hoffnung auf eine gesicherte Theorie des Musik-Lernens. Angesichts der im Exkurs dargelegten traditionellen Adaptionen von Zielintentionen und Forschungsansätzen des Musik-Lernens hat die gegenwärtige wissenschaftliche Entwicklung des Fachgebietes schon darin eine außerordentliche Bedeutung, daß in der Diskussion des Musik-Lernens zunehmend das Bewußtsein für Hypothese, Schlagwort und Leerformel gestärkt wird. Nicht erst das erreichte Ziel, die offene, aber strukturierte Theorie, gibt der Auseinandersetzung mit Musik-Lernen in Lehre und Forschung ihre Bestätigung, sondern bereits der in Bewegung kommende Prozeß der Versachlichung.

Musikpädagogik heute – Zur Erkenntnis ihrer Geschichte und Geschichtlichkeit ihrer Erkenntnis

Heinz Antholz

Jede Zeit sieht nicht nur anderes,
sondern auch anders (Wölfflin)[1]

1. Musikpädagogik heute – Befreiung von Geschichte?

Michael Alt hat die Musikpädagogik wiederholt und eindringlich »auf die Geschichte verwiesen, nicht in sammelnder Absicht, sondern um der befreienden Wirkung solcher Einsicht willen«, nämlich »um das Vorfeld einer Entscheidung in die Zukunft aufzuarbeiten«.[2] Sein Diktum gibt der Musikpädagogik im unabschließbaren Bemühen um aktuelle Identitätsfindung und -sicherung ein Doppeltes zu bedenken auf. Zum einen treten Geschichte und Freiheit in einen dialektischen Begründungs- und Bedingungszusammenhang: Befassung mit Geschichte ist eine Möglichkeitsbedingung, um Vergangenheit abzuwälzen (mit Goethe gesprochen) und Zukunft begehren zu lernen (so Nietzsche). »Geschichte« freilich changiert, wie auch die musikpädagogische Tagesliteratur zeigt, je nach Stellung und Einstellung: »History may be servitude, history may be freedom« (T. S. Eliot). Dieser lasche Potentialis ist kein Alternativangebot für den Pädagogen. Denn Geschichte – und auf diese geschichtstheoretisch notwendige Vermittlung von Regreß und Progreß lenkt M. Alt zum anderen hin – »überschreitet« die Gegenwart in zwei Richtungen, zur Vergangenheit und zur Zukunft hin. Wird diese »Transzendenz« nicht bedacht, treten Traditionalisten und Fortschrittler schnell zu unversöhnlichen Gegenpositionen auseinander, wie sie sich unschwer in der Musikpädagogik heute bestimmen lassen. Den vom Fortschrittspathos und Veränderungswillen getriebenen Musikpädagogen mag es ankommen zu fragen – und solche Skepsis könnte auch diesem Beitrag begegnen –, was ihn Vergangenheit angehe, wenn er Zukunft angehen müsse, um zu »taugen«. Ist es bloß der verzeihliche Fehler einer »Tugend«, den nach einem alten französischen Moralisten ja jeder Mensch hat und liebevoll pflegt, wenn Musikpädagogen Sammlung und Befreiung von Geschichte nicht so recht oder nicht mehr »zusammenbringen« können? Befreiung *von* Geschichte ist jedoch, selbst wenn der Begriff nur geschehene Geschichte abdeckt, allein als Befreiung *durch* Geschichte möglich. Musikpädagogik wird daher auch im letzten Viertel dieses Säkulums nicht um jenen

»triadischen Vermittlungsprozeß der Interpretation«[3] herumkommen, der die geschichtliche Kontinuität ihrer Erkenntnis (was nicht gleichbedeutend ist mit der kontinuierlichen Identität ihrer Ziele, Inhalte und Verfahren) und ihren Konstitutionszusammenhang eben im Spannungsfeld von Vergangenheit, Gegenwart und Zukunft herstellt. Musikunterricht entwirft sich ja auf morgen, auf die Zukunft von Schüler und Gesellschaft hin, vollzieht sich heute und ist, eingestanden oder nicht, weithin Bedingungen und ideengeschichtlichen Horizonten von gestern unterstellt – seine »Geschichte«.
»Geschichtlichkeit« der Musikpädagogik 1975, Leitgedanke unserer Studie, ist thematisch im Titel dieses Bandes angelegt, wenn er sich über seinen Anlaß und dessen runde Jahreszahl hinaus als ein Beitrag zur Erörterung der fachgeschichtlichen Situation verstehen will.[4] Mag die Diskussion gegenwärtiger Musikpädagogik, wie die weiteren Abhandlungen deutlich machen, auch zu Recht mehr horizontal durch das aktuelle Feld und Umfeld eigener bzw. korrespondenzwissenschaftlicher Probleme bestimmt sein, so sollte deren systematischer Angang doch der geschichtlichen Vertikale der Erkenntnisgewinnung nicht entraten. Musikpädagogik 1975 visieren wir daher im folgenden zweimal geschichtlich an, da »Geschichte« entsprechend ihrem begrifflichen Doppelsinn sowohl das Objekt der Darstellung, mithin die Fachgeschichte, als auch die Darstellung des Objektes, also die Fachgeschichtsschreibung, meint. Das Interesse der Musikpädagogik an einer auch historisch und historiographisch bemühten Erkenntnistheorie findet seine Rechtfertigung im Horizont der Reflexion über Musikunterricht. Deshalb schließen wir mit einem curricularen Ausblick. Freilich können Perspektiven auf die Fachgeschichte als erkennende Wissenschaft und erkannte Wirklichkeit hier jeweils nur exemplarisch angedeutet werden. Es bedarf auch wohl nicht des Hinweises, daß der triadische Vermittlungsprozeß geschichtlicher Erkenntnis nicht auf die Ableitung linearer Verlaufsgesetze und unmittelbarer Handlungsanweisung hinauslaufen kann. Denn Freiheit von und für Geschichte heißt: »An der Freiheit der Geschichte hängt die Verantwortung des Menschen, oder, anders gesagt, eine Zwangsläufigkeit der Geschichte schlösse seine Mündigkeit aus«.[5]

2. *Musikpädagogik heute – Ablösung der zweiten Pädagogischen Bewegung?*

1964 konstatierte M. Alt: »Die Einsicht der neueren Didaktik, daß alle überlieferten Bildungspläne als je eigene Antworten auf einmalige bildungsgeschichtliche Situationen zu verstehen sind und daß die geschichtlichen und gesellschaftlichen Mächte uns immerfort vor neue didaktische Entscheidungen stellen, dies neue pädagogische Grundgefühl hat sich im Bereich der Musikerziehung bisher kaum ausgewirkt«.[6] In Anlehnung an die Bildungstheorie der »Göttinger Schule«, welche auf die Krise des Historismus mit der Geschichtlichkeit didaktischer Entscheidung, ihrer »existentiellen Konzentration« auf Gegenwart und Zukunft des jungen Menschen antwortete (Weniger, Klafki), forderte Alt von der Musikerziehung, »die anhaltende Fixierung der Schulmusik auf ihr klassisches Jahrzehnt zu überwinden« und sich von der »ersten Pädagogischen Bewegung des 20. Jahrhunderts«, also von der musischen Reformpädagogik zu befreien. »Befreiung« zielte bei Alt im Kontext der anhaltend geführten Diskussion über die (relative) Autonomie der Pädagogik auf eine »eigengesetzliche Musikerziehung«, die gegenüber »schulfremden Kräften«, z. B. der Jugendbewegung, Fachwissenschaft oder staatlichen Musikpolitik, kritische Distanz zu wahren habe.

1968 erschien Alts »Didaktik der Musik«. Der Autor stellte sie in den Horizont »einer zweiten Pädagogischen Bewegung in diesem Jahrhundert«.[7] Der Untertitel der Didaktik sollte eine fachgeschichtliche Situation markieren und geschichtliche Ablösung signalisieren: »Orientierung am Kunstwerk«. 1973 bestimmte Alt den fachgeschichtlichen Standort seiner Didaktik nochmals im Vorwort zu ihrer dritten Auflage, wohl seiner letzten Äußerung zur Geschichtlichkeit didaktischer Entscheidung: Der Untertitel habe sich »gegen die damals vorherrschende Rezession der Musikpädagogik auf die Kind- und Jugendmusik« gerichtet. Der inkriminierte ahistorische »Rückschritt« der Musikpädagogik betraf vor allem die musisch-volkstümliche Musikerziehung der Volks- und der Jugendmusikschule, ihre »Kindermusik«, die nach Alt im »geschichtslosen vorkünstlerischen Feld« verweilte und »die Rückbindung an die historisch gewachsenen und tradierten Grundlagen der abendländischen Musik« verlor.[8] Befreiung formierte sich hier also gegen eine Entmächtigung der Geschichte, welche Kunst, Kultur, Geist quasi in Natur zurücknimmt, und versicherte sich einer historischen Kategorie, des abendländischen Kunstwerks. Diese nach Alt »anstehende Neuorientierung der Musikpädagogik am Kunstwerk« bedeutete für eine sich soziokulturell verantwortende Zieltheorie des Musikunterrichts, »auch dem Volksschüler die Welt des musikalischen Kunstwerks aufzuschließen«, bedeutete für eine unterrichtliche Planungstheorie, »ein neues Maß zu setzen und einen didaktischen Fixpunkt, auf den sich alle Übungen der anderen Funktionsfelder (des Musikunterrichts) . . . neu einpendeln müssen«.[9]

Es gibt im Rahmen unseres Themas zu denken, daß M. Alt gerade den Untertitel seiner Didaktik 1973 in ihrer dritten Auflage fallen ließ. Er begründete die Streichung mit der »neuen Musikentwicklung und Ästhetik«. Die »laufende« Musikgeschichte bewegte zur Überprüfung der eigenen didaktischen Position. Denn in offener Musikdidaktik sind Erkenntnis der Geschichte und Geschichtlichkeit der Erkenntnis vermittelt. Zu denken gibt ferner ein weiterer Kausalnexus: »Da aber beide Bestandteile des Begriffes ›Kunst‹-›Werk‹ heute in diesen mehr ideologischen als ästhetischen Streit hineingeraten sind, widerspricht der bisherige Untertitel . . . den Intentionen und Ausführungen des Buches«.[10] In der Tat: Wie man's mit Kunst und Kunstwerk halte, wurde in den 70-er Jahren zu einer ideologischen Gretchenfrage der Musikpädagogik. Alts Ideologiekritik an modischer »Opus-Verfemung« verbindet sich in seinem Vorwort zur dritten Auflage leise, aber deutliche Kritik an einer Kritik des

Mißverstandes dessen, was Orientierung am Kunstwerk intendierte. Alt wollte sie, obwohl sie »der Einschüchterung durch das Klassische ein Ende setzen sollte«, nicht als monistische Ausrichtung auf elitäre Hochkunst oder als »Dienst am Kunstwerk« verstanden wissen.[11] Die in der Musikpädagogik nicht ohne skeptische Untertöne und in modischer Mäkelei am Kunstwerk nicht ohne spöttische Untertöne gestellte Frage, wie hoch Kunst eigentlich sei, fände, trüge man sie an Alts didaktische Arbeiten heran, eine differenzierte und vielschichtige Antwort. Zu einfach macht es sich, wer in Alts »Didaktik der Musik« das bloße Abbild einer »Historiographie musikalischer Qualitätssiege«[12] oder das bloße Konterfei etwa von Adornos Kunstästhetik sieht. M. Alt kippte, obwohl er der Musikdidaktik das Kunstwerk quasi als ein Remedium antrug, nicht ins simple Extrem ab, wie es in forsch-fortschrittlicher Fachdiskussion bisweilen wohl zwecks Profilgewinnung geschieht.[13] »Es kommt . . . nicht so sehr auf das Herausstellen von brandneuen Themen an, sondern auf eine Durchfluchtung des Überlieferten und des Innovatorischen auf systematische Grundansätze und durchhaltende Tendenzen«.[14] Die Geschichtlichkeit fachdidaktischer Reflexion ist kein Alibi für einen Momentanismus, dem sich Gegenwart nicht in geschichtlichen Kategorien auslegt, der geradewegs dazu herausfordert, wider den Stachel des »Zeitgeistes« und sein leicht-fertiges, da ahistorisches Angebot zu löcken.

Doch es bleibt zu fragen: Ist befreienden Perspektiven, die aus geschichtlich transzendierendem Denken gewonnen werden, potentiell oder gar zwangsläufig auch perspektivische Befangenheit beigesellt? Geschichtlichkeit als Grundstruktur didaktischer Entscheidungsposition markiert anscheinend nicht nur deren Größe, sondern auch Grenze. Die Größe von Alts Musikdidaktik liegt darin, daß sie, geschichtliche Vertikale und soziokulturelle Horizontale zusammendenkend, die Exterritorialität von Kind-, Jugend- und sog. Schulmusik im »mikrophonalen Zeitalter« aufhob und mit der Intervention einer Kunst-Didaktik eine neue Didaktik der Musik freisetzen half. Sie stößt an die Grenze soziomusikalischer Solidarität und planungstheoretischer Totalität, wenn der entschiedene Schritt auf die »offizielle Kulturwirklichkeit« (Spranger) zu, um den es Alt ging, zunächst und vornehmlich an der Teilhabe am musikalischen Kunstwerk gemessen und wenn nur die integrale Komposition vorab als Fluchtpunkt aller Felder des Musikunterrichts ermittelt wurde. M. Alt wußte um die Grenzsituation neuer didaktischer Entwürfe und wollte keine »frühfertigen, die weitere Entwicklung abriegelnde Ergebnisse« vorlegen.[15] Erkenntnis der Geschichte und Geschichtlichkeit der Erkenntnis eröffnen sich als Postulat und als Problem, liest man kontextuell die neuen Passagen der dritten Auflage.[16] Die durch eine »einmalige bildungsgeschichtliche Situation« ausgelöste didaktische Konzeption kann schwerlich ihrem hermeneutischen Zirkel entrinnen. Dieser verkommt aber nicht zum circulus vitiosus, wenn er selber in reflektorische Distanz gerückt wird. »Ein wirklich historisches Denken muß die eigene Geschichtlichkeit mitdenken«.[17]

Damit drängt sich nun freilich die Frage nach der möglichen »Fortschreibung« einer fachdidaktischen Konzeption auf im doppelten Verständnis des Wortes. Ist sie und wie lange ist sie im Sinne einer Dauerrevision *weiter*zuschreiben und wann ist sie *ab*zuschreiben, da je neue geschichtlich-gesellschaftliche Situationen auch je neue Musikdidaktiken verlangen? Die Antwort, an unserem Beispiel entfaltet, dürfte in der Musikpädagogik von 1975 geteilt sein. Sie kann sich, soll der geschichtliche Prozeß nicht als eine totale Ablösung simplifiziert werden, jedenfalls nicht aus der Rückfrage entlassen, welche *fort*wirkende Geltung das Kunstwerk in der heutigen Gesellschaft und welche fortwährende Gültigkeit es daher als *ein* »Fixpunkt« der Musikdidaktik besitzt. Die pädagogische Diskussion über das Kunstwerk ist in der Tat eine über Nutzen und Nachteil der Historie.[18] Daß die Forderung nach »Ablösung« übrigens auch recht notvolle Probleme der Lehrerausbildung und -fortbildung aufwirft, weil ja »jeweils drei Generationen Lehrer gleichzeitig am Brett sind«, sei nur eben erwähnt.[19]

Alts »Didaktik der Musik« war die erste Musikdidaktik der zweiten Pädagogischen Bewegung. Kaum ein halbes Jahrzehnt später erschien das erste Musik-Curriculum – Curriculum nicht im popularisierten Verständnis von fixem Lehrplan, sondern mit dem Anspruch bezugswissenschaftlich angelegter und flexibel disponierter didaktischer Lenkung aller Entscheidungsprozesse, Unterrichtsmaßnahmen und -mittel, welche Lernziele als Verhaltensziele verwirklichen. Die »Sequenzen«, die hier exemplarisch für curriculare Bemühungen der 70er Jahre stehen mögen, erwähnen Alts »Didaktik der Musik« in einer fachgeschichtlichen Einleitung unter »Ansätzen der Erneuerung des Musikunterrichts« nach 1950 und im Kontext »nur scheinbar gelungener Neuerungsversuche«.[20] Das Autorenteam der »Sequenzen« fordert und verspricht eine »grundlegend neue, zeitgenössische Konzeption des Musikunterrichts«. Der entschieden vertretene Legitimitäts- und Identitätsanspruch des Neuen – wieder begegnet diese klapprige geschichtstheoretische Kategorie – wird hier nicht mit einer historischen Größe wie der des Kunstwerks, sondern ontologisch abgestützt mit einer »neuen, umfassenden und zugleich fundamentalen Definition von Musik«. Wieder gilt das sorgende Bedenken von Musikpädagogen vornehmlich »der Isolierung des Musikunterrichts von der . . . musikalischen Wirklichkeit unserer Gegenwart«. »Musikunterricht aus der Enge befreien«, so 1927 G. Schünemann, ist ein perennierendes Anliegen, »wenn ein Reformieren durch die Zeit geht«.[21] Daß »Lehrerbildung, Curriculum und Unterrichtsmittel des Faches Musik eher der Vergangenheit als der Gegenwart und Zukunft verpflichtet sind, muß als die entscheidende Ursache für die unzulängliche Wirkung des Musikunterrichts und für seine allgemeine Geringschätzung angesehen werden«: so das fachgeschichtliche Urteil und der definierte präpotente Anspruch der »Sequenzen«. Eine Fiktionsvorgabe von Wenn-Dann-Beziehung? Denn die Fachgeschichte im 20. Jahrhundert ließe sich als Sequenz einschwingender Innovationen und auf ihnen basierender schwungvoller Hochrechnungen darstellen, welche die Frage provozieren könnten, wo sich denn Innovationserwartungen derart massieren, daß ihre endliche Einlösung den Musikunterricht nunmehr auf die Höhe »allgemeiner« Ästimation hebt. »Ungewordene Zukunft in der Vergangenheit« der Musikpädagogik aufweisen[21a] *und* faktische Defizits in der Gegenwart mit möglichen Erneuerungen konfrontieren: in diesem Anspruch »transzendierender«, generativer Analyse konvergieren Erkenntnis der Geschichte und Geschichtlichkeit der Erkenntnis. Geschichte ist eine Möglichkeitsbedingung topischer Versicherung musikpädagogischer Theorie, welche nicht utopischem Vorausentwurf verfällt.

Die Autoren der »Sequenzen« reflektieren zunächst wie M. Alt kritisch auf die restaurative Musikerziehung der 50er und 60er Jahre und stellen didaktisch-unterrichtliche Selbstverständlichkeiten in Frage, die den Durchblick auf die Historizität fachdidaktischer Entscheidung versperren. Daß fachgeschichtliche Analysen, die mit gleichen oder verwandten normenkritischen Ansätzen auf die fällige Entledigung von hinfälligen Selbstverständlichkeiten drängen, keineswegs schon aus sich die gleiche oder ähnliche didaktische Konzeption entlassen, ist ein Hinweis auf Freiheit *in* der Geschichte, wenn nicht gar ein Beweis für sie. Die »einmalige bildungsgeschichtliche Situation« determiniert nicht eine einzige einhellige didaktische Antwort. Versteht man in einer zunächst gewiß vorläufigen und vordergründigen Auslegung unter Tradition in die Gegenwart eingegangene Vergangenheit, auch die jüngste, so dürften unsere beiden fachdidaktischen Exempel Traditionsstränge und Gegenstände der Traditionskritik in der Musikpädagogik von 1975 darstellen. Ihr möchte sich daher die Frage stellen, wer »das Recht der Geschichte« auf seiner Seite habe. Solches Fragen könnte von der Vorstellung getragen sein, die »Richtigkeit« einer Konzeption einfach an die Notwendigkeit als eine zweifelsfreie, da erkenntnistheoretisch abgesicherte Kategorie verweisen zu können. Auch die Überlegung, ob mit »Curriculum« eine neue Bewegung der Musikpädagogik, die dritte in diesem Jahrhundert, angezeigt ist, möchte nicht als müßig erscheinen (einmal davon abgesehen, daß »Bewegung« für manchen vielleicht eine politisch und bildungspolitisch korrumpierte Vokabel ist). Diese Frage wirft das leidige Problem historiographischer Periodisierung auf, die sich mit der Kategorie des Neuen als eines noch nicht Dagewesenen einlassen, Traditionsüberhängen nachgehen und einen innovatorischen programmatischen Grundkonsens, quasi den point of no return herausarbeiten muß. »Tendenzen nach vorn« (um ein Diktum E. Blochs über Werk, Wert und Wirkung Gustav Mahlers aufzunehmen) sind sicherer erst a posteriori und ex eventu zu bestimmen (wie das angeklungene musikgeschichtliche Beispiel zeigt). Das anmaßende Selbstattestat »geschichtlicher Wahrheit« ist nicht weit, wenn eine didaktische Konzeption sich augenblicklich schon bestätigt sieht. Curriculum schließt Erprobung, Revision und gegebenenfalls Rücknahme ein. Wir deuteten schon an, daß befreiende Perspektivik unter dem Überdruck geschehener »alter Geschichte« und perspektivische Befangenheit infolge Überdrucks geschehender »neuer Geschichte« korrespondieren können. Zu einfach macht es sich, wer Alts »Didaktik der Musik« flugs mit dem Mal des Vormaligen zeichnet und deshalb abtut, weil neueste Musik, etwa Pop-Musik, nicht oder nicht ausreichend »versammelt« sei – übrigens ein Vorwurf, der beispielhaft die zyklische Wiederholung didaktischer Theoreme, hier bloßer materialer Bildung, anzeigt.

Freilich ist damit nicht die existentielle Frage abgetan, ob und wie »modernes musikalisches Denken auch zum Ausgangspunkt einer neuen Musikpädagogik und -didaktik zu nehmen« ist, worum es den »Sequenzen« besonders geht. Einem solchen Ansatz stand M. Alt vor-sichtig gegenüber: »Durch ausschließliche Anknüpfung bei der Avantgarde kann man die Zukunft des Jugendlichen ja nicht sicher stellen, da man nicht weiß, was jeweils ›vorne‹ ist und bleibt. Damit aber wird die Musik von morgen nicht voraussehbar«.[22] Aus Furcht also, ein von der Avantgarde abgeleiteter didaktischer Momentanismus könnte mit Angeboten für den Augenblick die Transzendenz von Geschichte verfehlen, empfahl Alt den »indirekten Weg der Einführung in die neue Musik«, nämlich über ein »grundlegendes Verständnis der historisch entfalteten Form- und Sinnstrukturen«.[23] Nicht wollte er damit moderne Kunst aus dem Musikunterricht aussperren. Doch im Blick auf den didaktischen Ansatz und die unterrichtliche »Grundlegung« mit neuester Musik stehen »Didaktik der Musik« und »Sequenzen« für Kontroverspositionen in der Musikpädagogik von 1975. Denn die »Sequenzen« wählen, um »aus der . . . Analyse der Situation eine stimmige musikpädagogische Konzeption abzuleiten«, den direkten Ansatz an neuester Musik und Musikerfahrung. Sie stellen sich die Aufgabe, »von den Kompositions-, Interpretations- und Denkprinzipien der modernen Musik her Wege zu finden, die in die Musik *schlechthin* hineinführen und die *allgemeine* musikalische Erfahrungen, Kenntnisse und Erkenntnisse ermöglichen« (Hervorhebung von mir).[24] Auch hier will man sich also nicht einem Momentanismus verschreiben; geht es doch um Musik aller Zeiten, Räume, Funktionen und Stile. Dafür sei »eine neue Allgemeine Musiklehre zu entwickeln«, und zwar aus der Musik der Avantgarde. Die »Sequenzen« sind also der wagemutige Versuch, über geschehende Musikgeschichte und neue Musik, welche (mit Adorno gesprochen) die Dynamik der Geschichte am Leben erhält, zu Musik als geschichtlich-gesellschaftlichem Phänomen zu gelangen. Es ist ein waghalsiger Versuch, wenn Musik schlechthin und allgemein nicht etwa nur »situativ«, d. h. in der hermeneutischen Perspektive der Gegenwart »verstanden«, sondern auch mit analytischen Kategorien neuester Musik »begriffen« werden soll. Denn wo im gerade Gegenwärtigen Immerseiendes, im Besonderen neuer Musik das Allgemeine alter und aller Musik erschlossen werden soll, stellt sich die Frage: Wird das je »Individuelle« von Musik in Vergangenheit und Gegenwart, das Unteilbare, über neue Musik nicht Mitteilbare und das je Andere mitbedacht, wird Musik verschiedener Zeiten, Räume und Stile zwar

in den Unterricht eingeführt, aber, da Exempel für Allgemeine Lehre vom »Schall«, die geschichtliche Dimension abgeschattet und die Vorstellung von musikalisch Gleichem induziert? »Die Gleichheit ist keine Freundin der Geschichte«.[25] Läßt sich letztavancierte Musik, die ja nicht einmal mit »Musik der Gegenwart« identisch ist, musiktheoretisch und -didaktisch so instrumentieren, daß sie als Passepartout »Musik schlechthin« erschließt? Wird dem Schüler die Dynamik der Geschichte bewußt?
Von der Gefahr eines nicht widergeschichtlich »gemeinten«, aber ungeschichtlich »wirkenden« didaktischen Ansatzes – dies selbst ist ein geschichtsphilosophisches Thema – ist anderwärts gehandelt worden.[26] Hier sei aber im groben Strich noch eine andere Gedankenlinie durchgezogen, deren nahezu aporetische Thematik »Didaktik der Musik« und »Sequenzen« trotz gegensätzlicher Bezugssystematik verbindet. Alte Musik als historisch entfalteter Ansatz des Zugangs zu neuer Musik auf der einen Seite, neue Musik als hermeneutisches Spektrum und als kategoriales Quidproquo für alte und alle Musik auf der anderen Seite: in beiden Konzeptionen spiegelt sich die ständige Nötigung der Musikpädagogik und -didaktik, im Horizont von »Erziehung in einer sich wandelnden Kultur«, in der current history unserer Tage die »ganze« Musik und Musikerfahrung zu gewinnen und in den Unterricht einzubringen.[27] Diesem nötigen wie notvollen Zwang kann Musikpädagogik nur mit der Paradoxie einer mobilen Stabilität (oder wenn man will: stabilen Mobilität) beikommen, will sie sich eines Momentanismus unter dem Kuratel jeweiliger Avantgarde *und* eines Traditionalismus unter dem Druck von bloßen »Erinnerungswelten« (Th. Wilhelm) erwehren. Beide Ismen, im Angebot von Musikpädagogik 1975 vertreten, liegen quer zur Geschichte. Musikdidaktik, die auf die Dynamik der Geschichte und ihren dauernden Wechsel reflektiert, kommt nicht ohne Dauern im Wechsel, nicht ohne die Stabilität »systematischer Wahrheit« aus, die sich in Begriffen wie »Allgemeine Lehre«, »Grundlegung«, »Orientierung« u. a. ausspricht. Das Besondere wird auf der Folie des Allgemeinen, das Neue auf der des Alten, das Andere auf der des Gleichen, Werdendes auf der des Seins (und Seiendes als Gewordenes auf der des Werdens!) anschaulich und bewußt. »Didaktik der Musik« und »Sequenzen«: beide sehen sich dem Problem des Ontologiezwanges gegenüber. Die Geschichtlichkeit didaktischer Erkenntnis entbindet nicht von der Reflexion auf »transhistorische« Ontologie der Musik. So möchte Alt »zwei Schichten voneinander trennen: die Ebene des Entstehens, Werdens, Vergehens, die eigentliche historische, und jene des Seins, in der einzelne Werke und Persönlichkeiten durch ihren geistigen und künstlerischen Rang über die Zeitbedingtheit hinausragen«.[28] Erst diese Unterscheidung befreit den Didaktiker Alt vom Alpdruck der Historie: »Bei einer solchen zweifach wertenden Auslese bleibt die Gefahr des Allzuvielen der Geschichte gebannt«. Und weiter heißt es sogar: »Das Ontologische wird dabei immer das Historische überwiegen«.[29] In der bildungstheoretischen Didaktik geriet daher die ästhetische Kategorie des Klassischen zur Instanz normativer

Ziel- und Inhaltssetzung. Freilich stellte Alt daneben, um Erkenntnis der Geschichte zu eröffnen, das von Klafki eingeführte Prinzip des geschichtlich Repräsentativen, das »am Werk Zeitstil und Zeitgeist erhellt«, das (nach einem von Klafki später eliminierten Begriff) »geschichtlich Elementare«. Von neuester Musikgeschichte in Pflicht genommen *und* unter Ontologiezwang gesetzt: in dieser Zerreißprobe steht Musikpädagogik heute, wenn sie die Konstituierung des geschichtlichen Bewußtseins *und* die Konstituierung Allgemeiner Musiklehre als gleich unerläßlich bedenkt. An die Stelle einer zeitenthobenen »historischen Größe« in der Bildungsdidaktik darf aber nicht einfach eine zeitlose »systematische Größe« Allgemeiner Musiklehre treten. – Musikpädagogik der 70er Jahre – Ablösung der zweiten Pädagogischen Bewegung? Man ist versucht, die scheinbar so griffige historische Metapher der Ablösung – Geschichte ist »wirklich« mehr als bloßes Nacheinander – noch unter dem Aspekt gerade einer Restitution von Zentralbegriffen und Leitgedanken der ersten Bewegung zu prüfen. »Man sieht sich schon wieder ›neomusischen‹ Gedankengängen gegenüber, die das Fachliche ausdünnen«: So warnte Alt 1973.[30] Man fragt sich, ob der purgatorische Gewinn der Musikdidaktik der 60er Jahre, z. B. die »Befreiung« der Lieddidaktik von ihren ideologischen Verklemmungen, nicht wieder in Schallspielchen der 70er Jahre, die sich »emanzipatorisch« gerieren und ideologisch verausgaben, vertan wird. Das Verdikt »neomusische Reaktion« trifft heute – Ironie der Geschichte? – gerade jene Konzeptionen, deren Progressivität sich bestätigt sieht durch kreative Aktion und Lustgewinn, Entkunstung der Kunst und Entschulung der Schule, Zerstörung der Opus-Kultur und was sonst noch immer an die »wilden« Jahre früher musischer Bewegung erinnern mag. Das Bild vom Pendelrückschlag der Geschichte ist fix zur Hand, wenn musische Theoreme Urständ feiern. Hier zeigt sich, wie sehr musikpädagogische Forschung und Lehre gefordert sind, das Identische und Nichtidentische etwa im Begriff des Schöpferischen und des Kreativen (um nur ein Beispiel zu nennen) geschichtlich-systematisch herauszudifferenzieren, um nicht bloßen Umkehr- oder Fortschrittsparolen zu verfallen. Reprisenscheu und Geschichtsblindheit verfransen sich oft in eigentümlicher Weise.

3. Musikpädagogik heute – historiographische Perspektiven

»Die Geschichte der Musikerziehung als historische Tatsachenforschung und als Übungsgebiet der Analyse didaktischer Entscheidungen«[31] reflektiert nicht nur das Bild, welches Musikpädagogik sich jeweils von ihrer Geschichte macht, in ihm spiegelt sich auch die Geschichtlichkeit ihrer jeweiligen pädagogischen und fachdidaktischen Erkenntnis, ihr »geschichtliches Standortbewußtsein« (Th. Litt). Fachhistorie ohne Standort verfehlt den Aufforderungscharakter von Pädagogik und Geschichte zugleich.[31a] Freilich setzt Fachhistorie aus sich selbst nicht Handlungsentscheidungen und -anweisungen heraus, die ihr einfach als didaktischer Mehrwert zugeschlagen werden könnten. In-

dessen würde Musikpädagogik sich ohne geschichtliche Orientierung, vor allem ohne problemgeschichtliche Instrumentalisierung ihrer aktuellen Themen in puren Homologien positivistischer Selbstzufriedenheit oder in unbegriffenen, da nicht hinterfragten Neologismen ergehen.
Im folgenden sollen Erkenntnis der Geschichte und Geschichtlichkeit der Erkenntnis in ihrer Wechselbeziehung an drei Beispielen der Fachgeschichtsschreibung unseres Jahrhunderts aufgezeigt werden. Die Abfolge jeweils anderer Selbstporträts der Musikpädagogik im Spiegel ihrer Geschichtsschreibung ermöglicht, ohne Gesetzmäßigkeiten prognostischer Relevanz aufzuweisen, Durchblicke auf 1975.
1. In *G. Schünemanns* »Geschichte der deutschen Schulmusik« von 1928 konvergieren das Vorwort und der Ausblick auf die »Neuzeit« im Aufweis der Geschichtlichkeit als Begründung und Bedingung von Fachhistorie. Schünemann »will . . . die Geschichte der deutschen Schulmusik in ihren Beziehungen zur Musik und Kultur, zur Erziehungslehre und Musikpflege darstellen und damit die wissenschaftliche Grundlage für das Gesamtgebiet der Musikerziehung geben«. Und abschließend heißt es von Kestenbergs Leitlinien zur Musikerziehung: »Sie befreien den Musikunterricht aus der Enge . . . und stellen ihn mitten hinein in die pädagogischen und kulturellen Bewegungen der Gegenwart«.[32] Zwischen diesen ersten und letzten Seiten des Buches entfaltet sich ein großartiger Überlieferungszusammenhang, dem sich interpretierte Fachgeschichte und Gegenwartsanalyse zur Einheit des geschichtlichen Bewußtseins zusammenschließen. Musikerziehung in ihrer Gegenwart – so Schünemann – »steht in allen Punkten . . . auf Schultern«. Liest man diese Geschichte der Schulmusik möglichst in einem Zuge, meint man (trotz aller Unbill des pädagogisch-unterrichtlichen Alltags zu allen Zeiten) etwas von jenem »regelmäßigen Gang der Geschichte« zu spüren, von dem Ranke sprach. Hier wird gleichsam noch »die Kontinuität der pädagogischen Idee in ihrer Entfaltung dargestellt«, mit einem bedeutenden Zeitgenossen Schünemanns aus der Allgemeinen Pädagogik gesprochen.[33]
Sinnvergewisserung im Kulturganzen: das hieß für den »Reformpädagogen« Schünemann, Musikpädagogik nicht auf geschichtslose Modelle der Erziehung reduzieren, das hieß offene Kontinuität oder gar kontinuierliche Offenheit mit »Musik der Gegenwart als Maß musikerzieherischer Bewegung«.[34] Es wäre im einzelnen zu untersuchen, wie sich Schünemanns »Idee einer musikalischen Erneuerung unserer Lebensformen«[35] von jener regressiven Kulturpädagogik abhob, die »als deutsche Gegenwartskunde die Kultur von heute als geschlossenes Sein . . . schaute« und »als Vergangenheitskunde ihre Hauptaufgabe in der Wiederbelebung der Vergangenheit« erkannte (um einmal beispielhaft auf die Notwendigkeit einer differenzierenden Darstellung und Beurteilung der »ersten Pädagogischen Bewegung« hinzuweisen).[36]
2. Der Hinweis auf ein »geschlossenes« Geschichtstheorem lenkt zu unserem nächsten Beispiel. Fast drei Jahrzehnte nach Schünemann erschien *G. Brauns*

Untersuchung über »die Schulmusikerziehung in Preußen von den Falkschen Bestimmungen bis zur Kestenberg-Reform«. Nach ihrem Vorwort »soll eine bestimmte Zeit in der Geschichte der Musikerziehung kritisch betrachtet werden«.[37] Die Betrachtung enthält indessen keine theoriekritische Befragung jüngster Musikerziehung. Sie spiegelt die restaurative Reformpädagogik nach dem zweiten Weltkrieg wider: »Alle politische, wirtschaftliche und menschliche Not der letzten zwanzig Jahre hat die Gültigkeit der Grundlagen der Kestenbergreform nicht erschüttern können«. Braun geht es um ihre »gerechte Würdigung«, da sie »nicht die Zeit der Entwicklung fand«.[38] Er erarbeitet sorgsam aus den Fakten die Diskrepanz zwischen »Reformabsichten und -zielen« und »Reformmaßnahmen und -ergebnissen«.
Brauns Arbeit wirft das Problem der Horizontgebundenheit musikpädagogischer Historiographie auf. Sie urteilt über die fachgeschichtliche Wende in den zwanziger Jahren so: »Es wurde . . . zum ersten Mal in der Geschichte der Schulmusik die Aufgabe der Musikerziehung nicht nur in einer Erziehung zur Musik gesehen, sondern vielmehr die Forderung erhoben, zur Erlebnisfähigkeit der Musik zu erziehen und damit zur Erziehung durch Musik beizutragen . . . So verlagerte sich der Schwerpunkt der Musikerziehung auf die Charakter- und Persönlichkeitsbildung«.[39] Schwer zu entscheiden, ob hier das historische Urteil über eine (im übrigen fragwürdige) Erstmaligkeit die Theorie gegenwärtiger Musikpädagogik legitimieren soll oder ob umgekehrt die »Umstände« nach dem zweiten Weltkrieg und die musikerzieherische »Umwelt« des Historikers kritische Perspektiven verschließen. »Umstände sind bloß faktisch gegeben; Situationen fordern heraus. Gerade diese Herausforderung aber überwindet die Sinnlosigkeit der bloßen Tatsachen und eröffnet befreiende Perspektiven«.[40] Horizontverhaftung des Historikers, ebenso unvermeidbar wie unverzichtbar, gerät zur Horizontbefangenheit, wenn sie weniger vom »wirkenden« Bewußtsein *in* der Geschichte, nämlich sie weiterzuschreiben und -zugestalten getragen ist als von einem »waltenden« Bewußtsein *von* der Geschichte, in unserem Beispiel von Geschichte und Geschick der Kestenbergreform.[41] Entscheidungsperspektiven quasi einer »Theorie für die Praxis« der Musikpädagogik in »ihrer« Gegenwart eröffnet Brauns Arbeit nicht, auch nicht wenn er abschließend als »Beweis für die Tragkraft der Reformideen Kestenbergs . . . die gegenwärtigen Reformbestrebungen auf dem Gebiet der Musikerziehung«, also in den 50er Jahren, anspricht, ohne letztere je einmal zu artikulieren.[42] Der Historiker der musikalischen Reformpädagogik ist (überpointiert gesagt) kein »praktizierender« Reformer. Tradition wird reflexiv nicht überholt.[43]
Tradition ist »der gemeinsame Möglichkeitsgrund für Beharrung und Fortschritt«.[44] Das geschichtliche Bewußtsein ist ein Produkt geschichtlicher Prozesse und ihr produktiv gestaltender Faktor. Fachgeschichtsschreibung ist angesichts dieser Ambivalenz gefragt, ob und wann ihr Traditionsverständnis auch in ein »Verstehen der Überlieferung gegen die Überlieferung« umschla-

gen muß.[45] Damit kommt ein Beispiel kritischer Fachhistorie in unseren Blick.
3. Bei Schünemann und Braun ist die musikpädagogische Vergangenheit keineswegs ein »ontisch Fremdes« (mit einer Kategorie Heideggers gesagt), ein Anderes. Ein anderes Geschichtsbewußtsein ist Vertretern jener »beat generation« (im politischen wie musikalischen Sinn des Bestimmungswortes) eigen, denen die Erfahrung des Dritten Reiches »nachhängt« und die diese Erfahrung in ihr Geschichtsbewußtsein einführen. Fachgeschichte als Folie biographischer Erfahrung wird hier erst recht eigentlich zur Problemgeschichte. Daß die sog. Bewältigung dieser Vergangenheit sich erst in den 60er Jahren formierte, ist selbst ein Problemthema der Geschichte fachlichen Geschichtsbewußtseins (nicht nur in der Musikpädagogik), welches sich kaum nur mit »hermeneutischer Produktivität des Zeitabstandes«[46] abtun läßt. Das musikpädagogische Geschichtsbewußtsein erhält in den 60er Jahren jenen »Situationskoeffizienten«, der bloßes historisch-faktisches Wissen »multipliziert« und die Frage nach dem Gestern des Heute radikal anders stellt.[47] Die »Situation« ist dadurch gekennzeichnet, wie oben auch am Beispiel M. Alts deutlich wurde, daß Musikpädagogik unter einen Theoriezwang gerät, der sie bis heute nicht losläßt. Dieser theoretische Ausweisungszwang motiviert und thematisiert kritische Fachhistorie in der Erkenntnis, daß musikpädagogische Theorie ohne Geschichte blind ist, »daß die vielen offenen Fragen der Musikerziehung in der Gegenwart nicht beantwortet werden können ohne Klärung der Vergangenheit, welche unsere Gegenwart bestimmt«.[48] In diesem Zitat klingt so etwas vom Historiker als einem rückwärtsgewandten Propheten an, der systemtranszendierendes Potential aus der Geschichte schöpfen will (um Schlegels bekanntes Diktum mit einem modernen Tendenzbegriff zu koppeln). Denn auch die Umkehrung steht als Frage an: Ist Fachgeschichte blind ohne musikpädagogische Theorie, zum mindesten ohne sich an ihr orientierende systematische Perspektiven? Denn »jede Historie, weil ex post, hat finale Zwänge«.[49] Die Situationsverhaftung oder -befangenheit dieser Zwänge freilich wird wiederum ex post evident. Kritische Historie, die sich nicht nur mit Ereignissen, Verläufen und geschichtlich-gesellschaftlichen Konstitutionszusammenhängen befaßt, sondern auch mit dem je entwickelten und zu entwickelnden Bewußtsein, wird selbst wieder überholt. Kritik bleibt dann als Krise, d. h. als Wende, Scheide und wieder neue Entscheidung zurück. Und historischer Weisheit mag dann als »das einzig Absolute der Wechsel«[50] erscheinen – auch dies ein Durchblick auf Musikpädagogik heute.
In der eben skizzierten fachgeschichtlichen Situation und in dieser Krisis steht 1975 *U. Günthers* Publikation von 1967 »Die Schulmusikerziehung von der Kestenberg-Reform bis zum Ende des Dritten Reiches«. Sein für unseren Zusammenhang wichtiger Untertitel zeigt das singuläre Vorverständnis und die kritische Tendenz dieser Fachhistorie an: »Ein Beitrag zur Dokumentation und Zeitgeschichte der Schulmusikerziehung mit Anregungen zu ihrer Neugestaltung«.[51] Eklatante Theoriebedürftigkeit der Musikpädagogik und zeitge-

schichtlicher Verweis korrelieren in Günthers provokanter These: Die Kestenberg-Reform sei 1933 nicht abgebrochen und um ihre Wirkung gebracht worden, vielmehr sei sie (nicht Kestenberg) infolge ideologischer Inklination der musischen Musikerziehung gerade dazu disponiert gewesen, im Dritten Reich ohne Schwierigkeit rezipiert zu werden. Dies historische Urteil traf die restaurative Musikerziehung nach 1945 existentiell, so weit sie sich als restitutio in integrum einer unterbrochenen und usurpierten Reform verstand. Auch diese fachgeschichtliche Arbeit ist hier inhaltlich nicht auszubreiten. Nicht weil ihr Thema »schon Geschichte« wäre. Im Gegenteil »lehrt« die Gegenwart der Musikpädagogik von 1975, daß die erfahrene Gefahr politischer Indoktrination eine Generation später noch nicht gegen die drohende Gefahr erneuter ideologischer Autoritätsfixierung immunisiert. Weitere fachliche Arbeiten wird es auch wohl beschäftigen, welche wissenschaftliche Tragfähigkeit Günthers ideengeschichtlicher Kontinuitätsthese eignet, daß nämlich »die Schulmusikerziehung von der Kestenberg-Reform bis zum Ende des Dritten Reiches – und darüber hinaus bis in unsere Gegenwart – sich wie ein durchlaufender roter Faden darstellt«.[52] Denn dies Urteil kann nicht im Sinne absoluter Evidenz, sondern nur »vorläufig« begründeter Wahrscheinlichkeit verstanden werden, da historische Urteile Vor-Urteile sind, zumal bei engagierter Applikation auf eine kontingente geschichtliche Situation, und daher der Ergänzung und Korrektur bedürfen.[53] Die weiterhin bedrängende Frage nach der Ursache, nämlich warum es in und mit der Musikerziehung »dahin kommen konnte«, wird nach Final- und Wirkkausalität differenzieren und durch Konstituierung eines Ursachenpluralismus vor monokausalen Erklärungen und gar Schuldverschreibungen bewahren müssen. Ob die Schuldfrage, die »problematischste Form des historischen Werturteils«,[54] überhaupt in den Aufgaben- und Verantwortungsbereich des Fachhistorikers fällt (Günther behandelt diese Frage expressis verbis nicht), ist hier noch weniger zu diskutieren. Sie rührt an die wissenschaftstheoretische Problematik einer wissenschaftsgläubigen Entscheidungszuweisung und an das ethische Postulat der Gewissensentscheidung angesichts fachlich indifferenter und schweigender Anpassung an autoritäre Ideologien – weiterhin Zentralthemen eines Faches, das »seit jeher im Dienste von Autoritäten« steht.

Es interessieren jedoch in unserem thematischen Zusammenhang die Folgerungen, die die »Aufklärungshistorie« für eine neue konsistente und genuine musikpädagogische Theorie zieht. Günther trug, wie Alt auf die Reduktion der Musikerziehung auf musische Bildung konternd, der Musikpädagogik als einer kulturanthropologisch orientierten »Pädagogik der Musik« folgende gewissermaßen therapeutische Prinzipien an: Rationalität, Sachlichkeit und Fachlichkeit. Zu diesem aus kritischer Fachhistorie gewonnenen begrifflich-diskursiven Instrumentarium musikpädagogischer Theorie nur wenige interpretatorische Hinweise. Rationalität, Anstrengung der Vernunft zwecks Einweisung ins kritische Denken, richtet sich gegen eine wider- und irrationale

Musikerziehung, die sich als Gegengewicht schulischen Sachverstandes und -lernens verstand, und gegen ihre Anfälligkeit eines »Vehikels weltanschaulicher Beeinflussung«. Sachlichkeit wendet sich gegen eine Musikerziehung, die sich von »ihrer konstitutiven Basis, der Musik« löste und daher »Objektivierung und Distanzierung als Voraussetzung reflektierender Erkenntnis« eben »der Sache selbst, der Musik« mißachtete. Günther arbeitet heraus, daß im Dritten Reich dort, wo »der Primat der Kunst und des Künstlerischen« gewahrt blieb, Ideologieimmunität eher erhalten werden konnte. Fachlichkeit schließlich setzt sich von fächerauflösender integrativer musisch-ästhetischer Totalität und Funktionalität ab, die den »spezifisch geistigen Anspruch« der Musik und den »fachspezifischen Auftrag« des Musikunterrichts verfehlen. Die »Lehre« jüngster Fachgeschichte lautete 1967 mithin, kurz und pointiert gesagt: statt musischer Musikerziehung Musikunterricht und für ihn eine »solide Fachdidaktik«.[55] Ist diese fachhistorisch gewonnene Erkenntnis »heute Geschichte«, wie Günther damals über eine gerade erschienene Veröffentlichung urteilte, deren Autor »Kestenbergs Reformwerk insbesondere nach 1945 verwirklichen half«?[56] Denn Entfachlichung lautet in den 70er Jahren wieder die Parole multisensorischer Kommunikation und polyästhetischer Erziehung. Entsachlichung wird gefordert angesichts a- oder antipolitischer Fach-Idiotie und ihrer sachimmanenten Ausrichtung. Und auf Rationalität als Korrektiv musisch-ästhetischer Irrationalität antwortet natürlich-unvermittelte Unmittelbarkeit lustvoller ästhetischer Aktion. Geschichte scheint Historie und ihre perspektivische Verkürzung musikpädagogischer Theorie schon nach wenigen Jahren zu überholen.

Günther verfaßte seine kritische Fachhistorie vor der Rezeption der kritischen Theorie in der Musikpädagogik und vor der Aufkunft der Curriculumtheorie. »Gesellschaftliche Relevanz« oder »Emanzipation«, gemeinsamer Horizont dieser Bewegungen, gaben noch keine systematischen Kategorien für fachhistorische Perspektiven ab. Der »rein sachbezogene Ansatz reicht nicht aus«, schrieb der Autor selbstkritisch schon bald darauf und fuhr fort: »Er war und bleibt notwendiger erster Schritt«.[57]

Muß sich also fachgeschichtlicher und -didaktischer »Fortschritt« in einem ersten Schritt, gewissermaßen im Übergang – auch dies ist ja eine beliebte historiographische Metapher – antithetisch artikulieren, mithin »prinzipiell«, d. h. zu Anfang nach Irrationalität Rationalität, nach Entfachlichung Verfachlichung usw. proklamieren? Wäre dieser Schritt auch »nur ein scheinbar gelungener Neuerungsversuch« (s. Anmerkung 20), ein kurzgeschlossenes Programm? Wäre das reflektorische Bemühen, solche Polaritäten zusammenzudenken, erst in einem zweiten Schritt zu leisten? Um kritische Anfragen an die jüngste Fachgeschichte noch schärfer zu formulieren: Müssen musikpädagogische und -didaktische Reflexion und Aktion zunächst ins Extrem ganz anderer »Lehre« abschwenken, um der »Irrlehre« zu entkommen, also auf »liederliches« Singen mit Lied- und Singdispens (oder allenfalls mit rationaler Analyse

von Liedersingen) reagieren, auf Orientierung am Kunstwerk mit Proklamation von Antikunst und Antiwerk, auf alte Musik mit neuer Musik, auf Tradition mit Fortschritt usw. usw.? So pauschal und ungeschützt zu fragen, ist hier nur erlaubt, um auf die Gefahr reduktiver Konzeptionen hinzuweisen, die in falschen Antithesen und Alternativen lauern und je nur einen Sektor von Musik und Musikerfahrung abdecken. Will Musikpädagogik sich nicht »sektiererisch« abzirkeln, muß sie Polaritäten im Musikbegriff und Konflikte in der Musikerfahrung durchhalten und gerade sie für ihre Identitätsfindung und ihren Bildungsausweis fruchtbar machen.[58] Rezession der Musikpädagogik in reine Sachlichkeit, Rationalität u. a. Prinzipien oder deren Gegenprinzipien verfehlt Musik und Pädagogik.[59]
Komplexitätsreduktion auf bloße Antithese pflegt sich bisweilen behend der Geschichtlichkeit als eines Alibis zu bedienen. Sicher: Geschichtlichkeit »entlastet den Historiker von dem Vorwurf einer vermeintlichen Subjektivität, der man insofern nie entraten kann, als ›die Geschichte‹ den Historiker und die Historie dauernd überholt«.[60] Doch darf Geschichtlichkeit nicht zum präsentistischen Mißverständnis subjektivistischer ästhetischer Präferenzen verkommen und diese zum kategorischen didaktischen Imperativ erheben. Gerade sich an Antithetik wundreibende Musikpädagogik bedarf eines fachgeschichtlichen Tiefenverständnisses.

4. Musikpädagogik heute – curricularer Ausblick
Sehe ich recht, ist sich die Musikpädagogik der 70er Jahre wohl dessen bewußt, daß Musik, ihre Erfahrung und Erkenntnis geschichtlich bedingt, daher veränderlich sind. Keine Curriculumpräambel vergißt diese Grundsatzerklärung ihrer Geschichtlichkeit. Indessen die Versicherung geschichtlich *bedingter* Musikerfahrung und -erkenntnis bleibt abstrakt, leer und ohne Anschauung, wenn das Curriculum nicht konkret auf eine sich auf Geschichte *beziehende* Kenntnis und Erkenntnis reflektiert, wenn Veränderlichkeit und Beweglichkeit von Musik nicht paradigmatisch an ganz bestimmter Veränderung und Bewegung in der Musikgeschichte aufgewiesen werden. Fraglich ist, ob sich geschichtliches Bewußtsein auch nur als Nebenwirkung, gewollt oder nicht, oder sich gar von selbst einstellt und ausbildet, wenn das Universum des auditiv Wahrnehmbaren, ob Alltagsschall oder Sonntagsmusik, Materialien für eine allgemeine Schall-Lehre liefert. Fahndet man nach dem in Lernzielkatalogen hinterlegten Verständnis von Geschichte und geschichtlicher Bildung, ergibt sich, daß Lernziele, die einem durchlaufenden Ausbildungsprozeß des geschichtlichen Wissens und Bewußtseins zufallen könnten, kaum vorkommen, daß sie – willentlich oder nicht – nicht ausformuliert werden.[61] »Gesellschaft«, wie »Geschichte« ein ebenso vager wie inhaltsschwerer und nur scheinbar sicherer etablierter Begriff und ohne geschichtliche Dimension nicht denkbar, bringt zumeist wie ein deus ex machina alles auf der curricularen Szene schnell und »relevant« zum guten Ende.

Die Konstituierung geschichtlich-gesellschaftlichen Bewußtseins im musikalischen Ausbildungsgang verweist die musikdidaktische Ziel- und Inhaltstheorie auf einen Begründungs- und Bedingungszusammenhang, der formelhaft bereits in dem Motto, das unserer Studie vorangestellt wurde, anklang und aus dem sich die folgenden beiden Fernziele des Musikunterrichts ergeben:
– »Anderes sehen und hören lernen« *und*
– »anders sehen und hören lernen«.
Erkenntnis von je Anderem und dadurch von Veränderung in der Geschichte und Geschichtlichkeit der Erkenntnis als je neu geforderte Reflexion auf den eigenen Standort und das installierte Normengefüge muß die Musikdidaktik in einer Musikgegenwart zusammenbringen, in der sich historisch Ungleichzeitiges als soziokulturelle Gleichzeitigkeit präsentiert. Denn nur vom unterscheidenden Umgang mit Musik kann lernzielorientierter Unterricht zum entschiedenen Umgang mit ihr führen. Aufklärung mit allgemeinen Vernunftwahrheiten tut es nicht. Anknüpfend an zwei epochale Kontroversen über das Geschichtsverständnis in seiner eigenen Geschichte und im Blick auf einen Konkretionsverlust geschichtlicher Bilder und Gegenbilder, möchte man der Musikpädagogik 1975 statt »Aufklärung« fast mehr »Romantik« antragen, d. h. »den Prozeß einer Bildung, in welcher das Bewußtsein jeweils an seinen Inhalten seine jeweils neue konkrete geschichtliche Gestalt gewinnt«.[62]
Um diesen »Fortschritt« ging es Michael Alt: »Es gibt keine unveränderlichen Wertetafeln, die allen gesellschaftlichen Verhältnissen zum Trotz durchzuhalten sind; sie sind vielmehr immer neu zu gewinnen und zu formulieren im Dialog mit der Wirklichkeit, unbeschadet der zeitlosen Gültigkeit ästhetischer und musikalischer Prinzipe«. Und Alt fügte hinzu, Mahnung an Musikpädagogik »zwischen« Tradition und Fortschritt auch ein Jahrzehnt nach ihrer Niederschrift: »Der Musikerzieher muß in eins sehen, was die Zeit will und was die Zeit braucht«.[63]

Anmerkungen

[1] Zitiert nach Alt, M., Didaktik der Musik. Orientierung am Kunstwerk, Düsseldorf 1968, S. 163.
[2] Alt, M., Aufgaben der musikdidaktischen Forschung, in: Die Pädagogische Hochschule, Struktur und Aufgaben (hrsg. von der Pädagogischen Hochschule Dortmund), Ratingen 1964, S. 379 f.
[3] Apel, K.-O., Szientistik, Hermeneutik, Ideologiekritik. Entwurf einer Wissenschaftslehre in erkenntnisanthropologischer Sicht, in: Theorie-Diskussion – Hermeneutik und Ideologiekritik (hrsg. von Habermas, Henrich u. Taubes), Frankfurt 1971, S. 29.
[4] Zum Begriff Geschichtlichkeit siehe:
Bauer, G., Geschichtlichkeit. Wege und Irrwege eines Begriffs, Berlin 1963.
von Renthe-Fink, L., Geschichtlichkeit. Ihr terminologischer und begrifflicher Ursprung bei Hegel, Haym, Dilthey und York, Göttingen [2]1968.
Schaeffler, R., Einführung in die Geschichtsphilosophie, Darmstadt 1973.
Schulz, G. (Hrsg.), Geschichte heute. Positionen, Tendenzen und Probleme, Göttingen 1973.
[5] Leuschner, J., Bemerkungen über vorurteilshafte Einstellungen zu historisch-politischen Fragen, in: Das Vorurteil als Bildungsbarriere (hrsg. von W. Strzelewicz), Göttingen [2]1970, S. 157.
[6] Alt, M., Aufgaben der musikdidaktischen Forschung a.a.O. S. 378 f. Hier auch die folgenden Zitate. Dieser programmatische Aufriß Alts ist für die fachdidaktische Reflexionsstufe und den erweiterten Didaktikbegriff Mitte der 60er Jahre besonders repräsentativ.

[7] Alt, M., Didaktik der Musik a.a.O. S. 5.
[8] Alt, M., Didaktik der Musik a.a.O. S. 59.
[9] Alt, M., Zur Didaktik des Musikhörens und der Werkinterpretation in der Hauptschule, in: Musikhören und Werkbetrachtung in der Schule (hrsg. von K. Sydow), Wolfenbüttel und Zürich 1970, S. 43, 45. Daß hier »der Versuch unternommen wird, die Kultur der herrschenden Klasse auf die übrigen Schichten der Bevölkerung zu übertragen, sie zur Identifikation mit den Werthaltungen, Aussageinhalten und -mitteln der Bourgeoise zu veranlassen und gleichzeitig eine eigene, den gesellschaftlichen Interessen adäquate Kulturentwicklung zu unterbinden« (F. Hoffmann, Musiklehrbücher in den Schulen der BRD, Neuwied u. Berlin 1974, S. 134 f.), ist ideologisch-interpretatorische Überdrehung.
[10] Didaktik der Musik, Düsseldorf [3]1973, S. 6.
[11] S. z. B.: Der Wandel des musikalischen Bewußtseins durch die technischen Medien, in: Musik im Unterricht (B) 1968/H. 6, S. 203; auch in: Der Einfluß der Technischen Mittler auf die Musikerziehung unserer Zeit (hrsg. von E. Kraus), Mainz 1968, S. 38.
[12] Eggebrecht, H. H., Über Adornos »Zur Musikpädagogik«, in: Musik und Bildung 1971/H. 2, S. 70.
[13] Alts letzte Arbeiten an den Richtlinien für Musik in der Grundschule haben z. B. neben dem Kunstwerk dem Kinder- und Volkslied und »Hörstücken aus der mittleren Ebene des Musikschaffens« Raum zugewiesen (Richtlinien und Lehrpläne für die Grundschule, Schulversuch in Nordrhein/Westfalen, Wuppertal/Ratingen 1969). Man lese etwa auch nach, wie Alt noch in den 60er Jahren den »Versuch einer Synthese zwischen der neuen Arbeitswelt und der musischen Idee« unternahm (Das Musische als integratives Moment der Erziehung, in: Dortmunder Hochschulreden, hrsg. von F. Grütters, Bd. I, Ratingen 1965). Vergl. hierzu: Verf., Unterricht in Musik. Ein historischer und systematischer Aufriß seiner Didaktik, Düsseldorf [2]1972, S. 42 ff.
[14] Didaktik der Musik, [3]1973, S. 6.
[15] Didaktik der Musik, 1968, S. 8. Siehe auch: Forschung in der Musikerziehung (hrsg. von Alt, Antholz, Kraus) 1/1969, S. 39 f.
[16] Neben dem Vorwort zur 3. Auflage vergl. besonders S. 235 f. (zur musikalischen Avantgarde) und S. 244 ff. (zur emanzipatorischen Musikpädagogik).
[17] Gadamer, H.-G., Wahrheit und Methode. Grundzüge einer philosophischen Hermeneutik, Tübingen [2]1965, S. 283.
[18] Zum Verweisungszusammenhang von Geschichtsphilosophie und Ästhetik, von Kunst(werk) und Geschichte s. neuerdings: neue hefte für philosophie/Heft 5, Göttingen 1973 (besonders die Arbeiten von Bubner und Baumeister/Kulenkampff).
[19] Didaktik der Musik, [3]1973, S. 7.
[20] Sequenzen – Musik Sekundarstufe I. Beiträge und Modelle zum Musik-Curriculum (Arbeitsgemeinschaft Curriculum Musik), Stuttgart 1972, Lehrerband (Einleitung). Hier auch die folgenden Zitate.
[21] Schünemann, G., Geschichte der deutschen Schulmusik, Leipzig 1928, S. 380, 376.
[21a] Zitat nach Bloch, E., Gibt es Zukunft in der Vergangenheit?, in: Vom Sinn der Tradition (hrsg. von L. Reinisch), München 1970.
[22] Didaktik der Musik, [3]1973, S. 6.
[23] Didaktik der Musik, 1968, S. 219. Zur Kritik der Sinnstrukturen und ihrer Einübung im Unterricht s. Hoffmann a.a.O., S. 116 ff.; ferner Verf. a.a.O., S. 168 ff.
[24] Günther, U., Musikerziehung in der Grundschule, in: Grundschulkongreß '69, Bd. 3 (hrsg. von E. Schwartz), Frankfurt 1970, S. 218.
[25] Heimpel, H., in: Die Zeit v. 1. 1. 1960, zit. n. Bauer a.a.O. S. 170.
[26] s. Verf., Zum Geschichtsdenken gegenwärtiger Musikpädagogik im Horizont didaktischer Ansatzproblematik, in: Aktualität und Geschichtsbewußtsein in der Musikpädagogik (hrsg. von S. Abel-Struth), Mainz 1973. Vergl. auch Hoffmann a.a.O., S. 182 u. p.
[27] Kilpatrick, W. H., Erziehung für eine sich wandelnde Kultur, in: Dewey/Kilpatrick, Der Projektplan. Grundlegung und Praxis, Weimar 1935.
[28] Didaktik der Musik, 1968, S. 161 f.
[29] Alt, M., Vom Stoffplan zur Bildungseinheit, in: Musik im Unterricht (B) 1962/H. 5, S. 137.
[30] Didaktik der Musik, 1973, S. 7.
[31] s. Anmerkung 2.
[31a] s. z. B.: Riemer, O., Einführung in die Geschichte der Musikerziehung, Wilhelmshaven 1970. Dem bloßen Zusammenstand fachhistorischer Dokumente zwischen zwei Buchdeckeln sollte »die Dokumentation speziellerer Fragestellungen in historischen Längs- und Querschnitten« weichen

(Heise/Hopf/Segler [Hrsg.], Quellentexte zur Musikpädagogik, Regensburg 1973, S. 354) – eine bedenkenswerte, obschon eilfertige Quellenpublikationen nicht verhindernde Einsicht und Anregung. Vergl. auch: Paul, H. O., Musikerziehung und Musikunterricht in Geschichte und Gegenwart, Saarbrücken 1973.

[32] Schünemann a.a.O., Vorwort und S. 380 f.

[33] Nohl, H., Die pädagogische Bewegung in Deutschland und ihre Theorie, Frankfurt/M. 1935, S. 151.

[34] Schünemann, G., Gegenwartsfragen der Musikerziehung, in: Jahrbuch der Musikbibliothek Peters, 35. Jahrgang, Leipzig 1928.

[35] Schünemann, G., Musikerziehung und Musikwissenschaft, in: Musikpädagogische Gegenwartsfragen. Vorträge der 6. Reichsschulmusikwoche, Leipzig 1928, S. 269.

[36] Zitate aus: Zeitschrift für deutsche Bildung 1925/2. u. 3. Heft, S. 131. Hier auch H. J. Mosers Heidelberger Antrittsvorlesung über »Die Tonkunst in der künftigen deutschen Bildung«, in der sich Moser u. a. mit dem »heute allgültigen Paradeschlagwort von der Erziehung zum Schöpferischen« anlegt, bei dem »ein arges Stück pädagogischer Schaumschlägerei mit unterläuft« (S. 88 f.) – gleichermaßen Problemthema in der Musikpädagogik 1975.

[37] Braun, G., Die Schulmusikerziehung in Preußen von den Falkschen Bestimmungen bis zur Kestenberg-Reform, Kassel und Basel 1957, S. 8.

[38] A.a.O., S. 109, 9.

[39] A.a.O., S. 90 f.

[40] Schaeffler a.a.O., S. 41.

[41] Zum Begriff »waltende Tradition« im Gegensatz zu »begriffene Tradition« s. Eggebrecht, H. H., Neue Musik-Tradition-Fortschritt-Geschichtsbewußtsein: Bemerkungen zu diesen Begriffen, in: Zwischen Tradition und Fortschritt. Über das musikalische Geschichtsbewußtsein (hrsg. von Stephan), Mainz 1973, S. 54.

[42] A.a.O., S. 109.

[43] Insofern leitet Brauns Publikation nicht »einen neuen Abschnitt der Reflexion« ein (Segler, H. [Hrsg.]), Musik und Musikunterricht in der Gesamtschule, Weinheim 1972, S. 104); »neu« ist bei Braun vergleichsweise die saubere, wissenschaftlich »objektive« Erhebung des Faktischen.

[44] Schaeffler a.a.O., S. 33.

[45] Wellmer, A., Kritische Gesellschaftstheorie und Positivismus, Frankfurt/M. 1969, S. 52 f.

[46] Gadamer, H.-G., Replik, in: Hermeneutik und Ideologiekritik, a.a.O., S. 302.

[47] Die Bezeichnung »Situationskoeffizient« stammt aus G. Sterns Kritik am »formalen« Begriff der Geschichtlichkeit K. Mannheims; hier zitiert n. Bauer a.a.O., S. 115.

[48] Günther, U., Die Schulmusikerziehung von der Kestenberg-Reform bis zum Ende des Dritten Reiches, in: Musik und Bildung 1969/H. 4, S. 180.

[49] Koselleck, R., Über die Theoriebedürftigkeit der Geschichtswissenschaft, in: Theorie der Geschichtswissenschaft und Praxis des Geschichtsunterrichts (hrsg. von Conze), Stuttgart 1972, S. 20.

[50] H. Butterfield, zit. n. Carr, E. H., Was ist Geschichte? Stuttgart/Berlin/Köln/Mainz [3]1972, S. 119.

[51] Neuwied und Berlin 1967.

[52] A.a.O., S. 203. Zur Problematik präfaschistischer Theoreme in der Pädagogik vergl. neuerdings, auch wegen der wissenschaftsmethodischen Erörterung ideengeschichtlicher Zusammenhänge: Kunert, H., Deutsche Reformpädagogik und Faschismus, Hannover/Darmstadt/Dortmund/Berlin 1973.

[53] Darauf hat Günther selbst hingewiesen: s. o. Anmerkung 48. S. auch die Kontroverse Günther – Alt in: Forschung in der Musikerziehung 1/1969.

[54] Faber, K.-G., Theorie der Geschichtswissenschaft, München 1971, S. 181.

[55] So Günther in einer Besprechung neuerer Literatur zur Musikerziehung und musischen Erziehung in: Westermanns Pädagogische Beiträge 1969/11, S. 640 f.

[56] Ebd. (über Heer, J., Führung zur Musik, Ratingen 1966).

[57] S. Anmerkung 48.

[58] Dazu Verf., Konflikte in der Musikdidaktik – Konfliktdidaktik der Musik (i. Vorbereitung).

[59] Selbstredend ist Rationalität und nicht Irrationalität ein die Musik*pädagogik* als »verspätete Wissenschaft« konstituierendes Moment. Der sinn- und zielkritische Horizont des Musik*unterrichts* liegt im Spannungsfeld von ratio und irratio, ohne dem Diktat der Irrationalität zu verfallen und sich der Rationalität durch und durch zu verschreiben. Auf den kontextinvarianten Begriff Rationalität (s. etwa die Kritik von J. Habermas am Begriff M. Webers in: Technik und Wissenschaft als »Ideologie«, Frankfurt 1968), den Günther nicht reflektiert, und seine Bedeutung für Musikpädagogik und

Musikunterricht kann hier nicht eingegangen werden. Jedenfalls ist Rationalität nicht *der* musikunterrichtliche Letztwert.

[60] Koselleck a.a.O., S. 12.

[61] Die Regel (der Vermeidungsstrategie) bestätigen auch hier Ausnahmen, z. B. Segler (Hrsg.) a.a.O., S. 115.

[62] Schaeffler a.a.O., S. 47.

[63] Alt, M., Aufgaben der musikdidaktischen Forschung (s. Anmerkung 2), S. 387.

Musikpädagogik und Forschung

Vom Arbeitskreis Forschung in der Musikerziehung zum Arbeitskreis Musikpädagogische Forschung

Ulrich Günther

1. 50 Jahre musikpädagogische Forschung – ein geschichtlicher Rückblick

1920-1945

Im allgemeinen korreliert »Forschung« mit »Wissenschaft«, und beide assoziieren die Institution Universität oder Wissenschaftliche Hochschule. Das aber ist, vereinfacht gesagt, ein wichtiger Grund dafür, daß bis in die jüngste Vergangenheit hinein die Verbindung von Musikpädagogik einerseits und Forschung und Wissenschaft andererseits sich nicht einstellt; denn erst seit relativ kurzer Zeit ist Musikpädagogik eine Disziplin an Wissenschaftlichen Hochschulen und Universitäten geworden, in der Bundesrepublik seit etwa zehn Jahren, in der DDR allerdings schon seit 30 Jahren. Bis dahin wurde Musikpädagogik im allgemeinen in Verbindung mit Musikunterricht und Musiklehrerausbildung gebracht. Die Ausbildung von Musiklehrern aber war traditionsgemäß vor allem künstlerisch-praktisch orientiert, und seit Beginn der zwanziger Jahre wurden die künftigen Gymnasialmusiklehrer an Musikhochschulen (oder Hochschulinstituten) ausgebildet; also nicht an Universitäten, sondern an Kunsthochschulen, die insofern gleichrangig waren, als beide zum höheren Lehramt qualifizierten.

Leo Kestenberg, dem Initiator dieser Ausbildung, ging es im Kern seines Reformkonzepts um einen neuen Lehrertypus: für die höhere Schule war es der umfassend künstlerisch, wissenschaftlich und pädagogisch vorgebildete Musikstudienrat.[1] Diese Ausbildung sollte nach Kestenbergs Plänen an einer besonderen »Musikpädagogischen Akademie« stattfinden mit einem eigenen »Musikpädagogischen Forschungsinstitut«.[2] Kestenbergs Vorstellung hiervon und seine Vorschläge für eine wissenschaftlich zu begründende Musikpädagogik wurden geprägt von der damals einflußreichen Experimentalpsychologie. Deshalb auch schlug er als Leiter dieses Forschungsinstituts einen Experimentalpsychologen oder einen Akustiker vor, dem ein Musik*pädagoge* lediglich assistieren sollte. »Das Musikpädagogische Forschungsinstitut könnte eine gemeinsame Grundlage und damit eine Zentralstelle für die gesamte musikpädagogische Bewegung schaffen.«[3]

Aber Kestenbergs Plan einer Musikpädogogischen Akademie ließ sich in den zwanziger Jahren politisch nicht durchsetzen. So blieb auch die musikpädagogisch relevante Forschung in den Händen einzelner; an einige sei erinnert: an Georg Schünemann und Eberhard Preußner in Berlin, Fritz Reuter in Leipzig, Richard Wicke in Weimar, Walter Kühn in Königsberg (der bereits 1922 am Sternschen Konservatorium in Berlin ein »Musikpädagogisches Forschungsinstitut« gegründet hatte). Kennzeichnend war, daß musikpädagogisch relevante Forschung seltener von Musikpädagogen als von Musikwissenschaftlern getrieben wurde, die in der Regel auch musikpraktisch-instrumental ausgebildet waren.

Verglichen mit der Musikforschung blieb indes der Umfang der musik*pädagogischen* Forschung gering; ihre Themen waren historisch[4], vor allem experimentalpsychologisch orientiert.[5] Das änderte sich während der Zeit des Dritten Reiches kaum.[6] Allerdings ist in jener Zeit eine Reserve gegenüber Empirie und Psychologie nicht zu übersehen. Umso bemerkenswerter ist die empirische Untersuchung »Eine Darstellung der Typen des musikalischen Genießens und Wertens beim Jugendlichen und ihre pädagogische Bedeutung« (Köln 1935) von Michael Alt, die in G. Schünemanns Schriftenreihe »Handbücher der Musikerziehung« unter dem Titel »Die Erziehung zum Musikhören« (Leipzig 1935) erschien, allerdings damals keine erkennbare Wirkung auf die musikpädagogische Diskussion hatte; dagegen bestimmte sie die zukünftige Arbeit des Autors vor allem in zweifacher Hinsicht: in bezug auf das Musikhören und auf das musikalische Kunstwerk, die beide im Mittelpunkt seines didaktischen Interesses standen (Didaktik der Musik, Düsseldorf 1968; Das musikalische Kunstwerk, 2 Bde., Düsseldorf 1965/66).

1945-1975

Seit 1945 ging die Musikpädagogik in Mitteldeutschland und in Westdeutschland verschiedene Wege. In der DDR, wo die gesamte Lehrerausbildung zunächst ausschließlich an den Universitäten durchgeführt wurde (bis 1953), wurden in einigen Pädagogischen Fakultäten Institute für Musikerziehung eingerichtet, die musikpädagogische Forschung auf hohem Niveau trieben, vor allem in Halle und Berlin. Die vielen Beiträge beispielsweise zur Rezeptionsforschung, fast ausnahmslos in den Wissenschaftlichen Zeitschriften der beiden Universitäten abgedruckt, lassen dies erkennen, und zwar hinsichtlich Planung, Koordination, Umfang, Methoden, Zielrichtung und Erkenntnisinteresse, vor allem aber, damit zusammenhängend, hinsichtlich des hohen Grades an gesellschaftlichem Bezug und an Praxisorientierung. Allerdings ist auch nicht zu übersehen, daß bestimmte Tabus (wie die avancierte musikalische Moderne und, daraus folgend, die Dominanz der Musik des 19. Jahrhunderts und ihrer Nachfolger im 20. Jahrhundert) die Richtung auch der musikpädagogischen Forschung in der DDR beeinflussen und ihr Grenzen ziehen. In vielen Bereichen werden Musikerziehung und musikpädagogische Forschung von der Tradition, vor allem der zwanziger Jahre, bestimmt; auch viele Kapitel der drei Bände des Handbuchs der Musikerziehung (Leipzig 1968/69) zeigen das deutlich.

Auch in der Bundesrepublik knüpfte die Musikerziehung bis in die sechziger Jahre hinein an die Tradition der zwanziger Jahre ausdrücklich an: sowohl pragmatisch als auch in ihrer Praxis und ihrer Theorie, vor allem hinsichtlich der Musiklehrerausbildung. Sie fand weiterhin nicht an Universitäten und Wissenschaftlichen Hochschulen, sondern an nichtwissenschaftlichen Hochschulen (Musikhochschulen und Pädagogische Hochschulen) statt. Erst die Kritik an der ideologischen Abhängigkeit von der musischen Erziehung, der sich die Musikerziehung seit den zwanziger Jahren (und besonders während der Zeit des Dritten Reiches) bis in die sechziger Jahre hinein verpflichtet fühlte, führte allmählich zu einer immer größer werdenden Sachbezogenheit der Musikerziehung und des Musikunterrichts, die Hand in Hand ging mit der Entwicklung von musikdidaktischen Fragestellungen und Denkweisen, wobei Musikdidaktik verstanden wird als Wissenschaft vom Musikunterricht.
Es ist sicher kein Zufall, daß etwa gleichzeitig in einigen Ländern der Bundesrepublik die Lehrerausbildung, und damit auch die Ausbildung von Musiklehrern, an die Universität verlegt wurde, in anderen Ländern wurden die Pädagogischen Hochschulen zu wissenschaftlichen Hochschulen mit dem Recht, auch in Musikpädagogik zu promovieren und zu diplomieren. Inzwischen gibt es auch einige Musikhochschulen, die zu »künstlerischen und wissenschaftlichen Hochschulen« geworden sind. Damit sind die institutionellen Voraussetzungen und Bedingungen für musikpädagogische Forschung auch in der Bundesrepublik wesentlich verbessert worden.
Vergleicht man diese Entwicklung der Musikpädagogik und der Musiklehrerausbildung in der Bundesrepublik mit der musikpädagogischen Forschung, dann ist der Gleichlauf evident. So wurde zwar auf dem immer wieder zitierten Internationalen Musikwissenschaftlichen Kongreß 1953 in Bamberg »als dringendes Desiderat der Musikerziehung . . . herausgestellt« beispielsweise die »Fundamentierung der Musikerziehung als Wissenschaft« sowie »musikerzieherische Grundlagenforschung«; und daß eine Arbeitssitzung »Musikerziehung und Musikwissenschaft« stattgefunden hatte, wurde als Beweis dafür gewertet, »daß die Musikerziehung auf dem Vormarsch« sei; aber gleichzeitig wurde bedauert, daß »die Verbindung der Universität als Träger musikwissenschaftlicher Forschung zur Musikpädagogik« allzu dürftig sei.[7]
Deshalb verwundert es nicht, daß die Bemühungen, »die Querverbindungen zwischen Musikerziehung und Musikforschung« zu vertiefen[8], beispielsweise mit Hilfe der Kommission Musikerziehung in der Gesellschaft für Musikforschung, ohne greifbares und für die Musikpädagogik bedeutsames Ergebnis blieben, bis heute.
Interessant ist, daß ein »Sofortprogramm für die Musik in Schule und Lehrerbildung«, das der Verband Deutscher Schulmusikerzieher 1963 veröffentlichte[9], »neue Bemühungen um eine wissenschaftliche Grundlegung des Musikunterrichts auch in Zusammenarbeit mit der allgemeinen Pädagogik und ihren Hilfswissenschaften, vor allem der Psychologie und der Soziologie«, forderte.

Hieran lassen sich Anzeichen für den um 1960 beginnenden Trend zur Entwicklung einer Didaktik (vorgeschaltet vor die bis dahin vorherrschende Methodik) erkennen. So überschrieb Michael Alt 1965 einen Beitrag: »Zur wissenschaftlichen Grundlegung des Musikunterrichts«; er spiegelt die erziehungswissenschaftliche Diskussion der sechziger Jahre über das Problem der Didaktik wider und steht damit im pädagogischen Kontext, kaum dagegen im musikwissenschaftlichen; denn »das Verhältnis der Musikerziehung zur Musikwissenschaft ist . . . noch weitgehend ungeklärt«, und »jenseits dieses Transfers musikwissenschaftlicher Forschung in den Bildungsraum fragt die Didaktik . . . nicht bloß nach der Sache, sondern nach dem Verhältnis des Menschen, vor allem des Jugendlichen und Laien zu ihr«. Alt schließt mit der bemerkenswerten Feststellung: »Die Didaktik der Musik ist also eine Disziplin wissenschaftlicher Pädagogik, kein bloßes technologisches Anhängsel der Musikwissenschaft, das sich auf die Methoden, Rezepte, Praktiken und Unterrichtstechniken des Transfers der Musikwissenschaft in den Schulunterricht zu beschränken hätte. Aber das Wechselverhältnis zu ihr kann nicht fest genug geknüpft werden. Jede Verdünnung des Fachwissenschaftlichen würde eine verhängnisvolle Desintegration der Musikdidaktik nach sich ziehen.«[10]
Hieran wird zweierlei deutlich: Mitte der sechziger Jahre beginnt die Musikpädagogik sich vornehmlich als *Didaktik* und damit erziehungswissenschaftlich zu verstehen, als *Fach*didaktik orientiert sie sich zunehmend an der Sache Musik. Das wirkt sich so aus, daß einerseits der wissenschaftliche Charakter vieler musikpädagogischer und -didaktischer Veröffentlichungen (z. B. in den Berichten über die Bundesschulmusikwochen seit 1965) und ihre wissenschaftliche Dignität immer deutlicher hervortreten, daß andererseits die musikpädagogische Forschung selbst nicht in den Hochschulen stattfindet, sondern in einer Institution, die 1964 sich außerhalb der Hochschulen bildete, parallel zu der soeben skizzierten Entwicklung, im »Arbeitskreis Forschung in der Musikerziehung«.

2. Arbeitskreis Forschung in der Musikerziehung[11]

Im April 1964 veröffentlichte Günther Noll seinen Aufsatz »Forschungsaufgaben in der Musikerziehung«[12]. Darin begründete er die Notwendigkeit, durch wissenschaftliche Forschung allgemeingültige Grundlagen auch für die Musikerziehung in der Bundesrepublik Deutschland zu schaffen, die es trotz bedeutender Einzelleistungen noch nicht gäbe. Hierfür sei freilich eine eigenständige musikpädagogische Forschung, eine »Forschung in der Musikerziehung« selbst, vonnöten; denn es genüge nicht mehr, »bestimmte Kategorien der Nachbarwissenschaften einfach auf die Musikerziehung zu übertragen. Es ist in der Vergangenheit viel zu wenig beachtet worden, daß diese ihren eigenen Gesetzmäßigkeiten unterliegt.« Noll erörterte subtil und konkret die Problematik und umriß die Fülle der notwendigen Aufgaben. Um sie zu lösen, seien Planung und Zusammenarbeit erforderlich. Deshalb schlug Noll vor, eine

»Forschungsgemeinschaft der Musikerzieher» zu bilden, ähnlich verschiedenen Vorbildern in anderen Ländern. »Nichts wäre schädlicher als ein untätiges Verharren in Lethargie und Mutlosigkeit. Es gilt vielmehr, kräftig anzupacken, an irgendeiner Stelle, um so Baustein zu Baustein zu fügen, an einem Gebäude mitzubauen, das noch vieler Stützen bedarf.«
Im Jahr darauf, während der 6. Bundesschulmusikwoche 1965 in Bonn, kam es dann zur Gründung eines Arbeitskreises »Musikerziehung und Forschung«, dessen Vorsitzender Michael Alt wurde. Der Arbeitskreis begann, notwendigerweise, punktuell zu arbeiten; zu einem gemeinsam durchgeführten Forschungsvorhaben, wie bei der Gründung vorgesehen, kam es vorerst nicht.[13]
Im November 1965 veranstaltete der Arbeitskreis in Essen seine 1. Arbeitstagung »Forschung in der Musikerziehung« (so nannte er sich seitdem auch). Die Themen der Referate, die auf dieser Tagung gehalten wurden, und deren Diskussion sowie die von Noll in seinem o. g. Beitrag skizzierten Aufgaben musikpädagogischer Forschung wurden von ihm zu einem »Themenkatalog für Forschungsaufgaben in der Musikerziehung« zusammengefaßt und systematisiert.[14]
Erstaunlicherweise konkretisierten sich Problembewußtsein und Erkenntnisinteresse bereits auf der 2. Arbeitstagung in Jugenheim, April 1966.[15] Deren Hauptgesichtspunkte waren: Auseinandersetzung mit der damals stark hervortretenden erfahrungswissenschaftlich orientierten Erziehungswissenschaft. Klärung der Begriffe Didaktik und Musikdidaktik sowie daraus sich ergebende Schwerpunkte und ein Prioritätenkatalog möglicher Forschungsarbeit. Der Einfluß der Erziehungswissenschaft auf Musikdidaktik und musikpädagogische Forschung wird nicht nur in den Beiträgen von Erziehungswissenschaftlern auf dieser Tagung deutlich, sondern auch in den Diskussionen der Musikpädagogen. Betont wird die Notwendigkeit, daß »neben der Vergabe empirischer Arbeiten eine musikdidaktische und musikpädagogische Konzeption aus dem Bereich der Soziologie und Pädagogik heraus als theoretisches Modell zu entwickeln und empirisch zu modifizieren« sei. Das nehme freilich gewisse Zeit in Anspruch und mache von kleinen Gruppen vorbereitete Arbeitstagungen erforderlich, aber »eine sinnvolle weitere empirische Forschung ist ohne eine allgemeine Theorie nicht möglich. Faktenforschung ohne gleichzeitige Motivationsbefragung führt nicht mehr weiter.«[16]
Auf der 3. Arbeitstagung in Essen, November 1966, trat allerdings der empirische Aspekt wieder zurück. Statt dessen kamen Vertreter der philosophischen Anthropologie, der Erziehungswissenschaft, der Musiksoziologie, der Lernpsychologie und der Musikwissenschaft zu Wort, wohl auch in der Absicht, die spezifischen Fragestellungen nicht vorschnell zu verkürzen. Der Arbeitskreis bildete zwei Arbeitsgruppen. Die eine sollte eine jugendsoziologische Enquête zu den situativen Bedingungen des Volksliedes erarbeiten, die andere Lehrpläne und Richtlinien kritisch prüfen.[17]
Beide Arbeitsgruppen berichteten auf der 4. Arbeitstagung in Bad Godesberg,

Juli 1967[18], über den Stand ihrer Arbeit. Die Gruppe »Jugend und Volkslied« legte einen Fragebogen für eine Befragung von Jugendlichen vor, die Gruppe »Lehrplankritik« hatte sich mit der Analyse vorliegender Lehrpläne beschäftigt und einen übergreifenden Gesamtlehrplan entworfen. Außerdem wurde über arbeitsphysiologische Untersuchungen zur Instrumentalausbildung, über Probleme musikalischer Früherziehung und über die Ausbildung sog. musisch-technischer Fachlehrer berichtet und diskutiert.
Die 5. Arbeitstagung in Freiburg, Oktober 1967[19], beschäftigte sich weiterhin mit der Untersuchung »Jugend und Volkslied« (die Arbeitsgruppe berichtete über erste Vortests), vor allem aber mit »Determinanten der heutigen Lehrplankonzeptionen«. Beim letztgenannten Thema gab es Informationen über inzwischen von S. B. Robinsohn im Berliner Max-Planck-Institut für Bildungsforschung begonnene Curriculumforschung. Außer den beiden bestehenden Arbeitsgruppen wurden vier neue gebildet: Technische Medien im Musikunterricht, Musikalische Rezeptionsforschung, Musikalische Grundausbildung in Schule und Musikschule – Themen, die sich durch ihre Aktualität, ihren Praxisbezug und ihre zentrale Bedeutung für die Musikpädagogik auszeichneten.
Die während der 7. Bundesschulmusikwoche in Hannover, April 1968, geplante Veranstaltungsreihe des Arbeitskreises kam nicht zustande; allerdings gehörten viele Referenten dem Arbeitskreis an.[20] Es fand nur eine organisatorische Sitzung statt, die vor allem zwei Fragen diente: Wie lassen sich Forschungsmittel beschaffen, und wie läßt sich eine breitere Öffentlichkeit für die musikpädagogische Forschung interessieren? G. Noll schlug eine größere öffentliche Tagung vor, die Ende 1969 unter dem Gesamtthema »Empirische Forschung in der Musikpädagogik« stattfand. Sie war sorgfältig vorbereitet worden, u. a. auf der 6. Arbeitstagung des Arbeitskreises in Remscheid, November 1968, einer Klausurtagung. Ein Bericht darüber bestätigt die wachsende Konsolidierung des Arbeitskreises.[21] Der Beschluß freilich, Forschungsprojekte von Einzelmitgliedern für förderungswürdig zu erklären und damit ihre finanzielle Unterstützung zu erwirken, läßt erkennen, wie schwierig Gemeinschaftsprojekte, wie sie der Arbeitskreis bei seiner Gründung geplant hatte, zu verwirklichen sind.
Ein wichtiger Schritt war die Ankündigung, zur Zeitschrift »Musik und Bildung« jährlich Beihefte »Forschung in der Musikerziehung« als Publikationsorgan des Arbeitskreises herauszugeben. Die Beihefte erschienen seit 1969 sieben Mal und werden herausgegeben von Michael Alt, Heinz Antholz und Egon Kraus. Allerdings stehen nicht alle Themen und Autoren im Zusammenhang mit dem Arbeitskreis, wie es umgekehrt zahlreiche Veröffentlichungen zur musikpädagogischen Forschung gibt, die anderswo erschienen sind.[22]
Die Kölner Tagung des Arbeitskreises vom 30. Oktober bis zum 2. November 1969 fand ein großes Echo. Ihre Einzelbeiträge waren zu sechs Themenkomplexen gebündelt worden: Musikalische Begabungs- und Leistungsmessung,

Musikalische Früherziehung, Didaktik der Früherziehung, Musikalische Rezeptionsforschung, Feststellungs- und Wertästhetik, Empirische Musiksoziologie, Musiklabor und Programmierung im Musikunterricht.[23] Die Beiträge spiegeln im großen und ganzen den Stand der musikpädagogischen Diskussion Ende der sechziger Jahre.
Bald nach der Kölner Tagung, im Dezember 1969, zeigte sich jedoch in einer Sitzung des Arbeitskreises in Karlsruhe bei vielen Teilnehmern das Bedürfnis nach einer neuen Struktur des Arbeitskreises und nach seiner Neukonstituierung, die es ihm besser als bisher ermöglichen würde, die sich abzeichnenden zukünftigen Aufgaben zu lösen. Vor allem wurde das Problem der Forschungsfinanzierung immer größer. So wurde ein Interimsvorstand aus sechs Mitgliedern gewählt mit Peter Brömse als Vorsitzendem. Michael Alt gehörte ihm aufgrund seiner angegriffenen Gesundheit nur noch als Beisitzer an; man wollte und konnte auf seinen Rat nicht verzichten. Man erwog auf einer Sitzung während der 8. Bundesschulmusikwoche in Saarbrücken, April 1970, sowie auf einer Vorstandssitzung im Juni 1970 in Hannover, sich einer damals ins Auge gefaßten Gesellschaft für Musikpädagogik anzuschließen, die die verschiedenen musikpädagogischen Gruppen und Verbände zusammenfassen sollte. Allerdings sollten keinesfalls Fragen der Forschung mit denen der Standesvertretung verquickt werden. Vielmehr wurde beschlossen, daß der Arbeitskreis sich im Herbst 1970 als »Forschungsgruppe Musikpädagogik« neu konstituieren sollte, und zwar als eingetragener Verein, der ggf. kooperatives Mitglied einer Gesellschaft für Musikpädagogik werden könnte. Eine Vollversammlung, für den Herbst 1970 in Gießen geplant, scheiterte am fehlenden Geld und wurde ins Jahr 1971 verschoben. Kurt-Erich Eicke erarbeitete einen Satzungsentwurf. Er bildete die Grundlage der Satzungsdebatte während der konstituierenden Sitzung der Nachfolgeinstitution des Arbeitskreises Forschung in der Musikerziehung, die am 22. und 23. Oktober 1971 in Berlin stattfand. Diese Institution erhielt auf Mehrheitsbeschluß den Namen »Arbeitskreis Musikpädagogische Forschung« AMPF und wurde als Verein eingetragen.

3. Arbeitskreis Musikpädagogische Forschung (AMPF)

In der Diskussion über die Satzung des neuen Arbeitskreises während der Gründungstagung zeichneten sich immer deutlicher zwei Maximen ab: Der AMPF sollte erstens – im Gegensatz zur Meinung einer kleinen Minderheit, die ein Forum zur Selbstdarstellung wünschte – keine elitäre Expertenakademie werden, sondern eine Arbeitsgemeinschaft, die jedem offensteht, der interessiert und zur Mitarbeit bereit ist – dies besonders im Blick auf Lehrer; denn ohne Lehrer, die in der Regel (noch) nicht in der Forschungsarbeit stehen und nicht dafür ausgebildet wurden, ist eine praxisbezogene musikpädagogische Forschung nicht denkbar. Der Arbeitskreis sollte zweitens eine kollektive Leitung erhalten, soweit dies mit dem Vereinsgesetz vereinbar war. Deshalb

wurden (zu 1.) keine inhaltlichen Bedingungen für die Mitgliedschaft gestellt (z. B. Nachweis von schon geleisteter Forschungsarbeit oder Befürwortung durch Mitglieder); zu 2. wurde beschlossen, daß die drei Vorsitzenden (gewählt wurden U. Günther, H. Rauhe und H.-P. Reinecke) einander nach je einem Jahr Amtszeit abwecheln sollten. Außerdem wurden ein Geschäftsführer (K.-E. Eicke) und drei Beisitzer gewählt (W. Breckoff, E. Kötter, G. Noll), so daß der Vorstand ein breites Meinungsspektrum bildete.
Der AMPF begann seine Arbeit mit einer öffentlichen Tagung im Januar 1972 in Berlin. Sie sollte einer Bestandsaufnahme dienen. Deshalb wurde dazu aufgefordert, in Kurzreferaten von der eigenen Arbeit und sich ergebenden Probleme zu berichten. Das Spektrum war breit, das Niveau sehr unterschiedlich. Wer am Ende der Tagung allerdings schon Ergebnisse, gar Ergebnisse der Arbeit des Arbeitskreises, erwartet hatte, mußte enttäuscht werden.
Es bildeten sich schließlich die drei Projektgruppen: Hochschuldidaktik, Technologie, Curriculumforschung, die auch einige Male tagten, am häufigsten die Gruppe Technologie (Leitung: V. Simons). Aber das zunächst in Aussicht stehende Geld blieb aus – die alte Crux. So kam diese Arbeit zum Erliegen, bevor sie richtig hatte zum Zuge kommen können.
Dagegen wurden die Pläne für eine musikpädagogische Dokumentation, die schon 1968 gefaßt worden waren (s. Anm. 21), schrittweise verwirklicht: ein seit 1969 von R. Schmitt-Thomas aufgebautes Musikpädagogisches Dokumentationszentrum am Institut für Musikerziehung der Universität Frankfurt, eine 1974 von W. Gieseler ins Leben gerufene Zentrale Meldestelle für Diplomarbeits-, Dissertations- und Habilitationsschrift-Themen an der PH Rheinland in Köln, die beide mit dem AMPF zusammenarbeiten. Darüber hinaus wird ab 1974 die Zeitschrift »Forschung in der Musikerziehung« als Musikpädagogisches Jahrbuch mit gleichem Titel erscheinen, das außer vom AMPF vom Verband Deutscher Schulmusikerzieher und von der Bundesfachgruppe Musikpädagogik herausgegeben wird.
Impuls und Rahmen für die Arbeit des AMPF von Anfang an bildete eine Strukturanalyse des deutschen Musiklebens, mit der das Staatliche Institut für Musikforschung in Berlin 1969 vom Deutschen Musikrat beauftragt worden war; eine Leitstudie ist inzwischen von drei Hamburger Soziologen zusammen mit dem Direktor des Instituts, H.-P. Reinecke, fertiggestellt und veröffentlicht worden. Schon auf der Gründungstagung des AMPF im Oktober 1971 hatte einer der Autoren, Jürgen Friedrichs, bei den Teilnehmern das Interesse an den Fragestellungen dadurch geweckt, daß er bei ihnen eine kleine Befragung durchführte. Sie deutete auf Erkenntnisinteresse und Ziel der Strukturanalyse, nämlich die Untersuchung der »sozioökonomischen Bedingungen der Musik, wie sie sich in Personen, Institutionen und Technologie bis hin zur Veränderung des Begriffs ›Kunst‹ erkennen lassen. Dahinter steht letztlich die Frage nach dem Stellenwert der Musik unter den Bedingungen eines kapitalistischen Marktes in einer hochindustrialisierten Gesellschaft, hier der BRD.«[24]

Hiervon ist auch die Musikpädagogik berührt: der Musikunterricht, das Selbstverständnis der Musiklehrer, ihrer Ausbildung und ihrer Fortbildung, damit auch die musikpädagogische Forschung. Es liegt somit auf der Hand, daß eine über die jetzt vorliegende Leitstudie hinausgehende Strukturanalyse nicht an den Bedingungen von Schule und Musikunterricht, Musiklehrern und Schülern vorbeikommt, im Gegenteil: Sie ist auf deren Mitarbeit angewiesen. Und darin sieht der AMPF seine künftige Aufgabe: Einbeziehung auch von Musiklehrern in seine Arbeit, die ihrerseits einer Erneuerung des Musikunterrichts nicht nur in den allgemeinbildenden Schulen, sondern in allen zuständigen Institutionen dient.
So beschäftigte sich die dritte Arbeitstagung des AMPF in Gießen, Oktober 1972, mit den Überlegungen H.-P. Reineckes zu einer neuen Funktionsbestimmung der Musik im Sinne von Kommunikation und Interaktion im Bereich der Musik, die 4. Arbeitstagung (im Mai 1973 ebenfalls in Gießen) mit dem Versuch, diese allgemeine Funktionsbestimmung musikpädagogisch und musikdidaktisch zu dimensionieren.[25]
Nicht zuletzt durch die teilweise sehr kontrovers geführte Diskussion in Gießen[26] wurde folgendes allmählich immer deutlicher: Die musikpädagogische Diskussion hatte in den letzten Jahren im Zusammenhang mit der Didaktikdiskussion im Bereich der Erziehungswissenschaft zu stark und zu einseitig versucht, Wege zur Optimierung und Effiziierung des Musikunterrichts und des Lernens im Bereich der Musik zu finden. Dabei wurden zwar auch Popmusik und soziologische Aspekte als neue Themenbereiche berücksichtigt. Aber es wurde der Schüler nur als Schüler gesehen und wohl an seine Motivation gedacht, nicht aber daran, daß ein Jugendlicher die wenigste Zeit in der Schule oder gar im Musikunterricht verbringt, sondern viel mehr Freizeit hat und in dieser Freizeit wohl Musik, und zwar Popmusik, hört, nicht jedoch im Sinne des Musikunterrichts, ja nicht einmal unter musikalischem Bezug, sondern eher gegen Musikunterricht und Schule, zumindest unabhängig von ihnen. Deshalb erscheint es auch notwendig, diese weniger didaktisch als pädagogisch relevanten Zusammenhänge und Abhängigkeiten näher zu untersuchen.
Eine solche Untersuchung soll eingeleitet werden auf einer Arbeitstagung des AMPF im Oktober 1974 in Berlin mit dem Gesamtthema »Außerschulisches und schulisches Verhalten im Bereich Musik und seine pädagogischen Konsequenzen«. Eine vorbereitende öffentliche Sitzung fand bereits während der Bundesschulmusikwoche in München, April 1974, statt.[27] Die Berliner Oktobertagung ist so geplant worden, daß alle Teilnehmer – gedacht ist vor allem an Lehrer – von Anfang an Problematik, Ziele der Untersuchung und Lösungswege mitdiskutieren und mitbestimmen. So besteht die Hoffnung, daß ein gemeinsames Forschungsprojekt entsteht zu einem Problem, das nicht von Einzelpersonen oder einzelnen Institutionen gelöst werden kann. Wichtig ist außerdem, ein solches Projekt und seine Ziele so zu beschreiben und zu begründen, daß Geldgeber sich dafür interessieren lassen.[28]

Anmerkungen

[1] Siehe Leo Kestenberg, Musikerziehung und Musikpflege, Leipzig 1921, S. 17, 31 f., 82.

[2] Ebd. S. 82, 85.

[3] Ebd., S. 26.

[4] Z. B. Georg Schünemann, Geschichte der Schulmusik, 2 Bde., Leipzig 1928.

[5] Z. B. G. Schünemann, Die Musik in Kindheit und Jugend = 1. Teil der Musikerziehung, Leipzig 1930 (ein 2. Teil ist nie erschienen); ders., Experimentelle und erkenntnistheoretische Musik, in: Musik in Volk, Schule und Kirche, Leipzig 1927; R. Wicke, Die Musikerziehung im Bildungszusammenhang und ihre psychologischen Grundlagen, in: Grundfragen der Schulmusik, hrsg. von H. J. Moser, Leipzig/Berlin 1931; ders., Psychologie und Musikerziehung, in: Handbuch der Musikerziehung, hrsg. von E. Bücken, Potsdam 1931; Fritz Brehmer, Die Melodieauffassung und melodische Begabung des Kindes, 1925. – Vgl. hierzu auch M. Alt, Didaktik der Musik, Düsseldorf 1968, S. 271 f., Anm. 1.

[6] Siehe Ulrich Günther, Die Schulmusikerziehung von der Kestenberg-Reform bis zum Ende des Dritten Reiches, Neuwied 1967, S. 383 f., Anm. 403 und 404.

[7] Felix Oberborbeck, Musikerziehung und Musikwissenschaft, in: Musikerziehung in der Schule, hrsg. von E. Kraus, Mainz 1956, S. 256 u. 278.

[8] Herbert Saß, Musikerziehung in der Schule (siehe oben Anm. 7), S. 278; ders., Arbeitsgemeinschaften und Vollversammlung, in: Musik als Lebenshilfe, hrsg. von E. Kraus, Hamburg 1958, S. 267.

[9] Siehe Quantität und Qualität in der deutschen Musikerziehung, hrsg. von E. Kraus, Mainz 1963, S. 267.

[10] Michael Alt, Zur wissenschaftlichen Grundlegung des Musikunterrichts, in: Fortschritt und Rückbildung in der deutschen Musikerziehung, hrsg. von E. Kraus, Mainz 1965, S. 79 f.

[11] Als Grundlage des flg. Abschnittes dienten auch »Hinweise zur Genese des Arbeitskreises Forschung in der Musikerziehung«, die Günther Noll dem Vf. freundlicherweise zur Verfügung stellte.

[12] G. Noll, Forschungsaufgaben in der Musikerziehung, Musik im Unterricht 4/1964, S. 105 ff.

[13] Siehe Fortschritt und Rückbildung . . . (s. o. Anm. 10), S. 306 f.

[14] G. Noll, Arbeitstagung »Forschung in der Musikerziehung«, Musik im Unterricht 2/1966, S. 53 ff., bes. S. 57 f.

[15] Siehe Musik im Unterricht 9/1966, S. 274 ff.

[16] G. Noll: Musik im Unterricht 9/1966, S. 277.

[17] Siehe Musik im Unterricht 3/1967, S. 93 ff.

[18] Siehe Musik im Unterricht 9/1969, S. 292 ff.

[19] Siehe Musik im Unterricht 1/1968, S. 29 f.

[20] Vgl. Der Einfluß der Technischen Mittler auf die Musikerziehung unserer Zeit, hrsg. von E. Kraus, Mainz 1968.

[21] Siehe Musik und Bildung 2/1969, S. 86 f.

[22] Z. B. in Musik und Bildung 1969 ff.; in Sammelbänden, z. B. Grundfragen der Musikdidaktik, hrsg. von J. Derbolav, Ratingen 1967; in Monographien, z. B. die historische Untersuchung des Vf. (s. o. Anm. 6); besonders hervorgehoben sei die von Sigrid Abel-Struth seit 1970 hrsg. Schriftenreihe »Musikpädagogik. Forschung und Lehre« (Mainz).

[23] Siehe Forschung in der Musikerziehung, Beiheft der Zs. Musik und Bildung, H. 3/4, Mainz 1970. Auch in Buchform: Empirische Forschung in der Musikpädagogik, hrsg. von M. Alt, Mainz 1970.

[24] B. Buchhofer, J. Friedrichs, H. Lüdtke, Strukturanalyse des deutschen Musiklebens. Theoretische Rahmenstudie und Forschungsplan. Mit einem Vorwort von Hans-Peter Reinecke, Hamburg 1972 (Mskr.), S. 5.

[25] Die meisten Beiträge sind noch ungedruckt. Erschienen sind bereits: P. Faltin, Die Bedeutung von Musik als Ergebnis soziokultureller Prozesse, in: Die Musikforschung, Jg. 1973, S. 435 ff.; K.-E. Behne, Zur Erfassung musikalischer Verhaltensweisen im Vorschul- und Primarbereich, Musik und Bildung 2/1974, S. 103 ff. – Siehe auch G. Noll, Zum Problem der Kommunikation im Musikunterricht (Musik und Bildung 2/1974, S. 77 ff), wo auch Reineckes Ansatz behandelt wird.

[26] Siehe Musica 4/1973, S. 385 f.

[27] Siehe Musik und Bildung 7/8 1974, S. 457 f.

[28] Über Verlauf und Ergebnisse der AMPF-Tagung siehe Musik und Bildung 1/1975, S. 36.

Musikverhalten und Schichtenzugehörigkeit

Teilbericht über Ergebnisse einer Umfrage bei 14- bis 16jährigen Schülern

Peter Brömse

Zu den Brennpunkten der »Musikpädagogik heute« zählt immer noch das seit geraumer Zeit gestörte Verhältnis einer am Kunstwerk orientierten Didaktik der Musik[1] zu dem durch die empirische Forschung seit mehr als einem Jahrzehnt[2] genauer ergründeten allgemeinen Musikverhalten von Jugendlichen im Zeitalter der audio-visuellen Medien. Die Analyse dieses Musikverhaltens muß immer wieder aktualisiert werden. So rechtfertigt sich an dieser Stelle ein Kurzbericht über einige Ergebnisse von Untersuchungen, die in den Jahren 1970 bis 1973 in hessischen Stadt- und Landgemeinden bei Jugendlichen verschiedenen Alters durchgeführt wurden.[3] Er ergänzt die in vergangenen Jahren von Siegmund Helms, Winfried Pape und Dörte Hartwich[4] vorgelegten Untersuchungsberichte, zum einen durch die Einbeziehung eines Ausschnittes des ländlichen Bevölkerungsanteils, zum anderen aber vor allem durch die Möglichkeit der Gegenüberstellung von Haupt-, Real- und Gymnasialschülern, bei welcher die Schichtenabhängigkeit der Jugendlichen – auch in Hinsicht auf ihr Musikverhalten – deutlich hervortritt.
Die Untersuchungen basierten auf einem 57 Fragen enthaltenden Erhebungsbogen.[5] Meist wurden vorformulierte Antwortmöglichkeiten angeboten, unter denen Zutreffendes anzukreuzen war. Neun Fragen erlaubten Beantwortungen in offenen Kategorien. Die Enquete war auf eine in der Auswertung vorzunehmende Elektronische Datenverarbeitung hin angelegt. Inhaltlich bezog sie sich auf die folgenden Komplexe:

1. Allgemeine Fragen (Geschlecht, Alter, Konfession, Schulgattung, Beruf des Vaters, ökonomische Verhältnisse).
2. Bestand an Musikwiedergabegeräten und Schallplatten bei den Schülereltern.
3. Bestand an Geräten und Schallplatten bei den Schülern.
4. Vorliebe und Ablehnung in Bezug auf bestimmte Musikgenres.
5. Stellung des Schülers zur Pop-Musik.
6. Bevorzugte Jugend- und Musikzeitschriften.
7. Einstellung der Eltern zum Musikverhalten der Jugendlichen.
8. Schallplattenkauf und -tausch.
9. Informationsquellen zum Musikangebot.
10. Musikunterricht in der Schule.

Die Fragen zielten auf das rezeptorische Verhalten ab und schlossen andere Verhaltensweisen gegenüber Musik (»Produktion, Reproduktion, Transposition, Reflexion«)[6] mit Rücksicht auf eine Konzentration auf den Untersuchungsgegenstand bewußt aus.
Die Fragebogenaktion wurde im Sommer 1972 in Treysa (Schwalmstadt 1, Stadt im Regierungsbezirk Kassel mit ca. 8500 Einwohnern) in den 8. und 9. Klassen je einer Hauptschule, einer Realschule und eines Gymnasiums durchgeführt. Das Durchschnittsalter der Jugendlichen betrug 14,7 Jahre. An der Umfrage waren 386 Vpn beteiligt, davon 98 aus der Hauptschule, 131 aus der Realschule und 157 aus dem Gymnasium. Das Zahlenverhältnis von Jungen und Mädchen betrug 210 zu 177. Zum gesamten Zahlenmaterial ist zu bemerken, daß aus organisatorischen Gründen eine zufallsgesteuerte Stichprobenauswahl (random sampling) nicht möglich war[7]. Es handelt sich vielmehr um eine Art Gruppenauswahlverfahren.
Die tabellarische Übersicht (vgl. Tabelle 1) scheint nach den Prozentzahlen darauf hinzudeuten, daß eine Nutzung der Bildungschancen bei den Mädchen niedriger liegt als bei den Jungen: 52,0 % Mädchen in der Hauptschule gegenüber 43,1 % in der Realschule bzw. 44,0 % im Gymnasium. (Im Bundesdurchschnitt betrug 1970 der Anteil der Mädchen an den Abiturienten 46 %.)

	Hauptschule	Realschule	Gymnasium
Jungen	48,0	57,8	56,1
Mädchen	52,0	43,1	44,0

Tabelle 1: Jungen und Mädchen nach Schulgattungen*

Die Zugehörigkeit zu den Konfessionen ergab ein Verhältnis von 81,9 % Evangelischen zu 15,3 % Katholiken bei 2,8 % Sonstigen. Eine Ermittlung von Einflüssen der Konfessionen auf das Musikverhalten wurde mit Rücksicht auf diese Verteilung nicht vorgenommen.
Von besonderer Bedeutung ist für unsere Problemstellung die Auswertung der Frage nach dem Beruf des Vaters, weil sich aus ihrer Beantwortung die Schichtenzugehörigkeit ableiten läßt. Wir bedienen uns bei der sozialen Einordnung der Berufe des Janowitz'schen Schichtenmodells[8] und kommen zu den in Tabelle 2 wiedergegebenen Daten.

	Hauptschule		Realschule		Gymnasium		Insgesamt	
Untere Unterschicht	56,1	62,2	30,3	40,9	10,2	19,8	28,8	37,8
Obere Unterschicht	6,1		10,6		9,6		9,0	
Untere Mittelschicht	30,5	33,5	49,4	57,1	41,4	76,5	41,3	59,1
Obere Mittelschicht	3,0		7,7		35,1		17,8	
Keine Angabe		4,3		2,0		3,7		3,1

Tabelle 2: Schulgattung und Schichtenzugehörigkeit der Schülerväter

* Zahlenangaben aller Tabellen in Prozenten.

Die Prozentzahlen belegen drastisch, daß Kinder aus der Unterschicht vor allem die Hauptschule bevölkern (62,2 %), während Kinder aus der Mittelschicht das Gymnasium besuchen (76,5 %). Reziprok betrachtet sind von den ersteren nur 19,8 % Gymnasialschüler, wogegen unter den letzteren nur 33,5 % zur Hauptschule gehen. Zwischen der Schichtenzugehörigkeit und der Wahl der Schulgattung besteht statistisch eine hohe Korrelation. Sie erlaubt, Schulgattung und soziale Schicht für unsere Darstellungsabsichten gleichzusetzen. Die Zahlen lassen deutlich erkennen, welche soziogenen Barrieren im Bildungsgefälle hier bestehen. Es wird zu demonstrieren sein, wie sich dieser Umstand auch in bestimmten Erscheinungsweisen des Musikverhaltens auswirkt.

Er zeigt sich schon in den musikalischen Milieubedingungen, soweit sie sich etwa im Bestand an im Hause befindlichen Musikgeräten ausdrücken. Wie die Chi-Quadrat-Probe* zeigt, ist der Unterschied z. B. zwischen den Elternhäusern der Realschüler und der Gymnasiasten sehr signifikant. Er läßt sich u. a. aus dem Bestand an Stereoanlagen erschließen, die in 32,5 % der Wohnungen von Eltern der Gynmasialschüler stehen, während von den Eltern der Realschüler nur 8,3 % solche Geräte besitzen. Aber auch der Bestand an Schallplatten spiegelt einen schichtenbezogenen Unterschied wider. Er ist schon hinsichtlich der Plattenzahl beim Vergleich der Eltern der Hauptschüler mit denen der Gymnasialschüler signifikant und wird sehr signifikant bei der Gegenüberstellung der in den verschiedenen Elternhäusern vertretenen Musikgenres[9] (vgl. Tabelle 3).

Rang	Hauptschule		Realschule		Gymnasium	
1	Lieder	53,1	Tanzmusik	47,7	Tanzmusik	52,9
2	Tanzmusik	52,2	Märsche	44,7	Märsche	46,5
3	Märsche	49,0	Lieder	39,4	Lieder	43,3
4	Beat	35,7	Sprech- u. Stimmungs-platten	26,5	Klass. M.	43,3
5	Spr. u. St.	34,7	Beat	22,0	Operette	35,7
6	Chormusik	14,3	Klass. M.	15,9	Spr. u. St.	30,6
7	Klass. M.	14,1	Oper	13,6	Oper	30,6
8	Oper	8,2	Operette	13,6	Chormusik	28,0
9	Operette	8,2	Chormusik	12,9	Beat	25,5

Tabelle 3: Schallplatten der Schülereltern, Rangfolge nach Häufigkeit des Genres

* Wenn im weiteren Verlauf von Signifikanz die Rede ist, so bezieht sich dieser Terminus immer auf die Chi-Quadrat-Probe: Die Ergebnisse sind signifikant, wenn die Wahrscheinlichkeit, es handle sich um Zufälligkeiten, unter 5% liegt. Bei 1 % Wahrscheinlichkeit spricht man von sehr signifikanten Ergebnissen (vgl. Haseloff/Hoffman, a.a.O., S. 170 ff.)

Hier fällt zunächst das jähe Absinken der Zahlen bei den Angaben der Hauptschüler auf. Es zeigt einen Abfall von 34,7 % (Sprech- und Stimmungsplatten) auf 14,3 % (Chormusik) und drückt aus, daß von dieser Elterngruppe die auf Platz 1-5 genannte reine Unterhaltungsmusik bevorzugt wird. Viel kontinuierlicher verläuft die Zahlenkolonne bei den Angaben der Gymnasialschüler. Sie besagt, daß den Genres der »U-Musik« gegenüber denen der »E-Musik« kein so ausgesprochener Vorzug gegeben wird. Die Zahlen der Realschüler liegen etwa in der Mitte. Bemerkenswert ist das Aufsteigen der »klassischen« Musik vom 7. Platz (Hauptschule) über den 6. (Realschule) zum 4. Platz (Gymnasium), wo er nur wenige Prozent unter der die ersten drei Plätze einnehmenden »U-Musik« steht. Eine rückläufige Bewegung zeigt dagegen die Beatmusik quer durch die Schularten vom 4. über den 5. auf den 9. und letzten Platz. In den Rangverschiebungen der »E-Musik« nach oben bzw. der »U-Musik« nach unten würde sich gemäß der Einteilung von Hörertypen nach Adorno der Satz bestätigen: »High brow Musik für die Oberklasse, middle brow für den Mittelstand, low brow für die Basis der sozialen Pyramide«.[10]

Bei der Darstellung des Musikverhaltens der Schüler gehen wir von den materialen Bedingungen aus wie sie sich aus der Schichtenbezogenheit ergeben. Hier sind zunächst die ökonomischen Grundlagen der Schüler von Interesse. Sie schlagen sich in der Höhe des Taschengeldes nieder, gemäß welcher die jugendlichen Konsumenten in die Rangfolge der Käufer von Musikgeräten und Schallplatten eingestuft werden. Sehr signifikant ist hier der Unterschied zwischen den Hauptschülern und Gymnasiasten, denn diese liegen mit 13,2 DM im Monatsdurchschnitt um fast ein Drittel höher als jene mit 10,5 DM. Der Unterschied in der Anzahl von schülereigenen Geräten ist schichtenspezifisch nicht signifikant. Sie sind zu 61,5 % den Jugendlichen geschenkt worden, zu 17,5 % selbst erworben und wurden zu 12,3 % teils selbst gekauft, teils als Geschenk erhalten (9,0 % ohne Angaben). Der Häufigkeit nach gilt für die Geräte der Schüler die folgende Rangordnung: Transistorradio 52,7 %; Plattenspieler 45,2 %; Radio 39,0 %; Cassetten-Recorder 33,9 %; Tonbandgerät 27,9 %; Stereoanlage 4,9 % (nur bei Realschülern mit 2,3 % und Gymnasiasten mit 10,2 %); Fernsehgerät 4,4 %. Sehr signifikant dagegen sind die schichtenbezogenen Unterschiede der Präferenzen in Bezug auf die Schallplattengenres. Tabelle 4 gibt den Schallplattenbestand im Überblick wieder.

Rang	Hauptschule		Realschule		Gymnasium	
1	Schlager	64,3	Beat/Pop/ Undergr.	64,4	Beat/Pop/ Undergr.	71,3
2	Beat/Pop/ Undergr.	62,2	Schlager	60,6	Schlager	39,5
3	Tanzmusik	21,4	Tanzmusik	18,9	Jazz	28,7
4	Sprech- u. Stimmungsplatten	20,4	Lieder	16,7	Tanzmusik	14,0

Rang	Hauptschule		Realschule		Gymnasium	
5	Lieder	16,3	Spr. u. St.	12,1	Klass. M.	12,1
6	Klass. M.	11,2	Jazz	12,1	Folklore	10,8
7	Folklore	10,2	Folklore	9,9	Lieder	10,2
8	Jazz	9,2	Klass. M.	5,3	Spr. u. St.	9,6
9	Oper	3,1	Oper	3,0	Oper	4,5
10	Chormusik	1,0	Chormusik	1,0	Chormusik	3,8

Tabelle 4: Schallplatten der Schüler

Der bemerkenswerteste Abfall an Prozenten liegt zwischen dem ersten und zweiten Rangplatz der Gymnasialschüler (Beat/Pop/Underground mit 71,3 % zu Schlager 39,5 %). Hier ist übrigens anzumerken, daß besonders die Vertreter dieser Schülergruppe an dem Fragebogen das Nennen des Genres Beat, Pop und Underground in einer und derselben Kategorie bemängelten. Nach ihrer Meinung hätte noch weiter differenziert werden müssen. Bei Hauptschülern erfreuen sich die in den ersten beiden Rängen genannten Genres ungefähr der gleichen Beliebtheit. Ferner fällt das Aufrücken der Genres »Jazz« und »Klassische Musik« in der Einschätzung durch die Schülergruppen auf. Sogar die in allen drei Kolonnen auf den untersten beiden Plätzen rangierenden Genres »Oper« und »Chormusik« erhalten in der Einstufung durch die Gymnasialschüler noch ein paar Prozent mehr.

Fragebogenrubriken, bei denen jeweils die drei beliebtesten und die drei am wenigsten beliebten Genres, unabhängig vom tatsächlichen Schallplattenbesitz, anzukreuzen waren, weisen auf den gleichen Trend hin, den schon die aus Tabelle 4 hervorgehenden Angaben erkennen ließen: In sehr signifikanter Weise heben sich die Gymnasialschüler in der Einstufung der Genres von den anderen Schülergruppen ab, wobei sie offensichtlich eine entwickeltere Fähigkeit zur Einschätzung von Niveauunterschieden bekunden. Diese Fähigkeit dürfte im Elternhaus veranlagt und durch Schulbildung gefördert worden sein.

Für die Ermittlung der vorzugsweise auf Pop-Musik eingestellten Hörgewohnheiten der Jugendlichen war die Frage nach den häufigsten gewählten Rundfunksendungen bzw. nach den beliebtesten Sendern von besonderer Wichtigkeit. Die Chi-Quadrat-Probe ergab hier sehr signifikante Unterschiede in den Präferenzen unserer drei Schülergruppen. Von den 14 vorgegebenen Antwortmöglichkeiten – sie nahmen Rücksicht auf die regionalen Empfangsverhältnisse – wurde keine bei der Ankreuzung ausgelassen, d. h. die Pop-Musikprogramme waren dem Gros der Jugendlichen durchaus geläufig. Tabelle 5 gibt die Rangfolgen nach Schulgattungen wieder.

Rang	Hauptschule		Realschule		Gymnasium	
1	Luxemburg	90,8	Luxemburg	80,3	Luxemburg	58,6
2	Hitparade ZDF	87,8	Hitparade ZDF	77,2	Hitparade ZDF	55,4

Rang	Hauptschule		Realschule		Gymnasium	
3	Schlager,		Musik f.		Beatclub	54,1
	Hits u.		junge Leute	56,1		
	Schnulzen	73,5			Hessen 3	42,7
4	Musik f.		Schlager,			
	junge Leute	57,1	Hits . . .	53,0	Schlager,	
5	Beatclub	57,1	Beatclub	53,0	Hits . . .	42,5
					T 4	40,8
6	Musikladen	41,8	Hessen 3	47,0	Musikladen	35,7
7	Hessen 3	37,8	Musikladen	34,1	Musik f.	
8	Jazz-Studio	23,5	T 4	24,2	junge Leute	35,0
					Apropop	31,2
9	Schlager-		Schlager-			
	lotto	23,5	lotto	20,5	Club 16	28,0
10	T 4	16,3	Club 16	12,1	Jazz-Studio	20,4
11	Apropop	14,3	Jazz-Studio	11,4	München 3	19,1
12	Club 16	12,2	Apropop	10,6	Südwestfunk	
13	Südwestfunk		Südwestfunk		Saarbrücken	10,8
	Saarbrücken	9,2	Saarbrücken	10,6	Schlager-	
14	München 3	8,2	München 3	7,6	lotto	10,2

Tabelle 5: Am meisten gehörte Sender/Sendungen

Zwar nehmen »Luxemburg« und »Hitparade ZDF« in allen drei Ranglisten die ersten Plätze ein, jedoch sinken die Prozentzahlen von den bei den Hauptschülern geltenden (90,8 %) über die der Realschüler (80,3 %) zu den Gymnasiasten (58,6 %) merklich ab. Dadurch erweist sich die Spanne zwischen den höchsten Zahlen (Platz 1) und den niedrigsten (Platz 14) bei den Schülern des Gymnasiums als die kleinste. Bei den mittleren und unteren Plätzen der für die Gymnasiasten ermittelten Rangliste liegen die Prozentwerte im Schnitt höher als bei den Listen der Haupt- und Realschüler. Als Schluß aus diesen Feststellungen ergibt sich die Tatsache, daß die Gymnasialschüler weit minder auf das Angebot verhältnismäßig weniger Sender fixiert sind und sich einen größeren Spielraum an Wahlmöglichkeiten lassen als ihre Altersgenossen in den anderen beiden Schulgattungen.

Auf die Frage nach beliebten Pop-Ensembles – es war eine der wenigen offenen Fragen ohne vorgegebene Antwortkategorien – wurden insgesamt 47 Gruppen genannt. Mit dieser hohen Zahl wird die breite Informiertheit der Jugendlichen auf dem Gebiet des sie interessierenden Musikgenres belegt. Bei unserer Auswertung wurden die mit sehr niedrigen Nennungszahlen angeführten Ensembles nach Ähnlichkeit ihrer Produktionen zu jeweils einem Rang zusammengezogen, so daß die Daten von 30 Pop-Gruppen zur Auswertung übrig blieben. Von diesen waren 15 von den Hauptschülern, 19 von den Realschülern und 26 von den Gymnasiasten aufgezählt worden. Diese letzteren sind somit weitaus am besten über die Erscheinungen auf der Pop-Szene informiert. Sie unterscheiden sich sehr signifikant von den Haupt- und Realschülern – ähnlich wie bei der Aufzählung bevorzugter Sendungen (s. o.) – durch ein niedriges Gefälle der Prozentzahlen auf den Rangplätzen. Die in Tabelle 6 wiedergegebene, auf die Plätze 1 bis 10 verkürzte Rangliste belegt dieses Ergebnis, das wiederum auf einen größeren Entscheidungsspielraum für die Gymnasiasten hindeutet.

Rang	Hauptschule		Realschule		Gymnasium	
1	Middle of the Road	33,7	T Rex	16,7	Middle of the Road	11,5
2	T Rex	21,4	Deep Purple	11,4	Deep Purple	8,4
3	Sweet	12,2	Middle of the Road	10,6	T. Rex	6,4
4	Deep Purple	5,1	Sweet	9,1	Windows u. a.	5,7
5	Les Humphries	3,1	Can	8,3	Grand Funk Railroad	4,5
6	R. Stones/ Beatles	2,0	Revival	6,8	Les Humphries	3,8
7	Cats	2,0	New Seekers	6,1	Emerson Lake and Palmer	3,8
8	New Seekers	1,0	Les Humphries	3,8	Pink Floyd	3,2
9	Jethro Tull	1,0	R. Stones/ Beatles	3,0	R. Stones/ Beatles	3,2
10	Led Zeppelin	1,0	L. Cohen	2,3	King Crimson	2,6

Tabelle 6: Die ersten zehn Rangplätze beliebter Pop-Ensembles

Die häufig ausgesprochene Meinung, die Vorliebe der Jugend für die Pop- und Schlager-Musik basiere in erster Linie auf einem hochgespielten Starkult, der einzelnen Interpreten oder ganzen Ensembles gelte, wird durch die folgenden Ergebnisse als keineswegs allgemeingültig relativiert. Auf die Frage nämlich, ob sich die Vp als »Fan« eines Sängers (einer Sängerin), einer Gruppe oder aber der Musik einer Gruppe bezeichnete, wurden Antworten gegeben, die bei der Auswertung die aus der Tabelle 7 ersichtlichen, sehr signifikanten schichtenspezifischen Prozentdifferenzen aufweisen.

	Hauptschule	Realschule	Gymnasium	Insgesamt
Fan eines Sängers/Sängerin	25,5	22,0	13,4	19,4
Fan einer Gruppe	36,7	30,3	15,3	25,8
Fan der Musik einer Gruppe	27,6	31,1	40,1	33,9
Keine Angabe	10,2	16,7	31,2	20,9

Tabelle 7: Angaben über den Gegenstand des ,,Fan"-Seins

Die Auswertung, für alle Vpn zusammengenommen, zeigt, daß bei etwa einem Drittel der Jugendlichen die *Musik* der Gruppen Hauptgegenstand des Interes-

ses bleibt. »Fan« ist man im eigenen Verständnis erst in zweiter Linie um einer Gruppe und in dritter um eines einzelnen Interpreten willen. Im Hinblick auf die Schichtenzugehörigkeit wird hier wieder der Vorsprung der Gymnasialschüler deutlich: Von denjenigen, welche auf diese Frage antworteten – die Zahl derer, die keine Angaben machten ist besonders hoch – fühlen sich 40,1 % als »Fan« der Musik, während nur 28,7 % Interpretenkult treiben. Gerade umgekehrt liegt die Verteilung bei den Hauptschülern. Von ihnen erklären sich 62,2% als »Fans« der Interpreten und nur 27,6 % als solche der Musik. Die Realschüler stimmen mit ihrer Selbsteinschätzung in dieser Frage eher mit den Hauptschülern überein.
Die alternative Frage, ob Motive angegeben werden könnten, welche die Jugendlichen veranlassen, die von ihnen favorisierte Musik zu hören, wurde von 34,6 % mit »ja« und von 43,7 % mit »nein« beantwortet. 21,7 % enthielten sich der Stellungnahme. Eine unmittelbar anschließende direkte Aufforderung, jene Motive zu nennen, erwies die offenbar nur gering entwickelte Fähigkeit der Jugendlichen, ihr eigenes Musikverhalten zu reflektieren. Aus diesem Mangel resultiert augenscheinlich eine nur unvollkommene Verbalisierungsfähigkeit, die in Verlegenheitsantworten Ausflucht suchen läßt. In unserer Auswertung wurde versucht, die divergierenden Antworten nach Kategorien zu systematisieren. Es ergibt sich eine Rangliste, in der die ersten zehn Plätze, bezogen auf die Angaben *aller* Vpn, denn Unterschiede waren nur im Vergleich zwischen Realschülern und Gymnasiasten signifikant, folgendermaßen verteilt sind: Langeweile, Entspannung, Ablenkung, Unterhaltung, Hobby 6,2 %; Lautstärke, Instrumente 6,2 %; Fluchtraum Musik[11] 4,4 %; Gruppe, Solist 3,4 %; Musik wirkt ausgefallen 3,4 %; mehrere Gründe 3,1 %; modern 2,6 %; Texte 1,8 %; eigene Tätigkeit 1,6 %; Probleme in der Musik, lehrreich . . . 1,6 %. Nicht unerwähnt sollte bleiben, daß in den weiteren hier nicht angeführten Rängen der Liste »Protest« mit 0,5 % auf dem vorletzten Platz liegt. Die diffuse Verteilung der Motive drückt sich in den niedrigen Prozentwerten aus.
Von Belang sind auch die Bedingungen, unter denen der Musik eine sozialisierende Wirkung zugeschrieben werden kann. Auf die Frage, ob Musik allein gehört werde, antworteten 52,2 % der Vpn mit »ja«. 27,7 % hören mit Freunden oder Mitschülern, 13,4 % mit Geschwistern und 1,8 % mit den Eltern. Die Angaben fehlten bei 4,9 %. Hieraus ergibt sich, daß bei über der Hälfte der Jugendlichen – Unterschiede nach Schulgattungen waren nicht signifikant – das Musikhören eine isolierende Wirkung hat und auch innerhalb der Familie, vor allem was Eltern und Kinder betrifft, kaum einer Zusammenführung dient. Allen Schichten gemeinsam ist auch das Verhalten der Eltern gegenüber den Musikneigungen ihrer Kinder. Hier gaben 52,7 % der Befragten an, das Verhalten hänge von der Musik ab. In 18,4 % der Fälle werde kein Interesse gezeigt, Zustimmung sei bei 17,3 %, Ablehnung bei 10,1 % zu registrieren. Ohne Stellungnahme blieben 1,6 %. Die Reaktion der Eltern auf den Wunsch

der Kinder, Beatveranstaltungen (im Beatlokal, in der Diskothek) zu besuchen, ergibt folgende Prozentverteilung: Nichts dagegen 30,8 %; verbieten manchmal 26,1 %; nörgeln, aber erlauben 17,8 %; verbieten grundsätzlich 9,3 %; voll einverstanden 3,6 %; kümmern sich nicht 2,8 %; keine Angabe 9,6 %.
Für den tatsächlichen Besuch von Beatlokalen ließen sich für alle Vpn (schulartenbezogene Differenzen sind nicht signifikant) die folgenden Prozentzahlen je Monat errechnen: 1-5 mal 48,1 %; 6-10 mal 12,4 %; 11-15 mal 1,8 %; öfter 2,8 %; keine Angabe 34,9 %. Die nach Geschlechtern getrennte Auszählung ergab – erwartetermaßen – für Mädchen niedrigere Prozentwerte als für Jungen. Sehr signifikant hingegen waren, wie Tabelle 8 zeigt, die schichtenabhängigen Unterschiede bei der Reaktion auf die Frage, ob man zum Tanzen oder zum Musikhören ins Beatlokal gehe.

				davon	
	Hauptschule	Realschule	Gymnasium	Jungen	Mädchen
eher zum Tanzen	59,2	54,6	22,3	19,3	26,1
eher zum Musikhören	21,4	22,7	41,4	53,4	26,1
keine Angabe	19,4	22,7	36,3	27,3	47,8

Tabelle 8: Tanzen oder Musikhören im Beatlokal

Aus dem sprunghaften Ansteigen bzw. Absinken der wagerecht gelesenen Prozentwerte zwischen Realschule und Gymnasium ergibt sich, zurückzuführen auf die Angaben der männlichen Schüler, die eindeutige Vorliebe der Gymnasiasten für das Hören von Musik. Die Quote fehlender Angaben ist hier, besonders bei den Gymnasialschülerinnen, bemerkenswert hoch. Die Scheu, sich zu einer solchen, latent das Persönliche betreffenden Frage zu äußern, mag dabei mitgespielt haben.
Es verbleibt noch, einiges Bemerkenswerte über die Quellen zu berichten, aus denen das auf Musik bezogene Informationsbedürfnis gespeist wird. Hierzu stützen wir uns zunächst auf die Auswertung der Antworten auf die folgende Frage: »Falls Du dir schon Platten gekauft hast, was hat Dich dann am meisten zum Kauf bewogen?« Die Prozentzahlen, ohne signifikante Unterschiede für alle Vpn geltend, verteilen sich auf die Antworten folgendermaßen: »a) Ich hatte sie *entweder* vorher schon einmal gehört, u. zw. bei Freunden (11.1 %); in der Diskothek (10,9 %); im Radio (42,9 %); b) *oder* sie wurden mir meistens empfohlen, u. zw. von Freunden (7,0 %); im Geschäft (0,5 %); in der Diskothek (2,3 %); im Radio (5,4 %); in einer Zeitschrift (2,3 %). Mir gefällt die Gruppe/der Interpret und ich sammle alles, was kommt (3,1 %).« – Keine Angabe: 14,5 %.
Dieser Befund wird durch Antworten auf eine direkte Frage nach Informationsquellen über Musik sowohl bestätigt als auch erklärt: 50,9 % aller Vpn nennen das »Radio« an erster Stelle. Mit ziemlichem Abstand folgen »Freun-

de« (15,0 %) und »Zeitschriften« (12,7 %). »Fernsehen« und »Diskothek« liegen mit 8,8 % an letzter Stelle. Ohne Angabe 3,9 %.
Unter den oben genannten Zeitschriften wird »Bravo« von 57, 4 % aller Befragten gelesen. Des weiteren werden noch »Pop-Foto« (26,1 %), »Pop« (16,5 %) und »Musikexpress« (15,3 %) angeführt. In der Reaktion auf die Frage, weshalb diese Zeitschriften gelesen würden, unterschieden sich die Gymnasialschüler sehr signifikant von den Hauptschülern, denn diese kaufen die Hefte u. a. zu 33,7 % wegen der Fotos und nur zu 5,1 % wegen der Plattenbesprechungen, wogegen jenen die Musikrezensionen (16,6 %) etwa genau so wichtig sind wie die Illustrationen (15,9 %). Auffallend hoch ist die Zahl derer, die sich in der Stellungnahme enthielten. Dadurch wird vor allem die Verläßlichkeit der Angaben der Gymnasialschüler beeinträchtigt. Tabelle 9 bringt eine Zusammenstellung der relativen Werte.

	Hauptschule	Realschule	Gymnasium	Insgesamt
Fotos	33,7	25,8	16,6	24,0
Star-Stories	14,3	16,7	11,5	14,0
Serien	20,4	10,6	9,6	11,9
Plattenbespr.	5,1	10,0	15,9	11,1
Hitparaden	11,2	9,1	7,0	8,8
Modetips	3,1	1,5	1,3	1,8
keine Angabe	12,2	26,5	40,1	28,4

Tabelle 9: Was bei der Lektüre von Jugendzeitschriften interessiert

Aus welchen Gebieten mit den als weitere Informationsquelle genannten »Freunden« Meinungen ausgetauscht werden, geht aus dem Gegenstand hervor, über den beim gemeinsamen Musikhören gesprochen wird. Der Vergleich Hauptschule/Gymnasium liefert sehr signifikante Ergebnisdifferenzen, in die Tabelle 10 Einblick gewährt: Bei allen Vpn, am ausgeprägtesten aber bei den Gymnasiasten, ist die Musik der bevorzugte Gesprächsgegenstand. Ihm gegenüber sind der Text, die Interpreten und die neuen Titel von sekundärer Bedeutung.

	Hauptschule	Realschule	Gymnasium	Insgesamt
Musik	31,6	40,2	49,7	41,9
Text	19,4	22,7	17,2	19,6
Neue Titel	23,5	20,5	10,2	17,1
Interpreten	14,3	11,4	11,5	12,1
Keine Angabe	11,2	5,3	11,5	9,3

Tabelle 10: Worüber beim gemeinsamen Musikhören gesprochen wird

Was nun an der Musik in erster Linie gefallen muß, läßt sich aus Tabelle 11 entnehmen.

	Hauptschule	Realschule	Gymnasium	Insgesamt
Sound	37,8	56,8	70,1	57,4
Text	65,3	49,2	43,3	50,9
Instrumente	23,5	23,5	40,8	30,5
Interpreten	31,6	25,0	27,4	27,7
Titel	18,4	12,1	7,6	11,9
Plattenhülle	3,1	0,8	2,6	2,1

Tabelle 11: Was an der Musik gefallen muß

Ein Vergleich der ersten Zahlenkolonne mit der dritten ergibt sehr signifikante Unterschiede und bestätigt bereits Erkanntes: Auch hier geht es den Gymnasiasten in ausgeprägterer Weise vordringlich um unmittelbar musikalische Zusammenhänge (Sound 70,1 %, Instrumente 40,8 %), wogegen für die Hauptschüler der Text (65,3 %) das wichtigste ist. Die Ursache mag darin zu suchen sein, daß bei den Hauptschülern deutsche Schlager die favorisierten Hörobjekte sind und die Identifizierung gerade mit den Aussagen der Texte gesucht wird.

Hinsichtlich des Schulmusikunterrichts als Quelle der Information über die von Jugendlichen bevorzugte Musik erfahren wir einiges aus den Antworten auf die folgenden beiden Fragen: »Wenn Du in den letzten beiden Jahren Musikunterricht hattest, wurden Schlager, Beat usw. behandelt?« und »Wenn ja, wie geschah das hauptsächlich?«. Tabelle 12 gibt die schulartspezifisch sehr signifikanten Ergebnisunterschiede für die erste, Tabelle 13 für die zweite Frage wieder.

	Hauptschule	Realschule	Gymnasium
ja	42,9	51,5	29,9
nein	50,0	37,1	66,2
keine Angabe	7,1	11,4	3,8

Tabelle 12: Wurden Schlager, Beat usw. im Unterricht behandelt?

	Hauptschule	Realschule	Gymnasium
Nur durch Anhören	15,3	3,8	4,5
Vergleich versch. Aufnahmen	19,4	8,3	13,4
Besprechen der Texte	7,1	14,4	1,3
Besprechen des Aufbaues	3,1	19,7	8,9
Sprechen über Wirkung	6,1	4,6	10,8
Sprechen über geschichtliche Zusammenhänge	0,8	2,3	0,0
keine Angabe	49,0	47,0	61,2

Tabelle 13: Wie geschah die Behandlung hauptsächlich?

Die hohen Zahlen der Enthaltungen in Tabelle 13 entsprechen den Nein-Antworten in Tabelle 12. Auftretende Differenzen liegen innerhalb der Toleranzgrenze der Streuungsmöglichkeiten. Bezüglich des Musikunterrichtes in den einzelnen Schularten lassen sich im Hinblick auf die dargestellten Verhältnisse folgende Tendenzen registrieren: Am deutlichsten scheinen sich die Realschullehrer der Aufgabe bewußt zu sein, von der die Hörgewohnheiten der Jugend beherrschenden Musik in der Schule Notiz zu nehmen (vgl. Tab. 12, 51,5 %). Sie tun dies vorwiegend durch Besprechung des Aufbaues und der Texte (19,6 % bzw. 14,4 % Tab. 13). Die Hauptschullehrer (vgl. Tab. 12, 42,9 %) wenden sich stärker dem Vergleich verschiedener Aufnahmen zu (19,4 % Tab. 13). Von den verhältnismäßig wenigen Gymnasiallehrern (vgl. Tab. 12, 29,9 %), die sich der Schlager-, Beat- und Pop-Musik annehmen, konzentrieren sich die meisten wiederum auf den Aufnahmenvergleich, außerdem bemühen sie sich, über die Wirkung der Musik zu sprechen (13,4 bzw. 10,8, Tab. 13).
Aus den vorgelegten Daten geht deutlich hervor, welche Bedeutung der Pop-, Beat und Schlagermusik im Leben der Heranwachsenden zukommt. Ihr widmen viele von ihnen einen großen Teil ihrer Freizeit (vgl. Tabelle 14), ja Musik begleitet häufig die Anfertigung der häuslichen Schularbeiten.

	Hauptschule	Realschule	Gymnasium
0 Stunden	1,0	2,3	2,3
1 – 2 Stunden	25,5	22,0	26,8
2 – 3 Stunden	6,1	7,6	10,2
mehr Stunden	9,2	12,1	14,0
sehr unterschiedlich	58,2	55,3	45,2

Tabelle 14: Wieviel Stunden Musikhören pro Tag

Bei den Untersuchungen stellte sich insbesondere heraus, daß die soziale Herkunft, wie sie sich in der Zuordnung zu den Schularten manifestiert, auf die Qualität des Musikhörens einen besonderen Einfluß nimmt. »Perspektiven«, die sich aus den Ergebnissen eröffnen, sollten nicht allein für die Musikpädagogik, sondern darüber hinaus für die Bildungspolitik Anlaß genug sein, die entsprechenden Konsequenzen zu ziehen.

Anmerkungen

[1] Vgl. Alt, Michael, Didaktik der Musik – Orientierung am Kunstwerk, Düsseldorf 1968.

[2] Vgl. die Untersuchungen Friedrich Klausmeiers, zusammengefaßt in: Jugend und Musik im technischen Zeitalter, Bonn 1963, 2 1968.

[3] Wissenschaftliche Hausarbeiten der Studenten der Musikpädagogik der Justus-Liebig-Universität Gießen: Johanna Brencher, Wolfgang Diehl, Friedrich Achberger und Christine Maaz, Rahmenthema »Zum Musikverhalten Jugendlicher«. Für den vorliegenden Bericht wurden die Daten der Arbeiten von Maaz und Achberger herangezogen.

[4] Helms, Sigmund, Umfrage nach musikalischen Verhaltensweisen, in: Musik und Bildung 1969/10, S. 453 ff;

Pape, Winfried, Untersuchungen zur Popmusik, in: Musik und Bildung 1971/4, S. 185 ff; Hartwich, Dörte, Jugend und Pop-Musik, in: Musik und Bildung 1970/10, S. 427 ff; dieselbe, Noch einmal: Jugend und Pop-Musik, in: Musik und Bildung, 172/4, S. 180 ff.

[5] Von den 57 Fragen waren 17 – teils in modifizierter Form – aus einem Fragenbogen entnommen, den Frau Dörte Hartwich ihren Untersuchungen zugrundegelegt und für die Vorarbeiten am Gießener Erhebungsbogen freundlicherweise zur Verfügung gestellt hatte.

[6] Vergl. Venus, Dankmar, Unterweisung im Musikhören, Wuppertal . . . 1969, ferner: Der Hessische Kultusminister, Rahmenrichtlinien Primarstufe und Sekundarstufe I Musik, Wiesbaden 1972 (dort ohne Quellenangabe von Venus übernommen).

[7] Vgl. u. a.: Haseloff, O. W. und H.-J. Hoffman, Kleines Lehrbuch der Statistik, Berlin ^{3}1968, S. 183 ff.

[8] Janowitz, Morris, Soziale Schichtung und Mobilität in Deutschland, in: Kölner Zeitschrift für Soziologie und Sozialpsychologie, Jg. 10, 1958/1, S. 38.

[9] Die hier verwendeten Genrebezeichnungen sind selbstverständlich nicht als exakte Kategorien aufzufassen. Sie kommen vielmehr dem Verständnis der Jugendlichen entgegen, die zwar innerhalb der Pop-Musik sehr wohl deutlich zu differenzieren wissen – worauf noch hinzuweisen sein wird –, in anderen Genres jedoch nur sehr grob zu unterscheiden vermögen. So kann z. B. unter der Kategorie »Lieder« von ihnen alles Gesungene vom Kunstlied bis zum Karnevalsschlager oder zur Schnulze verstanden werden.

[10] Adorno, Theodor W., Einleitung in die Musiksoziologie, Hamburg 1968, S. 69.

[11] Vgl. Hartwich, Dörte, Noch einmal . . ., a. a. O., S. 185.

Der Beitrag »Neue musikalische Verhaltensweisen der Jugend« von Kurt Blaukopf, erschienen 1974 als Band 5 der Reihe Musikpädagogik, Forschung und Lehre, hg. von Sigrid Abel-Struth, konnte im vorliegenden Aufsatz nicht mehr berücksichtigt werden. Das Buch enthält eine Bibliographie nach dem Stand von 1974.

Sozialisationsbedingtes Musikverhalten als Problem musikpädagogischer Forschung und Curriculumentwicklung

Hermann Rauhe

Seit der »Bildungsreform als Revision des Curriculum«[1] hat sich die erziehungswissenschaftliche Orientierung des Schulwesens in der BRD vom bildungstheoretischen zum lerntheoretischen Schwerpunkt verlagert. An die Stelle der herkömmlichen festgelegten Lehrpläne, die sich primär an behördlich sanktionierten Unterrichtsstoffen (Lehrinhalten) und ihrer methodischen Aufbereitung ausrichteten, traten nunmehr offene Curricula, die sich in erster Linie auf Lernprozesse und ihre Organisation beziehen. »Curriculum bedeutet ... die organisierte Anordnung auch inhaltlich bestimmter Lernvorgänge im Hinblick auf bestimmte Lernziele.«[2]

Lernprozesse sind als Vorgänge aufzufassen, die den Schüler von einer vorhandenen Ausgangssituation (Einstellungs-, Wahrnehmungs-, Verhaltenssituation) zu einer angestrebten als Lernziel definierten Zielsituation führen. Als allgemeine Lernziele formuliert der Strukturplan des Deutschen Bildungsrates vor allem Verhaltensqualifikationen. Demnach beziehen sich Lernprozesse in erster Linie auf die Veränderung von Verhalten und erst in zweiter Linie auf den Erwerb von Wissen.[3] Es geht also um die Veränderung vorhandener und die Aneignung neuer Verhaltensweisen. Unter Verhaltensweise versteht Hans Aebli »einen Prozeß in einem lebendigen Organismus, der mit oder ohne sichtbare Tätigkeit der Körperorgane darauf gerichtet ist, einen bestehenden Zustand zu verändern und damit einen neuen meist befriedigenderen Zustand herbeizuführen.«[4] Voraussetzung hierfür ist die Kenntnis der zu verändernden Ausgangsverhaltensweisen des Schülers, die dieser zu Beginn des Lernvorgangs besitzt, d. h. mit Aebli gesprochen – die Kenntnis seines »Bildungsstandes« (Bildung verstanden als »Besitz von Verhaltensweisen«).

Gerade an dieser für den Unterricht in anderen Fächern selbstverständlichen Kenntnis mangelt es im Musikunterricht aber weitgehend. Denn läßt sich die Ausgangssituation in Fächern mit vorwiegend kognitiven Lerninhalten relativ leicht ermitteln, so stößt dies bei den Fächern des ästhetischen Bereichs, insbesondere beim Fach Musik mit seinen semantisch nicht eindeutig determinierbaren Inhalten und seinen affektiven Implikationen, schon deshalb auf erhebliche Schwierigkeiten, weil die Verhaltensweisen ebenso wie der Einstellungs- und Erfahrungshorizont des Schülers besonders eng mit seiner Bedürfnis- und

Motivationsstruktur verknüpft sind. Hinzu kommt, daß gerade musikalische Verhaltensweisen in erster Linie außerhalb der Schule geprägt werden: Erstens durch die Familie als primäre Sozialisationsinstanz, z. T. ergänzt oder abgelöst durch den Kindergarten[5], zweitens durch die Massenmedien, deren als »Sozialisation durch Massenkommunikation«[6] bezeichneter Einfluß ständig zunimmt,[7] und drittens durch die (subkulturellen) Gruppen Gleichaltriger (»peer groups«), deren Bedeutung für die Sozialisation und damit für die Prägung allgemeiner und musikalischer Verhaltensweisen gegenüber dem schwindenden Einfluß von Familie und Schule erheblich gewachsen ist.[8]
Die Sozialisationsforschung im musikalischen Bereich steckt vor allem im Hinblick auf die kulturindustrielle Sozialisation durch die Gruppen gleichaltriger Jugendlicher erst in den Anfängen. Erschwerend tritt hinzu, daß bisher noch kaum brauchbare Methoden wissenschaftlicher Beobachtung und exakter Beschreibung musikalischen Verhaltens entwickelt worden sind. Es fehlen insbesondere empirisch abgesicherte Klassifikationen als Grundlage für genauere Beschreibungen und Analysen spezifischer musikalischer Verhaltensweisen.[9] Außerdem mangelt es an Theorien und Erklärungsmodellen, die geeignete Kriterien für die Untersuchung der Ursachen und Motive musikalischer Verhaltensweisen bereitstellen.
Das bisherige Fehlen von Klassifikationen, Kriterien, Theorien und Erklärungsmodellen für musikalische Verhaltensweisen dürfte wohl primär darauf zurückzuführen sein, daß spezifisch musikalisches Verhalten und allgemeines Sozialverhalten unmittelbar zusammenhängen, nur schwer voneinander zu trennen sind und im wesentlichen auf gleichen Ursachen und Motiven basieren. Diese liegen vor allem in der allgemeinen gesellschaftlichen Situation, der jeweiligen durch soziale Herkunft bedingten schichtenspezifischen Lage des Einzelnen und dem daraus erwachsenden gesellschaftlichen wie individuellen Bewußtsein mit seinen Auswirkungen auf die Bedürfnisstruktur und Antriebslage des Individuums. Sie bilden als Teil der Persönlichkeitsstruktur endlich die tiefere Wurzel für bestimmte musikalische Verhaltensweisen, die vielfach als Ausgleichs- und Entlastungsmechanismen gesellschaftlicher und sozialpsychologischer Mängel aufzufassen sind.
Aus diesem vielschichtigen Bedingungszusammenhang zwischen Verhalten und Bedürfnis- sowie Motivationsstruktur ergibt sich das Hauptproblem empirischer Sozialforschung allgemein und das musikalischer Verhaltensforschung speziell. Es erwächst insbesondere daraus, daß der Mensch sich seines Verhaltens und seiner Motive nur zu einem geringen Teil bewußt ist[10], vor allem dann, wenn das Verhalten kompensatorische oder entlastende Funktion besitzt: Unbewußte Verhaltensweisen und ihre Ursachen entziehen sich bei empirischen Erhebungen und Befragungen der Verbalisierung.
Aber auch die Erfassung jener musikalischen Verhaltensweisen, derer sich der Rezipient bewußt ist, stößt auf erhebliche Schwierigkeiten. Sie liegen im Fehlen eines geeigneten Begriffssystems und Vokabulars ebenso wie an den prinzi-

piellen Problemen, die eine »Übersetzung« von einem Kommunikationssystem in ein anderes, d. h. vom musikalischen ins sprachliche Kommunikationssystem, aufwerfen. Hinzu treten schichtenspezifisch bedingte Sprachbarrieren und verständliche Hemmungen, sich mitzuteilen, u. a. »Schamschranken«, die auf dem Gefühl basieren, daß mit dem musikalischen Verhalten auch ein Teil der Persönlichkeitsstruktur enthüllt wird. (Eben dieses Gefühl erschwert den Musikunterricht in vielen Fällen außerordentlich stark!) Aus diesen Gründen ist auch der Erkenntniswert sprachlicher Äußerungen über musikalisches Verhalten (insbesondere im Bereich der Rezeption von Popularmusik) relativ gering. Daher bietet sich als zuweilen furchtbarere Möglichkeit einer qualitativen Erfassung rezeptiven Verhaltens im Popularmusikbereich die im folgenden skizzierte Methode an. Zunächst werden primäre Reaktionen bei der Rezeption spezifischer populärer musikalischer Strukturen in bestimmten »situativen Kontexten«[11] bzw. unter bestimmten kommunikativen Bedingungen (z. B. in der Diskothek, im Tanzlokal, beim Fasching, im Betrieb etc.) beobachtet.[12] Die erkannten Verhaltensweisen werden dann klassifiziert, in den kommunikativen Zusammenhang von musikalischer Struktur, ihrer Vermittlung, Funktion und Wirkung gestellt und schließlich auf ihre Ursachen und Motivationen befragt. Unter musikalischer *Struktur* soll das beschreibbare Beziehungsgefüge konstituierender Primär- und Sekundärkomponenten[13] einer musikalischen Gestalt verstanden werden. Der Begriff *Vermittlung* umfaßt die Bereiche Interpretation (Reproduktion/Realisation), Aufnahme, Produktion (im medientechnischen Sinne), Vervielfältigung, Verteilung (Distribution) und Konsumtion im sozio-kulturellen und sozio-ökonomischen massenkommunikativen Bedingungs- und Verwertungszusammenhang.[14] Mit *Funktion* sollen die Elemente der Situation (der »situative Kontext«) als einer räumlich-zeitlichen Einheit bezeichnet werden, die zum Zeitpunkt der Musikrezeption besteht (z. B. Konzert, Diskothek, Betrieb, Arbeitszimmer, Auto, Campingplatz, Kino, subkulturelle Gruppe etc.). Zur *Wirkung* gehören u. a. das Hervorrufen oder Verstärken von Gefühlen, Erlebnissen, das Wecken nostalgischer Erinnerungen oder Sehnsüchte, die Anregung, Entspannung, Ablenkung, Zerstreuung, die unten dargestellte Auslösung spontaner Reaktionen mimischer, gestischer, motorischer, tänzerischer oder sonstiger nonverbaler und verbaler Art bei der Rezeption bestimmter populärer musikalischer Strukturen.[15]

Dieser für die empirische Untersuchung und Analyse musikalischer Verhaltensweisen und ihrer Motivationen wie für die pädagogischen Konsequenzen bedeutsame interdependente kommunikative Zusammenhang von musikalischer Struktur, ihrer Vermittlung, Funktion und Wirkung, der für alle Arten von Musik relevant ist, läßt sich besonders im Bereich der Popularmusik verdeutlichen. Unter Popularmusik soll die Gesamtheit aller populären, d. h. massenhaft verbreiteten und beliebten Musikstücke einschließlich solcher der »Kunstmusik« (wie z. B. die »Träumerei« von Schumann) verstanden werden.[16]

Für die empirisch-analytische wie pädagogische Bedeutung des Bereichs Popularmusik sprechen folgende Gründe:
a) Er ist charakterisiert durch ein begrenztes Repertoire stereotyp wiederkehrender Muster, deren Standardisierung geschickt verschleiert wird durch wechselnde, der jeweils aktuellen Mode und Zeitströmung angepaßte, bedürfnisorientierte Arrangements, Interpretationen, Aufnahme- und Wiedergabetechniken und Werbemittel.[17]
b) Er zeichnet sich durch eine relative Kürze und Überschaubarkeit der Stücke aus.
c) Seine Stücke sind bereits von bestimmten Hörergruppen akzeptiert worden; sie zeigen also eine »Rückmeldung« in Form der »Beliebtheitsreaktion«. Diese schlägt sich in empirisch erfaßbaren Schallplattenverkaufsziffern, Hörerwünschen und Ergebnissen von Umfragen nieder.
d) Diese »Beliebtheitsreaktion« kann als Indiz für die Erfüllung und Bestätigung intersubjektiv vorhandener Einstellungen, Wahrnehmungs- und Verhaltensdispositionen angesehen werden.
Somit dürfte bei Prozessen musikalischer Massenkommunikation ein gesellschaftlich und damit sozialisatorisch bedinger Zusammenhang bestehen zwischen bestimmten populären Strukturen, ihrer Vermittlung, Funktion und Wirkung einerseits und entsprechenden Elementen der Persönlichkeitsstruktur, insbesondere der Bedürfnis- und Motivationslage und den aus ihr resultierenden Einstellungs-, Wahrnehmungs- und Verhaltensweisen andererseits. Alphons Silbermann spricht von Ausdruckselementen, »die dem Wesen der Persönlichkeit immanent sind, ... die Teile der menschlichen Existenz ausmachen, dauernde Lebensbedürfnisse ..., die die Persönlichkeitsstruktur bedingen und aus ihr entspringen.«[18] Hans-Peter Reinecke hat den treffenden Begriff der »Figuren« geprägt, in denen sich wiederholte Reize zu Wahrnehmungs- und Einstellungsstrukturen verdichten.[19]
Es geht also um eine Entsprechung von Objektstruktur (musikalischer Struktur mit ihren kommunikativen Implikationen und Bedingungen) und Subjektstruktur (Empfängerstruktur, Persönlichkeitsstruktur mit ihren sozialpsychologischen Implikationen und Bedingungen). Die vom Verfasser in Zusammenarbeit mit Joachim Thiele entwickelte Hypothese der Strukturkorrespondenz[20] entspricht dem von Hans-Peter Reinecke formulierten kommunikationstheoretischen Musikbegriff, nach dem »es sich bei Musik um eine Spielart interpersoneller Kommunikation handelt oder genauer: um zumeist spezielle Interaktions-Strukturen, die als ›Musikverhalten‹ zwischen Individuen und Gruppen, aber auch unter dem Aspekt der Massenkommunikation, ablaufen.«[21] Musikalische Kommunikation und Interaktion sind »dynamische Prozesse«, bei denen den »Erwartungen oder Bedürfnissen des Kommunikators die Motivationen bzw. Erwartungen des Kommunikaten gegenüberstehen«.[22] Diese Feststellung Reineckes läßt sich in modifizierter Form auf unsere Hypothese der Strukturkorrespondenz übertragen: Die durch bestimmte populäre

musikalische Strukturen, ihre Vermittlung, Funktion und Wirkung symbolisierten Erwartungen, Bedürfnisse und Motivationen finden ihre verhaltensbestimmende Entsprechung in bestimmten Erwartungen, Bedürfnissen und Motivationen der Liebhaber dieser musikalischen Strukturen.[23]
Diese für die Ermittlung außerschulisch geprägter sozialisationsbedingter Musikverhaltensweisen wesentliche Hypothese der Strukturkorrespondenz bei Prozessen musikalischer Massenkommunikation stützt sich auf übereinstimmende Ergebnisse folgender unabhängig voneinander und mit verschiedenen Methoden durchgeführter Untersuchungen:
1. empirisch-statistischer und strukturanalytischer Untersuchungen der textlichen und musikalischen Strukturen textgebundener Popularmusik (Küchenlieder, Bänkelgesänge, Moritaten, Gassenhauer, Schlager, Chansons, populäre Opernarien, Kunstlieder und nachträglich textierte Themen aus der Instrumentalmusik) von 1810 bis 1960, die gezeigt haben, daß diese ein relativ konstantes, begrenztes Repertoire textlicher und musikalischer Strukturelemente (»Vokabeln«) aufweist.
Dieses für einen Zeitraum von 150 Jahren geltende mehr oder weniger unveränderte Repertoire besteht:
a) hinsichtlich des *Textinhalts* aus jenen Themen, die den Bedürfnissen, Erwartungen, Einstellungen, Sehnsüchten und Gefühlen einer breiten Hörerschicht entsprechen und ganz allgemein den »Schein des Bekannten« erwecken,
b) hinsichtlich des *sprachlichen Vokabulars* aus einer begrenzten Anzahl immer wiederkehrender, vertrauter, überwiegend abstrakter und vager, vielfach emotional und ideologisch besetzter »assoziativer Schlüsselbegriffe«. Sie besitzen Bekanntheitsqualität und haben im Verlauf ihres permanenten Gebrauchs in bestimmten Kontexten oftmals die Funktion von Reizvokabeln gewonnen, die unter gewissen Bedingungen bei bestimmten Hörergruppen beobachtbare Gefühls- und Verhaltensreaktionen hervorrufen und insofern gelegentlich fast die Bedeutung verhaltensauslösender Mechanismen gewinnen.
c) Den textlichen Schlüsselbegriffen entsprechen bestimmte *musikalische Wendungen,* die eine entsprechende Funktion wie die Reizvokabeln des Textes gewonnen haben.
Fallen diese Strukturelemente mit den Reizvokabeln zusammen, so gewinnen sie offensichtlich eine besonders starke identifikationsfördernde Wirkung. Diese hängt jedoch von der jeweiligen Beschaffenheit des ganzen Stückes ab, in dem die Elemente vorkommen. Daher muß der statistische Aspekt notwendigerweise durch den strukturanalytischen ergänzt werden. Außerdem wird die Wirkung wesentlich mitbestimmt durch gewisse *Arrangementsstile*, z. B. je nach herrschender Klang- oder Tanzmode wechselnde sounds und Rhythmisierungen.
Bei der *Interpretation* rufen wechselnde, je nach Zeitgeschmack sich ändernde Sing- und Spielstile (Artikulations- und Intonationsweise, Timbre, agogische und dynamische Gestaltung) bestimmter Popstars und mehr oder weniger

gleichbleibende Interpretationsweisen (wie dirty play, shouting, timing oder swinging) verhaltensauslösende Wirkungen hervor. Sie werden unterstützt durch die *Aufnahmetechnik*, die je nach Musiksparte zwischen optimaler Naturtreue (in populärer E-Musik, Folklore oder sozialkritischem Song) und weitgehender elektroakustischer Transformation (Verfremdung, Verzerrung, Verhallung, Geräuschbeimischung, Collage, Veränderung der Bandgeschwindigkeit, Play back in progressiver Popmusik) wechselt.

2. Diese Ergebnisse wurden bestätigt durch Beobachtungen, die zunächst unsystematisch und mehr zufällig angestellt, später an bestimmten Kriterien gemessen und nach Kategorien geordnet wurden. Sie richteten sich auf das rezeptive Verhalten altersheterogener, unterschiedliche Sozialschichten umfassender Rezipientengruppen beim Erklingen von Popularmusik in verschiedenen kommunikativen Situationen von der Tanzparty, dem Karneval und Schützenfest bis zur Studentenfete und dem Kommersabend. Die Beobachtungen zeigten, daß auffällige Zusammenhänge bestehen zwischen den statistisch untersuchten identifikationsfördernden, popularitätsspezifischen textlichen und musikalischen Strukturen einerseits und bestimmten rezeptiven Verhaltensweisen andererseits. Diese Zusammenhänge liegen u. a. darin, daß die verschiedensten Rezipientengruppen beim Erklingen bestimmter musikalischer Strukturen übereinstimmende rezeptive Verhaltensreaktionen zeigten, so daß man fast von »verhaltensauslösenden Mechanismen« im Sinne der Verhaltensforschung (Ethologie) spechen kann.

Diese musikalischen Verhaltensweisen lassen sich in sichtbare und hörbare Reaktionen klassifizieren. Zu den *sichtbaren* Reaktionen, die besonders auffallen, wenn sie auf Videoband aufgezeichnet und ohne Ton wiedergegeben werden, gehören

a) deutlich wahrnehmbare *mimische* Reaktionen, die als sichtbare Symptome der Hingebung, der »Verzückung«, des Lustgewinns durch Bedürfnisbefriedigung und Erwartungsentsprechung erkennbar sind, z. B. spezifische Stellungen der Augenbrauen, der Mundwinkel oder Stirnfalten,

b) klar erkennbare *gestische* Reaktionen, die mit relativ großer Sicherheit als Ausdruck der Begeisterung und des Gefühlsengagements zu interpretieren sind, z. B. dirigierähnliche taktschlagende motorische Gesten, rhythmisches Wiegen oder Pendeln des Kopfes bzw. Oberkörpers oder Wippen des Kopfes, Oberkörpers, der Beine, Füße oder des ganzen Körpers,

c) deutlich beobachtbare vorübergehende Verstärkungen der *Tanzbewegungen*, z. B. durch deutliche Vergrößerung und Verschnellerung, d. h. erhebliche Erweiterung der Bewegungsamplitude,

Zu den *hörbaren* Reaktionen bei der Rezeption bestimmter populärer musikalischer Strukturen gehören:

a) das vorübergehende »Einstimmen« in eine liedhafte Melodie, d. h. Mitsummen oder Mitsingen einer beliebten Melodiewendung, die bei der Rezeption reproduktionsauslösend wirkt,

b) die vorübergehend gesteigerte Intensität des Mitsingens einer Melodie (sofern sie ganz mitgesungen wird) für die Dauer einer besonders beliebten Wendung (die grundsätzlich zu jenen Wendungen gehört, deren empirisch-statistische Untersuchung unter Punkt 1 angesprochen wurde). Diese Wendung wirkt reproduktionsverstärkend, indem sie eine dynamische Steigerung, eine gequetschte Artikulation (infolge Druckausübung auf den Kehlkopf, eine in der Ethnologie als Symptom starker Erregung und Ergriffenheit bekannte Verhaltenseigenschaft) und vielfach eine zu tiefe Intonation hervorruft, die ebenfalls auf starken Kehlkopfdruck als Zeichen starken Engagements zurückzuführen ist,

c) Klopfen, Trommeln, Stampfen und Klatschen als motorischer Ausdruck großer Begeisterung, zuweilen begleitet von Pfeifen, Kreischen, begeisterten und anfeuernden Zurufen, Rasseln und sonstiger Geräuscherzeugung.

Diese Reaktionen, die nur einen kleinen Ausschnitt aus dem Gesamtspektrum musikalischer Verhaltensweisen darstellen, treten grundsätzlich nur bei solcher Musik auf, die einen hohen Grad an Popularität besitzt und die die unter Punkt 1 angeführten Strukturelemente aufweist.

Die klassifizierten und beschriebenen Verhaltensweisen beruhen nicht auf unveränderlichen biologischen und anthropologischen Grundgesetzmäßigkeiten und Grundbefindlichkeiten des Menschen, sondern sind sozialisationsbedingt. Sie sind also von der jeweiligen gesellschaftlichen, sozio-kulturellen, schichtenspezifischen und familiären Situation abhängig. Dies geht schon daraus hervor, daß – von dem seit ca. 150 Jahren konstanten Repertoire an musikalischen Primärstrukturen abgesehen – die Sekundär- und Tertiärstrukturen, auf die Rezipienten in bestimmten situativen Kontexten reagieren, sich von Generation zu Generation, von Jahrzehnt zu Jahrzehnt und in letzter Zeit in noch kürzeren Zeiträumen ändern.

Ein besonders einschneidender Wandel im verhaltensauslösenden musikalischen Strukturrepertoire vollzog sich um 1960 im Zusammenhang mit der Rock- und Beat-Welle, die als Revolution der Popularmusik bezeichnet wurde. Das über rund eineinhalb Jahrhunderte konstante Repertoire, bestehend aus Sext- und Septsprüngen, »abgebogenen Leittönen« usw., wurde von der Rockmusik der jungen Generation (der »Beat-Generation«) nicht zuletzt aus Gründen der subkulturellen Opposition gegen die »verlogene«, leistungsbetonte Welt der Erwachsenen über Bord geworfen, verhöhnt und z. T. parodiert. An seine Stelle traten bewußt abweichende, andersartige Strukturen wie u. a. blue notes, Blueskadenz, modale Formeln, off beat-Strukturen, die für die Jugendlichen verhaltensauslösende Bedeutung gewannen. Allerdings unterscheiden sich die Verhaltensreaktionen auf die neuen musikalischen Strukturen erheblich von den oben dargelegten. Ein Versuch ihrer Beschreibung und Klassifizierung wurde an anderer Stelle unternommen.[24]

Ein weiterer Beweis dafür, daß musikalisches Verhalten primär sozialisationsbedingt ist, liegt darin, daß für die als Hypothese entwickelte Strukturkorrespondenz vor allem jene musikalischen Strukturen eine besondere Bedeutung und damit eine spezielle verhaltensauslösende Wirkung erlangen, die der Rezipient in seiner Jugend, insbesondere während der Pubertät oder in anderen Zeiten emotionaler Empfänglichkeit in sich aufgenommen hat. Diese Strukturen haben einen nachhaltigen Eindruck hinterlassen und sind zum Kristallisationspunkt für Erlebnisse und Assoziationen geworden. Sie rufen vielfach ein ganzes Leben lang immer wieder »nostalgische« Erinnerungen an die in der Rückschau durch einen Schleier der Sehnsucht verklärte Vergangenheit wach. Mehr oder weniger unbewußt stellen sich beim älteren Hörer teils wehmütig-sentimentale, teils motivierende Assoziationen an Jugend, Gesundheit, Vitalität, Glück und Unbeschwertheit ein. Die antriebsspendenden Assoziationsmechanismen solcher spezifischer musikalischer Strukturen liegen jenen musiktherapeutischen Versuche zugrunde, die der Neurologe Prof. Robert-Charles Behrend unter musikwissenschaftlicher Beratung des Verfassers im Rehabilitationszentrum des Allgemeinen Krankenhauses Harburg (mit der Außenstelle Bevensen) durchführt. Durch Herzinfarkt oder Unfall teilweise gelähmte Rehabilitanden erhalten durch jene Musik neue heilende Bewegungsantriebe, die aufgrund des Studiums der Biographie des betreffenden Patienten gezielt ausgewählt wird. Hierbei spielen z. B. der soziokulturelle Hintergrund, das Milieu und vor allem die Frage eine Rolle, wo und wann der Rehabilitand die oben genannten Phasen erhöhter Eindrucksfähigkeit (u. a. Pubertät) erlebt hat und welche Musik (z. B. welche Schlager) in dieser Situation für ihn wesentlich war.

Alle Untersuchungen deuten in ihren Ergebnissen immer wieder auf die besondere Rolle der *Sozialisation* für die Struktur und Beschaffenheit musikalischen Verhaltens hin.

Der von Emile Durkheim[25] geprägte Begriff der Sozialisation soll in diesem Zusammenhang verstanden werden als Übernahme bzw. Übertragung sozialer und kulturspezifischer Normen, Werte, Einstellungen, Wahrnehmungs- und Verhaltensweisen, Rollen usw.

Im musikalischen Bereich unterscheidet Sigrid Abel-Struth[26] zwischen »Sozialisation *zur* Musik«, d. h. Übertragung bzw. Übernahme *musikalischer* Normen, Werte, Einstellungen, Wahrnehmungs- und Verhaltensweisen, Rollen usw., und »Sozialisation *durch* Musik«, d. h. Übertragung bzw. Übernahme *allgemeiner* Normen, Werte, Einstellungen, Wahrnehmungs- und Verhaltensweisen, Rollen usw. mit Hilfe von Musik als Vehikel, Unterstützungs- oder Verstärkungsmittel.

Diese Sozialisation durch Musik geschieht vor allem auf dem Wege kollektiver *Identifikation* mit kulturindustriell produzierten, bedürfnisorientierten Leitbildern, z. B. Popstars, Schlageridolen, Rock-Gruppen etc. Identifikation ist ein aus der Psychoanalyse stammender Begriff und bezeichnet die »unbewußte Gleichsetzung der eigenen Person mit einer anderen Person, so daß diese zu einem unbewußten Vorbild für das Denken, Handeln und sonstige Verhaltensweisen wird.«[27] Die Identifikation gewinnt innerhalb des rollentheoretischen Sozialisationsmodells als Mechanismus des Rollenlernens eine entscheidende Bedeutung.

Identifikation ist ein für den musikalischen Bereich besonders relevanter Mechanismus, durch den Verhaltensweisen und Rollenmuster internalisiert werden. Das Modell der Identifikation als Mechanismus der Internalisierung von Einstellungs-, Wahrnehmungs- und Verhaltensnormen, das sich durch seinen engen sozialen Bezug vom behavioristischen Sozialisationskonzept unterscheidet, »setzt eine Vermittlung von Symbolen auf der Ebene sprachlicher oder quasisprachlicher Intersubjektivität voraus, also eine symbolische Beziehung anstelle der ausschließlich empirischen zwischen Reiz und Reaktion. Aufgrund dieser Symbolvermittlung werden durch Identifikation nicht nur einzelne Reaktionen, sondern integrierte Verhaltensmuster, Verhaltenserwartungen, d. h. Interpretationen von Verhaltensweisen gelernt . . . Der Mechanismus des Lernens durch Identifikation ist . . . an das Rollenkonzept des Sozialisationsvorgangs gebunden: nur im Rahmen dieses Konzepts werden Motive als Bedürfnisdispositionen aufgefaßt, die an Symbolen festgemacht sind.«[28]

Solche Symbole, die Bedürfnisdispositionen widerspiegeln, werden gerade von der Kulturindustrie produziert, die sich an den Bedürfnissen ihrer Konsumenten orientiert und sie damit bestätigt, verstärkt und festschreibt (Affirmation durch Anpassung). Die kulturindustriellen Produkte, unter denen die Popularmusik schon durch das Ausmaß ihrer Verbreitung und ihres Konsums eine besondere Rolle spielt, prägen die im Rahmen des Sozialisationsvorgangs vermittelten bzw. übernommenen allgemeinen (und musikalischen) Einstellungen[29], Wahrnehmungs- und Verhaltensweisen entscheidend mit. Die z. T. verhängnisvollen Auswirkungen solcher kulturindustrieller Sozialisation durch und zur Musik sind an anderer Stelle dargelegt.[30] Sie lassen sich mit folgenden Kurzformeln skizzieren[31]:

Ich-Schwächung. Durch die häufig wechselnden Identifikationsangebote der Kulturindustrie und die unsicheren Verhaltens- und Wertmarkierungen, die Familie und Gesellschaft dem Jugendlichen anbieten, perpetuiert er notwendige Vorgänge der Imitation bis zur stabilen Gewohnheit zu imitieren. Damit fällt er in verschiedene Rollen; diese münden in eine

Unidentität mit sich selbst.

Einengung der Wahrnehmung. Die Allgegenwart populärer Musik bewirkt Konsum- und Hörverhaltensweisen, die sich durch ständigen Umgang mit gleichartig strukturierter Musik immer mehr festigen. Ihre Kennzeichen sind Zerstreutheit und Passivität sowie eine kanalisierte Hörerwartung, die als Barriere gegenüber andersartiger Musik wirkt. Damit ist der Bereich auditiver Wahrnehmung auf einen kleinen Ausschnitt verengt. Die Gefahren einer solchen Kanalisierung sind letztlich nicht nur individuelle, sondern auch politische: Sie können als

Fesselung des Bewußtseins oder »ungleichzeitiges Bewußtsein« charakterisiert werden. Der Mensch entfremdet sich der Realität, vermag sie nicht zu durchschauen, sich nicht mit ihr auseinanderzusetzen, sie nicht aktiv und rational zu bewältigen. Er wird nicht nur im ästhetischen, sondern auch im politischen Bereich manipulierbar, weil er entpolitisiert ist. Die Manipulierbarkeit im ästhetischen und politischen Bereich hat zur Folge die Möglichkeit undurchschaubarer

Fremdbestimmung anstelle der in der Demokratie unerläßlichen Selbstbestimmung aufgrund zutreffender Einschätzung der Realität und Nutzung aller Möglichkeiten, sie zu bestehen und mit zu verändern.

Aus dem hier nur angedeuteten vielschichtigen und interdependenten sozialisationsbedingten Zusammenhang zwischen musikalischer Struktur (ihrer Vermittlung, Funktion und Wirkung) und Einstellungs-, Wahrnehmungs- und Verhaltensstruktur (und der ihr zugrundeliegenden Bedürfnis- und Motivationslage) ergeben sich u. a. folgende Konsequenzen für die Curriculumentwicklung im Fach Musik[32]:

1. Aus der kritischen Analyse sozialisationsbedingter Verhaltensweisen, insbesondere derjenigen, die als Auswirkungen kulturindustrieller Sozialisation durch Musik anzusehen sind, lassen sich folgende allgemeine Lernziele für die Curriculumentwicklung im Fach Musik ableiten:

- Ich-Stärkung
- Hilfe bei der Identitätsfindung des Jugendlichen
- Sensibilisierung, Differenzierung und Übung der Wahrnehmung, Steigerung des Wahrnehmungsgenusses, aber auch Kritik und Veränderung der Wahrnehmung
- Befreiung des Bewußtseins aus ästhetischer Fremdbestimmung; rationales, kritisches und kreatives Verhalten in und gegenüber der gesellschaftlichen Realität
- Selbstbestimmung im ästhetischen und politischen Bereich.

Diese nur skizzierten Lernziele müssen natürlich in den Gesamtzusammenhang der allgemeinen Lernzielproblematik des Musikunterrichts gestellt werden.

2. Das durch Kulturindustrie und Subkultur geprägte Musikverhalten erfordert außerdem die Einbeziehung einer Situationsanalyse in die Curriculumentwicklung. Wenn auch die verschiedenen erziehungswissenschaftlichen Modelle zur Strategie der Curriculumkonstruktion in den verwendeten Begriffen wie in ihren Ausgangspunkten und Zielsetzungen stark variieren[33], so lassen sie dennoch hinsichtlich eines Punktes eine relativ einheitliche Auffassung erkennen, nämlich hinsichtlich der eingangs erwähnten Bedeutung der Situationsanalyse, d. h. der »Erhebung und Analyse aller Daten und Tendenzen, die die Situation desjenigen charakterisieren, für den das Curriculum entwickelt wird: z. B. die Analyse der gesellschaftlichen und politischen Bedingungen, der anthropogenen und soziokulturellen Umstände dieser Situation, ... [der]

Analyse der Bedürfnisse, Erwartungen und Interessen aller unmittelbar und mittelbar am Unterricht beteiligten Personen und Gruppen«.[34] Hierzu gehören in erster Linie die Schüler, aber auch die Lehrer (und Eltern!), die bezüglich der Analyse ihrer Einstellungs-, Wahrnehmungs- und Verhaltenssituation den Schülern (bzw. Kindern) mit gutem Beispiel vorangehen sollten, sofern sie nicht auf erbitterten Widerstand der Schüler (bzw. Kinder) stoßen wollen. Daher genügt es nicht, die neuen musikalischen Verhaltensweisen der jungen Generation zu untersuchen, so notwendig dies auch sein mag.[35] Vielmehr müssen sie in Beziehung gesetzt werden zu den musikalischen Verhaltensweisen der älteren Generation, der Generation der Lehrer, Eltern, Politiker. Denn diese untersuchen und beurteilen ja die Verhaltensweisen der Schüler. Tun sie das ohne kritische Reflexion ihrer eigenen Position, so müssen die Untersuchungen und ihre Auswertungen (so »empirisch« und angeblich »objektiv« sie auch erfolgen mögen) notgedrungen zu verzerrten Ergebnissen führen, eben weil die den Ermittlungen und Auswertungen zugrunde liegenden Normen nicht kritisch hinterfragt und auf ihre wissenschaftliche und pädagogische Stichhaltigkeit überprüft worden sind.

Insofern bilden die aufgezeigten Probleme den entscheidenden Lebensnerv, ja die existentiellen Grundfragen für die musikpädagogische Forschung und Curriculumentwicklung. Diese Probleme müssen allerdings vor dem Hintergrund eines curricularen Gesamtzusammenhangs gesehen werden, dessen mannigfache vielschichtige Interdependenz sich am besten in der Form einer Matrix darstellen läßt.[36] Die Problemfelder dieses Gesamtzusammenhangs können mit den Begriffen Situationsanalyse, Normendiskussion, Lernzielbestimmung, Operationalisierung, Evaluation und Revision stichwortartig umrissen werden. Sie bilden die zumindest latente und vorerst mangels entsprechender Forschungsergebnisse leider nur bruchstückhafte Basis für alle curricular orientierten Unterrichtsvorgänge im Fach Musik, sofern sich dieses auch weiterhin als allgemein verbindliches Schulfach legitimieren will.

3. Die Curriculumentwicklung im Fach Musik sollte ihr Augenmerk künftig stärker als bisher auf das Problem der Einstellungsveränderung lenken.

Die Bedeutung der Einstellung (engl. attitude) liegt darin begründet, daß sie als Begriff zur Beschreibung jener Verhaltensbedingungen fungiert, die »das Individuum prädisponieren, Umweltgegebenheiten gegenüber in bestimmter Weise Stellung zu nehmen«.[37]

Eine Einstellung impliziert eine Subjekt-Objekt-Beziehung; das Subjekt hat also ein Bezugsobjekt, demgegenüber es ziel- oder zweckgerichtete Verhaltensbereitschaften einnimmt. Einstellungen sind nicht angeborene, sondern durch Sozialisation und Erfahrung erworbene Zustände, die ein Ergebnis der Interaktion und Kommunikation des Individuums mit seiner Umwelt darstellen. Sie unterliegen der Verallgemeinerungstendenz, d. h. dem Bestreben, eine einmal erworbene Einstellung auf andere, damit irgendwie im Zusammenhang stehende Objekte oder Situationen zu übertragen. So können sich z. B. musikalische Einstellungen auf gezielt (wie etwa in der Werbung) oder zufällig (situationsbedingt) mit ihnen verknüpfte (assoziierte) Objekte oder Situationen übertragen. Hier liegt die Bedeutung musikalischer Einstellungen für die allgemeine Sozialisation und Einstellungsentwicklung, zumal die Einstellungen »motivational-affektive Eigenschaften und damit dynamischen Charakter«[38] besitzen und in enger Verbindung zur Motivation einerseits und zum Norm- und Wertbereich andererseits stehen.

Insofern ist der Vorgang der Einstellungsbildung ein entscheidender Faktor der Persönlichkeitsentwicklung, denn Einstellungen reflektieren die Stellungnahmen, Erwartungen und Werthaltungen der sozio-kulturellen Umwelt, insbesondere der Mitglieds- und Bezugsgruppen, den betreffenden Objekten oder Situationen gegenüber.

Obwohl die zur Frage der Einstellungsänderung vorliegenden Untersuchungen uneinheitliche und teilweise widersprüchliche Ergebnisse zeigen[39], kann als gesichert gelten, daß Einstellungen unterschiedlich beeinflußbar sind. Sie widersetzen sich Änderungen um so hartnäckiger, »je größer ihre funktionale Signifikanz für das betreffende Individuum« und »je stärker ihre Stützung durch die sozio-kulturelle Umwelt ist«.[40] Dies trifft besonders auf einen großen Teil der Einstellungen gegenüber Popmusik zu, die für Jugendliche[41] oft die Funktion eines affektiv besetzten Symbols subkultureller Werthaltungen, Normen und Rollen ihrer peer group, d. h. ihrer sozio-kulturellen Umwelt, besitzt.

Dadurch ist die Einstellung zur Popmusik insofern zum existentiellen Problem geworden, als viele Jugendliche in ihr (der Popmusik) ihre Bedürfnis- und Motivationsstruktur widergespiegelt und ausgedrückt finden (vgl. die o. g. Hypothese der Strukturkorrespondenz). Wegen dieser starken Verankerung musikalischer Einstellungen müssen daher alle Maßnahmen der Einstellungsveränderung darauf abzielen, die internen und externen Bedingungsfaktoren zu modifizieren oder zu beseitigen. »Angesichts der multifaktoriellen Verursachung verspricht ein gleichzeitiges multidimensionales Vorgehen den besten Erfolg«.[42] Die für musikalische Einstellungen am besten geeigneten sozialpsychologischen Einstellungsveränderungskonzepte von C. A. Insko, M. J. Rosenberg und C. J. Hovland fassen Einstellungsveränderung als abhängige Variable eines Prozesses sozialer Beeinflussung auf. Die sie bedingenden unabhängigen Variablen sind dabei die Instanzen eines Kommunikationsvorgangs. Je vollständiger diese unabhängigen Variablen bekannt sind (d. h. sowohl ihre allgemeine Wirkungsweise wie auch ihre Bedeutung für die spezielle Situation), desto eher lassen sich Richtung und Stärke einer Einstellungsänderung voraussagen.[43] Dieses Konzept entspricht wegen seiner kommunikationstheoretischen Orientierung in gewisser Weise dem oben genannten kommunikativen Zusammenhang von musikalischer Struktur, ihrer Vermittlung, Funktion und Wirkung. Auch weist es eine Affinität zur Hypothese der Strukturkorrespondenz (d. h. der Entsprechung von Objekt und Subjekt, von Botschaft und

Empfänger) auf. Aus der modifizierenden Integration dieser drei Ansätze und ihrer Verbindung mit den erwähnten erziehungswissenschaftlichen und musikpädagogischen Intentionen läßt sich folgende fünfstufige didaktische Strategie einer Einstellungsveränderung im Musikunterricht entwickeln, die an anderer Stelle ausführlicher dargestellt und begründet ist[44] und hier nur in Kurzformulierungen skizziert werden kann:

1. *Ermittlung der vorhandenen Einstellung* durch Verbalisierung und Visualisierung musikalischer Wahrnehmungen, Eindrücke, Erlebnisse, Erfahrungen und Hörbefunde und durch gezielte Beobachtung und Analyse von Reaktionen bei der Rezeption bestimmter musikalischer Strukturen.
2. *Anknüpfen an diese ermittelte Einstellungs- und Verhaltenssituation* durch Auswahl musikalischer Strukturen, die dieser entsprechen, und durch Vergleich verschiedener Einstellungs- und Verhaltensweisen, die sich bei verschiedenen Schülern bzw. Schülergruppen einer Klasse zeigen.
3. *Durchschaubar- und Bewußtmachung dieser Einstellungs- und Verhaltensweisen* durch Aufdeckung der ihnen zugrunde liegenden Normen und Mechanismen ihrer Verinnerlichung, indem der Sozialisationsvorgang selbst zum Gegenstand des Musikunterrichts gemacht wird.
4. *Vermittlung der Fähigkeit, sich für oder gegen bestimmte Einstellungs- und Verhaltensweisen entscheiden zu können* durch Erkenntnis und Selbsterfahrung des kommunikativen Zusammenhangs von musikalischer Struktur, ihrer Vermittlung, Funktion und Wirkung und durch Anbieten alternativer Einstellungs- und Verhaltensweisen im Umgang mit gleicher (populärer) oder ganz anderer (z. B. avantgardistischer) Musik, bzw. durch Klangexperimente oder Improvisationen mit neuartigem Material.
5. *Vermittlung der Fähigkeit, selbst nicht gewünschte »fremdbestimmte« Normen abzubauen* (gleichsam zu »entinnerlichen«) *und selbst gewünschte auszuwählen bzw. neu zu entwickeln.*

Diese didaktische Strategie der Einstellungsveränderung ist Bestandteil eines übergreifenden integrierten Individuations- und Sozialisationskonzeptes, das den Anteil des Musikunterrichts an der Sozialisation zur Musik und in bescheidenem Rahmen auch der Sozialisation durch Musik vermittels einer umweltbewußten, lernzielorientierten Wahrnehmungs- und Verhaltenserziehung im musikalischen Bereich zu erhöhen versucht.

Anmerkungen

[1] Titel des programmatischen Buchs von Saul B. Robinsohn, Neuwied/Berlin 1967.

[2] Strukturplan für das Bildungswesen, hrsg. vom Deutschen Bildungsrat, Stuttgart 1970, S. 58.

[3] H. Aebli definiert Bildung als »Besitz von Verhaltensweisen, welche ... Veränderungen herbeizuführen vermögen«; Die geistige Entwicklung als Funktion von Anlage, Reifung, Umwelt- und Erziehungsbedingungen, in: H. Roth (Hrsg.), Begabung und Lernen, Stuttgart [4]1969, S. 153.

[4] Aebli, a. a. O., S. 152.

[5] Vgl. die Untersuchung von S. Abel-Struth, Musikalische Sozialisation. Musikpädagogische Aspekte, in: E. Kraus (Hrsg.), Musik und Individuum. Musikpädagogische Theorie und Unterrichtspraxis, Mainz, in Vorber.

[6] F. Ronneberger (Hrsg.), Sozialisation durch Massenkommunikation, Stuttgart 1971.
[7] Vgl. H. Rauhe, Kulturindustrielle Sozialisierung durch Musik und ihre pädagogischen Konsequenzen, in: H. Rectanus (Hrsg.), Neue Ansätze im Musikunterricht, Stuttgart 1972, S. 5-55.

[8] Vgl. H. Rauhe, Zur pädagogischen Relevanz der Theorie von der jugendlichen Teilkultur, in: W. Krützfeldt (Hrsg.), Didaktik der Musik 1969, S. 20-64; ders., Jugend in unserer Gesellschaft, Ursachen und Motive jugendlichen Verhaltens, Hamburg, in Vorber. (= Blaue Reihe).

[9] »Der Gegenstand der Sozialwissenschaften ist der Strom des menschlichen Verhaltens. In dieser vielschichtigen und schwer faßbaren Gegebenheit unterscheidet der erkennende Geist ›Verhaltensweisen‹. Sie stellen sich als wiederholende und daher isolierbare, der Erkenntnis zugängliche Elemente im Verhaltensstrom dar« (H. Aebli, a. a. O., S. 152).
[10] Vgl. R. König / H. Maus, Handbuch der empirischen Sozialforschung, Bd. 1, Stuttgart 1962, S. 107 ff.
[11] Der Begriff »situativer Kontext« bezeichnet (nach B. Buchhofer / J. Friedrichs / H. Lüdtke, Strukturanalyse des deutschen Musiklebens, Köln, in Vorber.) die Elemente der Situation als einer räumlich-zeitlichen Einheit bei der Musikrezeption.
[12] Zum Problem der Beobachtung siehe: J. Friedrichs / H. Lüdtke, Teilnehmende Beobachtung, Weinheim 1973; ferner J. Friedrichs, Methoden empirischer Sozialforschung, Reinbek 1973 (rororo studium 28/980).
[13] Unter Primärkomponenten werden Melodik, Harmonik, Rhythmus und Form verstanden, unter Sekundärkomponenten Instrumentation und Arrangement (H. Rauhe, Kritischer Schallplattenvergleich . . ., in: Musik im Unterricht 7/8 / 1968).
[14] Vgl. H. Rauhe, Der Musikmarkt, in: H. Segler (Hrsg.), Musik und Musikunterricht in der Gesamtschule, Weinheim 1972.
[15] Vgl. H. Rauhe, Probleme der Beobachtung und Analyse musikalischen Verhaltens, in: Forschung in der Musikerziehung 11/1974; und ders., Umweltgeprägtes Musikverhalten. Aspekte der Ermittlung und didaktischen Analyse, in: K. Blaukopf et al., Schule und Umwelt. Interdisziplinäre Aspekte musikpädagogischer Untersuchungen, Wolfenbüttel, in Vorber. (= Beiträge zur Schulmusik Bd. 28).

[16] Zur Definition des Begriffs Popularmusik und zu den interdisziplinären Aspekten ihrer Untersuchung siehe: H. Rauhe, Artikel »Popularität«, in: H. Hopf/W. Heise, Lexikon der Musikpädagogik, Düsseldorf 1974; ferner: Popularität in der Musik. Interdisziplinäre Aspekte musikalischer Kommunikation Karlsruhe 1974 (= Musik und Gesellschaft, H. 13/14).
Der Begriff Popularmusik ist der Oberbegriff für »Popmusik im weiteren Sinne«, d. h. Schlager, Beat, Rock, Blues, Gospel, Tanz- und Unterhaltungsmusik (»U-Musik«), und »Popmusik im engeren Sinne«, d. h. eine bei Jugendlichen stark verbreitete Musik »stark motorischen Charakters aus der Nachfolge des Rhythm and Blues, die in England mit Elementen des Skiffle zum Beat verschmolzen wurde und sich heute in den unterschiedlichsten Ausprägungen, z. B. als Hard Rock, Polit-Rock, Raga-Rock usw. zeigt« (D. Hartwich, Noch einmal: Jugend und Popmusik, in: Musik und Bildung 4/1972, S. 181).
[17] Vgl. H. Rauhe, Zur Funktion des Schlagers im Leben Jugendlicher und Erwachsener, in: S. Helms (Hrsg.), Schlager in Deutschland, Wiesbaden 1972.
[18] Ketzereien eines Soziologen, Hamburg 1965, S. 91 u. 100.
[19] H.-P. Reinecke, Experimentelle Beiträge zur Psychologie des musikalischen Hörens, Hamburg 1964.
[20] Vgl. H. Rauhe/J. Thiele, Kommunikationstheoretische Probleme der Musikpädagogik, Mainz, in Vorber. (= Musikpädagogik. Forschung und Lehre).
[21] H.-P. Reinecke, Determinanten des außerschulischen und schulischen Musikverhaltens, in: Musik und Bildung, in Vorber. Vgl. auch ders., Der Musikbegriff unter theoretischem und pädagogischem Aspekt, in: Forschung in der Musikerziehung, H. 11/1974.
[22] H.-P. Reinecke, Determinanten . . ., a. a. O., S. 10.
[23] Vgl. H. Rauhe, Musikpädagogik als Didaktik musikalischer Kommunikation und Interaktion, in: I. Bontinck, Festschrift für Kurt Blaukopf zum 60. Geburtstag, Wien 1975.
[24] Diese neuen Verhaltensweisen der jungen Generation sind klassifiziert in: H. Rauhe, Probleme der Beobachtung, Analyse und didaktische Auswertung musikalischen Verhaltens, a. a. O. Vgl. auch: I. Bontinck (Hrsg.), New Patterns of Musical Behaviour, Wien 1974, und K. Blaukopf et al., Schule und Umwelt, a. a. O.
[25] E. Durkheim, Education et sociologie, Paris 1923, S. 50; deutsch: Erziehung und Soziologie, Düsseldorf 1972.
[26] Musikalische Sozialisation, a. a. O.

[27] F. W. Doucet, Psychoanalytische Begriffe, München 1972, S. 69 f.
[28] J. Habermas, Thesen zur Theorie der Sozialisation. Stichworte und Literatur zur Vorlesung im SS 1968, o.O., o. J., S. 5 f.
[29] Der Begriff »Einstellung«, der für unseren Zusammenhang besondere Bedeutung gewinnt, bezeichnet die »psychische Bereitschaft, in einer gewissen Richtung zu agieren oder zu reagieren« (F. W. Doucet, a. a. O., S. 43 f.). Eine solche »Wahrnehmungsorientierung und Reaktionsbereitschaft in Beziehung zu einem besonderen Objekt oder einer Klasse von Objekten«, z. B. der Musik, »kann nicht direkt beobachtet werden, sondern muß aus dem zu beobachtenden Verhalten erschlossen werden« (G. D. Wilson, Artikel »Einstellung« in: Lexikon der Psychologie, Freiburg 1972, S. 447).
[30] H. Rauhe, Kulturindustrielle Sozialisierung durch Musik und ihre pädagogischen Konsequenzen, a. a. O.
[31] U. Günther/H. Rauhe (Hrsg.), Musiklehrerausbildung an der Universität. Ein Konzept in der Diskussion, Stuttgart 1974, S. 33.
[32] Vgl. H. Rauhe, Sozialisation und Erziehung im Musikunterricht. Entwurf einer didaktischen Strategie musikalischer Verhaltensänderung im Musikunterricht, in: Musik und Bildung, in. Vorbereitg. und: Individuation und Sozialisation durch Wahrnehmungs- und Verhaltenserziehung im musikalischen Bereich, in: E. Kraus (Hrsg.), Musik und Individuum, Mainz 1974.
[33] Vgl. die Modelle der Curriculumkonstruktion von H. Taba (1962), D. Knab (1967), F. Achtenhagen/P. Menck (1970), H. Giel/G. G. Hiller (1970), H. v. Hentig (1970), H. Frey (1971) und H. Blankertz (1971).
[34] M. Hohmann, Curriculumkonstruktion, in: G. Wehle (Hrsg.), Pädagogik aktuell, Bd. 3, München 1973, S. 17.
[35] Vgl. I. Bontinck, a. a. O., und K. Blaukopf, a. a. O.,
[36] Siehe H. Rauhe, Interdisziplinäre Verflechtung der Musikpädagogik, in: Musik und Bildung, 1/1973.
[37] K. Lukasczyk, Einstellungen, in: W. Bernsdorf (Hrsg.), Wörterbuch der Soziologie, Frankfurt 1972, S. 175. Vgl. auch A. R. Cohen, Attitude change and social influence, 1964.
[38] Ebd. S. 176. Vgl. auch G. Kleinen, Entwicklungspsychologische Grundlagen musikalischen Verhaltens, in: H. Segler (Hrsg.), Musik und Musikunterricht in der Gesamtschule, Weinheim 1972, S. 76 ff.
[39] A. R. Cohen, a. a. O.; H.-J. Hummell, Psychologische Ansätze zu einer Theorie sozialen Verhaltens, in: R. König (Hrsg.), Handbuch der empirischen Sozialforschung Bd. II, 1969; E. K. Scheuch, Skalierungsverfahren in der Sozialforschung, in: Handbuch der empirischen Sozialforschung Bd. I, 1962; G. W. Allport, Attitudes, in: C. Murchison (Hrsg.), A Handbook of Social Psychology, 1935.
[40] Lukasczyk, a. a. O., S. 177.
[41] Vgl. die in diesem Band dargestellten Untersuchungen von Peter Brömse.
[42] Lukasczyk, a. a. O., S. 178.
[43] C. A. Insko, Theories of Attitude Change, New York 1967; M. H. Rosenberg/C. J. Hovland, Attitude Organisation and Change, New Haven 1960.
[44] H. Rauhe, Sozialisation und Erziehung im Musikunterricht, a. a. O.

Zwischen Symphonie und Hit: Folklore?

Anregungen zu einer notwendigen Diskussion

Ernst Klusen

»Es ist einer der verhängnisvollsten soziologischen und psychologischen Irrtümer, an denen unsere Zeit so reich ist, daß man so häufig meint, von irgendeinem gegebenen Augenblick an könne etwas ganz anders werden, zum Beispiel könne sich der Mensch von Grund auf verändern oder es könnte eine neue Formel oder Wahrheit gefunden werden, die einen ganz neuen Anfang darstelle . . . .«

(C. G. Jung, Seele und Tod. Gesammelte Werke, Zürich 1967, Bd. VIII)

Merkwürdig: zu einer Zeit, in der immer wieder festgestellt wird, die drei, großen, bösen »M« – Masse, Medien und Mode – hätten das tradierte, laienmäßige, funktionale Singen, Tanzen und Musizieren – wohl auch »Volksmusik« genannt – ausgelöscht, wird für einen weiten Bereich musikalischer Aktivitäten ein Ausdruck in Anspruch genommen, der einst nur als wissenschaftliche Bezeichnung für jene Überlieferung galt: Folklore. Was dieser Begriff aber an musikalischen Erscheinungen heute umfaßt, ist so disparat, daß er zur exakten Bezeichnung von Materialien und Sachverhalten nachgerade unbrauchbar geworden ist.

Zum Beispiel: ein auf dem kleinstädtischen Marktplatz konzertierendes Akkordeonorchester, das von einer Bierbrauerei unterhalten wird und in Tracht »Rosen aus dem Süden« spielt; eine Schlagersängerin, die sich das Lied vom »Bauer im Heu« für kleine Barbesetzung hat arrangieren lassen und sich bemüht, auch das im Text Unausgesprochene durch Interpretationskniffs möglichst jedem deutlich zu machen; eine Jugendgruppe, die für sich südamerikanische Lieder entdeckt hat und sie in eigenen Sätzen singt; Kinderlieder aus aller Welt, von Kindern gesungen und auf einer Schallplatte zu wohltätigen Zwecken feilgeboten; europäische Volkslieder in Arrangements für Männerchor, dargeboten im Konzert eines Gesangvereins; eine Veranstaltung von Gastarbeitern mit ihrer heimischen Musik; Liedersänger und Liedermacher, die auf altes Material aus wissenschaftlichen Editionen zurückgreifen und es textlich oder musikalisch akktualisieren; das Auftreten einer Trachtentanzgruppe im Auftrag des örtlichen Verkehrsvereins bei einem Heimatabend im Kurhaus . . .

Damit wird im heutigen umgangssprachlichen Gebrauch der aus der wissenschaftlichen Fachsprache stammende Ausdruck Folklore auf musikalische Materiale und Gebrauchsweisen angewandt, die die Wissenschaft früher vor ihrer Betrachtung ausschloß: kunstvoll Arrangiertes, absichtsvoll einem Publikum Dargebotenes.

Das hat zu der Überlegung geführt, auf die wissenschaftliche Verwendung des

Begriffs Folklore überhaupt zu verzichten[1]; der Begriff »Folklorismus« wurde für diese umgangssprachlich »Folklore« genannten musikalischen Objektivationen verwandt[2], und aus dem diskriminierenden Vergleich von Folklore und Folklorismus ergab sich zwangsläufig die Diskussion von »echt« und »unecht«[3]. Zweierlei blieb dabei unbeachtet: einmal die Tatsache, daß außer Folklore und Folklorismus ein tradiertes, laienmäßiges, funktionales Singen in Gruppen, die nicht um des Singens willen zusammenkommen, anzutreffen ist, das man nicht als eine Erscheinungsform des Folklorismus bezeichnete, aber auch von der wissenschaftlichen Volkskundeforschung nicht zur Kenntnis genommen wurde; zum anderen die Frage, ob wirklich alle jene Erscheinungen, die heute umgangssprachlich Folklore, wissenschaftlich Folklorismus oder Pseudofolklore genannt werden, unter diesem Begriff zu fassen sind. Zum ersten stellen kürzlich durchgeführte empirische Erhebungen fest, daß laienmäßiger, funktionaler Umgang mit dem Lied so unbeachtlich gar nicht ist.[4] Dies wird noch Gegenstand künftiger Diskussionen sein. Die Frage aber nach Bedeutung und Verwendbarkeit des Begriffs Folklore ist hier zu prüfen.

Solche Prüfung ist von besonderer Bedeutung auch für die Musikdidaktik allgemeinbildender Schulen und die Curricula der Lehrerbildung. Denn nur eine möglichst eindeutige Beschreibung und Bewertung der hier angesprochenen Gebiete der Musikübung wird den Lehrer befähigen, sie sachgemäß darzustellen. Und daß solche Darstellung unbedingt notwendig ist, resultiert allein aus der Tatsache, wie mächtig gewisse Erscheinungen, die man wissenschaftlich oder umgangssprachlich Folklore nennt, in die Hörwelt Jugendlicher hineinwirken. Bei kaum begonnener musikdidaktischer Grundsatzdiskussion[5] käme es zunächst einmal – weit davon entfernt, einen Streit um Worte beginnen zu wollen – auf eine grundsätzliche Klärung der Sachverhalte an.

Unvermeidlich wird man, um das verwirrend komplexe Gespinst der Einzelfakten durchschauen zu können, von den einfachsten Gegebenheiten ausgehen müssen:

1. Der Mensch hat ein ursprüngliches, vitales Bedürfnis nach Musik. Hinweis: es gibt keine Gesellschaft ohne Musik.
2. Musik wird nur manifest, indem man sie ausführt: sie aus sich herausführt, macht. Es ist undenkbar, eine Musik zu machen, die nicht auch gehört wird.
3. Jedoch: das Hören kann sich vom Vorgang des Musikmachens lösen; man kann sie zwar nicht machen, ohne sie zu hören, aber man kann sie sehr wohl hören, ohne sie zu machen.

Folgerung:

4. Nicht nur das Machen, auch das Hören kann das Musikbedürfnis befriedigen. Wenn aber auch das hörende Hinnehmen von Musik ohne das Machen nicht möglich, insofern von ihm abgeleitet ist, so kann es aber grundsätzlich nicht als minder bedeutsam, uneigentlich, ja als unecht angesehen werden.
5. Durch die Trennung von Machen und Hören, von Ausführenden und Zuhörenden werden Interaktionen in Gang gesetzt, die sich – entsprechend der

Struktur einer Gesellschaft und der Struktur der Musik – außerordentlich differenzieren können.
Diese differenziert strukturierten Interaktionen finden sich nun auch in all jenen Objektivationen wieder, die unter den Begriffen Folklore und Folklorismus subsummiert werden. Daß darüber hinaus die ganze Komplexität anthropologischer, physiologischer, psychologischer und soziologischer Gegebenheiten ins Spiel kommt, hat Noll durchaus zu Recht betont, und die von ihm geforderte *»systematische«* Aufstellung dieser Sachverhalte sollte tatsächlich auch als »wesentliche Voraussetzung für die Absicherung fachdidaktischer Entscheidungen« angesehen werden.[6]
Es dürfte einleuchten, daß die disparaten Objektivationen und Interaktionen, mit denen wir es hier zu tun haben, nicht eindimensional zu ordnen, soll heißen auf die Linie eines simplen Generalnenners zu bringen sind. Hier decken die Termini Folklore/Pseudofolklore gleich echt/unecht nicht die Fülle der Erscheinungen. Zu diesem Zweck sei eine Skala der menschlichen Bedürfnisse entwickelt und eine Skala der Interaktion bei Musikübungen. Die musikalischen Objektivationen bestimmen sich dann aus der Art, wie ein bestimmtes Bedürfnis durch eine bestimmte Art von Interaktion befriedigt wird.
Dabei muß darauf hingewiesen werden, daß damit nicht Sinn und Wesen der Musik auf Bedürfnisbefriedigung im vordergründigen Sinn reduziert werden soll. Nicht zu vergessen ist, was Adolf Portmann »Hypertelie« nennt: die allgemein in der Natur zu beobachtende Entfaltung von Farbe, Form, Duft und Klang, die keinem anderen Zweck dient, als der Entfaltung von Schönheit und dem Genuß ihrer Anschauung.
Zur Befriedigung seiner originären Bedürfnisse – Selbsterhaltung und Arterhaltung – bedarf der Mensch so wenig wie Pflanze und Tier der Kunst im allgemeinen, der Musik im besonderen. Doch anders als die übrige Natur, ist der Mensch nicht nur ausgerüstet, diese Bedürfnisse zu befriedigen, er ist auch im Stande, sich selbst dazu auszurüsten, wobei die Entwicklung der Ausrüstung neue Bedürfnisse schafft, für die er sich wieder ausrüstet, und so fort. Hier liegt die Ursache für die Differenzierung und Vervollkommnung menschlicher Lebenstechniken, zu denen auch die Musik zu zählen ist.
Musik kommt hier funktional, als Bedürfnisbefriedigung, folgendermaßen ins Spiel:

1. als Bestandteil des Kultes und der Staatsfeier, um sich der gemeinsamen Existenz im Einklang mit den Mächtigen zu versichern;
2. als Arbeitshilfe, um konkreten Aufgaben des Alltags gerecht zu werden;
3. als Information über Geschehnisse und deren Deutung;
4. als ergötzendes Spiel und entlastende Gegenwelt zu den strengen Forderungen materieller Lebenssicherung;
5. als die von materiellen Zwecken entbundene reine Anschauung des Schönen.

Diese Funktionen bilden die Senkrechte des unten folgenden Diagrammes.
In dieser Anordnung der Funktionen spielt die materielle Existenzsicherung eine immer geringere Rolle, wobei sich Funktionen – anders wie in dieser idealtypischen Trennung angeordnet – in wechselndem Maße durchdringen können. Festzuhalten ist ferner, daß

BEZUGSFELD „*Funktion – Interaktion*"

FUNKTION		INTERAKTION Immanenz	Abnehmende Intensität der direkten Anteilnahme Aller Zunehmende Intensität der Arbeitsteilung and der instrumentalen Perfektion immanente Stellvertretung	emmanente Stellvertretung	EMMANENZ
Kult (Gottesdienst, Staatsfeier Parteifeier)	Abnehmende Materialität der Bedürfnisse	Singende Kult=Kirchen =Staats =Parteigemeinschaft	Vor-Sänger-Tänzer Laien-Instrumentalgruppen, Kirchenchor, Schulchor	(Semi) professionelle Gruppen im Auftrag religiöser, staatlicher, parteilicher Organisationen	V A C A T
Arbeitshilfe		Singende Arbeitsgruppen	Sing- und Spielgruppen zur Arbeit anderer	Mediale Arbeitsraum-Beschallung mit oder ohne Einflußnahme der Arbeiter auf die Gestaltung	
Information		v a c a t	Gruppenmitglieder mit informierenden oder kommentierenden Nachrichtenliedern	Bänkelsänger, Kabarett, Protest, Agitation durch Gruppen verpflichtet	Liedermacher Chansonier als selbständige Unternehmer oder im Auftrag solcher
Ergötzung Entlastung		Singende und tanzende Gruppen, die zu außermusikalischen Zwecken dienen	ad-hoc- und institutionalisierte Laien-Sing-und Tanzgruppen im Dienst nichtmusikalischer Gruppen	(Semi) professionelle Tanzkapellen, Sänger, von nichtmusikalischen Gruppen engagiert	Unterhaltungsorchester spielen a) Trivialmusik (aus Anschauunsmusik stammend) b) Popularmusik (aus immanent und stellvertretend emmanent gehandhabter Ergötzunsmusik stammend) im Auftrag Dritter
Anschauung		Für sich musizierende Laiengruppe, die zum Zweck des Musizierens zusammenkommt	Laiengruppen musizieren adhoc oder institutionalisiert vor geschlossener Gruppe (Altenbetreuung)	Musikdarbietungen (semi) professioneller Gruppen gegen Entgelt vor geschlossener Gesellschaft (Hofkonzert)	Öffentliches Konzert und Öffentliche Oper Mediale Musikvermittlung

die Bedürfnisse und ihre funktionale Befriedigung akzentuiert sind von individuellen und sozialen Komponenten: Geschlecht, Alter, differenziertes Bewußtsein, Durchsetzungspotenz, Sozialstatus, Struktur der Gruppen (Berufe, Wohndichte) usw. Dieser Hinweis, um klarzustellen, daß bei solch differenzierter Aufgliederung der menschlichen Bedürfnisse ihre Befriedigung – das ist hier konkret die Funktion der Musik[7] – im Kontext der gesellschaftlichen Systeme gesehen werden muß.

Funktionen erlöschen, wenn Lebensvorgänge, deren Bestandteil sie sind, absterben; sie bilden sich neu, wenn neue Lebensvorgänge sie hervorrufen; sie passen sich veränderten Lebensvorgängen an. Ein und dasselbe Bedürfnis kann auch durch verschiedene Medien gleichzeitig erfüllt werden; solche Medien gelten dann als funktionsäquivalent.[8]

Die meisten Bedürfnisse sind nur durch gemeinsames Handeln zu befriedigen, musikalische Bedürfnisse durch Musikmachen und Musikhören. Wir ordnen hier die Interaktionsformen nach dem abnehmenden Einfluß der Gruppe auf die Gestaltung der musikalischen Objektivationen in der Waagerechten des Diagramms. In dem hier vorgegebenen Rahmen kann das nur andeutungsweise geschehen; eine ausführlichere Darstellung mag einer anderen Gelegenheit vorbehalten bleiben.

1. Immanzenz.

Die stärkste Beteiligung aller Betroffenen ist gewährleistet, wenn Alle alles tun. Die Musikmacher sind gleichzeitig die Zuhörer. Es besteht keinerlei Distanz zwischen Mensch und Gegenstand der Bedürfnisbefriedigung.

Ökonomisch gesehen entspricht diese Form der Interaktion der geschlossenen Haus- und Feldwirtschaft der nicht arbeitsteiligen Gesellschaft. Eine Haltung, gekennzeichnet durch den Mangel an Distanzgefühl zu Menschen und Dingen, verknüpft unmittelbar alle Erscheinungsformen der Wirklichkeit mit dem Leben Aller. Es ist die Lebenshaltung einer Gemeinschaft, die in ihrer reinen Ausprägung der Regelung aller wirtschaftlichen, politischen und künstlerischen Fragen übernimmt, wobei eine solche Trennung in verschiedene Lebensbereiche einer rein immanenten Gemeinschaft überhaupt fremd ist. Die Dinge des Lebens erscheinen nicht distanziert vom Menschen, sondern sie sind unmittelbar und vollständig in ihm, so wie er unmittelbar und vollständig in der Gemeinschaft ist.

Wenn auch diese Form der Interaktion eine Gemeinschaft zu beschreiben scheint, wie sie sich in sehr frühen Kulturen offenbart, so ist doch sehr wohl zu beachten, daß solche immanente Lebensgestaltung bis auf den heutigen Tag besteht, wie noch zu zeigen sein wird.

2. Immanente Stellvertretung erster Ordnung.

Eine folgenschwere Entwicklung setzt – zunächst ganz unscheinbar – ein, wenn eine Gruppe gewisse Aufgaben an bestimmte Mitglieder gelegentlich stellvertretend delegiert. Die Gruppe begibt sich grundsätzlich keines ihrer Rechte, die beauftragten Mitglieder haben weder mehr Kenntnisse und Fertigkeiten noch einen besonderen Status. Sie tun nichts, was jeder andere auch tun könnte. Diese gruppenimmanente Aussonderung für gelegentliche Sonderaufgaben kann jederzeit aufgehoben werden.

3. Immanente Stellvertretung zweiter Ordnung.
Erfolgt eine Delegierung jedoch nicht »ad hoc«, sondern wird sie institutionalisiert, bleibt sie zwar immanent, weil sie Sinn und Form durch die Gruppe empfängt und jederzeit wieder in die Gemeinschaft zurücktreten kann, doch behauptet sie eine gewisse Selbständigkeit gegenüber der Gruppe, die sie vertritt. Trotzdem muß ihr Wirken so beschaffen sein, daß die delegierende Gesellschaft es jederzeit als von ihr selbst stammend, als den Ausdruck ihres Wollens, erkennen kann. Wie die immanenten Stellvertreter erster Ordnung bilden auch die Stellvertreter zweiter Ordnung keine selbständige wirtschaftliche Einheit, und ebensowenig sind sie fachlich so gebildet, daß ihr Können das Können der übrigen Gruppenmitglieder überstiege. Jedes Mitglied der Gruppe kann Aufgaben auch dieser immanenten Stellvertretung übernehmen. Jedoch: durch das ständige Zusammenwirken der Stellvertreter steigert sich ihr technisches Vermögen, und ihre wachsende Geschicklichkeit unterscheidet sie von der Gesamtgesellschaft schärfer, als dies bei der immanenten Stellvertretung erster Ordnung gegeben ist. In dieser institutionalisierten stellvertretenden Gruppe werden differenzierte Techniken entwickelt, höhere Ansprüche gestellt, die zu einem neuen, von der Gesamtgesellschaft stärker differenzierten Status und zu anspruchsvollerer Struktur der Produkte führen.

4. Emmanente Stellvertretung.
Die Stellung der Stellvertreter zu ihrer Umgebung verändert sich entscheidend, wenn sie sich auch wirtschaftlich selbständig machen. Die sich differenzierenden Bedürfnisse und die sich dadurch steigernden technischen Anforderungen an ihre funktionale Befriedigung erfordern ausschließliche, d. h. berufliche, also auch von der Gesellschaft wirtschaftlich gesicherte Beschäftigung der Stellvertreter.

Sie treten damit aus dem Zustand der Immanenz in den der Emmanenz; immer aber ist solche Tätigkeit noch stellvertretend. Das heißt: die Gesellschaft stellt die Aufgaben, artikuliert ihre Bedürfnisse, fordert die Deckung ihres Bedarfs und kontrolliert die Art und Weise der Bedarfsdeckung. Somit bleibt eine Bindung, die noch vom Begriff der Stellvertretung gedeckt wird. Das Moment der Emmanenz zeigt sich nicht nur in der wirtschaftlichen Selbständigkeit der Stellvertretergruppe, sondern auch darin, daß die Gesellschaft bei aller Kontrolle der von der Stellvertretergruppe dargebotenen Produkte auf ihre Funktionsgerechtheit – und entsprechender Selbstzensur der Stellvertreter – diesen Stellvertretern doch freie Hand in der Entwicklung der Techniken bei der Herstellung ihrer Produkte läßt.

In diesem Gewährenlassen liegt der Ansatz zur Entwicklung jener letzten Form der Interaktion:

5. Emmanenz.
Hier begibt sich die Gesellschaft des Rechts, die angebotenen Produkte zur

Bedürfnisbefriedigung auf ihre Eignung zu prüfen. Jetzt erreichen die Fachleute eine Autonomie, die solche Kontrolle nicht mehr zuläßt, ja, die es ermöglicht, daß nicht der Bedarf gedeckt, die Bedürfnisse befriedigt, sondern neue Bedürfnisse erst geschaffen, der Bedarf geweckt wird. Anderseits gibt diese Autonomie der in reiner Emmanenz mit der Bedarfsweckung Beschäftigten der Gesellschaft auch die Möglichkeit, sich dem Angebot der Bedarfsweckung zu verweigern; eine besonders bei der künstlerischen Produktion ins Spiel kommenden Haltung der Gesellschaft von nicht zu unterschätzender Bedeutung, weil sie die Existenz der Produzenten gefährden, zur Selbstzensur und zur Manipulation führen kann.

Durch alle Stufen der hier geschilderten Interaktionsformen ist eine zunehmende Distanz, eine wachsende Passivität der Gesellschaft gegenüber denjenigen zu beobachten, die ihre Bedürfnisse befriedigen, gleichzeitig eine größere Autonomie der Stellvertreter und eine Differenzierung der Techniken bei der Herstellung der zunächst bedarfsdeckenden, dann bedarfsweckenden Produkte. Der Zustand der Emmanenz ist schließlich dadurch gekennzeichnet, daß reichlich vorhandene Produktionsmittel erlauben, Bedürfnisse in der Gesellschaft nicht nur zu wecken, sondern daß von den Bedarfsweckern auch Technik der Produktion und Struktur der Produkte autonom bestimmt werden kann.

Die Annahme, das Fortschreiten von der Immanenz zur Emmanenz wäre ein historischer Prozeß, ist nur mit einer wichtigen Einschränkung richtig: Selbstverständlich differenzieren sich die Bedürfnisse und die Techniken ihrer Befriedigung im Laufe historischer Entwicklung, und jede dieser Interaktionsformen erwächst aus der hervorgehenden, doch ist von wesentlicher Bedeutung, daß durch Entwicklung einer neuen Stufe die vorhergehende nicht abstirbt, sondern neben der neuen bestehen bleibt, so daß die Entwicklung im Ganzen als ein additiver Prozeß zu verstehen ist, der eine Skala der feinsten Übergänge darstellt. In unserer auf deutliche Unterscheidung gerichteten Darstellung treten solche Übergänge naturgemäß nicht in Erscheinung.

Aus der funktionalen Bedürfnisbefriedigung durch die verschiedenen Interaktionen erwachsen nun die musikalischen Gattungen in einer Ordnung, die gestattet, auch jene musikalischen Formen systematisch und eindeutig zu ordnen, deren definitorische Festlegung unter dem Begriff Folklore und Folklorismus soviel Schwierigkeiten verursachte. Der gebotenen Kürze wegen wird von jeder Funktion nur ein Beispiel durch alle Möglichkeiten der Interaktion geführt (vgl. die Tabelle).

Kult: Die Gemeinde singt gemeinsam – das ist immanente Interaktion; eine von der Gemeinde ad hoc bestellte Sängergruppe (oder ein Einzelsänger) agiert in immanenter Stellvertretung erster Ordnung; ein als Verein instutionalisierter Kirchenchor, zu dem jeder Zutritt hat, stellt eine immanente Stellvertretung zweiter Ordnung dar; als emmanente Stellvertretung ist ein zu besonderer Gelegenheit engagiertes ganz- oder halbberufliches Ensenble oder ein ständig beschäftigtes Berufsensemble (Hofkapelle) anzusehen. Reine Emmanenz ist in diesem Funktionsfeld nicht anzutreffen, weil normgebende Weltanschauungsgemeinschaften eine solche Autonomie nicht zulassen. Die Aufführung der Matthäuspassion gegen Eintrittsgeld ist ein Konzert wie jedes andere und erscheint im Funktionsfeld »Anschauung«.

Arbeitshilfe: Singen »aus der Arbeit«[9], d. h. aus dem Rhythmus des Arbeitsvorgangs herausgewachsene gemeinsame Gesänge zur Bewegungskoordination (Shanties) sind ebenso Formen immanenter Interaktion wie Lieder »Zur Arbeit«: arbeitsbegleitende Gesänge, die einen eintönigen Arbeitsvorgang begleiten, ohne daß sie inhaltlich oder formal etwas mit der verrichteten Arbeit zu tun haben. Formen der immanenten Stellvertretung erscheinen dort, wo einige Arbeiter während der Arbeit musizieren, um den anderen die Arbeit zu erleichtern.[10]

Mediale Raumbeschallung ist emmanente Stellvertretung, wenn etwa die Arbeitsgruppe aus eigener Initiative Apparat und Schallplatten beschafft und gemeinsame Entscheidungen über die Auswahl der Musik trifft. Emmanent wird die Interaktion bei zwangsweiser Beschallung von Arbeitsräumen durch ferngesteuerte Abonnementsdienste (MUZAK). Hier kommt sehr deutlich das Phänomen des Funktionsäquivalents ins Spiel: Schallplatte oder zentral gesteuertes Musikprogramm treten für die immanenten Formen des Singens in Form eines neuen Mediums ein. Das entscheidend Neue liegt in dem neuen Medium und der dadurch heraufgeführten Form der emmanenten Interaktion, nicht aber in den musikalischen Objektivationen; sie sind nämlich vom Medium und Interaktionsform weitgehend unabhängig: Musik jeder Art kann dargeboten werden, von den tradierten und bekannten Liedern (die dann auch wohl mit gesungen werden und immanente Interaktion herbeiführen) bis zur perfektionierten Unterhaltungsmusik aus dem Funktionsfeld »Ergötzendes Spiel«. Deshalb ist die Funktionsäquivalenz nur auf Medium und Interaktionsform zu beziehen und nicht auf die musikalische Objektivationen. Dieser Sachverhalt wird noch näher zu betrachten sein.

Information: Unbekanntes, Neues, das von Kundigen vermittelt wird, ist in der Form reiner Immanenz nicht möglich, da die Gruppe in immanenter Aktion nur das realisieren kann, was sie bereits besitzt. In immanenter Stellvertretung wird Information im Lied durch ein Mitglied der Gruppe vermittelt: Freiligraths Trompeter, der sein Prinz-Eugen-Lied vorträgt. Emmanente Stellvertretung wird durch Spielleute, Zeitungssänger und jene Liedermacher wahrgenommen, die sich als Einzelsänger den Gruppen bei Gelegenheiten präsentieren, die nicht als Veranstaltung der Sänger, sondern als Gruppenzusammenkünfte mit eigenen Zwecken (Jahrmarkt, Vereinsfeier) charakterisiert sind. Von Unternehmern arrangierte Veranstaltungen mit Sängern, für die der Bedarf erst durch Werbung geweckt werden muß und die mediale Verbreitung von Informationsliedern zeigen die Interaktionsform der Emmanenz. Auch hier ist das realisierte musikalische Material nicht das wesentlich Unterscheidende, sondern die Interaktionsform.

Ergötzung – Entlastung: Diese Funktion ist nicht, wie es wohl geschieht, nur auf gewisse Erscheinungen der modernen Unterhaltungsindustrie anzuwenden;[11] sie findet sich mit gleitendem Übergang zum Funktionsfeld »Anschauung« bereits in den frühesten Formen der Musikübung.[12] Diese Funktion erfüllt die Musik in immanenten Interaktionsformen überall da, wo Gruppen nicht zum Zweck des Singens zusammenkommen, die Musik aber zur Bewältigung akuter Gruppensituationen dient. In reiner Immanenz, z. B. wenn bei Großvaters Geburtstag die feiernde Familie gemeinsam singt; in immanenter Stellvertretung erster Ordnung, wenn die Enkel dem Geburtstagskind etwas vorsingen, in immanenter Stellvertretung zweiter Ordnung, wenn die Firma ihren Werkschor zur Gratulation ein Ständchen singen läßt. Emmanente Stellvertretung wäre gegeben, wenn ein (Semi)Berufsorchester zu einem Geburtstagskonzert verpflichtet wird. Rein emmanente Ergötzungsmusik ist von aktuellen Zwecken gelöst und wird von autonomen Berufsvereinigungen bedarfsweckend auch mit Hilfe der Massenmedien dargeboten. Auch hier unterscheidet sich die Art der Bedürfnisbefriedigung wesentlich durch die Interaktionsform, nicht durch die musikalischen Objektivationen.
Anschauung: Die Befriedigung dieses Bedürfnisses erfolgt überall da, wo Musik als solche – nicht zur Verwirklichung außer ihr liegender Ziele – realisiert und hingenommen wird. In immanenter Aktion geschieht dies beim Für-sich-Musizieren einer Gruppe, in immanenter Stellvertretung, wenn in einem privaten Kreis einige Anwesende ad hoc (1. Ordnung) oder als institutionalisierter Laienverein (2. Ordnung) sich produzieren. Emmanente Stellvertretung wäre das Musizieren (semi)professioneller Vereinigungen vor einer geschlossenen Gesellschaft (Hofkonzert), und als Interaktion reiner Emmanenz haben die Formen des öffentlichen Konzerts gegen Eintrittsgeld und dem potentiell möglichen Zutritt Aller sowie alle Formen elektronischer Musikübertragung zu gelten. Auch hier sind die musikalischen Objektivationen innerhalb der Interaktionsformen eines Funktionsfeldes austauschbar.
Nach dieser systematischen Darstellung der aus der Bedürfnisbefriedigung sich entwickelnden musikalischen Interaktionen besteht die Möglichkeit, die musikalischen Gattungen als Objektivationen dieser Bedürfnisbefriedigung zu ordnen. Die immanenten und immanent bzw. emmanent stellvertretenden Interaktionen sind es, deren musikalische Objektivationen bisher unter dem Namen »Volksmusik« oder »Folklore« (im wissenschaftlichen Sprachgebrauch) zusammengefaßt wurden. Das Entscheidende dabei ist, daß die Gruppe entweder ihre Bedürfnisse selbst befriedigen oder ihre stellvertretende Befriedigung kontrollieren kann und daß die Objektivationen materiell, technisch und geistig allen zugänglich sind. Demgegen fällt einiges, was man als wesentlich ansah, nicht ins Gewicht: schriftlose, orale Tradition, allgemeine Bekanntheit der Objektivationen, Unbekanntheit ihrer Autoren, das Erfüllen einer ästhetischen Norm, die Notwendigkeit von Organisation zur Realisierung der Objektivationen. Bedürfnisse können sich somit an ganz verschieden-

artigen Objektivationen durch Eigentätigkeit (primärfunktional) wie auch in stellvertretenden Interaktionen (sekundärfunktional) befriedigen.

Damit könnten auch jene Objektivationen in ein rechtes Verhältnis zueinander gebracht werden, die bisher als »Schlager« und »Volkslied« als Protagonisten von »Folklore« und »Folklorismus«, von »echt« und »unecht« zu so unbefriedigenden Gegenüberstellungen geführt haben.[13] Bausinger ist zuzustimmen, daß »Schlager und Volkslied sehr viel stärker auf einer Ebene zu sehen (sind) als das bisher geschah.« Hier spielt die bereits häufiger erwähnte Austauschbarkeit der Objektivationen innerhalb der Funktionsfelder eine entscheidende Rolle: Das Lied »Auf Wiedersehen« gilt, von einem Starsänger gesungen, nach den Regeln der Unterhaltungsmusik instrumentiert, vom Rundfunk ausgestrahlt als Popularmusik reiner Emmanenz. Das gleiche Lied erscheint (so geschiehts), als Abschiedslied von 3000 Jugendlichen zur Begleitung einer Blaskapelle gesungen (bei einem europäischen Jugendmusikfestival), als Gruppenlied in der immanenten Aktionsform. Der Unterschied liegt nicht im Lied, sondern in der Interaktionsform und der dadurch bedingten Begleitungstechnik. Im Gegensatz zu Bausinger bin ich der Ansicht, daß hier der Terminus Primärfunktion auch auf neuere Funktionen oder auf »erneuerte« anzuwenden ist.[14] Keineswegs aber wird hier »das Volkslied« für Primärgruppen reserviert[15] – aus gutem Grund rede ich eben nicht vom Volkslied, sondern vom Gruppenlied – und in den Gruppengebrauch kann jedes Lied eingehen, gleich woher es stammt.[16]

Musikalischen Objektivationen, die in der Interaktionsform reiner Emmanenz seit etwa 150 Jahren, begleitet und verursacht durch das Entstehen der Massengesellschaft, in der Interaktionsform reiner Emmanenz das Bedürfnis nach Arbeitshilfe, Information und entlastender Ergötzung befriedigen, werden Unterhaltungsmusik genannt. Sie hat keine Formen sui generis hervorgebracht und ist insofern nicht in erster Linie von den Musikgattungen, sondern durch die rein emmanente Interaktionsform her zu definieren. Ihre Objektivationen entwickeln sich aus zwei Bereichen: erstens aus der Anschauungsmusik, die sie trivialisierte (Operette, Charakterstück, Gesellschaftstanz) – hier sprechen wir von Trivialmusik; zweitens aus den immanenten und immanent/emmanent stellvertretenden Interaktionen der Funktionsfelder Ergötzung und Information (Lieder, die nun Schlager heißen, Märsche, Tänze, Jazz, Rock, Beat). Objektivationen, die unter dem Terminus Popularmusik zusammenzufassen wären. Diese Objektivationen sind durch drei Wesenszüge gekennzeichnet:

1. wird ein vorhandenes Bedürfnis nach Ergötzung und Information genauso legitim gedeckt wie durch die anderen Interaktionen immanenter und emmanent stellvertretender Art, oder es werden 2. mit der Absicht des Profits und der Technik der Werbung Bedürfnisse geweckt und suggeriert, 3. wird den Angesprochenen weder Einfluß auf die Produktion noch Mitwirkung bei der Realisation eingeräumt, wobei wohl eine Anpassung an die vermuteten oder suggerierten Bedürfnisse im Sinne einer Vermeidung von Rezeptionsbarrieren

(differenzierte Strukturen und komplexe Inhalte) erfolgt.
So kommt es durch breit wirkende Medien von billigen Drucktechniken bis zu elektronischen Hilfsmitteln zu jener Entfaltung eines industriellen Apparates, der, in reiner Emmanenz verselbständigt, ein Maß an entmündigender Passivität erzwang, das zu Recht heftiger Kritik unterzogen wurde.[17] Doch wäre vor einer Pauschaldenunzierung zu warnen und zu überlegen: Das Bedürfnis nach Entlastung durch Musik ist legitim, es in emmanenten Interaktionsformen zu befriedigen, nicht illegitim. In Jahrtausenden hat sich hier grundsätzlich nicht viel geändert; da ist C. G. Jung zuzustimmen. Daß in der Massengesellschaft emmanente Aktionsformen wichtiger werden und musikalische Objektivationen sich wandeln, ist selbstverständlich; woher die Objektivationen genommen werden, ist gleichgültig. So treten neue Kommunikationstechniken (Medien) und Kommunikationsmethoden (Werbung, Organisation) funktionsäquivalent neben die bisherigen, in immanenten und stellvertretend immanent/emmanenten Aktionsformen vermittelten. Organisation ist bei jeder Art Interaktion im Spiel; auch der Tanz unter der Dorflinde ist organisiert. Und die Bedürfnisse der Massengesellschaft sind ohne außerhalb der Gruppe Hergestelltes und Verteiltes, also ohne Gemachtes, Organisiertes, nicht zu befriedigen.[18] Das Gefährliche der Bedürfnisbefriedigung emmanenter Interaktion liegt vielmehr darin, daß wirkliche Bedürfnisse manipuliert und durch Surrogate befriedigt und daß künstliche Bedürfnisse suggeriert werden. Wenn Selbstentscheiden und Selbstmachen für das Individuum besser ist als machen lassen, wird man immanente Interaktion fördern; wenn die Darstellung komplexer und differenzierter, subtiler und reichhaltiger Objektivationen besser ist als simple und grobe, wird man Möglichkeiten zur Verbreitung der besseren überlegen. Das sind Fragen soziokultureller und didaktischer Planung. Sie können hier nur gestellt werden. Wohl aber kann jetzt abschließend eine Einordnung jener Objektivationen vorgenommen werden, deren verwirrende Vielfalt einleitend geschildert wurde. Sie erhalten ihren eindeutigen Stellenwert im Beziehungsfeld von Funktion und Interaktion.
Auf der einen Seite finden sich (vgl. im Diagramm die herausgehobenen Umrandungen der schematischen Zusammenfassung) alle Objektivationen, die in Immanenz, immanenter und emmanenter Stellvertretung zur Befriedigung der Bedürfnisse »Kult«, »Arbeitsentlasung«, »Information« und »Ergötzung« in der diesen Interaktionen adäquaten Formen realisiert werden.

Dazu gehört das Akkordeonorchester auf dem Marktplatz ebenso wie die Jugendgruppe mit ihren südamerikanischen Liedern; das Konzert des Männergesangvereins, wie die Veranstaltung der Gastarbeiter; der Liedersänger und Liedermacher wie der Beat, den eine Gruppe Semiprofessioneller in einem Haus der offenen Tür veranstaltet.

Auf der anderen Seite stehen jene Objektivationen, die in reiner Emmanenz die Bedürfnisse der Arbeitsentlastung, der Information und der Ergötzung – gleichfalls in einer jener Interaktionsform adäquaten Art und Weise – realisieren.

Das wäre der professionelle Gesangsstar mit dem »Bauer im Heu«, die Kinderliederschallplatte, der Heimatabend im Kurhaus, die ganze autonome Vergnügungsindustrie, ganz gleich, ob sie ihr Material selbst herstellt (z. B. »Hits«) oder aus tradierten Formen der immanenten bzw. der immanent/emmanenten Stellvertretung entnimmt oder kopiert.

So sind die musikalischen Objektivationen – austauschbar nach allen Richtungen – eindeutig nur durch ihre Stellung im Interaktionsfeld zu beurteilen. Eine wertneutrale Beschreibung der Situation scheint angemessen, jedoch die von Fischer[19] und Karbusicky[20] verwendete Kennzeichnung »lebendiges Singen« bzw. »gegenwärtige Musikalität« zu vage. Daher der Entwurf des hier skizzierten Bezugsfeldes, dessen soziale, didaktische und ästhetische Relevanz im Einzelnen noch zu fixieren wäre.

Anmerkungen

[1] F. Bose, Volkslied – Schlager – Folklore. Mit Diskussionsbeiträgen von H. Bausinger, R. W. Brednich, C. Dahlhaus, H. Freundenthal, E. Klusen, H. Schilling, H. Siuts, W. Suppan, in: Zeitschrift für Volkskunde 63. Jg. 1967/I.

[2] H. Bausinger, Volkskunde, Darmstadt o. J., darin besonders das Kapitel »Relikte – und was daraus werden kann«. – Ders., Folklorismus in Europa; eine Umfrage mit Beiträgen aus Polen, Ungarn, Jugoslawien, Schweiz, Portugal, in: Zeitschrift für Volkskunde 65 Jg. 1969/I.

[3] C. Dahlhaus, Zur Dialektik von »echt« und »unecht«, in: Zeitschrift für Volkskunde 63 Jg. 1967/I (vgl. Anmerkung 1).

[4] E. Klusen, Zur Situation des Singens in der Bundesrepublik Deutschland, I Der Umgang mit dem Lied (= Musikalische Volkskunde. Materialien und Analysen Bd. IV, Köln 1974).

[5] G. Noll, Zum Problem der Folklore im Musikunterricht, in: Musik und Bildung 9/1973.

[6] A. a. O., S. 461.

[7] Der Begriff Funktion wird hier im Sinne der mathematischen und biologischen Bedeutung des Wortes gebraucht, wie A. Silbermann (Wovon lebt die Musik? Regensburg 1957 S. 141) ihn im Anschluß an Merton formulierte (R. K. Merton, Social theorie and social structure, Free Press, Glencoe 1951. – Ders., Eléments de la méthode sociologigue, Plon, Paris 1953): eine Größe, die, von einer anderen abhängig, eine notwendige Teilaufgabe erfüllt und dadurch zur Aufrechterhaltung eines Lebensvorgangs beiträgt.

[8] Merton, a. a. O.

[9] E. Klusen, Musik zur Arbeit heute, in: Arbeit und Volksleben, Deutscher Volkskundekongress 1965, hrsg. von G. Heilfurth und I. Weber-Kellermann, Göttingen 1967.

[10] M. Schneider, Primitive Music, in: New Oxford history of music, London 1957, S. 38.

[11] Bausinger, Volkskunde, S. 227 f.

[12] D. Mc.Allester, Enemy way of music, Cambridge/Mass. 1954.

[13] H. Bausinger, Volkslied und Schlager, in: Jb. des österr. Volkliedwerkes 5. Bd. 1956. Ders., Volksunde, a. a. O., S. 229 ff. Ders., Schlager und Volkslied, in: R. W. Brednich, L. Röhrich und W. Suppan (Hrsg.), Handbuch des Volksliedes, Bd. I, S. 679 ff. Dort auch weitere Literatur.

[14] Handbuch des Volksliedes, S. 682.

[15] Bausinger, Volkskunde, S. 230.

[16] Das Wort Gruppe ist bewußt neutral gewählt, um alle Arten jener Zusammenschlüsse zu definieren, die sich nicht unter dem teils anspruchsvollen, teils ideologisch vorbelasteten Terminus »Gemeinschaft« subsummieren lassen (vgl. Verf., Das Gruppenlied als Gegenstand, a. a. O., S. 24: »adhoc-Gruppe«). Daß manche Gruppen Strukturen herausbilden, die durch den überkommenen Ausdruck »Gemeinschaft« definiert sind, liegt in der Natur der Sache, nicht in den »zahlreichen Konnotationen« des Terminus, wie Bausinger meint (Handbuch d. Volkslieds, a. a. O., S. 681).

[17] Max Horkheimer und Th. W. Adorno, Dialektik der Aufklärung, Amsterdam 1947. Th. W. Adorno, Philosophie der neuen Musik, Frankfurt 1958.

[18] E. Klusen, Zur Entideologisierung des Begriffs Volkslied. Darin: Fünf Thesen zur Entideologisierung der Volksliedpflege; in: Heutige Probleme der Volksmusik. Bericht über ein internationales Se-

minar der Deutschen Unesco-Kommission, Verlag Dokumentation, Pullach/München. – Auch der Begriff des »spontanen« Singens, der in Parallele zum »echten«, »unreflektierten« Singen immer wieder gebracht wird, wäre auf seine Bedeutung zu prüfen. Ist nicht beim Gruppensingen ein »animateur« von besonderer Bedeutung?

[19] H. Fischer, Volkslied – Schlager – Evergreen, Tübingen 1965, S. 8 f.

[20] V. Karbusický, Das Volkslied der Gegenwart, in: Deutsches Jahrbuch für Volkskunde, 12. Jg. 1966, S. 193.

Singen im Enkulturationsprozeß und die didaktischen Folgerungen

Friedrich Klausmeier

In seinem Aufsatz »Kritik des Musikanten« bezweifelt Adorno, daß »Singen ein menschliches Grundverhalten«, eine »Befindlichkeit«, ein »Existental und darum vorweg fördernswert« sei. »Nirgends steht geschrieben, daß Singen not sei«.[1] Mit dieser Formulierung griff Adorno die Jugendmusikbewegung, darüber hinaus aber die gesamte Musikpädagogik an. War doch bis dahin Singen stets vom gesungenen Objekt aus beurteilt worden: vom Choral zum Lobe Gottes; vom Volkslied und nationalen Lied, als Bekenntnis zur Heimat und zum Staat; von ernsten, heiteren Liedern und Tanzliedern als Ausdruck menschlicher Gefühle und Stimmungen; vom geselligen Lied und Chorlied als Ausdruck eines Gemeinschaftserlebens. Auch die Musikwissenschaft hatte hierzu nichts beigetragen, außer Hilfen für die Stimmphysiologie und der Geschichte der Stimmbildung. Über die Frage, ob Singen ein menschliches Grundverhalten sei, gab es bis dahin nur wissenschaftlich unverbindliche Meinungsbildungen. Aber auch Adorno führt seine grundlegende Frage nicht weiter aus. Denn schon im folgenden Satz kehrt er auf den Gemeinplatz des üblichen Denkschemas zurück: »Zum fragen ist, was gesungen wird, wie und in welchem Ambiente«. Die sich an seine Ausführungen anschließende Selbstkritik der Musikerziehung galt daher auch ausschließlich dem Liedgut und nicht dem sängerischen Ausdruck.
Demgegenüber wollen wir hier aufzeigen, daß Singen, unabhängig von den Liedern und deren Inhalt, eine besondere Aktivität personalen Verhaltens ist, die nicht ohne wesentliche Beeinträchtigung unserer humanen Existenz verloren werden darf.

I.

Für diesen Beweis benutzen wir das soziologische Denkmodell. Es geht davon aus, daß der Mensch als instinktreduziertes Wesen – wie die Anthropologie es beschreibt – nur lebensfähig ist, wenn er durch die ihn umgebende Kultur geprägt wird. Mit dem Begriff Enkulturation wird der Prozeß bezeichnet, durch den ein Individuum allmählich die Kultur seiner Gruppe erwirbt. Dieser Prozeß ist an Wandlungen des Individuums zu beobachten, die unter dem zentralen Begriff Verhalten zu fassen sind. Darunter werden alle beobachtbaren Handlungen subsumiert, zunächst Aktivitäten, etwa Singen oder Sprechen und speziell hierzu Atem- und Mundbewegungen. Diese Aktivitäten werden dann im Zusammenhang gesehen mit Interaktionen zwischen Personen und weiter mit Emotionen, Zu- und Abneigungen, Einstellungen, kulturellen Normen und Werten. Daraus folgt, daß der Verhaltensbegriff funktional-analytischer Art ist; mit ihm werden auch Gründe für die beobachtbaren Aktivitäten erfaßt.

Der Enkulturationsprozeß vollzieht sich im kindlichen Alter meist unbewußt, überwiegend mit Hilfe von Imitation und Identifikation, d. h. das Kind versucht, Aktivitäten der Pflegeperson genau wie diese zu wiederholen und die Rolle derselben zu spielen, so zu sein wie sie.

Das soziologische Denkmodell grenzt die Enkulturation von vorsozialen menschlichen Bedingungen ab, die erst durch den Entkulturationsprozeß zu menschlichem Verhalten entwickelt werden. Solche Bedingungen, Voraussetzungen für die Enkulturation, besitzt jeder Mensch in seiner Frühphase, unabhängig von irgendeiner Kultur. Nach allgemeinem Sprachgebrauch heißen sie Anlagen. Die Grenzen zwischen den vorsozialen Bedingungen und dem Beginn der Enkulturation sind vielfach nicht deutlich zu erkennen. Gewiß ist nur, daß sie in frühester Kindheit zu suchen sind, früher jedenfalls, als der landläufige Begriff »Natur des Menschen« aussagt.

Für das Singen sind wir in der glücklichen Lage, diese Grenzen ziemlich genau festlegen zu können. Wie in zwei Aufsätzen über die Motivation des Singens ausgeführt wurde[2], müssen wir die vorsozialen Bedingungen in den ersten Lautäußerungen des Säuglings suchen. Jeder Mensch zeigt seine extrauterine Existenz durch einen Schrei an. Diesem Schrei, Ausdruck des Unlustgefühls nach der Geburt, notwendig für die Anregung der Atemfunktion, gesellt sich schon am Ende des 1. Lebensmonats eine zweite, durch die Stimmorgane gestaltete Ausdrucksqualität hinzu, die nach dem Saugen auftritt, mit Saugstellung des Mundes. Diese entwickelt sich bald zum Lallen fort.

Aus beiden Äußerungsformen – Schreien und Lallen – entwickeln sich Singen und Sprechen. Wir können im Säuglingsalter die Singstimme von der Sprechstimme noch nicht unterscheiden. Erst im Verlauf des Enkulturationsprozesses trennt sich das Sprechen als eine eigene Qualität menschlichen Ausdrucks und damit Verhaltens vom Singen ab.

Versuchen wir nun, diese beiden vorsozialen Bedingungen des Singens – Schreien und Lallen – in ihrer Ausdrucksqualität deutlicher zu unterscheiden. Die Fähigkeit zu schreien gehört zur physisch-psychischen Ausrüstung, damit der Säugling ausreichende elterliche Fürsorge bekommt und überleben kann. Mit dem Schreien wendet sich der Säugling demnach nach außen. Auch wenn mehrere Ausdrucksqualitäten des Schreiens von Geburt an zu beobachten sind, ergibt sich insgesamt eine »starke Beteiligung der gesamten Mimik«, »die Augen sind bis auf einen kleinen Spalt geschlossen; der Mund ist weit geöffnet, die Zunge liegt etwa in der Mitte des Mundraumes. Die Hände sind zur Faust geschlossen; mit den Armen führt das unruhige Kind schlagende Bewegungen

aus«, »das ›ganze Kind‹ schreit«, wie Herzka es formuliert.[3] Dies sind die ersten Lautinformationen, die das Kind gibt.
Wie schon gesagt, gesellt sich zu dieser ersten Form der Äußerung meist noch im 1. Lebensmonat eine zweite, die zunächst nach der Mahlzeit auftritt, nach dem Rülpser. Diese »Laute entstehen bei ähnlichen – teilweise gleichen – Bewegungen von Zunge und Lippen, wie sie für die Nahrungsaufnahme, besonders für das Saugen notwendig sind«.[4] Diese Kehllaute werden bei leicht geöffnetem Mund gebildet, ohne daß der Mundraum oder die Zunge dazu besonders geformt würden. Im Gegensatz zum Schreien ist der Gesichtsausdruck jetzt wenig gespannt, die Augen sind geöffnet, nehmen die Umwelt aber nicht wahr, denn die Laute verstummen, sobald der Säugling durch Außenvorgänge interessiert wird. In den folgenden Monaten lernt der Säugling, diese Laute immer länger und reiner zu bilden, mit ihnen fängt er an zu plaudern, man nennt sie Lallgesänge. Dabei handelt es sich um wenige modifizierte Grundlaute, auch Reibe- und Schnalzlaute, die im natürlichen Rhythmus des Atems geformt werden. Es ist aber zu betonen, daß die frühen Lallgesänge von anderen Personen unabhängig und offensichtlich Ausdruck eines lustvollen Behagens und Erlebens des eigenen Körpers sind, demnach nicht Informationen an die Pflegepersonen enthalten. Bis zu diesem Zeitpunkt sind alle stimmlichen Äußerungen vorsoziale Anlagen.[5]

II

Wie eingangs schon gesagt wurde, ist der soziologische Verhaltensbegriff auch analytischer Art. Daher liegt es nahe, daß neuere Richtungen der Soziologie in die Verhaltensforschung das psychoanalytische Denkmodell einbeziehen. Wie dieses Modell, aber auch empirische Daten ergeben, bleiben der Person einmal erworbene Verhaltensweisen erhalten, selbst wenn sie sie nicht mehr übt und sie daher scheinbar verloren wurden. Das gilt auch für Schreien und Lallen, die sich später zum Singen entwickeln. Da jeder Säugling schreien und lallen kann, ist auch jede Person fähig zu singen. Wir werden noch zu zeigen haben, auf Grund welcher Mechanismen diese Fähigkeit im Verlauf des Enkulturationsprozesses verloren wird.
Die Entwicklung des Singens vollzieht sich im großen gesehen in drei Phasen. Die früheste ist jene, in der vom Säugling allein die Mundzone als lustvoll erlebt wird. Der Schrei wendet sich nach außen an die Pflegeperson. Ähnlich dem Ruf, enthält er aggressive auffordernde Informationen, die die Mutter bald zu unterscheiden und zu verstehen lernt. Wir dürfen vermuten, daß sich mit diesem Stimmausdruck undeutliche Gefühlsqualitäten entwickeln, die wir am ehesten mit Allmachtsgefühlen umschreiben können; vermag doch der Säugling mit dem Schreien die Umwelt tatsächlich zu seinen Gunsten zu verändern, um so schneller, je lauter er schreit. Diese Gefühlsqualität behält der Schrei auch für die erwachsene Person. Wer intensiv mit voller aggressiver Wut schreit, nimmt die Umwelt kaum noch wahr und erlebt Omnipotenzgefühle.

In dem Maße wie der Säugling lernt, Informationen anderweitig, durch Gesten, zu vermitteln, entwickelt er die Fähigkeit, intensiv lustvoll zu schreien, aus Lust, ohne die Funktion von aggressiver Information. In dieser zweiten Qualität, sich lustvoll laut zu äußern, bildet der Schrei dann die Basis für intensives lautes Singen, wie wir es aus ethnischen Kulturen in Afrika, aus tradierten europäischen Volkskulturen oder auch asiatischen Hochkulturen hören.
Eine andere Qualität des Singens entwickelt sich aus dem Lallen. Der Säugling lallt mit der Mundstellung des Saugens – wie wir schon hervorhoben –, einem offenen Mund, in dem aber der Lippenmuskelring aktiviert ist. Dies ist die Mundstellung für ein Singideal, das wir bel-canto nennen und das auch in höchster Intensität dieses Lippenmuskelringes der Saugstellung bedarf.
Mit dem Lallen ist das Gefühl körperlichen Wohlbefindens in der frühesten Kindheit verbunden, das durch Umweltreize, durch Ablenkung, gestört wird. Aus dem Lallen entwickelt der Säugling mit Hilfe der Pflegeperson die Fähigkeit, erste Vokale und Worte zu bilden und später zu sprechen. Mit den Worten erhält das Lallen eine informierende Funktion. Im leisen, zufriedenen Singen erlebt die Person später jene frühen Gefühle, die sich durch Lallen äußerten.
Damit ist die 1. Phase des Enkulturationsprozesses umschrieben. In dieser Phase braucht der Säugling vor allem emotionale Zuwendung von der Mutter. Je mehr er diese erlebt und sich der mütterlichen Liebe sicher fühlt, desto eher wird er im späteren Leben bereit sein, sich emotional durch Singen zu äußern. Wird ihm diese Zuwendung versagt, entwickelt sich seine Stimme nur ungenügend und eine generelle Rückbildung kann dann zum Verstummen führen.
Die folgende Phase wird durch die Sauberkeitserziehung gekennzeichnet. In diesem Zusammenhang muß auf die physische Organisation unseres Körpers hingewiesen werden, nach der die gleichen Kontraktionen des Zwerchfells benutzt werden, einmal um bei offener Glottis zu singen, zum anderen um bei geschlossener Glottis zu defäzieren. Nun lernt das Kind, diese Kontraktionen bewußt durchzuführen, und damit Atemstau und Glottischlag. Die mit diesem Atemstau erlebten Gefühlqualitäten sind destruktiv-aggressiver Art. Wenn jetzt das Kind aufgefordert wird, laut zu singen oder zu sprechen, reagiert es durch Atemdruck. Dabei ist der Vokal a für diesen Ausdruck besonders geeignet, weshalb das Kind mit dessen Verdoppelung, demnach Potenzierung, aa, auch das Defäzieren bezeichnet. Bis in den Beat- und Popgesang ist dieser aggressive Ausdruck des Vokals a zu verfolgen, dann nämlich, wenn er sehr offen ausgeführt wird, bei entspanntem Lippenmuskelring, dafür aber gespannten Stimmlippen.
Die 3. Phase des frühkindlichen Enkulturationsprozesses nennt man die ödipale. Das Kind erlebt einen ersten Triebschub. Es liebt den fremdgeschlechtlichen Elternteil und haßt und liebt zugleich den gleichgeschlechtlichen als Konkurrenten. Die ambivalente Zu- und Abneigung, demnach schnell wechselnde Gefühle und Stimmungen, werden auch durch die Stimme ausgedrückt. Das

Kind lernt, beide zunächst kontrastierende Ausdrucksarten, Schreien und Lallen, in der singenden Stimme zu mischen. Es ist aber zu betonen, daß die Bedeutung dieser Phase für die positive Entwicklung des Singens gering ist im Vergleich mit negativen Wirkungen, wie wir gleich darlegen werden.
Nach dieser Zeit beginnt die Schulreife und die Zeit der Kinderchöre.
Aufgrund dieses theoretischen Modells müßte sich jede Person immer dann mit Lust singend äußern, wenn die Sprechstimme für den emotionalen Ausdruck nicht genügt. In unserer sozialen Wirklichkeit singen aber nur noch wenige Personen lustvoll für sich allein.
Denn diese drei Entwicklungsphasen bergen in sich auch Hemmungsmechanismen. So kann schon ein Mangel an emotionaler Zuwendung im 1. Lebensjahr allgemein die Fähigkeit, Gefühle zu äußern, verringern und damit eine Unlust zum Gesang zu wecken. Mit der Sauberkeitserziehung wächst in der Person die psychische Eigenschaft der Scham. Zunächst an die reale, dann an die phantasierte Gegenwart der Eltern gebunden, fühlt sich das Kind beobachtet. Entsprechend lernt das Kind, sich zu schämen, wenn es sich laut oder heftig äußert. Denn: Sprich nicht so laut, schrei nicht so, sind laufende Ermahnungsformeln in der Erziehungspraxis der Eltern. Aus diesem Grunde vermögen die meisten Menschen dann zu singen, wenn sie sich schamlos fühlen, sei es, weil sie sich allein – ungehört (und ungesehen) – wähnen: in der Badewanne, im Auto, im Wald; sei es, weil sie sich auf Reisen in fremden Ländern unbeobachtet fühlen; sei es, weil der Alkohol die psychischen Hemmungsmechanismen gelöst hat; sei es, weil sie mit anderen gemeinsam singen, im Chor, in der Klasse, bei Geselligkeiten, d. h. weil ihre Schamhemmung durch den Gruppenkontakt, durch Identifikation mit einer Gruppe aufgehoben wurde.
Dieser in unserer Kultur weit verbreitete Hemmungsmechanismus bestätigt unser theoretisches Modell: alles Singen ist so lustvoll, weil es eine Regression bedeutet, das heißt, weil es die Erlebnisse von frühkindlichen Gefühlzuständen beim Schreien und Lallen weckt.
Schwerwiegender als diese Schamhemmung wirken sich die Hemmungsmechanismen der ödipalen Phase aus. Bildet sich doch eine besondere psychische Instanz heraus, das Gewissen, das Schuldgefühle auslöst und dadurch körperliche Aktivitäten unbewußt hindern kann. Von jetzt ab können bestimmte Muskelkonzentrationen automatisch immer wieder ausgelöst werden, etwa die Stimmbändern sich stets überspannt einstellen, so daß der Ton gepreßt erscheint; jeder Muskel, der beim Singen beteiligt ist, kann beeinflußt werden. Es kann das Singen generell als zu starker emotionaler Ausdruck abgewehrt werden.
Zwei Beispiele sollen diesen Prozess verdeutlichen. Wenn Adorno in dem schon zitierten Aufsatz formuliert: »Dem Singen als einem Stück natürlichen, auf reale Situationen . . . bezogenen Verhaltens antwortet Scham«[6], generalisiert er Hemmungsmechanismen aus seinem eigenen Enkulturationsprozeß. Er begründet seine Schamhemmung mit peinlichen, frühkindlichen Szenen:

wenn der Vater seine Mutter und deren Schwester – beide Sängerinnen von Beruf – bewegen konnte, im Wald »O Täler weit, o Höhen« zu singen. Vordergründig will Adorno wohl auf die Diskrepanz von realem Wald und literarisch stilisiertem Text hinweisen. Doch müssen wir hinter dieser Erinnerung unbewußte Szenen aus früher Kindheit vermuten, die solche Schamhemmung auslösten. Das zweite Beispiel ist ein Primaner, der infolge einer Fehlentwicklung in der ödipalen Phase so stark stotterte, daß er sich im Unterricht, eigentlich auch im privaten Gespräch, nur schriftlich äußern konnte. Ich beobachtete aber, daß er gemeinsam mit der Klasse sang. Dies veranlaßte mich, ihn im privaten Gespräch von der Sprechstimme weg zur Singstimme zu führen, ihn zu verleiten, in der Art eines Parlandos oder Rezitativs mit einer Singstimme zu sprechen. Dann konnte er sich über lange Zeit, ohne zu stottern, mitteilen, sofern er nicht in die Sprechstimme abglitt.
Hieraus folgt, daß wir mit der Singstimme in uns Gefühle wecken aus der Zeit vor der ödipalen Phase.

III.

Bisher haben wir ein theoretisches Modell des Enkulturationsprozesses bis zur Schulreife entwickelt. Dieses Modell ist unvollständig, weil die Eltern in ihrer Rolle als Vermittler von Kultur noch nicht dargestellt wurden. Tradieren sie doch neben individuellen Varianten vor allem eine erworbene soziale Kultur. Sprechen entwickelt sich aus dem Singen. Umgekehrt können wir Singen interpretieren als Sprechen, das zu intensiv ist, zu viel Gefühlsintensität enthält, um noch mit einer Sprachmelodie und Sprechstimme ausgedrückt zu werden. Die Eltern vermitteln die Fähigkeit zu singen einmal durch ihr Verhalten insgesamt, in der Art, wie Emotionen zum Ausdruck kommen; weiterhin durch die Sprache, ob ihre Sprachmelodie sich in großem Ambitus bewegt, Vokale dehnt und gestisch bewegt sich dargestellt, wie in Mittelmeerkulturen, oder etwa nur im Umfang einer kleinen Terz verläuft, wie in unserer Bürosprache mit gestisch-armen, verhaltenen Bewegungen. Weiterhin vermitteln sie, ob die Sprechstimme leicht in die Singstimme überwechselt, ob die Singstimme mehr hell, schreiend, jauchzend wie beim Jodeln, oder wohllautend wie im bel-canto, oder überhaucht oder krächzend gehört wird.
Nicht nur positiv vermitteln die Eltern die Art und Weise zu singen, sondern auch Hemmungsmechanismen, die Unfähigkeit laut und lustvoll zu singen. Alle Kenntnisse, die wir vom Verhalten der Person in früheren Zeiten haben, deuten daraufhin, daß sie sich früher viel lauter äußerte, daß ein Trend zum leisen Singen und Sprechen existiert, deutlich an der Fähigkeit zu erkennen, daß heute jedermann, schon Kinder, leise lesen können, was im Mittelalter nicht der Fall war. Dieser Trend nahm seinen Anfang wohl in Ägypten, wo sich in einer elitären Priesterkaste die Attitüde herausbildete, im Tempel, im Heiligtum nicht mehr magisch zu schreien, sondern leise zu sein. Diese Einstellung

übernahmen die sozialen Oberschichten, und über Gregorianik und Minnegesang setzte sich diese Einstellung fort, etwa im Verhalten Ludwigs XIV. und seines Hofstaates. Das Großbürgertum des 19. Jahrh. übernahm vom Adel diese Einstellung und hob sich ebenfalls als Oberschicht von der unteren durch eine leise, gehemmte Stimme ab. Bis heute existiert diese Einstellung bei Eltern, durch leise Stimme vornehm zu sein.
Sie wird durch den Arbeitsprozeß intensiviert, bei dem Frauen und Männer überwiegend Büroarbeit oder andere Arbeiten in sitzender Haltung ausführen, jedenfalls nicht Arbeiten mit großer körperlicher Bewegung. Somit werden Menschen auch durch den Arbeitsprozeß zu flachem Atem und leiser Stimmgebung verleitet.
Wenn wir nun bedenken, daß heute Freizeitaktivitäten im Bewußtsein der Öffentlichkeit einen immer größeren Raum einnehmen, daß Reichtum sich wesentlich im Genuß solcher Freizeit darstellt mit brauner Haut, Sport und Freizeitkleidung, müßte diesen Freizeitaktivitäten eigentlich auch intensives, lautes Singen entsprechen. In Wirklichkeit ist es gerade umgekehrt. Schon die Kinder im Schulalter haben zu singen verlernt, oder besser gesagt, der Enkulturationsprozeß bewirkte eine Hemmung zu singen, weil Eltern, Geschwister, Spielgefährten ihnen nicht vorgesungen und nicht mit ihnen gesungen haben. Damit erfassen wir eine für unsere Kultur wichtige Erscheinung, in der zumindest zwei Trends eingeflossen sind: einmal die tradierte Einstellung, daß zum vornehmen Verhalten eine leise Stimme gehört, demnach ein cultural lag, eine kulturelle Verspätung; zum anderen hat man bei sitzender Arbeit weniger Lust zu singen. Diese Einstellung ist inzwischen so allgemein geworden, daß eine Person, die in der Öffentlichkeit laut singt, Aufsehen erregt.
Wenn wir sagen, diese Einstellung sei allgemein geworden, bedeutet es, daß die Mittelschichten, die heute die überwiegende Mehrheit der Bevölkerung ausmachen, diese Einstellung internalisierten. Und es besteht die Gefahr, daß Singen als verbreiteter Ausdruck intensiven menschlichen Gefühls immer mehr verloren geht und durch Schallplattenkonsum ersetzt wird.
Wir wissen nicht, wie oft heute eine Mutter ihrem Kinde vorsingt; die Zeit der Lieder in der Küche ist im Zeitalter der technischen Küchengeräte vorüber. Wir wissen auch nicht, ob Mütter ihr Kind heute noch in den Schlaf singen oder gar wiegen. Vielmehr müssen wir vermuten, daß sich die Mütter beim Singen gern durch den Lautsprecher vertreten lassen, so wie das Sandmännchen aus dem Fernsehen die abendliche Geschichte zum Einschlafen übernommen hat. Nun ist aber jedes technische Gerät kalt und vermittelt keine emotionale Zuwendung. Entsprechend kann der Lautsprecher auch nicht zum Singen anregen, auch wenn er im Einzelfall Lieder, Informationen, vermitteln kann. Denn Singen bedeutet, sich intensiv emotional ausdrücken.
Die Technik hat aber noch eine andere Wirkung. Seitdem die Beatles konsequent Verstärkeranlagen für ihre Aufführungen ausgenutzt haben, gibt es keinen Beat- oder Popsänger, der sich ohne Mikrophon darstellte, wie es die Fern-

sehaufzeichnungen immer wieder demonstrieren. Die Wirkung bleibt stets gleich. Auch bei leisen Gesängen wird die Stimme durch hohe Frequenzen aufpoliert, erhält eine strahlende Wirkung, die aber nur durch technische Geräte zustande kommen kann und vom Sänger, vor allem dem kindlichen Sänger, ohne Technik nicht zu erreichen ist. Oder aber es ertönt aus dem Lautsprecher eine ausgebildete Opernstimme. Da Stimmbildung nicht mehr zum allgemeinen Erziehungskanon der Mädchen gehört, wie noch im Pensionat der höheren Töchter, tönt dem Kind auch die Opernstimme aus einer fremden Welt. Denn von der Mutter hört das Kind eine relativ leise überhauchte Stimme in mittlerer Lage, wenn wir die übliche weibliche Singstimme, auch wie wir sie aus Jugendchören hören, mit denen von Bäuerinnen aus Restkulturen oder Ethnien vergleichen. So wächst das Kind notwendig in einen Pluralismus des stimmlichen Ausdrucks hinein.

IV.

Bisher haben wir das theoretische Modell der Enkulturation auf die Singstimme angewandt und anschließend typische Verhaltensweisen des Singens in unserer Kultur beschrieben. Fragen wir nun, wie die Eltern als Agenten unserer Kultur den Enkulturationsprozeß beeinflussen. Selbstverständlich bewegen wir uns auch weiterhin in einem hypothetischen Modell, weil empirische Daten hierüber fehlen.

Das Kind lernt sprechen mit einer Singstimme, d. h. es gestaltet eine Sprachmelodie, die uns kindlich erscheint, weil sie die gebräuchliche Sprachmelodie weit überschreitet in den Bereich der Singmelodie hinein. Im Sinne der Enkulturation verstehen wir unter Singen, daß die vorsoziale Fähigkeit der Stimme, zu schreien und zu lallen, entwickelt wird, um musikalische Melodien, d. h. bestimmte Tonhöhen und Zeitwerte, auf der Basis von Sprachlauten zu gestalten. Wie sich aus unseren theoretischen Überlegungen ergab und man aus Beispielen deutlich abhören kann, liegt die Sprechstimme der Mutter in unserer Kultur viel tiefer als die kindliche Singstimme. Da das Kind zunächst nur durch Imitation lernen kann, will es auch lernen, so tief zu sprechen wie die Mutter. Somit wird der emotionale stimmliche Ausdruck schon bei diesem Lernprozeß reduziert. Gleiches geschieht auch beim Singen, weil die Mutter heute überwiegend in einer mittleren Altlage singt. Es ist bewegend zu hören, wie das Kind mühsam, zunächst nur in einzelnen Passagen, die tiefere Stimmlage erreicht.

Zudem hat die kindliche Stimme einen relativ großen Tonumfang; und die kleine Person vermag innerhalb dieses Umfanges hinauf und herunter zu jubeln, zu jauchzen, zu schluchzen und zu weinen. Die Mutter lehrt aber Kinderlieder, die nur einen geringen Tonumfang haben, damit das Kind richtig singen lernt, wodurch die Leistungsfähigkeit der kindlichen Stimme überhaupt nicht ausgenutzt wird. Und das Kind, in dem Bestreben zu imitieren und so zu werden wie die Mutter, lernt zwar saubere Töne und kleine Melodien zu singen, verliert zugleich aber die frühkindliche Stimmfähigkeit und den intensiven

Ausdruck, den es zunächst – nach der Geburt – wesentlich durch seine Stimme erlebte. Damit gehen frühkindliche Stimmfähigkeiten verloren, weil sie nicht mehr geübt werden. Das Kind verliert somit durch den Enkulturationsprozeß Fähigkeiten, sich durch die Stimme intensiv auszudrücken, zugleich werden spezifische Stimmqualitäten verloren, sofern wir den metallischen Stimmklang sowohl des Schreiens als auch des Lallens als eine spezifische Qualität bezeichnen, wie es deutlich von einer handelsüblichen Platte abzuhören ist, die in einem Hamburger Kindergarten aufgenommen wurde. Wir können auch anders formulieren: Wenn das Kind Lieder singt und damit gelernte Inhalte weitergibt, demnach singend Informationen anbietet, tendiert seine Stimme zu einer der Sprechstimme ähnlichen Mittellage.

V.

Welche didaktischen Konsequenzen ergeben sich nun daraus? Mit dem soeben beschriebenen Verhalten beginnt für das Kind die Schulzeit. Die Schule soll den Enkulturationsprozeß, speziell für das Sprechen und Singen, fördern. Und sie setzt auch die Erziehungspraktiken der Eltern insofern konsequent fort, als sie einfachste, im Tonumfang eingeschränkte Lieder lehrt. Denn das Kind soll sauber singen lernen und singende Töne und Tonsysteme. Hinzu kommt eine Ideologie von der Pflege der Kinderstimme durch leises Singen. An anderer Stelle wurde schon dargelegt, daß die Jugendmusikbewegung eine adoleszente Antithese gegen das elterliche Singideal des 19. Jhdts. realisierte, gegen voluminösen Männerchor und gemischten Chorklang nach dem Ideal von Opernchören.[7]
Die Wirkung all dieser sozialen Faktoren zeigt sich in einem Absinken der kindlichen Stimme schon seit den 20er Jahren.[8] Dieser Trend hat sich wohl fortgesetzt. Wie nämlich Züghart in einer ersten Untersuchung über Stimmumfang und Schulsingen[9] aufgrund einer repräsentativen Erhebung an 1000 Kindern des 4. Schuljahres in Bremen ermitteln konnte, erreichen die Hälfte der Jungen und 1/4 der Mädchen in F-Dur die obere Sexte, d'', nicht, und 1/4 der Jungen und 1/10 der Mädchen nur das a' oder noch tiefere Grenztöne. Hieraus ist zu vermuten, daß viele Kinder nur deshalb »brummen«, weil sie tiefgestellte Stimmen haben und diese im kindlichen Singen nicht geübt werden.
Die Differenz zwischen den Geschlechtern können wir aber nicht organisch begründen, weil sich die Stimmen von Jungen und Mädchen erst später nach der Mutation unterscheiden. Vielmehr müssen wir sie in der Fähigkeit zu emotionalem Ausdruck suchen. Ist es doch so, daß – angefangen mit der blauen und rosa Farbe der Säuglingsbekleidung – Jungen in unserer Kultur früher und strenger angehalten werden, Gefühlsäußerungen, etwa Weinen, zu unterdrükken als Mädchen. Deshalb singen auch Mädchen lieber als Jungen, wie sich schon aus unserer Untersuchung ergab.[10]
Die didaktischen Konsequenzen müssen davon ausgehen, daß die Stimme ein

menschliches Organ ist von der Bedeutung eines sekundären Geschlechtsmerkmals, was durch die Mutation bestätigt wird. Es ist nun zu betonen, daß die Person nur jene Emotionen deutlich erleben kann, für die sie auch Ausdrucksqualitäten besitzt. Singen ist aber ein viel intensiverer, emotionaler Ausdruck als Sprechen. Daraus ergibt sich, daß weder der Einzelne noch eine ganze Kultur auf den Ausdruck der Singstimme verzichten kann, ohne die humane Existenz des Menschen einzuschränken. Vergessen wir doch in diesem Zusammenhang nicht die Bedeutung der Singstimme für den Lernprozeß des Sprechens.

Aufgabe der Schule als allgemeinbildende Institution muß es sein, die menschliche Qualität des Singens beim Kinde zu erhalten und zu fördern. Wenn neueste Experimente im Bereich der Schulmusik das Singen durch Übung gutturaler Laute, Zisch-, Rachen- und Schnalzlaute, Rülpser und andere ersetzen wollen, aus der Frühzeit der Enkulturation, vor Beginn des Singens, weichen sie der pädagogischen Aufgabe aus. Statt die Person zu verleiten, von bewußter Sprache über die Singstimme in den frühkindlichen Gefühlsbereich zu regredieren, verwehren sie es ihr; denn sie nehmen die Regression durch vorsprachliche Artikulation schon vorweg.

Aus dem Enkulturationsprozeß ergibt sich, daß Adorno's Formulierungen unrichtig sind, weil Singen eine besondere Aktivität personalen Verhaltens ist, die nicht ohne wesentliche Beeinträchtigung unserer humanen Existenz verloren werden darf: Singen tut not.

Anmerkungen

1 In: Dissonanzen, Göttingen 1956, S. 75.

2 F. Klausmeier, Motivationen des Singens und des Liedes in unserer Gesellschaft, in: Das Politische im Lied, Schriftenreihe der Bundeszentrale f. polit. Bildung, Heft 76, 1967.
Ders., Motivation des Singens und ihre Bedeutung für die technisch verstärkte Beatle-Stimme, in: E. Kraus (Hrsg.), Der Einfluß der technischen Mittler auf die Musikerziehung unserer Zeit, Mainz 1968.

3 Wir stützen uns hier auf H. St. Herzka, Die Sprache des Säuglings, Basel/Stuttgart 1967, S. 41, 46.

4 Herzka, a. a. O., S. 21, 49.

5 Es ist zu bedauern, daß aus finanziellen Gründen diese Darstellung nicht durch akustische Informationen auf Platte oder Band ergänzt werden konnte. Sicherlich ist es ein cultural lag, eine weit verbreitete, unangemessene tradierte Einstellung, wenn heute noch Musikwissenschaft und Musikpädagogik ihr Wissen fast ausschließlich durch Buchstaben und Noten verbreiten und nicht durch akustisches Material.

6 A. a. O., S. 75/6.

7 Asuführlicher s. Anm. 2: F. Klausmeier (1968), S. 169 ff.

8 Dies hatte schon E. J. Müller beobachtet, nach einer mündlichen Mitteilung.

9 M. Züghart, Stimmumfang und Schulsingen, Bremen 1970.

10 Jugend und Musik im techn. Zeitalter, Bonn ²1968.

Bemerkungen über Musik als Kommunikationsphänomen und die Gegenstände kommunikativer Musikdidaktik

Joachim Thiele

I.

Die in den 60er Jahren durch Wolfgang Brezinka angeregte Diskussion über Möglichkeiten und Grenzen wissenschaftlicher Pädagogik[1] ist noch nicht beendet. Weil über den Gegenstandsbereich der Erziehungswissenschaft noch keine Übereinstimmung erzielt werden konnte, blieb auch die Frage der Anwendbarkeit naturwissenschaftlicher Verfahren auf pädagogische Phänomene offen. Dennoch nimmt die Zahl der erziehungswissenschaftlichen Arbeiten, die naturwissenschaftliche Exaktheit anstreben, zu. Dies gilt besonders für Untersuchungen, in denen sich pädagogische mit psychologischen und soziologischen Fragestellungen überschneiden.

Modelle menschlicher Kommunikation sind in Soziologie und Psychologie erprobt worden.[2] Sind sie auch zur Beschreibung von Verfahren der Vermittlung ästhetischer Gegenstände geeignet, können Kommunikationsmodelle in der Musikdidaktik verwendet werden?

Didaktiken sind bestimmt durch Analysen der zu vermittelnden Gegenstände (›Sachstruktur‹) und die über die Zielgruppe verfügbaren gesicherten Daten (›Empfängerstruktur‹); nach den Gegebenheiten dieser Komplexe wird sich die Wahl der Medien im Vermittlungsprozeß richten.

Während die Gegenstände des naturwissenschaftlichen Unterrichts ebenso wie die der sprachlichen Unterweisung verbalisiert vorliegen und sich auf ein Repertoire von Begriffen stützen, dessen Vorhandensein beim Adressaten geprüft werden kann, gilt dies für den Gegenstand Musik nur mit Einschränkungen. Ferner stellt die ›musikalische Kulisse‹, die die Mehrzahl der Schüler ständig umgibt, eine Eigentümlichkeit dar, die das Fach Musik von anderen Fächern unterscheidet.

Ein Kommunikationsmodell wird u. a. zur Klärung der Frage einzusetzen sein, in welchem Umfang Verfahren anderer Didaktiken in der Musikdidaktik verwendet werden können, welche Besonderheiten die verschiedenen Codierungsformen der Gegenstände im Vermittlungsprozeß mit sich bringen.

Im folgenden wird davon ausgegangen, daß Musik als kommunikatives Phänomen aufgefaßt werden kann und aufgrund ihrer Sonderstellung unter den

Inhalten pädagogischer Kommunikationen[3] hinsichtlich Codierungsform und Eigentümlichkeiten der Rezeption Hinweise auf ähnliche, bisher wenig beachtete Zusammenhänge bei der Vermittlung anderer Gegenstände zu erwarten sind.

II.

Peter Faltin hat 1973 über Schwierigkeiten berichtet, die bei der Betrachtung von Musik als Kommunikationsphänomen entstehen können. Er schreibt: »Wenn die Musik als ein Kommunikationsprozeß interpretiert werden soll, muß sie ein Zeichen sein, daß eine Nachricht vom Sender an den Empfänger überbringt. Wenn sie ein Zeichen ist, wofür steht sie, was bezeichnet sie? Wenn sie eine Nachricht ist, was ist der Inhalt dessen, was sie als Zeichen mitzuteilen hat? Wenn sie zwischen zwei Polen vermittelt, welchen Code verwendet sie dafür und wodurch ist dessen Verbindlichkeit und Verständlichkeit gesichert? Es scheint wenig Chancen dafür zu geben, diese Fragen befriedigend zu beantworten, und damit die Musik mit gutem Gewissen für eine kommunikationstheoretische Erklärung zu retten . . .«[4]

Vielleicht ist es möglich, Fragen der Definition von Musik zunächst auszuklammern und Formen musikalischer Kommunikation als Gegenstand des Musikunterrichts zu betrachten.

›Musikalische Kommunikation‹ ist nach H.-P. Reinecke eine »spezielle Form menschlicher Kommunikation, die sich digitaler und analoger Komponenten bedient«.[5] Reinecke unterscheidet bei musikalischer Kommunikationen rein akustische (primäre) Interaktionen und (vor allem analoge) Sekundär-Kommunikationen (etwa situative und soziale Zusammenhänge des Musizierens). Als Beispiele vorwiegend analogen Charakters nennt er musikalische Improvisationen, als deutliche Digitalisierungen musikalischer Kommunikationen die Herausbildung fester Melodien.[6] Er schlägt vor, ›musikalische Verhaltensweisen‹ unter Verwendung pragmatischer Konzepte im Anschluß an die von Paul Watzlawick und Mitarbeitern gegebenen Analysen menschlicher Kommunikation zu charakterisieren, und stellt fest, daß der Begriff ›musikalische Kommunikation‹ nur auf konkrete Ereignisse sinnvoll angewendet werden kann, d. h., daß musikalische Kommunikation »immer konkret erfahrbar« ist.[7]

Schon bei der Beschreibung einiger elementarer Fälle musikalischer Kommunikation ergeben sich teilweise charakteristische Unterschiede zu den entsprechenden Situationen verbaler Kommunikationen. Reinecke weist darauf hin, daß die Reduktion der Dualität von Sender und Empfänger durch deren Zusammenfassung in einer Person (Autokommunikation) im Bereich musikalischer Kommunikation (der nur ›für sich‹ spielende, singende Mensch) als *Normal*fall zu betrachten ist, während dies für den Selbstgespräche führenden Einzelnen nicht ohne weiteres gelten kann.[8]

Unter Verwendung der Kategorien von Watzlawick beschreibt Reinecke

›komplementäre Interaktionen‹ zwischen Sendern und Empfängern musikalischer Kommunikationen. Im allgemeinen erfolgen im Verlauf musikalischer Interaktionen Umstrukturierungsprozesse von Empfänger und Sender. Diese Prozesse laufen nach bestimmten Gesetzmäßigkeiten ab, und es ist möglich, in diesem Zusammenhang von musikalischen Zeichen zu sprechen, allerdings nicht im Sinne der Zeichenfunktion in verbalen Codierungen (Wortsprachen), sondern als auslösende Faktoren für Assoziationen u. a.[9]

Es gibt Beispiele für musikalische Kommunikationen, die wortsprachlichen nachgebildet sind, diese werden aber nicht in der Regel sein. Reinecke bemerkt, daß sich Dialoge musikalischer Interaktionen viel häufiger als sprachliche auf mehrere Kommunikationsebenen verteilen.[10]

Als vielleicht bedeutsamste Eigentümlichkeit musikalischer Kommunikation wird genannt, daß sie (im Gegensatz zur sprachlichen Kommunikation, die vielfach nahezu invariant gegenüber der *Form* der Darbietung ist) mit der Darbietungsform gravierenden Veränderungen der Rezeptionsbedingungen unterworfen sei.

Hier haben didaktisch-theoretische und praktische Überlegungen einzusetzen. Die Aufnahme musikalischer Informationen durch Lesen einer Partitur kann ganz andere Wirkungen auf einen Empfänger haben als das Anhören einer Realisation der Partitur. Reinecke betont, daß musikalische Kommunikationen dominant auf der akustischen Ebene verlaufen und vornehmlich nonverbal erfolgen.[11] Eine Schwierigkeit ist, daß nur sehr selten in Kommunikationsprozessen verbale oder nonverbale Codierungen *rein* vorkommen und Mischungen aus verbalen und nonverbalen Kommunikationen häufig in der Einschätzung durch Sender und Empfänger erheblich differieren.

P. Faltin bestimmt als Voraussetzungen, unter denen Musik als kommunikatives Phänomen betrachtet werden kann, die Übermittlung von Zeichen, »deren Bedeutung dadurch gegeben ist, daß sie kulturelle Einheiten innerhalb homogener Gruppen vermitteln und innerhalb dieser einen intensionalen Konsensus herbeiführen. Sie sind im und durch Bewußtsein dieser Gruppen realisiert, indem sie gewisse soziopsychologische Entitäten durch ihre spezifischen, nicht ersetzbaren und nicht übersetzbaren Strukturen (Musik) zum Erscheinen bringen. *Sie teilen nichts mit, sie vermitteln jedoch* innerhalb der Gruppen. Sonst wäre ein empirisch nachweisbarer Konsensus gegenüber verschiedenen Musikgattungen oder Stilen nicht denkbar. Dieser Konsensus wird durch die für die Gruppen verbindlichen und sterotypen *Verhaltensweisen* bemerkbar, die über eine sinnliche Reaktion in ihrer Allgemeinheit und Verbindlichkeit hinausgehen.«[12]

Eine Theorie der Musikdidaktik muß ihren Gegenstand unter diesen Bedingungen erfassen und damit zugleich eine Abgrenzung ihres Arbeitsgebiets von anderen Bereichen, etwa der Musiksoziologie, vornehmen (deren Ergebnisse sie gleichwohl registrieren und in ihren Analysen verwenden wird).

Die meisten der in der Literatur gebotenen Definitionen von Musik[13] lassen

sich unter kommunikativen Ansätzen subsumieren, wenn man die von P. Faltin genannten Einwände und Vorschläge berücksichtigt.
Musik ist ein Phänomen, das auf akustische Realisierung angelegt ist (und zur adäquaten Beurteilung der Realisierung in einem Kommunikationsprozeß bedarf), dessen struktureller Kern und für eine Darbietung wesentlicher Gehalt jedoch in (optisch) digitalisierter Form überliefert werden kann. Der Unterschied zwischen der Partitur als historischem Dokument und einer Tonbandaufnahme mit deren Interpretation ist vor allem, daß die Aufnahme neben Informationen über die vom Komponisten gebotenen Inhalte auch über deren Reflexion durch den Interpreten und ggf. über dessen Normen Aufschluß gibt. Damit ist ein weiterer Bereich der Funktion von Musik genannt: ihre Verwendung zur Analyse ›subjektiver‹ Zustände von Einzelnen und von Gruppen. H.-P. Reinecke schreibt: »Der allgemeine Musikbegriff kann zumindest dreierlei Bedeutungsrichtungen besitzen: Einmal ist Musik als kommunikatives Handeln zu verstehen . . . im Sinne eines unmittelbaren Sich-Äußerns, zum anderen als Rezeption, als . . . die Wahrnehmung, eingeschlossen die geistige Auseinandersetzung unter rationalen oder[/und] normativen (ästhetischen) Gesichtspunkten, schließlich aber auch das Musikrezipieren, . . . bei [dem] . . . das Handeln zur passiven Stimmungsfärbung regrediert ist.«[14]
Weil nicht vorherzusagen ist, wann ein Rezipient welche der genannten Bedeutungen im Phänomen Musik bevorzugt (vielleicht sind sie auch alle gleichzeitig möglich) wird die Musikdidaktik sie sämtlich als legitim zu betrachten und zu reflektieren haben. H. Rauhe führt Schwierigkeiten der Musikdidaktik darauf zurück, daß Musik »als unveränderliches vergegenständlichtes Objekt, als unantastbares Kunstwerk oder als verdinglichte Ware aufgefaßt wird, und nicht »als variables Phänomen, das an einen multimedialen und multisensorischen Kommunikationsprozeß gebunden ist . . .«[15] Die Begriffe der Kommunikationstheorie sind an einer Reihe verschiedener Gegenstände erprobt worden.[16]
Wenn Musik ein kommunikatives Phänomen ist, steht der Verwendung dieser Terminologie in einer kommunikativen Musikdidaktik nichts entgegen.
Unter ›kommunikativer Didaktik‹ sollen Analysen und Entwürfe der Vermittlung von Inhalten unter Zuhilfenahme von Kommunikationsmodellen verstanden werden.
Modelle pädagogischer Kommunikation sehen die Differenzierung der Vermittlungsprozesse in Stoffanalysen, Medien- und Zielgruppenuntersuchungen vor. Jedes dieser Gebiete läßt weitere Differenzierungen zu, z. B. nach Codierungsformen im Medienbereich oder nach Formen der Interaktion innerhalb einer Mehrheit von Empfängern.
Werden diese Ansätze akzeptiert, so ergibt sich für eine Theorie der Musikdidaktik u. a. die Aufgabe, gegenstandsspezifische Methoden der Vermittlung von Musik auf verschiedenen Stufen[17] zu beschreiben und zu begründen.
Didaktische Maßnahmen müssen lehrbar sein. Dies ist nur dann der Fall, wenn

intersubjektive Anwendbarkeit durch hinreichende Übereinstimmung der Repertoires und Codierungs-(Decodierungs-)formen der Kommunikanten gegeben ist.
Für die Musikdidaktik bedeutet dies, daß sie Phänomene musikalischer Kommunikation, die umgangssprachlich eindeutig zu codieren sind, aufzunehmen und gegenüber dem Gegenstand Musik im herkömmlichen Curriculum vorrangig darzustellen hat.
Ein solches ›metastufiges‹ Vorgehen setzt beim Empfänger nicht primär die Kenntnis bestimmter Codes und Gegenstandsstrukturen voraus, sondern nur die Fähigkeit, über die eigenen Einstellungen zu Phänomenen der Umwelt zu reflektieren.
Es scheint, daß im Bereich musikalischer Ausbildung ein Lernen durch Nachahmung verbreitet und teilweise unvermeidlich ist. Ein Übergang zu reflektiertem, kritischem Lernen könnte durch Verfahren der Metastufe eingeleitet und gefördert werden.

III.

Im Anschluß an Arbeiten über die Anwendung von Kommunikationsmodellen im Bereich der Allgemeinen Pädagogik[18] hat Hermann Rauhe eine Matrix zur Gliederung von Inhalten der *Musik*didaktik entworfen.[19] Rauhe definiert Musik als »dynamisches, offenes Kommunikationsphänomen, das in ein nur interdisziplinär zu erforschendes vielfältiges Beziehungsgefüge eingespannt ist und sich im Wechselbezug zwischen Subjekt und Objekt, ›Sender‹ und ›Empfänger‹, zwischen Menschen im gesellschaftlichen Zusammenhang entfaltet.«[20]
Im Gegensatz zu älteren Musik-Curricula kommen z. B. die in den ›Richtlinien und Lehrplänen‹ der Hamburger Behörde für Schule 1973 für das Fach Musik genannten Inhalte und Ziele einer zusammenfassenden, vergleichenden Darstellung in einem Kommunikationsmodell sehr entgegen.[21] Auch für das Fach Bildende Kunst werden hier ausdrücklich kommunikationstechnische Verfahren als geeignete Darstellungsmethoden genannt,[22] so daß sich zugleich eine fachübergreifende Konzeption für den Bereich der ästhetischen Erziehung auf kommunikativer Basis ergibt.
In den ›Hamburger Richtlinien‹ (HR) heißt es einleitend zur Didaktik der Musik: »Der Musikunterricht ist Teilgebiet einer ästhetischen Erziehung und will durch systematische Ausbildung der auditiven Wahrnehmungsmöglichkeiten wie durch eigene Tätigkeiten zu sachlich begründeten Aussagen im Bereich der auditiven Kommunikation hinführen und Erfahrungen von Gestaltbarkeit und Veränderbarkeit akustischer Phänomene vermitteln. Somit leistet Musikunterricht einen wesentlichen Beitrag für die Entwicklung allgemeiner Wahrnehmungsfähigkeit und Kommunikationsfähigkeit.«[23] Als allgemeine Lernziele werden dann u. a. genannt: »über die erfahrene Wirkung von Musik Rechenschaft abzulegen« und »aus der Fülle musikalischer Erscheinungen eine be-

gründete individuelle Auswahl zu treffen«, und es wird festgestellt, daß »die Lernbereiche des Faches Musik sich nicht nur auf die fachimmanenten Lerngegenstände einer vornehmlich am Kunstwerk orientierten Fachdidaktik« erstreckten, sondern »durch die Betrachtung der Funktion und gesellschaftlichen Verflechtungen von Musik« zu ergänzen seien. »Die bisher überwiegend historischen Betrachtungsweisen müssen . . . durch psychologische, soziale, politische und ökonomische Dimensionen erweitert werden.«[24] Ausdrücklich wird auf die weitgehend multimedial erfolgende Vermittlung von Musik hingewiesen.

Bei der Lernplanung im Musikunterricht sollen drei ›Verhaltenspaare‹ besonders berücksichtigt werden: »Wissen und Verstehen, Fertigkeiten und Fähigkeiten, Einstellungen und Interesse«.

Für die Klassenstufen 5 bis 10 werden als ›Fachziele‹ u. a. genannt: »Der Schüler soll seine akustische Umwelt verstehen und durchschauen lernen, . . . sich sein musikalisches Verhalten bewußt machen und es als veränderbar erfahren, . . . erfahren, daß Musik soziales Verhalten bewirkt, . . . erkennen, daß sich in der Musik sowohl persönliche als auch kollektive Erfahrungen ausdrücken, die an die jeweiligen historischen und sozialen Situationen gebunden sind.«[25]

In einem Abschnitt ›Zur Strukturierung der Inhalte‹ des Musikunterrichts ist ein Ordnungsprinzip angegeben, das drei Verhaltensweisen unterscheidet: Aktion, Rezeption und Transposition: Musik wird gemacht, gehört und umgesetzt in verbale Beschreibung, Notation, Bewegung; diese Verhaltensweisen sind in ihren Abhängigkeiten untereinander zu sehen und zu reflektieren. Der Begriff der Information wird eingeführt. Bei der Verknüpfung der eingeführten Elemente ergeben sich z. T. regelkreisähnliche Strukturen.[26]

Gemäß den drei definierten Verhaltensweisen lassen sich bei gegebenem Material (z. B. Folgen von Tönen mit den Eigenschaften Höhe, Dauer, Stärke, Klangfarbe) Lernziele nennen und entsprechende Aufgaben formulieren. Es sind verschiedene Ordnungsstufen des Materials zu unterscheiden.

Auf die Begegnung mit dem Material folgen Übungen zu den Bereichen ›Musik und Sprache‹ und ›Musik und Gesellschaft‹, sowie ›Musik und Technik‹. Diesem Gliederungsprinzip folgend werden Beispiele für Unterrichtsthemen in den einzelnen Klassenstufen genannt, für die Klassen 9 und 10 unter ›Material‹ z. B. ›verschiedene Interpretationen‹ und ›verschiedene Instrumentationen (Vergleich von verschiedenen Partiturbildern)‹, unter ›Musik und Sprache‹ »Übersetzungsfragen, behandelt an Opern-, Lieder- oder Schlagertexten«, unter ›Musik und Gesellschaft‹ »Stabilisierende Funktionen von Musik in politischen Systemen«.[27]

Im Kommunikationsmodell[28] sind diese Inhalte unmittelbar den Komplexen Gegenstand (Stoff [›Werk‹]), Sender, Medium (Interpret, technische Mittler) und Empfänger zuzuordnen, die Verhaltensweisen den Tätigkeiten des Codierens und Decodierens nach bestimmten Regeln.

Eine Differenzierung der einzelnen größeren Komplexe des Modells erlaubt die Zuordnung auch der ›Feinlernziele‹ zu einzelnen Feldern der entsprechenden Matrizen. Sofern erforderlich sind zusätzlich die historische Dimension und eine ›pragmatische‹ Dimension zur Berücksichtigung spezifischer Randbedingungen einzuführen.[29]

Auf Probleme der Analogie zwischen Musik und Sprache wird in den Richtlinien nicht besonders hingewiesen. Das Kommunikationsmodell hilft hier durch Aufweisung von Geltungsbereich und Leistungsfähigkeit der verschiedenen Codes.

Die Darstellung des Inhalts der ›Hamburger Richtlinien‹ im Kommunikationsmodell zeigt, daß hier der Gegenstand *Musik* häufig zurücktritt zugunsten der Betrachtung von Entstehungsbedingungen, Verwendung und *Wirkungen von Musik*. Das bedeutet den Übergang von Fakten der Grundstufe zu Zusammenhängen der Metastufe.

Im Modell ist dieser Übergang u. a. gekennzeichnet durch die Notwendigkeit, eine Reihe von Bedingungen und Normen zu berücksichtigen, die auf der Grundstufe (der Stufe der Phänomene Tonhöhe, Tondauer, Klangfarbe) keine Rolle spielen.

Es ist zu betonen, daß hier nicht eine ›Informationsdidaktik‹[30] der Musik propagiert werden soll. Kommunikationstheorie und Informationstheorie sind *Hilfs*wissenschaften der Pädagogik; gemäß der besonderen Eigenart des Gegenstandes Musik spielen diese allerdings in der Musikpädagogik eine besondere Rolle.

Im folgenden sind (im Anschluß an die in den HR genannten Themen) einige Beispiele für Anwendungen informationstheoretischer Verfahren zu geben.

Über die Formalanalyse von Musik gibt es seit den 60er Jahren eine Reihe von Untersuchungen[31], die für die didaktische Strukturanalyse bisher kaum beachtet worden sind.

Die HR führen das ›Material‹ der Musik über die wichtigsten Parameter ein. Die vorliegenden Daten z. B. über die Häufigkeiten bestimmter Elemente und Elementenfolgen in Musikwerken geben Hinweise auf den Schwierigkeitsgrad eines Werkes und seine Rezipierbarkeit bei bestimmten Randbedingungen und meßbarer Vorinformation der Empfänger.

Über die Messung der subjektiven Information von Tonfolgen nach dem von Klaus Weltner vorgeschlagenen Verfahren[32] liegen erste Erfahrungen vor.[33]

Die HR nennen ›Übungen zum Unterscheiden der Veränderungen bei Höhe, Dauer, Stärke und Klangfarbe‹. In diesem Zusammenhang wird es möglich sein, die Fähigkeiten einer Zielgruppe bei der Aufnahme von Tonfolgen und Geräuschen objektiv zu messen und danach die Auswahl der Unterrichtsbeispiele vorzunehmen. Es scheint angebracht, mit Übungen dieser Art schon im Rahmen einer musikalischen Früherziehung zu beginnen.

Eine Reihe von Zielen der HR fallen in der Klassifizierung des Modells in den Bereich ›Codierung/Decodierung‹.

Die hierbei auftretenden theoretischen und praktischen Probleme werden in den HR nicht besonders hervorgehoben, sie spielen jedoch in der gegenwärtigen Diskussion über die Grundlagen der Musikpädagogik eine wichtige Rolle. Es geht dabei insbesondere um die Zeichenfunktion von Musik[34] und die Abhängigkeit des Eindrucks, den eine musikalische Kommunikation beim Empfänger hervorruft, von Einstellungen, Vorinformationen und Decodierfähigkeit des Empfängers.
In der HR werden ›freie verabredete Zeichen für Tonhöhe und Tondauer‹ neben der ›traditionellen Notation, wenn erforderlich‹ empfohlen; Klang- und Geräuschpartituren sollen angefertigt werden.
Diese Übungen stehen in unmittelbarem Zusammenhang mit Wirkungsanalysen im Themenbereich ›Musik und Gesellschaft‹. Eine Partitur wird veröffentlicht: Musik liegt hier aber nur bis zu einem gewissen Grade eindeutig codiert vor: in der Regel lesen die Rezipienten die Partitur nicht, sie sind nicht darin geübt, Noten zu hören, sondern nehmen die Interpretation, das nach der Partitur gestaltete Klangbild auf. Dabei können wesentliche Eigenarten der Komposition von einem Teil der Empfänger willkürlich assoziiert werden.
Bei nonverbaler musikalischer Kommunikation ist die Kontrolle des Vermittlungsprozesses sehr erschwert.
Erst auf einer Metastufe, etwa beim Vergleich verschiedener Interpretationen eines Werkes, wird (bei Eindeutigkeit der Codierung auf dem Repertoire der Umgangssprache oder einer Fachsprache) die Überprüfbarkeit des Kommunikationsprozesses als Voraussetzung wissenschaftlicher Didaktik gewährleistet sein.
Es wird i. a. nicht möglich sein, in der Schule Fragen der Stoffstrukturanalyse oder der Bestimmung der Empfängervorinformation zu behandeln; in der Lehrerbildung werden diese jedoch an Bedeutung gewinnen. Dagegen kann für Schüler die Analyse der *Medien,* über die Musik vermittelt wird, einen gangbaren Weg zur Reflexion über Prozesse der Metastufe bieten. Die HR nennen eine Vielzahl von Themen aus diesem Gebiet, z. B.: »Sprache in Verbindung mit Musik im Kommunikationsprozeß, Sprechgesang in Neuer Musik; Höraufgaben zum Wort-Ton-Verhältnis; Klangspiele mit Vokalen, Wörtern, Sätzen; Versuche, die Sprechweise und den Stimmklang verschiedener Rollenträger (Nachrichtensprecher, Redner) nachzuahmen; Analyse von Rundfunksendungen und -programmen; Musik in Werbesendungen; Musik als Ware (Schallplattenmarkt); Schlager als Vehikel für Werte, Normen, Verhaltensweisen«.[35]
Als Beispiele für Übungen aus diesem Bereich werden erwähnt: Erstellen von Fragebögen für Interviews über Rezeptionsverhalten; »Zielgruppenbestimmung bei Musikbeispielen aus dem öffentlichen Bereich«; Identifizierung von Signalwirkungen in Hörbeispielen.[36] Neben der Untersuchung der Funktion der Massenmedien und der Interpreten von Musik kann die Kenntnis der technischen Medien wichtige Anregungen geben. Hier bietet sich eine Kooperation

zwischen Musik- und Physikunterricht an. Die HR sehen neben Sachinformationen zu technischen Geräten (Phonograph, Sender, Tonbandgerät, Verstärker, Lautsprecher) Arbeiten mit Tonbandaufnahmen (Herstellen imitierter Geräusche) und die Produktion einer Schulfunksendung vor. Für die Klassen 7 und 8 ist eine Einführung in die Elemente der Elektronischen Musik und ihre Geräte vorgesehen. Weitere Themen sind: »Einfluß der Technik auf die Komposition; Die Welt der Technik in der musikalischen Darstellung«.[37]
Die Wechselbeziehungen zwischen den technischen und nichttechnischen Medien der Kommunikation, deren Verwendungsformen, Einfluß auf Formen des Hörverhaltens und Ausbildung spezifischer Normen bei den Rezipienten als Gegenstand des Unterrichts können über den musikalischen Bereich hinaus von exemplarischer Bedeutung für Arbeitsformen in anderen Fächern sein.

IV

Zusammenfassend ist festzustellen:
Die bei der Verwendung von Kommunikationsmodellen naheliegende Unterscheidung von didaktischen Konzepten nach dem Gewicht, das den Komponenten Lehrstoff (Stoffstruktur), Medien und Empfänger (Zielgruppe) zugemessen wird, ist auch für Musikdidaktiken möglich.
Der Gegenstand Musik legt die Differenzierung nach Codierungsformen und die besondere Berücksichtigung des Einflusses technischer Übermittlungseinrichtungen, sowie der Funktion und Wirkung der Interpreten nahe.
Die hier gewonnenen Erfahrungen sind auch für andere Fächer wichtig, deren Gegenstände die im Musikunterricht auftretenden Schwierigkeiten bisher nicht mit gleicher Deutlichkeit hervortreten lassen.
Die Analyse des Gegenstands Musik in Prozessen pädagogischer Kommunikation macht das Fehlen einer *non*verbale Faktoren gezielt berücksichtigenden Methodik deutlich. Leider ist mit dieser Feststellung wenig geholfen, solange sie nicht mit Vorschlägen für die Unterrichtspraxis verbunden wird.
Die vorliegenden Arbeiten über Empfänger-Vorinformation und -Verhalten sollten von der Musikdidaktik aufgenommen werden.
Hans Werbiks empirische Untersuchung über ›Informationsgehalt und emotionale Wirkung von Musik‹[38] weist Zusammenhänge zwischen den im Kommunikationsmodell als Gegenstandsstruktur und Rezipientenverhalten gekennzeichneten Komplexen nach.
Franz Schott[39] hat an Gegenständen des naturwissenschaftlichen Unterrichts Verfahren der Stoffstrukturanalyse demonstriert, die wenigstens teilweise in der Musikdidaktik erprobt werden sollten: Die möglichst genaue Kenntnis der digitalen Komponenten musikalischer Kommunikation, u. a. auch der verbalen Interaktionen über Musik im Unterricht, ist notwendige Voraussetzung für die Abschätzung von Bedeutung und Wirkung der *non*verbalen Anteile.
Es kann hier nicht über mögliche Folgen einer konsequenten ›Verbalisierung

des zu Verbalisierenden‹ reflektiert werden. Stellungnahmen zu diesem Thema werden abhängig sein vom jeweiligen Standort und den individuellen Normen der Gutachter. Da Didaktik jedoch den Anspruch der Lehrbarkeit erhebt, muß sie ein Minimum intersubjektiv gültiger Fakten und Methoden der Vermittlung bereitstellen. Wird dieses Mindestmaß bei einem Gegenstand unterschritten, so sind Voraussagen über die Wirkung der Kommunikation nicht mehr möglich, der Anspruch der Wissenschaftlichkeit wird aufgegeben zugunsten zufälliger Erfolge oder Mißerfolge, die Möglichkeit des Lernens aus Erfahrungen ist stark eingeschränkt. Allenfalls der ›geborene Musikerzieher‹ wird sich in diesem Stadium weitgehender Beliebigkeit der Mittel und des Fehlens vergleichbarer Rückmeldungen noch sinnvoll betätigen können.

Wenn durch die Eigentümlichkeiten musikalischer Kommunikation nicht in der Sache begründete Assoziationen und subjektive Normen die Eindrucksqualität in schwer überprüfbarer Weise mitbestimmen, so ist ein wichtiges Lernziel, die Schüler auf diese Zusammenhänge anhand von Beispielen hinzuweisen und an die z. B. von P. Faltin gestellten Begründungsfragen heranzuführen.

Wofür Musik ein Zeichen ist – ob für einen Zustand des Senders oder des Interpreten, ob sie Informationen vermitteln kann und mit welcher Genauigkeit, wenn keine Vereinbarungen zwischen Sender und Rezipient bestehen, wie ggf. solche Vereinbarungen (über die Bildung von Normen, ›Moden‹ z. B.) zustandekommen – alles dies ist notwendig Gegenstand der Musikdidaktik.

Das Kommunikationsmodell sollte helfen, die vielfältigen Arbeiten, die in Teilbereichen der obengenannten Zusammenhänge theoretisch und praktisch geleistet worden sind, zusammenzufassen und für die künftige Praxis gezielt zu nutzen.

Anmerkungen

[1] W.B Brezinka, Die Krise der wissenschaftlichen Pädagogik . . . Zeitschr. f. Päd. *12*, 1966, S. 53-88; W. Brezinka, Von der Pädagogik zur Erziehungswissenschaft. Eine Einführung in die Metatheorie der Erziehung, Weinheim 1971.

[2] Vgl. H. Reimann, Kommunikations-Systeme. Tübingen 1968; P. Watzlawick et al., Menschliche Kommunikation . . ., Bern 1969.

[3] Zusammenstellung der wichtigsten Begriffe, Matrix pädagogischer Kommunikation und Beispiele s. Anhang 1,2.

[4] P. Faltin, Die Bedeutung von Musik als Ergebnis sozio-kultureller Prozesse. Die Musikforschung *26*, 1973, S. 435.

[5] H.-P. Reinecke, Musikalische Kommunikation und Musiktherapie. Musiktherapie, Zeitschr. f. d. musiktherapeutische Forschung und Praxis *1*, 1973, S. 15 f., S. 54.

[6] H.-P. Reinecke, a. a. O., S. 54.

[7] H.-P. Reinecke, a. a. O., S. 18.

[8] H.-P. Reinecke, a. a. O., S. 19.

[9] H.-P. Reinecke, a. a. O., S. 19.

[10] H.-P. Reinecke, a. a. O., S. 20. Reinecke verweist auf Zusammenhänge zwischen Tonhöhen-›Bewegung‹ und ›Körperbewegung‹ bei Spiel und Tanz.

[11] H.-P. Reinecke, a. a. O., S. 20 f.

[12] P. Faltin, a. a. O., S. 442 f.

[13] Vgl. auch die Klassifizierung der Tonkunst zusammen mit der Dichtung als ›redende Künste‹ im Gegensatz zu den ›bildenden Künsten‹.
[14] H.-P. Reinecke, Über die Anwendung psychometrischer Methoden zur quantifizierten Rückmeldung emotioneller Zustände im therapeutischen Prozeß. Msk. 1971. [Msk. 1972.
[15] H. Rauhe, Kommunikationstheoretische Probleme der didaktischen Interpretation von Musik.
[16] Vgl. Anm. 2; vgl. ferner: H. Paschen/J. Thiele, Bemerkungen zu Axiomatik und Metatheorie pädagogischer Kommunikation. Bildung und Erziehung *24*, 1971, S. 264-272.
[17] Vgl. die Beispiele Anhang 1 B.
[18] Vgl. H. Paschen/J. Thiele, a. a. O., S. 268 f.
[19] H. Rauhe, Fächerübergreifende Verankerung und Erweiterung des Musikunterrichts und Perspektiven seiner Integration in den Gesamtbereich ästhetischer Erziehung. In: E. Kraus (Hrsg.), Musik in Schule und Gesellschaft, Mainz 1972, S. 120 f.
[20] H. Rauhe, Kommunikationstheoretische Probleme der didaktischen Interpretation von Musik.
[21] Richtlinien und Lehrpläne der Behörde für Schule, Jugend und Berufsbildung der Freien und Hansestadt Hamburg. Bd. 3. Hamburg 1973, Kap. 33/44.8.20.
[22] A. a. O., 33/44.8.10, S. 60 f.
[23] A. a. O., 33/44.8.20, S. 3.
[24] A. a. O., S. 3.
[25] A. a. O., S. 4.
[26] A. a. O., S. 8 f.
[27] A. a. O., S. 23 f.
[28] Vgl. Anhang 1.
[29] Vgl. H. Paschen/J. Thiele, a. a. O., S. 268 f.
[30] Vgl. das Kapitel ›Informationstheoretische Modelle‹ in H. Blankertz, Theorien und Modelle der Didaktik, München 1969.
[31] Vgl. W. Fucks/J. Lauter, Exaktwissenschaftliche Musikanalyse, Köln 1965; vgl. J. Thiele, Statistische Musikanalyse als Hilfsmittel der Didaktik. Forschung in der Musikerziehung 1/1969, S. 22-27.
[32] K. Weltner, Informationstheorie und Erziehungswissenschaft, Quickborn 1970, Kap. 2.
[33] Vgl. J. Thiele, Zur Bestimmung der subjektiven Information von Tonfolgen. Die Realschule *81*, 1973, S. 223-225.
[34] Vgl. z. B. P. Faltin, Widersprüche bei der Interpretation des Kunstwerks als Zeichen. Drei monistische Modelle zur Erklärung der Bedeutung von Musik. Intern. Review of the Aesthetics and Sociology of Music *3*, 1972, S. 199-214.
[35] A. a. O., S. 15 f.
[36] A. a. O., S. 18 f.
[37] A. a. O., S. 25.
[38] H. Werbik, Informationsgehalt und emotionale Wirkung von Musik, Mainz 1971.
[39] Franz Schott, Zur Konstruktion von Lehrstoffen und Lehrzielen, Braunschweig Diss. phil. 1973; Buchausgabe: Lehrstoffanalyse, Düsseldorf 1975.

Anhang 1

A. Begriffe

Kommunikation: Übertragung von Information zwischen Systemen
Digitale Kommunikation: Kommunikation durch Zeichen, die Teil eines Codes sind und bestimmten Regeln genügen
Analoge Kommunikation (nonverbale K.): K. durch Analogien, ›Ähnlichkeitsbeziehungen zu der zu vermittelnden Nachricht. (Charakteristikum analoger K.: Die Negation eines Sachverhalts ist analog nicht unabhängig von diesem zu codieren, das zu Verneinende muß stets mit dargestellt werden.)
Grundstufe: Phänomene eines Gegenstandsbereichs nach Definition (z. B. Meßdaten)
Metastufe: Aussagen über Phänomene
(Theoretisch sind beliebig viele Metastufen zu bilden)

B Beispiele für Fakten aus Grund- und Metastufen

	Bereich	
	physikalisch	psychologisch
Grundstufe	Ton Akkord Geräusch Tonfolge . . .	Vp nimmt Ton wahr
1. Metastufe	»der Ton hat eine Frequenz von 440 Hz« »das Rauschen ist weiß«	Vp: »ich höre einen lauten Ton mittlerer Höhe«
2. Metastufe	Aussagen über Meßgeräte, Verfahren der Messung	Äußerungen der Vp über ihre Wahrnehmungen, z. B. Vermutung über eine Sinnestäuschung
3. Metastufe	Theorie der Meßprozesse, Normen der Messung	Vergleichende Analyse von Sinnestäuschungen, subjektiven Normen etc.
4. Metastufe	Theorienanalyse (›Metatheorie‹), Vergleich der in den Theorien verwendeten Prinzipien, Normen etc.	Theorie der Analyseverfahren von Sinnestäuschungen
5. . . .	. . .	. . .

C. Grundsätze musikalischer Kommunikation

(1) In musikalischen Kommunikationen überwiegen Analog-Komponenten.

(2) Musikalische Kommunikationen haben inhaltliche (Sach-) und Beziehungsaspekte.

(3) Man kann über musikalische Kommunikationen digital oder analog kommunizieren. Interpreten kommunizieren in der Regel analog.

(4) Man kann über musikalische Kommunikation nicht ohne pädagogische Wirkung kommunizieren.

*Matrix pädagogischer Kommunikationen**

	U	L	S	M	E
U	**„Umwelt“** Gesamtheit erkennbarer und denkbarer Fakten und Zusammenhänge, aus denen die zu lernenden Sachverhalte ausgewählt werden oder auf die sie bezogen sind	Rückwirkungen von Lehrgut und Lehrformen auf die Gestaltung bestimmter Bereiche in U L→U	Einfluß der Lehrer (Forscher) auf Art und Struktur des Erfahrungs- und Wissensschatzes S→U	(Rück)wirkung der Medien auf die Gestaltung der „Umwelt“ M→U	Einfluß des einzelnen Lernenden auf die „Umwelt“ (außerhalb der Verbindungen über S, L) E→U
L	U→L Auswahl der Lehrstoffe aus der Mannigfaltigkeit der „Kulturgüter“	**„Lehrgut“** Gesamtheit der Lehrgegenstände	Abhängigkeit der Auswahl des Lehrstoffs von Fähigkeiten und Interessen der Lehrenden S→L	Bestimmung von Art und Umfang des Lehrgutes durch Form und Kapazität der Medien M→L	Einfluß einzelner Lernender auf Art und Struktur des Lehrstoffs E→L
S	U→S Einfluß der „Umwelt“ (Überlieferung, soziale Gegebenheiten, Ordnungsformen) auf Lehrer (Autoren, Forscher)	L→S Prägung des Lehrenden durch das Lehrgut	**„Sender“** Lehrer im weitesten Sinn; Lehrprogramme, Lehrbriefe	Rückwirkungen der Medien auf den „Sender“ M→S	Einfluß des Schülers auf den Lehrer E→S
M	**U→M** Einfluß des allgemeinen Entwicklungsstandes der Kultur (insbes. Sprache, Technik) auf die Medien	L→M Auswahl der geeigneten Medien nach Art und Struktur des Lehrstoffs	S→M Einfluß der Lehrenden auf die Wahl geeigneter Medien	**„Medien“** physiologische, technische, organisatorische, Träger der „Information“	Einfluß des Schülers auf Art und Umfang der Verwendung verschiedener Medien E→M
E	U→E Einfluß der „Umwelt“ auf den einzelnen Lernenden	L→E Selbstunterricht einzelner Lernender	S→E Kommunikation Lehrer–Schüler	M→E Einfluß der Medien auf den Schüler	**„Empfänger“** Schüler im weitesten Sinn

Informationsfluß ↘   „Kopplung“   Rückkopplung

* Bildung und Erziehung *24* (1971), S. 269.

Bemerkungen über die Wendung zum Szientismus in der Musikpädagogik

Helga de la Motte-Haber

1. Wissenschaft und Sozialprestige

Ich möchte meinen Gedanken eine Untersuchung von Hofstätter und Tack vorausschicken, weil sie vielleicht glaubhafter macht als meine eigenen Worte es vermögen, daß zuweilen auf den ersten Blick Begrüßenswertes, in einen allgemeineren Rahmen hineingestellt, einen zwiespältigen Charakter bekommt. Zunächst zu dieser Untersuchung. Sie handelt vom Sozialprestige einzelner Berufe.

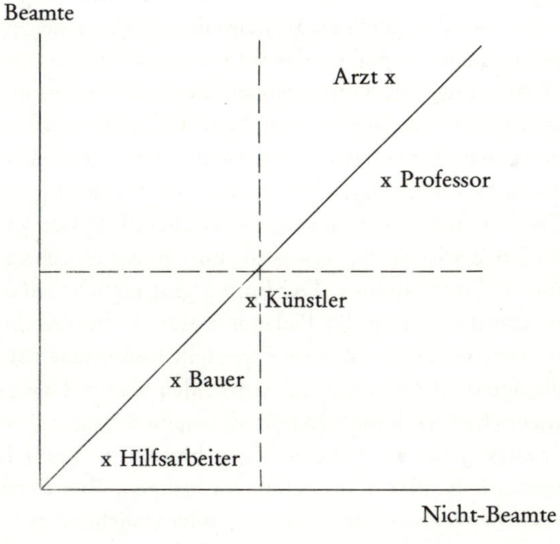

Soziales Prestige von Berufen (nach P. R. Hofstätter, Einführung in die Sozialpsychologie, Stuttgart 1963, S. 410)

Nichtbeamte und Beamte schätzten Berufe nach ihrem Ansehen ein; die Urteile beider Gruppen wiesen sehr große Übereinstimmung auf. Die Darstellung zeigt die Ergebnisse im Ausschnitt. Bei den Nichtbeamten besetzt der Professor neben dem Arzt die Spitzenpositionen; die Beamten schätzen den Arzt – weil freiberuflich? – ein wenig höher ein als den Professor. Tief unten in der Hierarchie steht der Hilfsarbeiter. Die Untersuchung stammt aus dem Jahre 1963. Sie zu zitieren wirkt weniger zufällig, wenn man bedenkt, wie sehr sich in diesen Jahren die Pädagogik nach höherem Prestige zu recken begann. Zwar lassen sich die Bemühungen, wenn man an den Wunsch nach einer »exakten Pädagogik« denkt, schon vor dem ersten Weltkrieg ansetzen; zu Anfang der sechziger Jahre jedoch begegnet man häufiger dem Versuch, eine Art »reine« Erziehungswissenschaft zu kreieren und die Erziehungslehre als etwas davon wohl zu Unterscheidendes, im Rang Tieferstehendes, zu trennen. Die Trennung macht stutzig. Ist es nur eine unhaltbare Vermutung, sie als Ausdruck dafür anzusehen, daß man durch den eigens gekennzeichneten Anspruch »Wissenschaftler« zu sein in eine höhere Region aufsteigen wollte? Unabhängig von der Titelvergabe dürfte sich nämlich im öffentlichen Bewußtsein nicht der »Professor«, der an einer pädagogischen Hochschule Lehrer ausbildete, dort befunden haben.

Daß eine solche Vermutung mißverstanden werden kann, bedingt der Widerspruch, den sie erzeugt. Daher einige klärende Worte. Nach dem totalen Zusammenbruch, den der zweite Weltkrieg heraufbeschwor, knüpfte man an der Zeit vor diesem an, auch in der Pädagogik. Aus dem Nichts ließ sich kein völlig neuer Anfang gewinnen. Die Folge davon war, daß nicht nur Vergangenes lange weiterwirkte, sondern auch zwölf Jahre Entwicklung ausgefallen waren. Stand man zwar zunächst einmal wieder auf festem Boden, so zeigte sich doch langsam, daß Erstarrung und Konservativismus damit einhergingen, die sich schlichtweg als überholt erweisen mußten. Neue Impulse erhoffte man sich von einer stärkeren wissenschaftlichen Orientierung, die zum Anliegen aller – auch einander befehdender – pädagogischer Richtungen wurde. Ein anderer Weg, um zu neuen Denkansätzen zu gelangen, als der über die Unterrichtsforschung – ich muß erst einmal wissen, wie etwas ist, um optimales Lehren erzielen zu können – ist auch nicht vorstellbar. Der Impuls ging jedoch vielfach ins Leere, da sich Wissenschaftlichkeit in der Pädagogik nur als empirische Forschung realisieren läßt, diese wiederum aber sehr spezielle Kenntnisse voraussetzt, die bei vielen Pädagogen schlichtweg nicht vorhanden waren. Daß eine gute Didaktik der Unterrichtsforschung bedarf – dies sei noch einmal wiederholt –, steht außer Zweifel. Jedem Lehrbuch liegen bestimmte Vorstellungen über Voraussetzungen, die Kinder in die Schule mitbringen, über Lernen, Motivation und Interessen zugrunde, die meist nicht oder manchmal nur dilettantisch untersucht sind. Angenommen, die Prämissen, die einer Didaktik zugrundeliegen, sind falsch, dann sind die Hoffnungen, die an einen auf diesem Lehrbuch gründenden Unterricht geknüpft werden, schwach fundiert. Konkrete Forschungsarbeiten liegen nur wenige vor. Von Wissenschaft aber wurde viel geredet. Daher der Verdacht, daß es auch um anderes ging, nämlich schlichtweg um die Erhöhung des Sozialprestiges. Und die eingangs dargestellte Graphik weist auch daraufhin, daß gerade die Musikpädagogik diese bitter nötig hatte. Denn der »Künstler« rangiert nicht eben hoch.

2. Wissenschaftlichkeit und Erziehung zur Uniformität

Man wird mir entgegenhalten, daß ich nicht das rechte Verständnis von Wissenschaft habe. Denn in jene Niederungen empirischer Unterrichtsforschung hinabzusteigen, das sei vielleicht die Aufgabe von Hilfswissenschaften, nicht aber der Musikpädagogik selbst. Hier geht es um Höheres, um »wissenschaftssystematische Bezüge«; es geht also um Theorienbildung. Würde man erst einmal über eine gesicherte musikpädagogische Theorie verfügen, so wären ja alle Probleme gelöst, denn aus solch einer Theorie würde sich auch mühelos das deduzieren lassen, was die alte pädagogische Praxis ablösen könnte, ein Curriculum. Damit ist das Stichwort gefallen, mit dem sich heute die wissenschaftliche Gebärde der Pädagogik verbindet. Denkt man an die alten Lehrpläne, so zeigt es zunächst einmal Erneuerungsbedürfnis an. Nicht nur die Art, wie sich in den Lehrplänen die Anordnung des Stoffes darstellt, schuf Unbehagen, vielmehr liegen den alten Lehrplänen meist auch überholte wissenschaftliche Vorstellungen zugrunde. Die Entwicklungspsychologie der dreißiger Jahre hat in ihnen überlebt, mehr zum Schaden denn zum Nutzen.

Gleichgültig, ob man sich die Lehre von Oswald Kroh oder Charlotte Bühler anschaut, eines hatten die Konzeptionen der Entwicklung von Kindern und Jugendlichen gemeinsam, nämlich die Einteilung in Stufen und Phasen, zuweilen sogar in Stufen und Phasen. Dem Ordnungsbedürfnis von Psychologen entsprang der Wunsch, eine schwer beschreibbare Kontinuität mit Zäsuren zu versehen, die Überschaubarkeit gewährleisten sollten. Diese denkpsychologische Begründung erklärt vielleicht auch die Zählebigkeit des Gedankens in den Lehrplänen. Haben sich Ordnungsvorstellungen erst einmal verbreitet, so sind sie schwer abzubauen. Das recht späte Einschulungsalter ist vielleicht das auffälligste Beispiel. Es wurde auch aus den entwicklungspsychologischen Markierungen abgeleitet. Darauf hinzuweisen, wie schwer es aufzuheben ist, ist beinahe überflüssig. Bedenkt man die Mängel, so wird die Euphorie, mit der die Idee der Ablösung der Lehrpläne durch Curricula begrüßt wurde, verständlich. Weil geprüft, getestet, nicht einseitig an der Vermittlung von Inhalten orientiert, ist ein Curriculum mit Assoziationen an neueste wissenschaftliche Erkenntnisse angereichert.

Bei genauerem Hinsehen aber enthüllt es sich als Bedürfnis nach einem straff organisierten, durchrationalisiertem Unterricht. Gewiß, auch dieser ist nicht ohne Erproben und Forschen zu leisten, Wissenschaftlichkeit wird dabei jedoch eher Vorstellungen der Rationalisierung dienstbar gemacht. Nicht zufällig wurde die Idee »Curriculum« auf dem Boden einer in den sechziger Jahren aufkommenden szientistisch-technologischen Haltung fruchtbar. Wo immer man einen höheren Grad an Formalisierung und Rationalisierung erreichen konnte, wo immer sich etwas schematisieren ließ, da formalisierte und schematisierte man, um damit den Anschluß an stark favorisierte Wissenschaftszweige, wie etwa die Kybernetik, nicht zu verpassen. Vermehrt fingen Pädagogen an, ihre Vorstellungen in stadtplanähnliche Matritzen zu zwängen. Kreise und

Pfeile wurden zu beliebten Verständigungsmitteln. Es geht weniger darum, zu belegen, daß solches Tun wenig wissenschaftlich ist, als vielmehr darum, zu zeigen, daß bei dem Ersatz der Beschreibung der Wirklichkeit durch gradlinige Pfeile unbemerkt pädagogische Ideale zugunsten von organisatorischen Vorstellungen oder solchen der Rationalisierung geopfert wurden. Je »wissenschaftssystematischer« – das Wort selbst ist symptomatisch – man sich zu verhalten versuchte, um so mehr wurden hohe pädagogische Ideale, wie Erziehung zur Mündigkeit, heute auch Emanzipation, eingezäunt in Modelle, Schemata und Systeme, die zu überschreiten nicht wünschenswert erscheint. Soweit curriculare Entwürfe existieren, haftet ihnen etwas der Geruch einer reibungslosen Maschinerie an. Daß Lehrer und Schüler die Funktion von »Rädchen im Getriebe« erhalten, sei an zwei Beispielen demonstriert, an denen offenbar wird, daß die Individualität, und zwar sowohl die des Lehrers als auch die des Schülers, durch ein Curriculum eingeengt wird. Zum Beispiel: Läge ein gut funktionierendes Curriculum vor, so gestalteten nicht mehr die eigenen Überlegungen des Lehrers den Unterricht, denen gegenüber die herkömmlichen Richtlinien genügend Raum lassen. Vielmehr wird der Lehrer zum ausführenden Organ dessen, was ein Curriculum vorschreibt. Und er muß zu einem solchen werden, weil er sonst seine Schüler nicht zu den gewünschten Zielen bringt. Da am Ende eines Curriculums ein Test zur Leistungsprüfung steht, wird dem Lehrer zugleich, die Unfähigkeit zu benoten, bescheinigt. Um den Konflikt zwischen individueller Entfaltung und Curriculum aufzuzeigen, spielen zunächst einmal die Untersuchungen, die eben diese Unfähigkeit nachweisen, keine Rolle, denn es ist schwer zu belegen, daß diese Unfähigkeit sich nicht auch anders hätte aufheben lassen (z. B. durch bessere Lehrerausbildung). Ein Curriculum beschneidet zugleich auch dem Schüler Freiheiten, denn es schreibt »richtiges« Verhalten in allen Details vor. Je stärker es durchrationalisiert ist, um so mehr erweist es sich als ein Korsett. Es ist nicht möglich, »Lehrgänge« zu konstruieren, deren Bewältigung mit Punkten gemessen wird und die zugleich den individuellen Interessen Rechnung tragen. Beharrt der Schüler z. B. bei Einzelheiten, die in einem Curriculum nur eine Sprosse auf der Leiter zum Endziel sind, so verliert er Zeit, er hält sich zu lange bei etwas auf; die Bewertung seiner Leistung wird dadurch herabgemindert. Gewiß ist die Beschneidung freizügigen Lernens nicht Absicht derer, die Curricula erstellen wollen, und niemand leugnet die Mühen, die aufgewandt werden, ein Curriculum so optimal als möglich zu gestalten.

Die Vorstellung aber, man könne straff durchorganisiertes Lernen – ökonomisch für Lehrer und Schüler zugleich – so gestalten, daß individuelles Lernen ebenfalls möglich wäre, ist eine Utopie. Man kann ein Curriculum prüfen und überprüfen, korrigieren und wieder korrigieren, es wird immer nur rückblikkend zu verbessern sein. Wie weit die Verbesserungen hinsichtlich seiner zukünftigen Anwendung verallgemeinert werden können, läßt sich sogar in einer Zahl abschätzen, mehr aber nicht. Ein Curriculum, das ein so hohes Ausmaß an Generalisierung erlauben würde, daß es die individuelle Variation des Lernens voll berücksichtigt, würde einen Stand an psychologischem Wissen voraussetzen, wie er schlechterdings nicht denkbar ist. Curricula sind trotzdem notwendig, man könnte ihre Notwendigkeit als eine Proportionszahl darstellen. Je kleiner die Verhältniszahl »Lehrer : Schüler« und je größer die Stoff-Fülle wird, umso notwendiger sind auf Ökonomie und rationelles Handeln ausgerichtete Lehrgänge. Auch im Hochschulbereich gilt dies. Dort aber wehrt man sich gegen straff organisierte Studiengänge, wiewohl sie letzten Endes denselben Voraussetzungen entspringen und denselben Zielen dienen sollen. Merkwürdigerweise verbindet sich Ablehnung von Regelstudiengängen und Eifer für schulische Curricula zuweilen sogar in einer Person. Im Bereich der Hochschule benennt man die Notwendigkeit, die eine reibungslose Unterrichtstechnologie erzwingt. Warum nicht auch im Bereich der Schule? Durch die bloße Tatsache, daß geforscht wird, läßt man sich über die Gefahr hinwegtäuschen, daß Ideale, wie Mündigkeit und Urteilsfähigkeit, in Uniformität des Verhaltens aufgelöst werden. Wissenschaft als Erziehungswissenschaft ist immer auf Zwecke ausgerichtet. Nur wenn die Zwecke scharf beleuchtet werden, enthüllt sie ihren Sinn. Es ist an der Zeit, von den Zwecken zu reden und nicht die Wissenschaftlichkeit für deren Wert allein einstehen zu lassen.

3. Orientierung an technologischen Modellen

Ein Curriculum unterscheidet sich von einem Lehrplan dadurch, daß Zielsetzungen an einem zu bewirkenden Verhalten definiert werden und nicht an Inhalten, die gewußt werden sollen. Ziele aus Inhalten abzuleiten, würde sich dem Gedanken eines Curriculums zwar nicht widersetzen – und ursprünglich unterschied man zwischen Curricula, die Verhaltensziele anstrebten, und solchen, die sich an Inhalten definierten –; heute aber gilt es als veraltet, nicht zu Verhaltenszielen zu greifen. Nun sind aber die in der Pädagogik häufig anzutreffenden Klassifizierungen von Verhaltenszielen, wie kognitiv und affektiv, so abstrakt, daß man wiederum gezwungen ist, zu irgendwelchen Konkretisierungen zu greifen. Solche Konkretisierungen haben in der Musikpädagogik zuweilen etwas Zufälliges. Wenn jemand zu einem Zeitpunkt, wo das inhaltliche Vakuum deutlich spürbar wird, einen wohlklingenden Begriff findet, so verbreitet sich dieser leicht mit Windeseile. Dieser Begriff muß allerdings gewissen Bedingungen gehorchen: Er soll sich zwar mit dem Wort musikalisch verbinden lassen, braucht aber mit Musik selbst wenig zu tun zu haben. Hingegen muß er den Glanz der allseitig als wichtig erachteten Naturwissenschaften oder aber der Technik ausstrahlen, möglichst gar das Zeichnen irgendeiner Matrize erlauben. Daß an dem gegenwärtig herrschenden szientistisch-technologischen Denken in der Musikpädagogik der Zug zum Schematisieren und Formalisieren so sehr auffällt, hängt nicht nur mit einer generellen Überbewertung von Wissenschaftlichkeit im allgemeinen zusammen, sondern auch mit einer totalen Abwertung der Geisteswissenschaften. Nur das, was sich dem

formalisierten Zugriff nicht entzieht, soll noch Berechtigung besitzen.
Dem technologischen Denken verdanken wir die Präzisierung musikpädagogischer Zielsetzungen durch das Stichwort ›Kommunikation‹. Nicht, daß Verstehen und Verständigung keinen Platz in der Musikpädagogik haben sollten! In der Benutzung des Begriffs Kommunikation zeigt sich jedoch vor allem der Wunsch, Exaktes, Quantifizierbares zu finden, und zu leugnen, daß sich eigentlich die Behandlung von Kunst diesem Denken widersetzt. Ohne auf das nachrichtentechnische Modell im Einzelnen einzugehen, wird der Ersatz von geisteswissenschaftlichem Denken durch technologische Orientierung an der inzwischen beliebten, von Watzlawik et al (Menschliche Kommunikation, Bern 1969) übernommenen Terminologie ›digital‹ und ›analog‹ deutlich. Deutlich aber wird daran auch, welche unsinnigen Blüten die Überbewertung naturwissenschaftlichen Denkens hervorbringt.
Digital und analog sind zwei Begriffe, die die Arbeitsweise von Geräten, vor allem von Elektronenrechnern, kennzeichnen. Bei Analogrechnern ist eine strukturgleiche Abbildung möglich, ihre Kapazität ist beschränkt, sie sind heute veraltet. Bei Digitalrechnern dient die Kombination einfacher dualer Elemente der Darstellung. Zwischenschaltungen erlauben keine direkte Abbildung. Es ist zunächst einmal als eine Art geistiges Salto-Mortale anzusprechen, wenn Autoren wie Watzlawik u. a. von der Annahme ausgehen, daß die Arbeitsweise künstlicher Systeme für menschliches Wahrnehmen und Denken einstehen könnte. Gewiß gibt es Versuche, die mit Hilfe von Computern z. B. das Funktionieren des Gedächtnisses zu simulieren versuchen; dabei geht es jedoch genau um das umgekehrte, nämlich die Funktionsweise eines Gerätes dem Menschen nachzubilden. Watzlawiks Gedanken hingegen beruhen auf der Annahme, der Mensch reagiere wie die Maschine. Daß ein solcher Gedanke unwidersprochen aufgenommen wurde, ist nur dadurch erklärbar, daß er einer allgemeineren geistigen Haltung entspricht. Was immer künstliche Systeme mit dem Menschen gemeinsam haben, entläßt nicht daraus, dieses Gemeinsame zu bezeichnen und zu begründen. Watzlawik et al. (S. 62) begnügen sich mit der Behauptung: »Auf dem Gebiet der menschlichen Kommunikation liegen die Dinge nicht wesentlich anders«. Das ist zu wenig. Ersetzt nicht in einem solchen Fall das Image des Computers wissenschaftliche Begründungen? Wenn Autoren die Prämissen, von denen sie ausgehen, nicht bedenken, so verwundert es dann nicht, wenn sie Bezeichnungen schlichtweg schlampig handhaben. Analog bedeutet für Watzlawick, daß unvermittelte Beziehungen und zugleich ein stetiges (im Unterschied zu einem diskreten) Geschehen vorliegt. Daraus wird der Schluß gezogen, daß es sich bei jeder Verständigung und bei allem Verstehen, das nicht wie die Sprache zugleich durch Denotation gekennzeichnet ist, vorwiegend um analoge Kommunikation handle. Die ursprüngliche Wortbedeutung ist dadurch verzerrt, was besonders dann hervortritt, wenn konkrete Beispiele genannt werden. Alles ausdruckhafte, affektive Geschehen wird von Watzlawik als analoge Kommunikation bezeichnet. Auch

wenn man annimmt, der Mensch arbeite wie ein Computer, so bleibt dabei offen, wie die strukturgleiche direkte Abbildung von Affekten ausschaut, auch ist unklar, wo sie vonstatten geht. Als »direkt« zu bezeichnen sind vielleicht Reaktionen im Sinne eines unbedingten Reflexes, beim affektiven Geschehen handelt es sich aber um einen sehr komplizierten Vorgang, an dem vermittelnde Zwischenglieder wie gelernte Bedeutungen beteiligt sind. Kritiklos bemächtigte sich die Musikpädagogik der Termini. Musikhören, an dem Affektives überbetont wurde, kennzeichnete man gern als analoge Kommunikation. Es ist jedoch schlecht denkbar – selbst wenn man das starke Gewicht, das Gefühlen beigemessen wird, außer acht läßt – die Wahrnehmung affektiver Qualitäten von Musik als analoge Kommunikation zu identifizieren. Dazu müßte nämlich der Nachweis geführt werden, daß sie nicht durch Nervenimpulse vonstatten geht. Denn das Nervensystem arbeitet vorzugsweise digital. Von analoger Kommunikation beim Musikhören zu sprechen, impliziert eigentlich die These, daß der Gehörsinn daran unbeteiligt ist.
Ich vereinfache bewußt, um zu zeigen, wie leicht es gewesen wäre, sich nachdenklicher zu verhalten, um wenig sinnvolle Vokabeln zu durchschauen, und wie groß die Faszination technischer Modelle ist, die dies verhindert. Auch ohne die digitale Reaktion der Nervenprozesse zu bedenken, hätte prinzipiell das unmittelbare Verstehen musikalischer Sachverhalte in Zweifel gezogen werden müssen. Denn selbst bei den Beat- und Popfans, die als Beweis gern herangezogen werden, sind vermittelnde – wenngleich, wie bei der Identifikation mit einer Gruppe oder einem Idol, außermusikalische – Sachverhalte in Rechnung zu stellen. Von analoger Kommunikation bei menschlichem Verhalten zu sprechen, dürfte nur selten möglich sein. Was als unmittelbarer Eindruck erscheint, ist zwar meist intellektuell nicht voll erfaßt; diesem Eindruck liegen jedoch kulturspezifische Lernprozesse zugrunde, zur Selbstverständlichkeit gewordene Reaktionen. Die archaischen Entwicklungsperioden, in denen Watzlawik die Korrespondenz wischen Eindruck und Ausdruck »verwurzelt« sieht, dürften daher zur Erklärung von musikalischem Verhalten wenig beitragen. Sollte die Übertragung des Gedankens von der Verwurzelung in archaischen Entwicklungsperioden nicht eher zur Skepsis herausfordern, zumindest den Wunsch nach Präzisierung hervorbringen? Die antiintellektuelle Haltung, die sich durch technische Begriffe tarnt, erscheint verdächtig.
Angenommen aber, alle meine Bedenken gegen die Anwendung von Begriffen aus dem Fach Elektrotechnik ließen sich zerstreuen, weil wir ja wissen, daß der Mensch (bzw. das innersekretorische System) analog zu reagieren vermag, was hat man in der Hand, wenn Begriffe, die auf biochemische Vorgänge anwendbar sind, auf das Musikhören übertragen werden? Nichts, sofern wir diese biochemischen Vorgänge nicht genau kennen, und auch diese wären viel zu unspezifiert, um über musikalisches Erleben und Verhalten Auskunft geben zu können. Analog und digital befriedigen ein Bedürfnis nach Formeln; neue Erkenntnisse implizieren sie nicht, jedenfalls sind solche bislang nicht sichtbar.

Auszugehen von dem Problem curricularer Zielsetzungen und sich dabei im Wirrwarr von analog und digital zu verlieren, rechtfertigt sich nur dadurch, daß diese Begriffe exemplarischer Verdeutlichung dienen können, da sie den Glauben an Technik und Naturwissenschaft demonstrieren. Die Orientierung an Naturwissenschaft und Technik kann durchaus sinnvoll sein, wenn sie weiterhilft. Aber Worte zu entlehnen, die zurechtgebogen werden und dann immer noch nicht passen, hat wohl nur den Sinn, durch eben diese Worte den Glanz jener Wissenschaften erhaschen zu wollen. Denn zur Präzisierung von Verhaltenszielen haben diese Worte noch nichts beigetragen. Das Vakuum abstrakter Formulierungen wurde nicht gefüllt. Bemerkenswert ist allerdings die Legierung von Irrationalem mit technischen Vorstellungen. Man kann die Behauptung wagen, es handle sich dabei um eine zeittypische Erscheinung, die in der Musikpädagogik noch etwas verquollener zum Vorschein kam, als sie ohnehin ist. In den ausgehenden sechziger Jahren machte sich eine merkwürdige Verschmelzung von dunkel erahnten psychoanalytischen Vorstellungen, Hoffnungen an die gesellschaftliche Zukunft und erstarrendem Systemdenken bemerkbar. Die ursprünglich verfemten »Positivisten« wurden von ihren einstigen Gegnern umarmt, sofern sie sich deren Zwecken unterordneten. Die gewünschte Befreiung der Triebe wie der Gesellschaft schien leichter, wenn man Grenzen absteckte, hinter denen man die Zugehörigkeit zu einer strategisch gleich operierenden Gruppe mit Sicherheit annehmen konnte, jenseits derer nur ein anderes System sein konnte. Die Gründe seien nicht zu ausführlich erörtert. Denn was aus diesem Schmelztiegel in die Musikpädagogik schwappte, diente nur dazu, liebgewordene Vorstellungen aufzupolieren. Ausdrücke aus der Computersprache, die eine merkwürdige Legierung mit Irrationalem eingehen, haben zwar ihre Wurzeln in jenem für die sechziger Jahre typischen Denken. Jedoch bleibt speziell für die Musikpädagogik ihr Verhaftetsein an Vorstellungen von Gemütswirkungen der Musik zu bedenken. Rational begründetem Musikunterricht stehen die neuen Unterscheidungen in jedem Fall entgegen.

4. Verlust der Inhalte

Das Gemisch von technologischem und irrationalem Denken ließe sich auch an anderen Beispielen erhärten, so wenn z. B. Kommunikation und Kreativität zusammengebracht oder hedonistische Funktionen wie ein Kalkül behandelt werden. Die Widersprüche sind jedoch nicht das Entscheidende, sondern – und damit sei noch einmal zum Vergleich »Lehrplan – Curriculum« zurückgekehrt – der Verlust der Inhalte. Was im einzelnen gegen diese oder jene Definition von Verhaltenszielen vorgebracht werden kann, was an Einschnürung durch Rationalisierung bedacht werden muß, wiegt leicht gegenüber einem hehren, angeblich wissenschaftlichen Denken, das verhindert, daß konkrete Leistungen in einem ganz bestimmten Verhaltensbereich benannt werden, die wiederum auf bestimmte Objekte bezogen sind, somit an den Inhalten definiert werden müßten. Da kreativ zu sein oder kommunizieren zu können nicht durch das Wissen um ganz bestimmte Sachverhalte, z. B. musikalisches Wissen, erreicht wird, ist in der Wortkombination »musikalische« Kommunikation musikalisch von nachgeordneter Bedeutung. Das müßte nicht unbedingt so sein. Jeodch hat es sich inzwischen eingebürgert, dem Allgemeinen – der Kommunikation oder der Kreativität – den Vorrang vor dem Besonderen zu geben. Damit aber bleibt die Bestimmung von Verhaltenszielen im Abstrakten stecken. Sie sind dehnbar, auf viele Gebiete anwendbar. Da die besondere Förderung dieser Verhaltensweisen durch den Umgang mit Musik nirgends belegt ist, kann letztlich nichts dagegen eingewendet werden, daß sich andere Medien an deren Stelle drängen. Die Definition von Lernzielen am Verhalten, das nicht zugleich an präzises Wissen oder Fertigkeiten gebunden ist, leidet immer unter der Gefahr, daß die Gegenstände in ihrem Daseinsrecht eingeschränkt werden, oder gänzlich aus dem Blickfeld verschwinden. Doch auch wenn man dem nachgeordneten Wörtchen »musikalisch« in seiner Verbindung mit alles übergreifenden Vorstellungen eine Bedeutung beimißt, so sollte man sich nicht darüber hinwegtäuschen, daß Musik nicht mehr als etwas zu Vermittelndes gilt, sondern der Vermittlung von abstrakter definierten Handlungsweisen dienen soll. Manche glauben, der Musikunterricht erführe dadurch eine Aufwertung, denn schlichtes Lehren über Musik wird ersetzt durch solches von weitreichender Bedeutung. Welch ein Irrtum! Was immer sich an menschlicher Bildung durch musikalische Erfahrung vollzieht, setzt voraus, daß dem Schüler der unmittelbare Zugang gewährt wird. Werden künstlerische Inhalte, über den Leisten irgendeiner Zweckbestimmung geschlagen, ersetzbar durch beliebig andere, so kann daraus nur ein gebrochenes Verhältnis des Schülers zur Kunst resultieren. Wer aber gibt den Bildungsreformen das Recht, den unmittelbaren Zugang zu verweigern? Wer gibt ihnen das Recht zu behaupten, daß Kunst nicht um ihrer selbst willen gelehrt und gelernt werden soll und die künstlerische Erfahrung nur noch erlaubt ist, sofern sie sich ausweist als Vehikel, das in irgendwelche abstrakten Höhen der Unverbindlichkeit führt, wo nur wenig gedeihen kann.

Da es ein Musikcurriculum, das diesen Namen verdient, nicht gibt, ist der Unterricht an Schulen noch nicht gänzlich diesem Treiben hingegeben. Schaden nimmt aber teilweise schon die Musiklehrerausbildung, ein Umstand, der für den Musikunterricht an allgemeinbildenden Schulen nicht ohne Folgen bleiben wird. An manchen Hochschulen, die mit Nachdruck ihre Wissenschaftlichkeit hervorkehren, gibt es »Fächer« nur noch in Anführungsstrichen. Das aber bedeutet, daß die Gegenstände der einzelnen Fächer keine unmittelbare Zuwendung erfahren sollen, sondern nur mittelbar von Interesse sind.

Noch ist es nicht geglückt, sie gänzlich abzuschaffen, aber die Studienpläne sprechen einzelne Stoffgebiete nicht mehr detailliert an. Sie sind so weit als möglich, in Matrizen aufgelöst, Produktionsfelder werden mit Reproduktionsfeldern durch Pfeile verbunden; der verbale Kommentar kramt aus der

Sprache der Semiotiker oder Nachrichtentechniker, manchmal auch der Akustiker oder der Psychologen Worte hervor, die einer zusätzlichen Beschreibung dienen sollen. Was man zu finden hofft, ist eine Darstellung, die den allgemeinen fächerübergreifenden Aspekt trifft, nicht aber den Gegenstand eines Faches selbst. Nur abstraktes Systemdenken vermag dabei zu helfen. Vielleicht ist es notwendig zu bemerken, daß auch dieses seine Berechtigung hat, jedoch der Ausschließlichkeitsanspruch zu bezweifeln ist. Den Systemen, die ersonnen oder benutzt wurden – unmißverständlich mit dem Wunsch nach Uniformität verbunden –, haftet etwas Willkürliches an, da sie an keine konkreten Inhalte gebunden sind, vielmehr sollen die Inhalte auswechselbar sein. Je vollkommener die Systeme erscheinen, umso abstrakter müssen sie sein, umsomehr muß ganz Spezifisches, Unwiederholbares unberücksichtigt gelassen werden, oder gar seine Existenz geleugnet werden. Nichts in der Matrize gemahnt mehr an einen ganz bestimmten einmaligen Gegenstand. Jene Disziplinen aber, die den individuellen, einmaligen Gebilden gewidmet sind, die künstlerischen Fächer also, widersetzen sich solchem Systemdenken. Das ist in der Sache begründet. Was bleibt anderes übrig, als die Inhalte derart zurechtzubiegen, daß sie umfassenderen Vorstellungen genügen? Was wirklich übrig bleibt, sind die erwähnten Pfeile von rechts oben nach links unten, die sich – da an solchen Hochschulen doch irgendetwas unterrichtet werden muß – in Themen niederschlagen, die Allgemeinplätzen gleichkommen. Übergreifende Thematik vereint Musikpädagogen und Sportwissenschaftler im Hinblick auf unspezifizierte Gegenstände, wie »kulturelle Öffentlichkeitsarbeit«. Der Verlust der Inhalte könnte deutlicher nicht demonstriert werden. Aber lohnt das Opfer? Die Konstellation Musik- und Leibeserziehung ist kein Novum. Sah man sie vor einiger Zeit noch in schlechter Ideologie begründet, so kann sie sich nun auf »wissenschaftssystematische Bezüge« stützen, die in Anführungsstriche zu setzen wichtig ist, weil Wissenschaft hiervon doch sehr weit weg ist. Betrübt stellt man fest, daß durch das »wissenschaftssystematische« Denken an Fortschritt nichts gewonnen. Und würde es nicht auf taube Ohren treffen, sähe man sich genötigt, ein Plädoyer für intellektuelle Redlichkeit zu halten.

Über ›Kommunikation‹ in der Musikpädagogik

Bemerkungen zu einem umstrittenen Begriff

Hans-Peter Reinecke

Allenthalben ist heute von Kommunikation die Rede, häufig zugegebenerweise in einer Art von Alltagssprachgebrauch, in dem man genauso gut darauf verzichten könnte. Die Wortbedeutung ist mehr oder minder vage, mitunter sogar falsch. Man kann sagen, daß es sich hierbei um eine Eigentümlichkeit sprachlichen Verhaltens handelt, die immer wieder zu beobachten ist: Ein Wort, aus einem ursprünglich eng definierten wissenschaftlichen Bedeutungsfeld entnommen, gerät zur schmückenden Attitüde einer sich schnell vergrößernden Zahl von Zeitgenossen, indem sie es in einer Weise gebrauchen, von der sie – ohne die genaue Definition zu kennen oder verstanden zu haben – annehmen, es müsse so passen. Es gibt inzwischen ganze Lexika, mit deren Hilfe man sich nachträglich darüber informieren kann, was man mit den wie selbstverständlich schon gebrachten Worten eigentlich sagt. Etwa so ist es in den letzten Jahren auch dem Begriff der Kommunikation ergangen, nicht nur im Bereich der Musikpädagogik. Dabei trifft diejenigen, die diesen Begriff in den musikpädagogischen Bereich übernommen haben, kein Vorwurf, sofern sie es in der legitimen Absicht taten, den Verständnishorizont von Problemen und Aspekten zu erweitern. Allein der leere Gebrauch dieser Vokabel wäre, weil überflüssig, zu verurteilen.

Eine implizite kommunikative Deutung von Musik wurde im Bereich der musikpädagogischen Diskussion z. B. versucht mit der Aussage, daß »Musik . . . wie die Sprache stets irgendein Verhalten (bewirke), das man an sich und an anderen beobachten kann« (S. 22)[1]. Daß eine solche Definition sich präzisieren ließe, wenn man für »Bewirken« in dieser Formulierung den Begriff »Darstellen« einsetzt, ist eine andere Frage: Es sei am Rand vermerkt, daß in dieser Definition noch das Reiz-Reaktions-Modell des frühen Behaviorismus durchschimmert. Es ist, was häufig vergessen wird, vor allem gekennzeichnet durch die »Annahme einer weitgehenden Uniformität der Reaktionsweisen von Menschen, die im Extremfall dann als angeboren und instinkthaft gedeutet werden« (S. 109)[2]: Der ›Reiz‹ ist hier ›die Musik‹ und die ›Reaktion‹ erfolgt vom ›Hörer‹, gedeutet als ›Wirkung‹: Es zeigt sich, daß die ersten kommunikativen Deutungen von Musik noch nicht über dieses Modell hinausgekommen sind: »Kommunikationsprozesse in der Musik (sind gegeben durch die Beispiele:) . . . Sender – Übermittler – Empfänger, entsprechend: Komponist – Interpret – Hörer, . . . Intention und Wirkung von Musikstücken; adäquate und verfälschte Übermittlung von Musik . . .« (S. 24)[1].

Interessant ist, daß innerhalb des hier angeführten Textes die expliziten Definitionen noch der ›klassischen‹ musikpsychologischen Anschauung verpflichtet scheinen, während implizit schon viel mehr gesagt ist z. B. daß »Musik eine Sprache sei«. Das aber bedeutet, daß ›Musik‹ einen Kommunikationsmodus darstellt, der zwischen Partnern verläuft. Das Verhalten ist dann ›musikalisches Verhalten‹ – etwa wie sprachliches Verhalten –, nicht aber, wie in der klassischen Musikpsychologie gesagt wurde, ›Verhalten gegenüber Musik‹.[3],[4]

Was daraus hervorleuchtet, ist die von der ästhetischen Tradition her beeinflußt widersprüchliche Doppelrolle hinsichtlich des Begreifens von Musik und damit auch hinsichtlich des Begriffs »Musik«[5]: ›Musik‹ gilt nach wie vor im allgemeinen Verständnis eher als ein Objekt der Betrachtung, denn als ein spezifisches kommunikatives Verhalten (S. 113).

Aus dieser Widersprüchlichkeit erwachsen natürlich auch Gegenpositionen. Sie können bedingt sein durch ein Mißverständnis des Kommunikationsbegriffes, entstanden durch unreflektierten ›modischen‹ Gebrauch: Das mag erläutert werden an der Argumentation, die Dieter Siebenborn[6] vor einiger Zeit auf einer Tagung der Arbeitsgemeinschaft Musik Niedersachsen zur Diskussion gestellt hat. Er sagt hier u. a.: »Wenn beispielsweise der Musikunterricht die Gesamtaufgabe wahrnehmen soll, den Schüler zunehmend so zu befähigen, daß er in Gegenwart und überschaubarer Zukunft sachkundig und selbständig an musikalischer Kommunikation teilnehmen kann, wenn dabei die ›Befähigung zu kritischer Reflexion über musikalische Kommunikationsprozesse und ihre vielschichtigen Abhängigkeiten‹ zu den entstehenden Teilaufgaben gehört . . ., dann ist es fraglich, ob mit diesem neuen Rezept das Phänomen Musik wirklich getroffen wird. Wenn Musik in einer Überbewertung nur noch unter ›Kommunikation‹ gesehen wird, dann fallen einfachste Sachverhalte (z. B. daß man auch einmal allein für sich Musik hören kann und für sich allein einfach Freude am Zuhören hat) unter den Tisch« (S. 19 f.).

Dabei bleibt unberücksichtigt, daß gerade das »Für-sich-Musikhören« sich erst im Rahmen eines adäquaten Modells musikalischer Kommunikation zureichend beschreiben läßt. Genau genommen handelt es sich nämlich um eine Spielart von musikalischer Interaktion, die sich innerhalb des offenen Systems »Individuum« vollzieht und deren Beschreibung auf diese Weise nicht nur nicht verhindert, sondern umgekehrt überhaupt erst möglich wird.

Watzlawick u. a.[7] betonen in diesem Zusammenhang, daß (kommunikative) Interaktionen gerade auch im ›Inneren‹ eines Individuums eine große Rolle spielen. Man kann »Dialoge auch in seiner Phantasie (also mit seinen Introjekten) haben . . ., mit seinen Halluzinationen . . . oder mit seiner Existenz . . . Möglicherweise gehorchen diese innerlichen Kommunikationsabläufe denselben Regeln, denen die zwischenmenschliche Kommunikation unterworfen ist

. . .« (S. 51). Gerade der nichtinstrumentelle Charakter musikalischer Kommunikation scheint diese Auto-Interaktion als eine spezifische und existenziell hoch bedeutsame Modalität gegenüber der Sprache hervorzuheben.

Im Bereich der musikpädagogischen Diskussion scheint sich noch eine Form der Gegenargumentation gegen ›Kommunikation‹ auszubreiten, die schlicht auf einem Mißverständnis beruht. Sie stellt zugleich so etwas wie einen Testfall dar, daß das Unbehagen gegenüber einem Modell oder Begriff durch nur unzureichende Analyse gestützt wird. So zog Helga de la Motte-Haber[8] kürzlich gegen das Modell der Kommunikation im Bereich sozialer Systeme, aber im Hinblick auf die musikpädagogische Problematik mit der Behauptung zu Felde, dieses sehe ein geschlossenes System vor: »Werden Worte wie Emanzipation oder Eigenbestimmung im Zusammenhang mit dem Begriff Kommunikation gebraucht, so klingen sie seltsam verwirrt. Die Vorstellung eines geschlossenen Systems, wo Aktionen und Reaktionen eindeutig determiniert sind und man höchstens nach den Gesetzen ihrer Determination suchen kann, ist mit der Eigenbestimmung nicht verträglich. Es mag dahingestellt sein, inwieweit soziale Systeme geschlossene Systeme sein müssen, wenn sie einigermaßen stabil sein sollen« (S. 91). Gerade das Gegenteil ist der Fall. Die Offenheit der Systeme ist die Voraussetzung für den Austausch von Informationen. Wir haben es bei diesen ›Systemen‹ mit Menschen zu tun, die musizieren, zuhören, über Musik reden oder von Musik etwas erfahren. Sie treten als Individuen oder aber in Gruppen in Erscheinung. Sowohl die Individuen wie die Arten ihrer Gruppenbildung – bis hin zu den privaten und öffentlichen Institutionen – müssen als offene Systeme beschrieben werden. Solche Systeme zeichnen sich dadurch aus, daß sie sich durch Anpassung mit der jeweiligen Umweltsituation ins Gleichgewicht bringen können. Das setzt voraus, daß sie imstande sind, sich selbstadaptiv zu verhalten, zu lernen.

Doch zunächst zurück zur Beschreibung der Gegenpositionen: Es gibt viele Behauptungen gegen die kommunikative Betrachtungsweise, die letztlich gar nicht mehr in der Sache selbst begründet sind, sondern hinter ihrer Verwendung nichts anderes sehen wollen als »hinlänglich bekannte Ideologien« oder das zerstörerische Walten aus einer »falschen, naturwissenschaftlichen Betrachtungsweise«. Darauf näher einzugehen, kann hier nicht der Ort sein. Man könnte sie als ›Meta-Moden‹ bezeichnen, als Moden über Moden.

Ich möchte nachfolgend kurze Erläuterungen über einige Begriffe der Kommunikationstheorie geben, um ihre Anfälligkeit gegen Mißverständnisse herabzusetzen. Daß Kommunikation die Beteiligung offener Systeme voraussetzt, habe ich schon angedeutet. Derartige Systeme weisen, worauf z. B. Haseloff (s. 94 f.)[2] hinweist, bestimmt gemeinsame Merkmale auf: *(1)* Offene Systeme sind anfällig in bezug auf Energieverlust und Strukturzerfall; sie unterscheiden sich *(2)* von geschlossenen (physikalischen) Systemen dadurch, daß sie weitgehend in der Lage sind, Energieverlust und Strukturzerfall zu vermeiden, indem sie Energie und/oder Information aus der Umgebung aufnehmen.

Entweder verändern sie ihre Umgebung, so daß eine hinreichende Energie- bzw. Informationszufuhr gesichert ist (alloplastische Systemeigenschaft), oder sie verändern ihre eigene Struktur, um die Homöostase zu erreichen (autoplastische Systemeigenschaft). Sie sind daher gezwungen, *(3)* mit der Umgebung in Kommunikation zu treten. Kommunikation ist also eine hochbedeutsame Eigenschaft speziell offener Systeme. Als Adressaten von Information werden solche Systeme bevorzugt, die selbst offene Systeme darstellen und somit selbst Aktivitäten zeigen. Man spricht dann davon, daß diese Systeme untereinander in Interaktion treten. Interaktion setzt also in jedem Fall Kommunikation voraus. *(4)* Offene Systeme sind dadurch definiert, daß sie imstande sind, aufgenommene Energie oder Information (System-Input) so transformieren zu können, daß eine system- bzw. lageentsprechende Energie- bzw. Informationsabgabe stattfindet (System-Output), die eben das System offenhält. Kommunikation und Interaktion gehen stets als Informationsprozesse vor sich.
Informationen jedoch können nicht direkt, sondern insofern nur indirekt, kommuniziert werden, als sie ein Repertoire von natürlichen oder konventionalisierten Zeichen voraussetzen, das entweder die Form von »Anzeichen« (Symptomen, Indikatoren usw.) oder aber von konventionell festgelegten Zeichen haben kann, deren Verbindung zu einem Designat i.S.v. »Bedeutung für . . .« näherungsweise festgelegt ist. Diese Zeichen müssen gelernt werden. Das aber geschieht durch wiederholte Anwendungsfälle im konkreten Gebrauch.
Als Grundinformation der Kommunikation kann man mit Haseloff (S. 96 f.)[2] z. B. folgende Klassen unterscheiden:
(1) Sensorische Kommunikationsprozesse, mit deren Hilfe Muster zur Kategorisierung und Entschlüsselung von Ereignissen in der Umwelt erlernt werden können.
(2) Motorische Kommunikationsprozesse. Sie dienen dem Aufbau eines Repertoires an Bewegungsmustern, die situationsspezifisch aktiviert werden können.
(3) Verbal-symbolische Kommunikation. Sie ist weitgehend digitalisiert und spezifisch menschlicher Natur. Mit Hilfe eines auf dieser Ebene aufgebauten kognitiv-informationellen Potentials vermag der Mensch u. a. in Vergangenheit, Zukunft, aber auch in den Bereich des »Möglichen« bzw. des »Unmöglichen« (z. B. Utopischen) überzugreifen (S. 96 f.).
Dazu kommt aber noch eine Reihe von Kommunikationsmodi, die nicht verbaler Natur sind, wohl aber als ›Sprachen‹ in einem erweiterten Sinn interpretiert werden müssen. Dazu gehört eben vor allem auch die
(4) musikalische Kommunikation. Sie ist – ebenfalls spezifisch menschlich – zumeist lediglich situationsspezifisch digitalisiert und überträgt in ihrer ›naiven‹ Form vornehmlich emotionelle Informationen.[4]
Diese Klassifizierung ist natürlich grob vereinfacht und unvollständig. Es las-

sen sich auch andere Möglichkeiten denken. Wichtig ist indessen die Feststellung, daß die meisten kommunikativen Prozesse auf mehreren Ebenen komplementär verlaufen, derart, daß erst die Interaktion zwischen zwei Individuen (als offenen dynamischen Systemen) durch das sich ergänzende Wechselspiel der Kommunikation auf mehreren Ebenen (z. B. verbal – gestisch – physiognomisch usw.) ›sinnvoll‹ und für jeden Partner interpretierbar wird.[9]
Diese Form der Komplementarität habe ich als »kommunikative Komplementarität« bezeichnet im Unterschied zu einem zweiten Aspekt der »kontextuellen Komplementarität«[9] Für Musik im Sinne des kommunikativen Handelns ist es nämlich darüber hinaus notwendig zu sehen, daß Musik nur in den höchsten Formen als isolierbares ›Objekt‹ herausgehoben scheint, als »Werk« oder »Stück«. Aber auch da bleibt es an kontextuelle Bedingungen weitgehend festgelegt. Musik ist – so könnte man es im Modell allgemeinen naturwissenschaftlichen Denkens ausdrücken – funktionell weitgehend determiniert. Es besteht somit eine komplementäre Verknüpfung zwischen i.e.S. musikalischer und kontextueller Ereignisstruktur. Anders könnte man sagen: Die Herauslösung der Musik aus dem Kontext zum ›Werk‹ ist eine artifizielle (rationale) Extrapolation, die mit dem zeitgenössischen Kunstverständnis zusammenhängt, aber nicht beliebig verallgemeinert werden kann. Für die ›musikalischen‹ Ereignisabläufe, z. B. in rituellen Zusammenhängen primitiver Kulturen, ist eine solche Extrapolation gar nicht möglich.
Man begnügt sich dann häufig in der Musikwissenschaft damit, Instrumente oder Detailhandlungen wie Spielen oder Rhythmusschlagen zu extrapolieren. Kommunikationsprozesse stellen die Voraussetzung für Bildung und Funktion sozialer Gruppen und ihrer Organisation als offener und anpassungsfähiger Systeme dar. Anders ausgedrückt: alle Vorgänge, die sich zwischen Menschen abspielen, lassen sich als Interaktionen und damit als Kommunikationen überpretieren: »Wechselseitig aufeinander bezogene Handlungen zwischen Menschen sind nicht möglich ohne den Austausch von Zeichen, Signalen und Symbolen« (S. 98)[2]. Auf weitere Einzelheiten des kommunikativen Geschehens soll hier nicht eingegangen werden. Es sei lediglich festgestellt, daß es sich als eine Klasse dynamischer Prozesse beschreiben läßt, bei denen (in großer Vereinfachung) den Zielen, Erwartungen oder Bedürfnissen des Kommunikators die Motivationen bzw. Erwartungen des Kommunikanten gegenüberstehen. Das läßt sich schon am Beispiel eines einzelnen übenden Musikers deutlich machen: In seiner Funktion als Kommunikator hat er das Ziel, das Musikstück ›optimal‹ zu realisieren, der Kommunikant in ihm ist motiviert als Kritiker und Erwartet die ›optimale‹ Realisation. Die Interaktion der beiden Partner in diesem Individuum läßt sich als Struktur vor allem auch »innerer« Handlungen (nämlich des Abwägens, Urteilens, des musikalischen Hörens) interpretieren; der innere Interaktionsprozeß strebt genauso zur Homöostase, zum Gleichgewicht zwischen Angestrebtem und Realisiertem, wie in Prozessen zwischen zwei oder mehreren Individuen.

Interaktion bezieht sich immer auf unterscheidbare dynamische Systeme. Hier aber kann man davon ausgehen, daß auch das Einzelindividuum als komplexe Struktur von relativ gut isolierbaren Subsystemen darstellbar ist. Entsprechend läßt sich eine Gruppe von Individuen – z. B. ein Chor oder ein Orchester – in bezug auf bestimmte Aspekte als ein einziges System auffassen. Die einzelnen Sänger stellen – für sich genommen – ›Subsysteme‹ dar. Die musikalischen Interaktionen vollziehen sich z. B. zwischen Chor und Dirigent (z. B. beim Üben) bzw. zwischen Chor einschließlich Dirigent einerseits und Publikum andererseits, natürlich auch zwischen den Sängern.
Die normale Schulsituation aus der Sicht des Schülers ist nun zunächst durch institutionalisierte Gruppensituationen gekennzeichnet: Als Gruppe figuriert in erster Linie die Klasse, eine bunt und zufällig zusammengewürfelte Menge unterschiedlich motivierter Individuen, denen als Interaktions-Partner in unserem Falle der Musiklehrer gegenübersteht. Einen anderen Fall bilden musikalische Ensembles in der Schule, da sie ja unter musikalischen Selektionsbedingungen zusammengekommen sind. Schon die Tatsache der Freiwilligkeit sichert neben den zu erwartenden musikalischen Voraussetzungen eine andere unterschiedliche motivationale Ausgangslage, als es diejenige der normalen Schulklasse darstellt. Erwartungen seitens der Schüler werden normalerweise vor allem durch das Prestige geprägt, das der Musikunterricht an der Schule genießt. Die Präferenz-Rangskala der Schulfächer läßt am oberen Ende der Bewertung eher die sprachlichen Fächer oder Mathematik rangieren; das Fach »Musik« dürfte hingegen ziemlich weit unten im Bereich minderer Motivation und geringeren Prestiges liegen.
Diesem Sachverhalt entspricht die allgemeine stereotype Vorstellung: Musik ist eine kulturelle oder ästhetische Angelegenheit. Ihre Daseinsberechtigung ist eher virtueller Natur, denn sie ist im Wirtschaft- und Machtpotential-orientierten Denken als nicht eigentlich ›notwendig‹ abgestempelt: Sie hat den Charakter einer Freizeitbeschäftigung. Musik gilt nicht als ›Problem‹, sie ›dient‹ der Entspannung. Das kommt auch bei Dieter Siebenborn zum Ausdruck, der gewiß unverdächtig ist, etwas gegen Musik zu haben: »In keinem Fall darf verkannt werden, daß gerade bei der Musik neben der Belehrung in besonderer Weise das Behagen treten muß, wenn die Aufgabe, dem Bürger zu dienen, erfüllt werden soll« (S. 20)[6].
Noch vor der Schule ist die Familiensituation der wichtigste Kontext eines Schülers. Sieht man also einmal davon ab, welchen Erfahrungen bzw. Motivationen musikalisches Verhalten in der Schule unterworfen ist, so wird man in erster Linie danach fragen müssen, unter welchen Bedingungen Musikverhalten innerhalb des gruppendynamischen Prozesses ›Familie‹ stattfindet und welche Motive einen Schüler dazu bringen, musikalisch aktiv zu werden. Vor allem die vor der Schulzeit aufgebauten familiären Beziehungen müssen für den Schüler als dominant wirksame Gruppenbeziehungen angesehen werden, so daß zugleich der Schluß naheliegt, daß auch außerfamiliär-außerschulisches

Musikverhalten vor allem durch die Art der innerfamiliären Beziehungen mitbestimmt bzw. präformiert wird.
So kann z. B. Gruppenmusizieren etwa im Orchester, im Chor oder in einer Beat-Band durchaus mit familiären Erwartungen konform gehen; die Familie kann das musikalische Engagement des Schülers durchaus schätzen und vielleicht auch darauf stolz sein. Andererseits sind auch Situationen denkbar, in denen der Schüler andere Gruppen gemeinsamen Musizierens oder Musikhörens aufsucht, um der Konfliktsituation der eigenen Familie zu entgehen. Das bedeutet also zunächst einmal, daß die Tatsache des Musikverhaltens allein noch nichts über die Motivstruktur aussagt, etwa über die Frage, ob das Musizieren vielleicht der Verstärkung einer von der Familie schon honorierten Selbstbestätigung dient oder ob es als ein Versuch interpretierbar ist, etwa paradoxen und konfliktschwangeren Familienbeziehungen zu entgehen und die in diesem Zusammenhang aufgerichteten Kommunikationsbarrieren durch musikalische Kommunikation zu kompensieren, was einer Art von versuchter Selbsttherapie gleichkäme.
Um solche Fragen klären zu können, ist es natürlich erforderlich, gewisse Kenntnisse über die Art von Familienbeziehungen in die Diskussion einzubringen. Interessant und wert, in diesem Zusammenhang genannt zu werden, ist u. a. die Arbeit von Wynne, Ryckoff, Day und Hirsch über Klassifikationsmöglichkeiten von innerfamiliären Beziehungen.[12] Die Tatsache, daß solche Untersuchungen vor allem in der Schizophrenie-Forschung vorgenommen wurden, stört umso weniger, als man gerade im Zusammenhang mit abnormen Verhaltensweisen manche Klarheit über das sogenannte Normalverhalten zu gewinnen vermag.
In der genannten Arbeit wird davon ausgegangen, daß
(1) »die Aufnahme einer Beziehung mit anderen Menschen ein fundamentales Gebot oder Bedürfnis der menschlichen Existenz ist« (S. 45), daß ferner
(2 »jeder Mensch bewußt wie unbewußt danach strebt, ein Gefühl der eigenen Identität zu gewinnen« (S. 46).
Interessant ist die Kenntnis von Familienstrukturen vor allem deshalb, weil sie es uns erlaubt, auch das Musikverhalten von Schülern als Antwort auf bestimmte Rollenzuweisungen in der Familie zu interpretieren. Ich denke hierbei z. B. an manche Ergebnisse der Untersuchungen von Dörte Hartwich,[11] aus denen hervorleuchtet, daß Pop-Musikhören nicht nur als Fluchtraum figuriert, sondern daß dieses Verhalten u. U. auch eine für den Schüler akzeptable Außenseiterrolle garantiert: Auf der einen Seite stellt sie ihm eine »andere Welt« zur Verfügung, in die er ausbrechen kann; auf der anderen Seite aber stellt diese Rolle für die Familie die Bestätigung seines außenseiterischen Verhaltens sicher, woran ihr gelegen sein muß, um die einmal eingespielte Rollenstruktur aufrecht zu erhalten. Ich habe noch nicht davon gehört, daß etwa die Familienangehörigen dem Popmusik hörenden Sohn die angeblich wegen zu großer Lautstärke mißliebige Stereoanlage tätsächlich fortgenommen oder gar

zerstört hätten; denn sie hätten sich damit der Möglichkeit begeben, ihn wegen seines Pop-Hörens als Außenseiter zu sehen.
Auch eine andere Seite musikalischen Verhaltens ließe sich unter dem Aspekt spezifischer Familienstrukturen deuten: Etwa, wenn ein Schüler die Genie/Künstler-Rolle in der Familie übernommen hat und sich aus ihr heraus musikalisch engagiert. Anzeichen dafür scheinen mir vor allem auch dann gegeben, wenn das tatsächliche Können in einem deutlichen Mißverhältnis zum von der Familie deklarierten »Talent« des Kindes steht.
Aber, um nicht nur Fälle von Beziehungsstörungen der Gruppenstruktur zu betonen, sei auch vermerkt, daß das Musikverhalten genauso gut als positiver kommunikativer Aspekt deutbar sein kann. Divergenzen und Spannungen können hier zwar als Könnens- und Wissensunterschiede sichtbar werden, die etwa beim gemeinsamen Spiel zum Ausdruck kommen; sie werden aber nicht zur Störung, sondern heizen die Dynamik einer gesunden Konkurrenz an. Gerade das gemeinsame Musizieren vermag die Befriedigung zu erzeugen, die mit der Entwicklung echter, dynamischer Beziehungen einhergeht; diese entsteht daraus, daß »jeder in Beziehungen von echter Gemeinschaft ein Gefühl seiner eigenen sinnvollen, positiv bewerteten Identität ein(bringt), und aus dem Erleben bzw. der Teilnahme an der Gemeinschaft . . . die gegenseitige Anerkennung der Identität des anderen (erwächst), einschließlich der zunehmenden Anerkennung seiner inneren Möglichkeiten und Fähigkeiten« (S. 47 f.).[12]
Es zeigt sich immer wieder, in welchem Ausmaß der musikalische Alltagssprachgebrauch soziomorphe Bezüge spiegelt, wie er mit Begriffen wie »Spiel«, »Konzert« usw. auf die Implikationen der menschlichen Gruppendynamik verweist. So gesehen scheint mir die Frage einer Rechtfertigung für ein wissenschaftliches Modell, das diesen dynamischen Prozessen abgelauscht ist, wie das der Kommunikationstheorie, kaum noch wert, daß man sie stellt.

Anmerkungen

1 Sequenzen Musik Sekundarstufe I. Beiträge und Modelle zum Musik-Curriculum, Stuttgart 1971.
2 O. W. Haseloff, Kommunikation, Transformation und Interaktion, in: Psychologische Anthropologie (Neue Anthropologie Bd. 5. Hrsg. v. H. G. Gadamer und P. Vogler), Stuttgart-München 1973, S. 94-140.
3 Geza Révész, Einführung in die Musikpsychologie, Bern-München 1972 (1. Aufl. 1944).
4 Helga de la Motte-Haber, Musikpsychologie, in: Carl Dahlhaus (Hrsg.), Einführung in die systematische Musikwissenschaft, Köln 1971.
5 Hans-Peter Reinecke, Musik als Kommunikation – Eine neue Begriffsbestimmung, in: Musiklehrerausbildung an der Universität. Ein Konzept in der Diskussion, hrsg. von Ulrich Günther und Hermann Rauhe, Stuttgart 1974, S. 112-118.
6 Dieter Siebenborn, Musik in der Planung der Städte, in: Musik im kommunalen Kreislauf. Referate der 5. AGMN-Tagung vom 28.-30.9.1973 in Osnabrück, hrsg. im Auftrag der Arbeitsgemeinschaft Musik Niedersachsen (AGMN) von P. Koch, Osnabrück/Sutthausen [1974].
7 Paul Watzlawick, Janet H. Beavin, Don D. Jackson, Menschliche Kommunikation – Formen, Störungen, Paradoxien, Stuttgart–Wien [3]1972.
8 Helga de la Motte-Haber, Sozialisierungsprozesse im Musikunterricht?, in: Musik und Bildung 1974, S. 84-92.

[9] Hans-Peter Reinecke, ›Musikalisches Verstehen‹ als Aspekt komplementärer Kommunikation Überlegungen zu Wittgensteins sprachanalytischen Konzepten, in: P. Faltin und H.-P. Reinecke (Hrsg.), Musik und Verstehen, Köln 1974, S. 258-275.
[10] Hans-Peter Reinecke, Psychologie der musikalischen Kommunikation, in: Harm Willms, Musiktherapie bei psychotischen Erkrankungen, Stuttgart 1975.
[11] Dörte Hartwich, Pop-Musik. Analysen und Interpretationen, Köln 1974.
[12] L. C. Wynne, I. M. Ryckoff, I. Day und S. J., Pseudo-Gemeinschaft in der Familienbeziehung von Schizophrenen, in: Bateson, Jackson, Laing, Lidz, Wynne u. a., Schizophrenie und Familie, Frankfurt am Main 1969, S. 44-80.

Lernmotivation im Musikunterricht als Forschungsproblem

Günther Noll

I.

Es mag erstaunen machen, daß die Lermotivation im Musikunterricht der allgemeinbildenden Schule, obgleich eines seiner wichtigsten Bedingungsfelder, bisher nur sehr vereinzelt Gegenstand musikpädagogischer Forschung gewesen ist und dies auch erst innerhalb der letzten zehn Jahre. Wer sich aufmacht, die Ursachen zu ergründen, sieht sich sehr rasch in eine Fülle von Problemkomplexen hineingestellt, die nicht nur die Defizite der Forschung, sondern auch die des Musikunterrichts selbst und seiner Theorie erkennen lassen. Wie allein der Blick in die jüngere fachdidaktische Literatur zeigt, kann gegenwärtig noch nicht davon ausgegangen werden, daß das Problembewußtsein gegenüber dem Motivationsphänomen – erste Voraussetzung jeglichen Forschungsimpulses – generell so weit entwickelt ist, wie es angesichts seiner existentiellen Bedeutung für das Schulfach Musik erforderlich wäre.

Während einzelne Autoren (am differenziertesten bisher wohl Heinz Antholz)[1] das Motivationsproblem, einem roten Faden vergleichbar, ständig reflektieren und in ihren Hinweisen nicht ermüden, »daß ohne antriebshafte Interessenbildung, Entdeckungsfreude und Lustwirkung der Musik Lernbereitschaft und Leistungsverhalten nicht zu erwarten sind«[2], d. h. daß im Musikunterricht das erforderliche Motivationspotential nicht per se vorausgesetzt werden kann, sondern immer wieder neu entfaltet werden muß, gehen andere von der Voraussetzung aus, daß dies bereits durch die Aktualisierung des Musikunterrichts mit Hilfe des Einbezugs der »sozialen, psychischen, ökonomischen und politischen Dimension des Kulturphänomens Musik«[3] in der Gegenwart bewirkt werde. Vollzieht sich aber jene entscheidende Dimension des kritischen Reflexes auf Musik und ihre Wirkungen im Unterricht der Schule angesichts der massenmedial vermittelten, nahezu totalen Konditionierung von Jugendlichen (und auch schon Kindern) auf ein unreflektiertes hedonistisches Verhalten gegenüber Musik ohne Lernwiderstände?

Läßt sich andererseits das zögernde Sich-öffnen gegenüber der unerbittlichen Frage nach dem Stellenwert des Musikunterrichts in den Augen der Schüler, nach der Effizienz seiner Maßnahmen im einzelnen, nach der Evaluation seiner Lernzielstrategien und ihrer Operationalisierung etc., nicht auch auf die bis in

unsere Zeit hineingetragene – wie wir heute wissen – naive Vorstellung zurückführen, daß das Medium Musik, allein aufgrund seiner Anmutungsqualitäten und Reizwirkungen »sachimmanente« Lernmotivation in ausreichendem Maße selbst hervorbringe, so daß sich das Problem gar nicht erst stellt? Implizierte aber nicht, um nur ein Beispiel herauszugreifen, die bis in die 60er Jahre hinein in den Lehrplänen stereotyp auftauchende lieddidaktische Zielformel eines »mit Lust und Liebe ersungenen Liedschatzes« das mehr oder weniger bewußte Eingeständnis einer möglichen Verweigerung durch die Schüler? Konnte nicht schon Erwin Walker in einer Untersuchung aus dem Jahre 1927 ermitteln, daß außerschulische Medienerfahrungen (durch Radio und Grammophon, die seinerzeit neu aufgekommen waren) Motivationsdefizite gegenüber den Inhalten des Musikunterrichts produzierten? Damals gängige Tagesschlager, wie »Ich hab mein Herz in Heidelberg verloren«, »Valencia«, »Die Polizei, die regelt den Verkehr«, »Heiße Würstchen« etc. wurden teilweise schon vom ersten Schuljahr an (!) dem in der Schule vermittelten Liedgut vorgezogen. Allein in einer 7. Klasse entschieden sich 22 von 46 Schülern gegen die Schullieder.[4]
Die Ergebnisse der Walkerschen Arbeit, die man nicht zur Motivationsforschung zählen kann, blieben unbeachtet. Erst knapp vier Jahrzehnte später stellte sich in der Musikpädagogik das Bewußtsein der Divergenzen zwischen den Inhalten schulischen Musikunterrichts und Schülerinteressen ein, allerdings so radikal, daß sich neue didaktische Ansätze in schneller Folge artikulierten, die die Lernstrategien, -inhalte und -organisationsformen völlig veränderten. Obwohl um die gleiche Zeit erste Untersuchungen zum Motivationsproblem im Musikunterricht vorgelegt wurden, deren Ergebnisse hätten aufhorchen lassen müssen,[5] setzte mit den neuen didaktischen Impulsen nicht gleichzeitig eine systematische Erforschung der Motivationsstrukturen im Musikunterricht ein, sondern es blieb bei einzelnen, punktuellen Untersuchungen. Dieser Zustand hat sich bis heute nicht wesentlich verändert, sieht man von einer stärkeren Konzentration auf die Problematik in jüngster Zeit ab, diktiert von der Wucht, mit der alte und neue Inhalte des Musikunterrichts auf Lernwiderstände und Motivationsdefizite stoßen.
Davon abgesehen, daß die Motivationsforschung, analog weiteren Forschungsdisziplinen der Musikpädagogik[6], anderen adäquaten Wissenschaftsbereichen gegenüber, z. B. der Motivationsforschung innerhalb der Psychologie, einen Informationsrückstand von immerhin ca. vierzig Jahren aufzuarbeiten hat, ist sie nicht nur mit jenen Problemen konfroniert, die als allgemeine Lernstörungen in jeder Art von Schulunterricht auftauchen können (z. B. durch die individuelle Familiensituation: durch vater- oder mutterlose Erziehung, durch Aufwachsen unter den Bedingungen einer zerrütteten Ehe, durch autoritäre oder vernachlässigende Erziehungsformen bedingtes Fehlverhalten; durch individuelle organische, motorische Störungen usw. hervorgerufene Verhaltensstörungen),[7] sondern hat in besonderem Maße jene vielfältigen Im-

plikationen zu bedenken, die die medienvermittelte Allgegenwart von Musik bewirkt, nicht zuletzt auch die verheerenden Konsequenzen aus bildungspolitischen Fehlentscheidungen gegenüber einem »Kunst«-Fach in einer »Wissenschafts«-Schule, die tief in den Musikunterricht hineinwirken.
Hinzu treten neue, noch weithin unerforschte, in einer spezifischen Weise lernhemmende Faktoren, die vorerst nur als eine besonder Species zivilisatorischer Schäden beschrieben werden können. Bei sehr heterogenen einzelnen Gruppen vierjähriger Kinder konnten jüngst innerhalb der Erprobung eines Curriculums »Musikalische Früherziehung« auffallend übereinstimmende Symptome in Kindergärten beobachtet werden: Kinder, die aus hohen Sozialschichten, aus den untersten, milieugeschädigten Schichten sowie aus einem neu errichteten Siedlungsbereich in Betonhochbauweise stammen, reagieren einheitlich emotional auf mehr »klangsinnlich« strukturierte Musik, wie es nicht als Regelfall in dieser Altersstufe gelten kann, kaum oder überhaupt nicht. Dagegen löst alles rational Erfaßbare, z. B. elektronische Klänge, graphische Darstellung von Klangkurven, traditionelle Notenwerte und -bezeichnungen, starke Motivationsstimuli aus. Das Interesse erlischt jedoch sehr schnell. Ein rascher Wechsel in Stoff und Methode muß erfolgen, ganz im Gegensatz zu dem sich »normal« verhaltenden Kind, das längeres Verweilen, Sichausspielen wünscht. Dies könnte den Musikpädagogen, der schon auf früher Stufe einen zwar kindangemessenen, aber hohen intellektuellen Anspruch zu stellen geneigt ist, optimistisch stimmen, müßte er nicht um jenen »ästhetischen« bzw. »emotionalen« Hospitalismus besorgt sein, dessen Folgen noch nicht absehbar sind. Die geschilderten Symptome treten übrigens auch in anderen Bereichen der ästhetischen Erziehung, in sprachlichen, bildnerischen etc., in der gleichen Weise auf.
Addiert man hierzu nunmehr die spezifischen, jeweils in sich wiederum differenzierten, teilweise nur für den schulischen Musikunterricht konstitutiven Bedingungsfelder:
– die heterogenen Inhalte und Realisationsformen sehr divergierender didaktischer Positionen (z. B. zwischen den Polen Popularmusik und experimenteller Musik);
– die von Alter, Lernreife, Lerntempo, Geschlecht, sozialem Umfeld, gruppendynamischen Prozessen und Zwängen, unmittelbarer psychophysischer Zustandsbefindlichkeit abhängigen, auch durch Medien präfixierten Verhaltensweisen der Schüler;
– die von differenten Unterrichtsstilen (Umgangsformen mit Kindern, mehr oder weniger differenziertem Lehrgeschick usw.), Ausbildungsstandards, möglicherweise didaktisch- methodischen Fixierungen, auch jeweiliger individueller psychophysischer Lagebefindlichkeit geprägten Verhaltensweisen der Lehrerpersönlichkeit;
– die äußeren Arbeitsbedingungen und Ausstattungsstandards des Musikunterrichts an den einzelnen Schulen und Schulsystemen, auch im Kontext diffe-

renter Organisationsformen;
– die individuelle Strukturierung des Motivationsgefüges, z. B. ob primär (intrinsisch) oder sekundär (extrinsisch) gerichtet;
– durch den Schulalltag bestimmte Störfaktoren;
– das gesamte Feld kommunikativer Prozesse;[8]
– die individuelle Stellenposition des Musikunterrichts in einer Schule, einem Schulsystem;
– das sozio-kulturelle Umfeld (Einzugsgebiet, Sozialschichtung, Familienstruktur usw.);
so wird deutlich, welcher immensen Fülle von Bedingungsvariablen sich Motivationsforschung gegenübergestellt sieht.[9]

II.

Zwei Hauptkategorien von Bedingungsvariablen,die sich gegenseitig beeinflussen und bedingen, greifen hier ineinander über:
a) zeitlich überdauernde, relativ konstante Variablen, mehr im Sinne von Einstellungen, Haltungen
b) kurzzeitig, situativ bedingte, Wechseln unterworfene Variablen, mehr im Sinne von aktualisierter Zuwendung.
Heinz Heckhausen spricht von »überdauernder Motivation« als einer »Norm (Soll-Lage), die bezugsystemartig festlegt, wie der Umwelt-Bezug einer gegebenen Inhaltsklasse (Thematik) beschaffen sein muß, um für eine bestimmte Person befriedigend zu sein.« »Aktualisierte Motivation« definiert er als »Erwartungssgefälle zwischen gegenwärtigen und künftigen Ist-Lagen«.[10]
Da Psychologie und Soziologie bereits über langjährige Erfahrungen in der empirischen Forschung und die entsprechenden methodischen Instrumentarien verfügen, lag es nahe, daß sich die musikpädagogische Motivationsforschung vorerst auf die Untersuchung der relativ konstanten Motivationsvariablen, konkret: auf die Einstellungen der Schüler zum Musikunterricht, konzentrierte. Wie sich zeigte, reichte letztlich der bloße Methoden-Transfer nicht aus, sondern es mußten und müssen neue Kategoriensysteme entwickelt werden, die aus fachspezifischen Bedürfnissen resultieren. Dies gilt vor allem für die Ermittlung der situativ bedingten Variablen, für die neue Verfahren entwickelt werden müssen.

III.

Günter Portugalls Untersuchung (1964/65)[11] stand noch im Kontext einer allgemeinen Befragung der Schüler über die drei beliebtesten und die drei unbeliebtesten Fächer, deren Nennung begründet werden sollte. Die Ergebnisse können insofern als repräsentativ gelten, da 1882 Schüler aus 9. und 10. Klassen in verschiedenen Bezirken der DDR befragt wurden. 31,3 % äußerten sich überhaupt nur zum Musikunterricht, davon 11,7 % positiv und 19,4 % negativ. Wichtigstes Ergebnis war der deprimierende Befund, daß Musik in der Rangreihe sämtlicher Schulfächer an *vorletzter Stelle* steht!

Obgleich die Untersuchung nur eine allgemeine Trend-Analyse erlaubt, zeigen sich hier bereits in den Argumenten sehr deutlich drei Klassen, die auch in späteren Untersuchungen wiederkehren:

1. die Einstellung zum Fach wird von der Selbsteinschätzung individueller Eignungen und Neigungen her bestimmt;
2. die Einschätzung des Faches erfolgt aufgrund einer Beurteilung seiner Qualität: seiner Inhalte, seiner Vermittlungsformen sowie der Lehrerpersönlichkeit;
3. das Fach wird von seinem »Nutzen« für den späteren Beruf und das spätere Leben her beurteilt.

Obgleich die sehr allgemein gehaltenen Aussagen noch keine Detail-Analyse zulassen, werden im Negativkatalog der Schüler mögliche Ursachen für die verheerenden Motivationsverluste erkennbar. Wenn häufig als Argument der Hinweis auf eigene »Unmusikalität«, auf das »Fehlen von Talent« auftaucht, müssen doch Konditionierungsprozesse im Musikunterricht vorangegangen sein, die diese negative Einschätzung, besser: Fehleinschätzung hervorgerufen haben. Wenn häufig die Beschäftigung mit theoretischen Problemen im Musikunterricht, mit Notenlehre etc., als negatives Votum vorgebracht wird, muß es doch in jenen Fällen nicht gelungen sein, die Einsicht zu vermitteln, daß Erkenntnis von Musik nicht ohne Bewußtwerdung ihrer rationalen Dimension möglich ist, daß ohne sie eine Sublimierung und Intensivierung des Musikgenusses nicht erreicht werden kann. Wenn schließlich Musik von den Schülern als für den späteren Beruf »bedeutungslos« und »überflüssig« abgetan wird, müssen sich die Vertreter des Faches die Frage gefallen lassen, warum es ihnen nicht gelungen ist, die Bedeutung der Musik zur Erhaltung des ökologischen Gleichgewichts in gesellschaftlichen, kulturellen und privaten Bezugssystemen glaubhaft transparent zu machen. Die Vermutung oder auch Unterstellung, daß sich möglicherweise im Musikunterricht Fragen dieser Art nie gestellt haben, so daß der Schüler notwendigerweise, wenn er Schulfächer unter dem ausschließlichen Aspekt der direkten Berufsvorbereitung beurteilt, Musik als ein Fach mit geringer Valenz einstufen muß, macht zugleich die Grenzen einer derartigen Untersuchung deutlich, die als mutiger Anfang jedoch nicht gering veranschlagt werden darf.

IV.

Paul Michel, der 1969 in Weimar 607 Schüler der 9. und 10. Klassen befragen ließ[12], konzentrierte sich auf das Motivationsproblem im Musikunterricht nunmehr direkt und ausschließlich. Auch in seinen Untersuchungen ging es um die Erfassung der allgemeinen Einstellung gegenüber dem Schulfach Musik, um die Ermittlung zeitlich überdauernder, relativ konstanter Motivationsvariablen. Als methodisches Instrumentarium verwendete Michel in Anlehnung an Gerhard Rosenfeld die Aufsatzmethode, ein anonym praktiziertes Verfahren, das erlaubt, »Konflikte, Gegensätze, Hoffnungen, Vorstellungen, Werturteile, Ideale, Lebensforderungen, Verpflichtungen, Gewissensregun-

gen und Perspektiven«[13], d. h. ein umfangreiches Variablenspektrum, in unmittelbarer Darstellung zu erfassen. Seine Vorteile liegen in den Möglichkeiten, eine hohe Zahl qualitativer Aussagen zu ermitteln, die der Analyse detaillierter Bedingungsvariablen wertvolle Informationen liefern; seine Nachteile in der begrenzten statistischen Auswertung, da die Quantifizierung erst nach der qualitativen Analyse erfolgen und infolge subjektiver Interpretationsmodalitäten möglichen Verfälschungen unterliegen kann.
Um günstige Vergleichsmöglichkeiten zu gewinnen, wurde das Verfahren des »Doppelaufsatzes« angewandt: zwei Themen (»Warum habe ich Musikunterricht?« und »Hat die Musik für mein späteres Leben Bedeutung?«) wurden in zeitlichen Abständen der gleichen Population unter gleichen Untersuchungsbedingungen gestellt.[14] Neben einer *allgemeinen* Trend-Analyse der Schülerurteile, die sich wiederum nur in Prozentzahlen ausdrücken kann, sind hier erstmals eine Reihe von Aussagen über Defizite in einzelnen Teilbereichen des Musikunterrichts mitgeteilt, die eine vorsichtige Trend-Analyse von *Detailfeldern* der Motivationsproblematik erlauben.
21,2 % aller erfaßten Schüler sehen den Musikunterricht, überhaupt die Beschäftigung mit Musik, als überflüssig an, da sie für eine spätere Berufsausübung und Lebensgestaltung nicht nötig seien; 11,4 % halten eine Beschäftigung mit Musik nicht für unbedingt notwendig; 38 % ordnen Musik lediglich kontemplative, d. h. Unterhaltungs- und Entspannungs-Funktionen zu, und nur 28 % äußern sich positiv zum Musikunterricht. Dazu nur einige typische Aussagen:

»Ich halte den Musikunterricht nicht für unbedingt notwendig, da man Musik weder im täglichen Leben noch im Beruf braucht.«

»Ich werde Heizungsmonteur, und ich glaube nicht, daß bei dieser Arbeit eine Beethoven-Sinfonie notwendig ist. Ich habe auch nicht die Absicht, mir mit meiner Stimme Geld zu verdienen und womöglich die Leute zu verjagen.«

»Musik dient dem Menschen zur Erholung und Entspannung.«

»Für den Beruf brauche ich die Musik nicht, aber sie bedeutet für mich wertvolle Freizeitgestaltung.«

»Musik ist eine Sprache, die man erlernen muß. Dafür ist der Musikunterricht unbedingt notwendig.«

In welcher Weise durch Eltern, Geschwister, Freunde etc. geprägte Verhaltensnormen das Motivationsgefüge beeinflussen, belegen Aussagen, wie:

»Von meinen Eltern (auch von einigen Lehrern) wird die Meinung vertreten, daß die Musik für das spätere Leben nicht so wichtig sei wie Mathematik oder Chemie.«

»Mein Vater sagt: Anstelle von Musikunterricht sollte lieber Mathematik, Physik oder Sport erweitert werden. Diese Fächer benötigt man im Leben und in der Berufsausbildung sowie zum Gesunderhalten mehr als das Unterrichtsfach Musik«.

»Es gibt unter uns eine Reihe Schüler, die den Musikunterricht für überflüssig hält.«[15]

Die hier erwähnten negativen Auswirkungen eines geringen Stellenwertes des Faches Musik an einer Schule werden – oft mit einer herben Kritik an der Lehrerpersönlichkeit gekoppelt – offen ausgesprochen:

»In unserer Schule wird Musik nicht ganz für voll genommen. Bei uns wird dieser Unterricht so wie eine Art Erholungsurlaub gestaltet.«

Wie wäre aber folgende Aussage zu interpretieren:

»Unser Musikunterricht ist uninteressant, einseitig, langweilig und sehr trocken«?

Resultieren die artikulierten Prädikate möglicherweise

– aus einem hohen intellektuellen Anspruch des Musikpädagogen;
– aus einer Akzentuierung der wissenschaftlichen Dimension der Musik;
– aus einseitiger Bevorzugung bestimmter Genres, Epochen, Komponisten etc.;
– aus dem Wollen, zu Musik in eine kritische Distanz treten zu lassen;
– aus der Weigerung des Pädagogen, Popularmusik unter Akzentuierung des Kontemplativen in den Unterricht einzubeziehen;
– aus dem Verzicht, den aktuellen Bezug zum Musikleben der Gegenwart entsprechend zu akzentuieren;
– aus altersunangemessener, über- oder unterfordernder Auswahl der Inhalte;
– aus Mangel an Lehrgeschick;
– aus einer mehr privaten Antipathie gegenüber einem Pädagogen, die irgendein zufälliger Konflikt bewirkt haben könnte etc.?

Der Katalog, der sich um weitere Variablen ergänzen ließe, verdeutlicht, daß die zitierte Aussage infolge ihrer mangelnden Trennschärfe weder eine eindeutige Kategorisierung (etwa nach relativ überdauernden oder kurzzeitigen Bedingungsvaribalen) noch deren exakte Begründung zuläßt. Statistisch gesehen eignet sie sich nur für eine Trend-Analyse der Makrostruktur, womit paradigmatisch die Grenzen der Aufsatzmethode aufgewiesen werden sollten. Dennoch sind Untersuchungen dieser Art unverzichtbar, weil sie u. a. die Basis für die Aufstellung von Items in voll standardisierten Interview-Methoden, d. h. voll quantifizierbaren Verfahren, bilden.[16]

Aus Raumgründen müssen wir es uns hier versagen, die interessante Anwendung der Rosenfeldschen Motivkategorien (I. Lernen als Selbstzweck, II. Lernen unter dem Zweck persönlicher Vorteile, III. Lernen auf Grund sozialer Identifikation, IV. Lernen als Erfolgsantizipation und Mißerfolgsmeldung, V. Lernen infolge Zwang und Druck, VI. Lernen aus Gewissenszwang, VII. Lernen auf Grund lebenspraktischer Zielsetzungen, VIII. Lernen aus gesellschaftlichem Erfordernis)[17] sowie das Kategoriensystem selbst kritisch zu diskutieren.

V.

Günter Kleinen[18] und Winfried Pape[19], die im Rahmen weiter gefaßter Untersuchungen zum Musikinteresse und zur Popmusik auch das Motivationsproblem im Musikunterricht angehen, verwenden das voll standardisierte schriftliche Interview. Der Vorteil einer exakten statistischen Analyse wird mit dem Nachteil allgemeiner gehaltener Aussagen erkauft. Hinzu kommt, daß die Informationen schon allein aufgrund der verringerten Zahl von Items einer erheblichen Reduktion und Vergröberung unterliegen, wenn ein derart komplexes Problemfeld nur im mehr oder weniger gewichteten Kontext behandelt wird. An diesem bereits in anderem Zusammenhang diskutierten Problem[20] zeigt sich einmal mehr, daß bei dem augenblicklichen Forschungsstand nur Trend-Analysen möglich sind, die sich allmählich immer weiter differenzieren lassen.

Dies muß bei der Formulierung der Items einsetzen. Wenn z. B. auf die Frage »Was würdest Du im Musikunterricht am liebsten tun?« die Schüler differenzieren sollen zwischen »über Musik diskutieren«, »Lieder singen«, »Schallplatten hören«, »musizieren«, »die Elemente der Musik kennenlernen«, lassen sich die höchsten Nennungen bei dem Item »Schallplatten hören« nicht eindeutig interpretieren. Erst aus dem Kontext anderer Aussagen läßt sich ablesen, daß damit wohl primär Popularmusik gemeint ist. Differenzierungen werden deutlicher, wenn nach Schuljahren und Schulsystemen getrennt Auskünfte über Teilgebiete eingeholt werden, z. B. mit der Frage »Was sollte im Unterricht unbedingt drankommen?« anhand der Items: Hitparade/Kammermusik/Musical/Große Komponisten/Große Interpreten/Oper/Beat/Orchestermusik/Unterhaltungsmusik/Elektronische Musik/Pop-Musik/Chormusik.[21] Problematisch daran erscheinen uns die Überschneidungen zwischen »Hitparade«, »Beat«, »Pop-Musik« und evtl. auch »Unterhaltungsmusik«. Vermögen die Befragten, die beabsichtigte Differenzierung zu vollziehen? Ist mit »Pop-Musik« nicht auch »Beat« gemeint?

Das hier angesprochene Problem der Trennschärfe, »nervus rerum« jeglicher Befragung, soll noch einmal näher an einem Paradigma aus der Untersuchung Winfried Papes, der 1972 1507 Schüler des 8. und 9. Schuljahres in Hauptschulen befragte, dargestellt werden. Die Schüler sollten eine Bewertung der Funktion des Musikunterrichts nach folgenden Items vornehmen:

den Schülern helfen, sich besser in Schlagern und Popmusik auszukennen (27,9 %)/Auskunft geben über jede Art von Musik und von Leuten, die Musik machen/verkaufen/hören (23,2 %)/die Schüler befähigen, selbst Musik zu spielen (15,4 %)/den Schülern Gelegenheit geben, sich von anderen Stunden zu erholen (13,7 %)/Gelegenheit geben, zu singen (8,0 %)/Musikunterricht ist überflüssig (Zeitverschwendung) und sollte deshalb als Schulfach abgeschafft werden (6,5 %)/den Schülern helfen, sich besser in klassischer Musik auszukennen (4,2 %).[22]

Davon abgesehen, daß Pape zu wesentlich günstigeren Aussagen als Michel kommt, wäre zu fragen, ob im zweiten Item nicht auch das letzte enthalten ist, denn »*jede* Art von Musik« schließt »klassische« ein. Provoziert allein die Formel »klassisch«, von Jugendlichen häufig mit der ihnen suggerierten Vorstellungssterotype »unmodern«, »veraltet« etc. belegt, zu diesem äußerst negativen Votum? Was erklärt aber den Widerspruch, wenn einerseits 95,8 % der befragten Schüler bessere Kenntnisse in »klassischer Musik« für entbehrlich halten, andererseits aber nur 13,5 % das Hören von »klassischer Musik« auf keinen Fall behandelt wünschen? Liegt die Differenz bei der Gruppe sich diesem Sachgebiet gegenüber toleranter, indifferenter verhaltender Schüler?

Unser Beispiel möchte dem Hinweis auf die Schwierigkeiten des Details sowie dem Impuls dienen, sämtliche bisher zur Lernmotivation im Musikunterricht vorgelegten Arbeiten einer vergleichenden Analyse zu unterziehen, um einesteils die Ergebnisse gegenseitig absichern, andererseits das methodische Instrumentarium verbessern zu können; eine Arbeit, die im Rahmen dieses Beitrages nicht zu leisten ist.

VI.

Eigene, bzw. von uns betreute Untersuchungen waren bemüht, das Motivationsproblem von mehreren Seiten aus anzugehen. Während eines experimentellen Kontrastversuchs, der als Longitudinalstudie die Hypothese überprüfen sollte, ob mit Hilfe eines improvisationsdidaktischen Ansatzes im Musikunterricht der Hauptschule (7. und 9. Schuljahr) Rezeptionsbarrieren gegenüber Neuer Musik abgebaut werden können, wurde das Motivationsverhalten der Schüler anhand von Tonbandaufzeichnungen und schriftlichen Unterrichtsprotokollen beobachtet. Zur besseren Absicherung erfolgte zum Abschluß der Sequenz noch eine schriftliche Befragung, in der die Schüler gebeten wurden, ihren Gesamteindruck nach einem halben Jahr improvisationspädagogischen Unterrichts wiederzugeben.[23] Da die bisher vorgelegten Kategoriensysteme zur Verhaltensbeobachtung den spezifischen Bedürfnissen des Musikunterrichts nicht entsprachen[24], entwickelten wir einen neuen Kategorienapparat, der auf folgenden Prinzipien basiert: Um in ein Minutenprotokoll die Verhaltensweisen der Schüler (maximal pro Beobachter 5-6 Schüler) eintragen zu können, werden Sigel vereinbart, die in der Regel den Anfangsbuchstaben einer Verhaltensklasse verwenden und Modalitäten durch Zusätze anzeigen, z. B. gelten:

M für »normales«, »neutrales« Melden;
Mo für Melden ohne Antwort (bei einer entsprechenden Lehrerfrage);
M+ für besonders intensives Melden, Schnipsen mit den Fingern, Aufspringen;
MR für Melden und gleichzeitiges Rufen (wenn die Schüler nicht erst den Aufruf abwarten, sondern mit ihrem Melden spontan die Antwort in die Klasse rufen);
E + für zustimmende Expressionen (durch Kopfnicken, freudige Zustimmung, positive Beantwortung, Bemerkung etc. angezeigt);
E – für ablehnende Expressionen (Aufstöhnen, abwehrende Grimassen, abwinkende Handbewegungen, ablehnende Kommentare, Verneinung etc.);
K für Kritik (kritische Äußerungen verschiedenster Art zum Unterrichtsgeschehen, zu Positionen, zu Inhalten etc.);
Stö für Störaktivitäten (wenn Schüler die Arbeit stören, trotzen, albern dazwischenrufen, schlagen, stoßen, schimpfen, störende Grimassen schneiden, Zunge herausstecken etc.);

Mw für »Mitwippen« beim Musikhören (wenn Schüler z. B. den Körper mitschwingen lassen, mit den Händen taktieren, mit dem Fuß das Metrum »tippen«, den Kopf rhythmisch hin und her bewegen; was sehr häufig beobachtet werden konnte etc.);

Ms für Mitsingen bei Musikbeispielen;

Z für Zuhören (wenn es als hingewandtes, aufmerksames Zuhören, z. B. beim Musikhören, eindeutig klassifiziert werden kann);

I + für besonders originelle Improvisationslösungen usw.

Obgleich insgesamt über 30 Sigel Verwendung finden können, lassen sie sich verhältnismäßig einfach handhaben, da sie übergeordneten Klassen angehören: Verhaltensweisen zur Improvisation, zum Musikhören, zum Singen, zum Spielen; auffällige Aktivitäten; sonstiges.

Wie die Erfahrungen zeigen, läßt sich anhand der Protokolle und der Tonbandaufzeichnungen ein ziemlich genaues Bild der Stunde und des Motivationsgefüges ermitteln. Noch nicht befriedigend ist das Problem der Trennschärfe gelöst. Dem dient eine gerade anlaufende Arbeit, die anhand von Video-Aufzeichnungen (im Vorschulbereich) das gesamte Kategoriensystem noch einmal überprüfen und jede Kategorie exakt definieren wird, um das Verfahren breiter angelegten Untersuchungen verfügbar zu machen.

Zur Ermittlung des Motivationsverhaltens von Kindern im Vorschulalter (im Rahmen der Evaluation eines Curriculums »Musikalische Früherziehung«) verwendeten wir u. a. auch Rating-Skalen. Mit Hilfe des Rating-Verfahrens kann ein Gruppenverhalten eingeschätzt und das abweichende Verhalten gesondert in Stichworten aufgeführt werden. Das Gruppengeschehen kann durch die Einstufung einer beobachtbaren bipolaren Verhaltensdimension auf einer fünfstufigen Skala charakterisiert werden:

−2 −1 0 +1 +2

Zwei Protokollanten beobachten die gesamte Gruppe und schätzen unabhängig voneinander das Gruppenverhalten ein. Ihr Mittelwert wird als Meßwert genommen. Bei entgegengesetzten Schätzungen kann der Wert nicht berücksichtigt werden. Dann wäre mit 0 zu signieren. Die Skalenpunkte −2 und +2 sind die extremen gegensätzlichen Ausprägungen dieser Dimension. Die Skalenpunkte −1 und +1 beziehen sich jeweils auf den überwiegenden Teil eines Gruppenverhaltens innerhalb eines bestimmten Zeitraums. Der Skalenpunkt 0 ist auch für jene (hypothetischen) Ausnahmefälle vorgesehen, wenn man genau 50 % zu 50 % einschätzen könnte.

Das Verfahren bietet sich an, wenn man, wie in einem Programm, klar überschaubare Lernphasen einschätzen kann. Es läßt sich sofort statistisch auswerten. Sein Nachteil besteht in dem relativ groben Raster: »nicht motiviert« (−2), »kaum motiviert« (−1), »ziemlich motiviert« (+1), »sehr motiviert« (+2). Die sehr allgemein gehaltenen Kategorien lassen sich differenzieren, wenn man,

wie wir es versucht haben, einen Katalog von Begründungskategorien definiert, z. B.
1 = Überforderung im intellektuellen Anspruch, 2 = Unterforderung im intellektuellen Anspruch, 3 = unangemessene Auswahl der Inhalte, 4 = zu viel Stoff, 5 = zu wenig Stoff, 6 = Musikbeispiele zu kurz, 7 = Musikbeispiele zu lang, . . . 23 = besonders geschicktes Lehr(er)verhalten, 24 = angemessene Auswahl der Inhalte, 25 = Stoff angemessen proportioniert . . .
Eine Effizienzprüfung des Verfahrens befindet sich in Vorbereitung. Vor allem soll untersucht werden, ob sein Transfer auf einen Musikunterricht möglich ist, der nicht programmgeplant realisiert wird.
Geht man davon aus, daß beide beschriebenen Verfahren, bei gleichzeitiger Tonband- oder Videoaufzeichnung, im Zusammenhang mit den Beobachtungsberichten der Lehrkräfte, die mit denselben Kategorien arbeiten und individuell ergänzen, ein ziemlich objektives Bild des jeweiligen Unterrichtsgeschehens vermitteln, so müßte es möglich sein, den situativ bedingten Variablen der Lernmotivation (insbesondere) einen Schritt näher zu kommen. Tonband- oder Videoaufzeichnungen erlauben außerdem nähere Aufschlüsse über die Rolle der Lehrerpersönlichkeit, u. a. bei der Strukturierung der Motivationsdynamik.
Die Faktoren des sozio-kulturellen Bedingungsgefüges der Lernmotivation bilden ein eigenes, umfangreiches Forschungsfeld und bedürfen mühsamer Mosaikarbeit. Es war uns z. B. möglich, eine größere Anzahl von Eltern über ihre Erwartungshaltung gegenüber musikalischer Vorschulerziehung, eigene Einstellungen zur Musik, musikalische Ausbildungsstandards, musikalische Familientraditionen etc. detailliert zu befragen. Von der Auswertung dieser Untersuchung erhoffen wir uns auch näheren Aufschluß über die Chancen, Eltern über ihre Einstellungen, Erwartungen etc. gegenüber dem Musikunterricht an allgemeinbildenden Schulen zu befragen.
Eine andere Untersuchung galt dem Versuch, präzisere Informationen über außerschulische Hörgewohnheiten der Schüler zu bekommen, z. B. insbesondere auch über das quantitative Ausmaß des Popularmusik-Konsums, was sich u. a. an dem Schallplattenbesitz und seiner Benutzung ablesen läßt. Das Ergebnis war weit deprimierender als erwartet. Wenn 217 Schüler der 9. Klassen von insgesamt 3690 Singleplatten und 982 Langspielplatten nur 10 Titel einer populären »Klassik«-Auswahl als bevorzugte Titel nennen[25], ist eigentlich nur der Schluß möglich, daß Musikunterricht und Schüler einander verfehlt haben. Die Besitzstandzahlen sind realistisch. Sie werden in eigenen Untersuchungen bestätigt. Es ist keine Seltenheit, wenn Schüler der 9. Klasse (an Hauptschulen) 100, in Einzelfällen über 200 Singles als Eigenbesitz angeben. Angesichts der hohen Divergenzen zwischen dem Informationsquantum *einer* Musikstunde und dem *vieler* Stunden Popmusik-Hörens pro Woche sind die enormen Lernkonflikte im Musikunterricht nicht weiter verwunderlich, ebenso, daß medienvermittelte Normen teilweise so total übernommen werden, daß sich

Erwartungshaltungen gegenüber dem Musikunterricht wie diese herausbilden:

»Man müßte eine Schulhitparade aufstellen. Irgendwo müßte man einen Kasten hinstellen, und jeder Schüler könnte dort jeweils drei Stimmen für die Platten seiner Wahl auf einen Zettel einwerfen. Jeden Monat müßte man die Stimmen auszählen und davon die 20 ersten Plätze irgendwo aushängen. Die drei meistgewählten Platten müßte man dann im Musikunterricht spielen.«[26]

In einer weiteren Arbeit wurden ca. 270 Schüler im Raum Bonn über ihre Einstellung zum Musikunterricht befragt.[27] Als Untersuchungsverfahren wurde das halb-standardisierte schriftliche Interview (mit offenen und geschlossenen Fragen) angewandt. Um die Interessenslagen differenzierter erfassen zu können, wurden die Sachbereiche des Musikunterrichts einzeln aufgeführt und anhand einer Dreier-Skala (sehr interessant/interessant/völlig uninteressant) abgefragt. Wie nicht anders zu erwarten, führten Beat und Schlager die Ranglisten an bzw. befanden sich unter den ersten 6, während die Kammermusik an letzter (38.) Stelle (Hauptschule und Realschule) bzw. 31. Stelle (Höhere Schule) rangierte.[28]

In unserer eigenen Untersuchung, die ebenfalls das halb-standardisierte schriftliche Interview verwandte, wurde u. a. mit Rating-Skalen gearbeitet, d. h. mit zwei positiven, zwei negativen und einer neutralen Kategorie. Die Felder des Musikunterrichts »Musizieren im Unterricht«, »Musiklehre im Unterricht«, »Musikkunde im Unterricht«, »Hören und Besprechen von Werken oder Werkausschnitten«, »Diskussion und Berichte über das aktuelle Musikleben«, »Diskussionen mit Komponisten, Dirigenten, Interpreten etc . . .«, »Besuche von Studios, Orchester, Oper, Instrumentenbauer« etc. wurden in 56 Items aufgesplittet und einzeln abgefragt.[29] Herausragendes und überraschendes Ergebnis ist, trotz der erklärten Vorliebe für alle Themen, die mit dem Bereich der Popularmusik zusammenhängen, trotz der Schlußpositionen der »klassischen« Disziplinen, wie Oper, Kammer- und Serenadenmusik, Solokonzert etc., ein im ganzen viel differenzierteres, viel positiveres Motivationsspektrum bei den Schülern der Hauptschule, als man gegenwärtig anzunehmen geneigt ist!

In Ergänzung dieses schriftlichen Interviews führten wir in einigen Klassen mündliche Interviews in Form einer Gruppendiskussion durch. Konnte einerseits bestätigt werden, von welchen Zufälligkeiten und subjektiven Eindrücken die Erwartungshaltungen der Schüler gegenüber dem Musikunterricht geprägt sind, wurde andererseits deutlich, daß einige »Todsünden« der Musikpädagogik immer noch nicht ausgemerzt sind. Es scheint kaum begreiflich, daß z. B. Jahreszensuren in Musik vom Einzel-Vorsingen her festgelegt werden, daß Liedgut der Primarstufe in Oberklassen angeboten wird, daß die Bedürfnisse der Schüler prinzipiell keine Berücksichtigung finden usw. Überrascht wurden wir von der (wiederum nicht überraschenden) Kritik an der mangelnden *künstlerischen* Qualifikation des Pädagogen!

VII

Wollte man ein Resümee versuchen, bliebe ein Bündel von Fragen, widersprüchlichen Fakten, Zweifeln . . ., aber auch die Zuversicht, daß in zwar mühevoller, aber kontinuierlicher Kleinarbeit die Aufhellung eines Problemfeldes möglich ist, das existentielle Bedeutung für das Schulfach Musik hat. Es sei abschließend erlaubt, die uns am vordringlichsten erscheinenden Aufgaben zusammenzufassen:

1. Musikpädagogische Forschung hätte die von der Psychologie, Soziologie und Pädagogik bereitgestellten *Theorien* und *empirischen Befunde* zur Lernmotivation in ihrer Gesamtheit auf ihre Relevanz für die Musikpädagogik *kritisch* zu prüfen und auszuwerten.
2. Sämtliche bisher *im Bereich der Musikpädagogik* vorgelegten Arbeiten zur Motivationsforschung wären einer kritischen vergleichenden Analyse zu unterziehen.
3. In disziplinärer und interdisziplinärer Zusammenarbeit mit anderen Wissenschaften wären die *bisher angewandten* Untersuchungs- und Beobachtungsverfahren auf ihre Effizienz hinsichtlich der spezifischen Bedürfnisse des Musikunterrichts *kritisch zu testen, ggf. zu modifizieren bzw. durch neue zu* ergänzen.
4. In stärkerem Maße als bisher sind die *Methoden der empirischen Sozialforschung* anzuwenden, nicht ohne das Bewußtsein, daß sie »nur Subjektives objektiv« (Adorno) messen können. Außerdem ist die Verläßlichkeit der Aussagen von Kindern und Jugendlichen in bestimmten Altersstufen besonders zu prüfen.
5. Motivationsforschung kann sich nicht damit begnügen, gemessene oder erfragte Fakten zu registrieren, sondern muß um eine *möglichst umfassende Bedingungsanalyse* bemüht sein.
6. Forschung kann sich nicht nur mit dem phänomenologischen Aufweis der Felder und Details begnügen, sondern muß den *Prozeßcharakter, die Veränderungen und Entwicklungsbedingungen* der Lernmotivation zu erfassen versuchen, was nur in zeitraubenden Longitudinalstudien möglich ist.[30]
7. Motivationsforschung muß sich bewußt sein, daß ihre Ergebnisse leicht als Mittel der Manipulation mißbraucht werden können (erinnert sei nur an den gezielten Einsatz der Musik in der Werbeindustrie). Psychologie, Soziologie, Pädagogik und Musikpädagogik dürften sich nicht nur in ihrer fachlichen Interdependenz, sondern vor allem als gegenseitige, kritische Korrektive verstehen. Die Forschungsstrategien müßten diese Dimension von vornherein berücksichtigen.
8. Experten und Interessenten im Bereich der Musikpädagogik (vor allem Lehrer aus sämtlichen Schulsystemen) müßten sich zu gemeinsamen Forschungsprojekten zusammenfinden.

Anmerkungen

[1] Vgl. Heinz Antholz, Unterricht in Musik, Düsseldorf [2]1972.
[2] Heinz Antholz, Zur Lernzielerstellung und Leistungserfassung im Musikunterricht, in: Didaktik der Musik 1970, hrsg. v. Werner Krützfeldt, Hamburg, Wolfenbüttel und Zürich 1971, S. 141.
[3] Werner Breckoff, Günter Kleinen, Werner Krützfeldt, Werner S. Nicklis, Lutz Rössner, Wolfgang Rogge, Helmut Segler, Musik aktuell, Kassel, Basel, Tours, London 1971, S. 11.
[4] Vgl. Erwin Walker, Das musikalische Erlebnis und seine Entwicklung, Göttingen 1927, S. 18, 30 ff., 33 ff.
[5] Günter Portugall, Die Einstellung der Schüler zum Fach Musik, in: Musik in der Schule, Jg. 1965, S. 424-428.
[6] Vgl. Günther Noll, Zum Problem der Kommunikation im Musikunterricht, in: Musik und Bildung, Jg. 1974, Heft 2, S. 77.
[7] Vgl. dazu die ausführliche Darstellung des Problems bei: Werner Correll, Lernstörungen beim Schulkind, Donauwörth 1968.
[8] Vgl. dazu auch: Hans-Peter Reinecke, Der Musik-Begriff unter theoretischem und pädagogischem Aspekt, Manuskriptdruck o. O. u. J. (1972).
[9] Vgl. Günther Noll, Zum Problem der Lernmotivation im Musikunterricht, in: Forschung in der Musikerziehung, Heft 9/10 – 1973, S. 11 ff.
[10] Heinz Heckhausen, Kapitel »Leistungsmotivation«, in: Allgemeine Psychologie, 2. Band, Motivation, hrsg. v. H. Thomae, Göttingen 1965, S. 603.
[11] Vgl. Günter Portugall, a. a. O.
[12] Vgl. Paul Michel, Musik und Musikunterricht im Urteil der Schüler, in: Musik in der Schule, Jg. 1969, H. 10, S. 397-405.
[13] Vgl. Gerhard Rosenfeld, Theorie und Praxis der Lernmotivation, Berlin [6]1971, S. 57.
[14] Vgl. Paul Michel, a. a. O., S. 398.
Leider war über mögliche Divergenzen in den Aussagen derselben Personen nichts zu erfahren, da das Untersuchungsmaterial nicht eingesehen werden konnte. Unsere Informationen stützen sich daher nur auf die zitierte Abhandlung.
[15] Paul Michel, a. a. O., S. 398-401.
[16] Hierzu liefert auch Dieter Zimmerschieds Untersuchung reichhaltiges Material, der 319 Schülern, vorwiegend Obersekundaner und Unterprimaner, die Aufsatzthemen vorlegte: »Die Musik und ich – was sie mir bedeutet und was sie mir nicht bedeutet« / »Mein Verhältnis zur Musik«, in deren Kontext auch zum Musikunterricht Stellung bezogen wird.
Vgl. Dieter Zimmerschied, Beat – Background – Beethoven, Frankfurt/Berlin/München 1971.
[17] Vgl. Gerhard Rosenfeld, a. a. O., S. 111.
[18] Vgl. Günter Kleinen, Pop in der Schule: Wie aktuell ist Musikunterricht, NMZ-Pilot-Study über Unterrichtsinhalte, Ausbildungsansprüche, Lehr- und Lernsituation, in: Neue Musikzeitung, Okt./Nov. 1971, S. 33-40.
[19] Vgl. Winfried Pape, Der Musikunterricht in der Sicht der Schüler, in: Musik und Bildung, Jg. 1973, H. 5, S. 256-258.
[20] Vgl. Günther Noll, Zum Problem der Lernmotivation im Musikunterricht, a. a. O., S. 14.
[21] Vgl. Günter Kleinen, a. a. O., S. 34/35.
[22] Vgl. Winfried Pape, Der Musikunterricht in der Sicht der Schüler, a. a. O.
[23] Vgl. dazu unseren Bericht in: Forschung in der Musikerziehung, Heft 9/10 – 1973, S. 15.
[24] Vgl. u. a. Robert F. Bales, Die Interaktionsanalyse: Ein Beobachtungsverfahren zur Untersuchung kleiner Gruppen, in: René König (Hrsg.), Beobachtung und Experiment in der Sozialforschung, Köln 1972, S. 148 ff.;
R. C. Puckett, Making supersivion objective, in: Sch. Rev. (1928) 36, S. 209–212;
N. A. Flanders, Teacher influence, pupil attitudes, and achievement, Minneapolis: University of Minnesota, 1960;
N. A. Flanders, Interaction Analysis in the Classroom. A Manual for Observers. College of Education, University of Minnesota, Minneapolis, 1960;
D. M. Medley und H. E. Mitzel, A technique for measuring classroom behavior, in: J. educ. Psychol., (1958) 49, S. 86-92;
auch die ausführliche Diskussion des Problems in: Karlheinz Ingenkamp (Hrsg.), Beobachtung und Analyse von Unterricht, mit Beiträgen von Wolfgang Schulz, Wolfgang P. Techner, Jutta Voigt und Franz Weinert, Weinheim und Basel 1973 (Teilausgabe des Handbuches für Unterrichtsforschung, Weinheim/Berlin/Basel 1970).

[25] Edgar Zens, Untersuchungen zu außerschulischen Hörgewohnheiten der Schüler und ihren Schallplattenbeständen. Eine Befragung im 9. Schuljahr, Bonn 1971 (Unveröffentl. Examensarbeit).
[26] Aus einer Befragung Bonn 1972 (9. Schuljahr, Hauptschule).
[27] Karl Josef Freischem, Untersuchungen zur Einstellung des Schülers zum Musikunterricht in der allgemeinbildenden Pflichtschule. Eine Befragung von 13- bis 17-jährigen Schülern in Haupt-, Real- und Höheren Schulen, Bonn 1971 (Unveröffentl. Examensarbeit).
[28] Obgleich von den absoluten Zahlen her die Schulsysteme nicht gleichmäßig proportioniert untersucht werden konnten, vermitteln die Zahlen eine objektive Trend-Analyse.
[29] Nach Abschluß der korrelationsstatistischen Analyse wird das gesamte Datenmaterial veröffentlicht.
[30] Vgl. hierzu auch Ernst Klusen, Erfolgskontrolle im Musikunterricht, in: Forschung in der Musikerziehung, Heft 7/8-1972, S. 26-30.

Über einige Bedingungsvariablen der Lernmotivation im Musikunterricht

Wilfried Fischer

1. Heckhausens Motivationsformel aus fachspezifischer Sicht

Unter Motivierung ist nach Heinz Heckhausen »die momentane Bereitschaft eines Individuums zu verstehen, seine sensorischen, kognitiven und motorischen Funktionen auf die Erreichung eines künftigen Zielzustandes zu richten«.[1] Heckhausen unterscheidet zwischen situationsgebundenen und nichtsituationsgebundenen Bedingungsvariablen der Lernmotivierung[2] und beschreibt Lernmotivation als »ein Wechselwirkungsprodukt von relativ überdauernden Zügen der Persönlichkeit und von momentanen Eigenschaften der Situation«.

Den Zusammenhang zwischen »situativen Anregungsvariablen«, d. h. Anregungsvariablen der Motivation in einer bestimmten Lernsituation, und »relativ überdauernden Persönlichkeitsbezügen«, d. h. Bezügen, die durch soziale Gegebenheiten der Unterrichtssituation bestimmt sind, versucht Heckhausen durch folgende Formel zu verdeutlichen:[3]

$$Motl = (LM \cdot E \cdot Ae) + As + N + [bId + bZust + bAbh + bGelt + bStrafv]$$

Die verwendeten Abkürzungen bedeuten im einzelnen:

Motl	=	Bedingungsvariablen der Lernmotivierung
LM	=	Leistungsmotivation
E	=	Erreichbarkeitsgrad von Aufgaben
Ae	=	Anreiz (Schwierigkeitsgrad, Komplexheit) von Aufgaben
As	=	sachbereichsbezogener Anreiz, bedingt durch Wertungseinstellungen gegenüber verschiedenen Lehrstoffen bzw. Unterrichtsfächern
N	=	Neuigkeitsgehalt eines Lehrstoffes
bId	=	Bedürfnis nach Identifikation mit dem Erwachsenenvorbild
bZust	=	Bedürfnis, Zustimmung zu erhalten
bAbh	=	Bedürfnis nach Abhängigkeit von Erwachsenen
bGelt	=	Bedürfnis nach Geltung und Anerkennung
bStrafv	=	Bedürfnis nach Strafvermeidung

Die erwähnte Unterscheidung nach situativen Anregungsvariablen, d. h. nach Variablen, die durch eine bestimmte Lernsituation beeinflußbar sind, und relativ überdauernden Persönlichkeitsbezügen, d. h. nach Variablen, die in erster

Linie von den individuellen Erziehungsbedingungen eines Schülers abhängen, führt bei Heckhausen zu folgender Zuordnung:

relativ überdauernde
Persönlichkeitsvariable: LM, As und der Inhalt der eckigen Klammer

situative Anregungsvariable: E, Ae, N

Die »multiplikative Verknüpfung« der Variablen LM, E und Ae erklärt Heckhausen damit, daß der Motivierungswert des gesamten Klammerausdrucks gleich Null sei, wenn nur eine Variable einen Wert von Null erreicht. Z. B. ist

LM = O, wenn die Leistungsmotivation überwiegend mißerfolgsmeidend ist;
E = O, wenn das Lernziel nicht mehr erreichbar erscheint;
Ae = O, wenn die Erreichung des Lernzieles absolut sicher erscheint.

Dennoch kann auch unter diesen Bedingungen noch eine gewisse Lernmotivierung vorhanden sein, wenn

»a Der Sachbereich des Lernstoffs einen Anreiz in sich besitzt, d. h. hoch geschätzt wird (As)
b) der vertraute Lernstoff ›interessant‹ gemacht, ›verfremdet‹ wird (N)
c) der Lehrer eine oder mehrere Motivationen des zweiten Klammerausdrucks anregt . . .«

Am Beispiel der hier kurz skizzierten Formel wird deutlich, daß allgemeine Thesen oder Erkenntnisse der pädagogischen Psychologie, zumal, wenn sie formelhaft verdichtet erscheinen, nicht schematisch auf einzelne Unterrichtsdisziplinen übertragbar sind, sondern zunächst aus der Sicht der spezifischen Bedingungen und Probleme eines Faches modifiziert werden müssen, sollen sie überhaupt sinnvolle Folgerungen ermöglichen.

Befragt man nämlich Heckhausens Formel nach den Variablen der Lernmotivierung, auf die der Musikunterricht Einfluß nehmen kann, so fallen mehrere Variablen aus. Die sachfremden Motivationen des zweiten Klammerausdrucks sind so sehr von individuellen Persönlichkeitsarten und dem dadurch bedingten Erziehungsstil des einzelnen Lehrers abhängig, daß sie keine fachspezifischen Rückschlüsse zulassen. Geht man mit Heckhausen davon aus, daß die Leistungsmotivation und ihre Anregungsvariablen (runde Klammer) »die bei weitem wichtigsten Variablen« sind, so erklärt sich daraus die besonders schwierige Situation des Musikunterrichts. Wie keine andere sachbezogene Variable ist die Leistungsmotivation abhängig von der elterlichen Erziehung und dem häuslichen Anregungsmilieu, genauer von elterlichen Werthaltungen, Leistungserwartungen und Orientierungsmaßstäben.[4] Nur ein sehr geringer Prozentsatz der Kinder ist aber bereits durch familiäre Anregungen zu Leistungen im Fach Musik motiviert: eine direkte Folge der geringen Wertschätzung anspruchsvoller Musik in breiten Schichten der Bevölkerung. Aufgrund der multiplikativen Verknüpfung der Variablen 1-3 bedeutete dies, daß sich mit LM auch E und Ae dem Wert Null nähern. In diesem Fall müßten entweder die Variablen As oder N bzw. eine oder mehrere sachfremde Motiva-

tionen einen so hohen Valenzgrad erreichen, daß eine Lernmotivierung trotzdem möglich würde.
Da jedoch auch die Frage, ob ein bestimmtes Unterrichtsfach oder ein bestimmter Unterrichtsgegenstand für einen Schüler einen hohen Anreiz (As) hat oder nicht, weitgehend durch das häusliche Anregungsmilieu programmiert wird, blieben im ungünstigsten Fall, daß die Variablen 1-4 gleich Null sind, als vom Musiklehrer beeinflußbare sachbezogene Anreize lediglich: der Erreichbarkeitsgrad und der Anreiz von Aufgaben (im Sinne des Komplexheitsgrades) sowie der Neuigkeitsgehalt eines Stoffes. Obwohl der Neuigkeitsgehalt eines Lerngegenstandes zweifellos eine wesentliche Bedingung der Lernmotivierung darstellt – nicht umsonst weisen sowohl die neuere Entwicklungspsychologie als auch Neurophysiologie mit Nachdruck darauf hin[5] –, kann man eine derartige Schlußfolgerung nur als skurril bezeichnen.[6] Es stellt sich daher die Frage, ob und inwieweit sich komplexe psychische Phänomene überhaupt auf eine mathematische Formel bringen lassen. Selbst wenn man davon ausgeht, daß Heckhausens Motivationsformel weniger im Sinne einer mathematischen Gleichung zu verstehen ist, in der Unbekannte nur durch präzise Angaben ersetzt zu werden brauchen, um schlüssige Folgerungen zu ermöglichen, als im Sinne einer graphischen Veranschaulichung abstrakter Beziehungen, ist diese Formel zu allgemein, um ohne weiteres auf spezifische Unterrichtsinhalte anwendbar zu sein. Daß in bestimmten Bereichen die Mathematisierung von Problemen zu ihrer Verkürzung führen kann, wird schon deutlich an dem Versuch, die Variablen Leistungsmotivation, Erreichbarkeitsgrad und Anreiz von Aufgaben multiplikativ zu verknüpfen. Zwar mag es zutreffen, daß die Leistungsmotivation gegen Null tendiert, wenn die gestellten Aufgaben zu wenig Anreiz bieten oder einen »mittleren Erreichbarkeitsgrad« übersteigen[7]; doch dürfte dieses Verhältnis kaum in dem Sinne umkehrbar sein, daß ein hoher Anreiz von Aufgaben, die nicht zu komplex sind, um noch lösbar zu erscheinen, keinerlei Einfluß auf die Leistungsmotivation ausübt. Aber selbst wenn aus dieser Sicht außer dem Neuigkeitsgrad auch die Variablen Anreiz von Aufgaben und Erreichbarkeitsgrad in größerem Maße beeinflußbar sind, als es die Formel vermuten läßt, ist sie in dieser Form für die Musikpädagogik noch keineswegs relevant, da in ihr wesentliche Bedingungsvariablen nicht in angemessener Weise erfaßt werden. Im folgenden soll versucht werden, die Motivationsformel aus der Sicht der Musikpädagogik zu modifizieren. Dabei wird jedoch aus den genannten Gründen darauf verzichtet, die nicht berücksichtigten Bedingungsvariablen additiv oder multiplikativ in die Formel einzubeziehen.

2. *Motivation und Unterrichtsgegenstand*

Gisela Hoepker hat in einem Aufsatz über die Gedichtauswahl im Deutschunterricht eine Frage aufgeworfen, die in diesem Zusammenhang Interesse verdient, nämlich die Frage nach »offenen« und »geschlossenen« Formen in der Lyrik.[8] Am Beispiel des Gedichtes »Frühlingsbotschaft« von Hermann

Löns, das sie dem »geschlossenen« Gedichtstypus zuordnet, und des Gedichtes »Der Sommer« von Christine Busta als einem Beispiel für eine »offene« Form erläutert sie ihre Unterrichtserfahrungen mit diesen beiden Kategorien. Die Besprechung des Lönsgedichtes in einer Grundschulklasse verlief erwartungsgemäß ohne Spannung: die verwendeten Bilder, die der Realität entsprechen, engten die Phantasie der Kinder ein, anstatt sie zu beflügeln. Von der konventionellen Form und dem problemlosen Inhalt gingen allzu wenig lernmotivierende Impulse aus. Hoepker führt dies auf den Charakter des Gedichtes als »geschlossene Form« mit »geschlossenem Sinn« zurück. Im Gegensatz dazu regte das an verschlüsselten Formulierungen (Metaphern, Symbolen) reiche Gedicht von Christine Busta die Vorstellungskräfte der Kinder sehr intensiv an, da Bilder und Personifikationen, die die Wirklichkeit verfremden, erst in ihrem Realitätsbezug freigelegt werden mußten: nach Hoepker das Kennzeichen eines »offenen« Gedichtstypus.

Obwohl Hoepker das Begriffspaar »offenes« und »geschlossenes Gedicht« eher im Sinne einer didaktischen Kategorisierung als im Sinne einer literaturwissenschaftlichen Systematisierung verwendet, deckt sich ihre Definition der »offenen« Form als einer der Deutung offenen, d. h. vieldeutigen Form mit Begriffsbestimmungen sowohl im Bereich der allgemeinen Didaktik als auch der Musiktheorie. In einer didaktischen Auseinandersetzung mit Unterrichtstexten empfiehlt z. B. Horst Rumpf, für den Unterricht bestimmte Inhalte u. a. nach folgendem Gesichtspunkt zu analysieren: »Sind die Systeme und Subsysteme, in die die Einzelelemente eingebracht werden, geschlossen – d. h. verweisen die Einzelelemente nur aufeinander, nicht aber auf Größen außerhalb des Systems?«[9] Im gleichen Zusammenhang urteilt Rumpf über einen Text in einem Geschichtslehrbuch: »Die definitive Beurteilung zum Schluß gibt dem gesamten Abschnitt einen hohen Grad von Geschlossenheit: die einzelnen Elemente erscheinen weder in sich noch in ihren Beziehungen untereinander unabgeschlossen, ergänzungsbedürftig, fragwürdig, vorläufig, sie verweisen nicht auf andere, nicht erwähnte oder nicht bekannte Zusammenhänge«.[10] Aus dieser »definitio ex contrario« lassen sich als Kriterien der Offenheit von Unterrichtstexten ableiten: ergänzungsbedürftig (d. h. auf die Aktivierung von Phantasie und problemlösenden Strategien angelegt), fragwürdig (d. h. kognitive Konflikte produzierend[11]), vorläufig (d. h. als zeitbedingtes Problem erkennbar) und über sich selbst hinausweisend.[12]

In der neueren Musiktheorie wird der Begriff der »offenen Form« in zweifachem Sinne angewendet. Stockhausen z. B. bezieht ihn auf musikalische Aktionen, in denen zwar die einzelnen Abschnitte fixiert, die Reihenfolge der Teile aber variabel ist. Er differenziert dabei in »statische« und »dynamische« offene Formen und nennt als Beispiele sein Klavierstück XI bzw. den Zyklus für einen Schlagzeuger.[13] Im Unterschied dazu bezieht Konrad Boehmer den Begriff der »offenen Form« weniger auf das Ergebnis aleatorischer Praktiken als auf allgemeine Prinzipien der Indetermination wie Mobilität, Variabilität

und Mehrdeutigkeit, die er an Beispielen von Guido von Arezzo, Ockeghem und Mozart erläutert.[14] Nicht aleatorische Zufallsmanipulationen sind hier die Konstituanten der offenen Form, sondern das in seinem Ablauf festgelegte Werk tendiert in dem Maße zur Offenheit, in dem die konstitutiven Elemente zur Mehrdeutigkeit neigen und die einzelnen Gestalten in flexible Beziehungen zueinander treten. Bezogen auf Ockeghems »Missa Prolationum«, in der, wie es heißt, »die Flexibilität der Struktur« »Resultat des Kompositionsprozesses« sei, formuliert Boehmer die These, »daß nur in der Komposition unschematische, flexible und ›offene‹ Formen zu realisieren sind, wohingegen der Glaube, aleatorische Praktiken vermöchten dank der Unbestimmtheit ihrer Struktur schon den Eindruck von Offenheit zu vermitteln, Konfusion zwischen Komposition und bloßer Materialexposition stiftet«.[15]
Es ist hier nicht der Ort für eine detaillierte Auseinandersetzung mit diesen Thesen, die etwa zu prüfen hätte, inwieweit die von Boehmer analysierten Werke seiner Theorie der offenen Form entsprechen bzw. inwieweit etwa Mozarts musikalische Würfelspiele für sein Gesamtwerk repräsentativ sind.[16] Entscheidend dürfte in diesem Zusammenhang sein, daß sich aus den zitierten Theorien der offenen Form, sozusagen als tertium comparationis, die gleichen Bestimmungsfaktoren der Offenheit ableiten lassen, nämlich Mehrdeutigkeit, Flexibilität, Indetermination (im Sinne der nicht en detail festgelegten Realisation) und Variabilität. Zum andern, daß überhaupt der Versuch unternommen wird, den Begriff der Offenheit auf traditionelle Musik anzuwenden.
Die didaktische Bestimmung der Offenheit bei Rumpf und die Unterrichtserfahrungen Hoepkers mit einer offenen Gedichtsform legen den Gedanken nahe, dem Begriff der offenen Form auch in der Musikdidaktik größeres Gewicht einzuräumen als dies bisher geschehen ist. Es könnte immerhin sein, daß die Forderung nach offenen Unterrichtsinhalten, die Phantasie und kognitive Prozesse stimulieren, nicht nur allgemeine Konsequenzen für die Curriculum-Diskussion nahelegt, sondern auch die Kontroverse um die didaktische Relevanz der neuen Musik in ein anderes Licht rückt.[17] Bestimmt man nämlich auch im Rahmen der Musik all das als »offene Form«, was aus fixierten Normen ausbricht, was Hörerwartungen täuscht, anstatt sie zu befriedigen und was daher als denkanregendes Problem erscheint, so eröffnet sich für die Frage der Werkauswahl im Musikunterricht eine Perspektive, die weit über die Grenzen der neuen Musik hinausweist. Zwar läßt sich kaum bestreiten, daß viele Werke der zeitgenössischen Musik den Kriterien der offenen Form im weitesten Sinne entsprechen: da die musikalischen Mittel, die sie verwenden, noch nicht in gleichem Maße verbraucht oder durch die »U-Musik« verwässert sind wie die der traditionellen Musik, können sie viel dazu beitragen, musikalisches Neugierverhalten zu wecken und Fragehaltungen zu aktivieren. Doch sollte nicht übersehen werden, daß auch zahlreiche Werke der traditionellen Musik entweder selbst als – in didaktischem Sinne – offene Formen zu wirken vermögen, oder aber durch geeignete methodische Mittel den Charakter des

Offenen, d. h. Mehrdeutigen, Verschlüsselten, erst Aufzulösenden zurückgewinnen können.[18] Wird erst einmal deutlich, daß Werke wie »The Beggar's Opera«, »Figaros Hochzeit«, »Fidelio«, »Egmont« oder »Carmen« keineswegs musealen Charakter haben, sondern daß hinter der Patina des Gutbürgerlich-Kulinarischen eminent aktuelle gesellschaftliche Probleme aufleuchten; gelingt es, den Schülern einsichtig zu machen, daß ein Werk wie Bachs Weihnachtsoratiorium, das einigen von ihnen als affirmatives, eine heile Welt suggerierendes Idyll erscheinen mag, zum Problem wird, wenn man bedenkt, daß Bach es in wesentlichen Teilen aus weltlichen Huldigungskantaten zusammengestellt hat; läßt sich – um nur ein paar Beispiele zu nennen – an Beethovens Schlachtengemälde »Wellingtons Sieg bei Vittoria« oder an Tschaikowskys »Overtüre 1812« nicht nur der historische Kern freilegen, sondern auch das Problem von Musik und außermusikalischem Programm aktualisieren, so müßte es möglich sein, exploratives Verhalten im musikalischen Bereich so weit zu entwickeln, daß es sich auch auf Beispiele absoluter, d. h. nicht sprachgebundener oder programmabhängiger Musik erstreckt.

Ein viel zu selten verwendetes Verfahren, scheinbar »geschlossene« Werke in offene Formen zu überführen, ist der Vergleich verschiedener Fassungen, Lösungen oder Bearbeitungen. Gerade ein Vergleich kann dazu beitragen, deutlich zu machen, daß viele Werke nicht, wie es die Opuskultur glauben machen möchte, nur in einer einzigen, einmaligen, nicht mehr hinterfragbaren Weise existieren, die lediglich affektive Distanz bewirkt, sondern oft erst durch ein ritualisiertes Musikleben und einen daran orientierten Musikunterricht ihren Prozeßcharakter einbüßen und zum Bildungsgut erstarren. Aus dem Vergleich etwa von Bachs IV. Brandenburgischem Konzert mit der Bearbeitung für Cembalo (BWV 1057), von Mozarts Bläserserenade c-moll (KV 388) mit der Fassung für Streichquintett (KV 406), von Beethovens Violinkonzert mit der späteren Bearbeitung für Klavier mag deutlich werden, daß die überlieferten Kunstwerke niemals endgültige, in dieser Form einzig mögliche Lösungen darstellen – eine Anschauung, welche sie zwangsläufig mit der Aura des Unnahbaren, ja Mumifizierten umgibt –, sondern in ihren bedeutensten Beispielen stets etwas vom Prozeß ihrer Entstehung, der konfliktreichen Entscheidung zwischen verschiedenen gleichwertigen Möglichkeiten bewahrt haben. Der methodische Weg des Vergleichs könnte dazu beitragen, fixierte Vorstellungen über bestimmte Werke zu relativieren und zu der Einsicht führen, daß es sich auch bei diesen Beispielen traditioneller Musik um »offene« Formen handelt.

Die bisherigen Überlegungen lassen sich in folgender These zusammenfassen: Motivation im Musikunterricht ist nicht in erster Linie eine Frage der Entscheidung für oder gegen alte oder neue Musik – wie die Kontroverse zwischen Gottfried Küntzel und Heinz Meyer suggerieren könnte[19] –, sondern vor allem eine Frage der offenen, d. h. mehrdeutigen, Phantasie und Intellekt anregenden Formen, wie sie sich in allen musikgeschichtlichen Epochen finden.

Um das im Hinblick auf traditionelle Musik eingeschliffene Hörverhalten zu durchbrechen, d. h. alte Musik als offene Form erkennbar werden zu lassen, können besondere Weisen des methodischen Zugriffs hilfreich sein (Aktualisierung durch Verdeutlichung allgemeiner menschlicher oder gesellschaftlicher Probleme, etwa am Beispiel der Oper; Vergleich verschiedener Fassungen desselben Werkes oder verschiedener Bearbeitungen desselben programmatischen Vorwurfs o. ä.).

Nun läßt sich jedoch nicht leugnen, daß in manchen Klassen der Sekundarstufe selbst die Bevorzugung offener Formen nicht ausreicht, um Lernbarrieren und Sympathieschranken zu überwinden, wie sie von der Übermacht der Medien und der in ihnen dominierenden musikalischen Gattungen nachhaltig errichtet worden sind. Den Beitrag, den Sendungen wie »Musik für junge Leute« (d. h. für junge Leute schlechthin – hier wird also eine Gruppennorm suggeriert), die »Hitparade« oder »Musik vor der Schule« (so etwas hört man also vor der Schule, es ist sozusagen staatlich genehmigt) zur »Hör-Erziehung« beitragen, kann man nur als klassische Konditionierung mit der Konsequenz irreversibler Vorurteile, unflexibler Einstellungen und schließlich, als notwendige Folge, eines entscheidend eingeengten ästhetischen Erfahrungshorizontes bezeichnen. Einem Musikunterricht, der sich in dieser Schulstufe vor die Aufgabe gestellt sieht, einseitig vorprogrammierte Schüler zum erstenmal für das Hören von Musik zu motivieren, die nicht in Hitparaden erscheint (eine Situation, die an der Tagesordnung ist, da nur in den wenigsten Fällen kontinuierlicher, von einer Fachkraft erteilter Unterricht vorausgesetzt werden kann), bleibt meist nichts anderes übrig, als mit Themen zu beginnen, die mehr mit der gesellschaftlichen Funktion von Musik als mit Musik selbst zu tun haben: Musik in der Werbung, Musik und Politik, Musik und Geschäft, Musik und Technik usw. Zum Glück geben drei neuere Lehrbücher, wenn auch in unterschiedlicher Streuung und Akzentuierung, eine Fülle von Anregungen und Material für den musiksoziologisch orientierten Unterricht,[20] der sicherlich einen wesentlichen und bislang zu unrecht vernachlässigten Bereich musikalischer Unterweisung darstellt, aber nicht mit dem Anspruch auftreten kann, bereits den Gesamtbereich der »ästhetischen Erziehung« abzudecken.

Immerhin ist es eine für das Problem der Lernmotivierung gewichtige Erfahrung, daß die genannten Themen in der Sekundarstufe auch bei anscheinend musikuninteressierten Schülern eine gewisse Resonanz finden. Offenbar spüren sie bei Themen wie »Musik im Warenhaus« oder »Musik am Arbeitsplatz«, Themen also, die sich mit Problemen der kalkulierten Manipulation durch Musik befassen, den direkten Zusammenhang mit ihrem eigenen Leben, der sie aufhorchen läßt. Auf eine allgemeine Formel gebracht und auf das hier erörterte Problem bezogen, ließe sich sagen: bei Schülern, denen Musik vorwiegend als unreflektriertes affektives Stimulans, als Droge oder Geräuschkulisse dient, ist eine wesentliche Voraussetzung und Bereitschaft zur Mitarbeit im Musikunterricht der erkennbare Zusammenhang zwischen Unterrichtsgegenstand und eigenen Erfahrungen. Zu diesen Erfahrungen zählen jedoch nicht nur Situationen des Alltags, in denen Musik eine bestimmte, meist jedoch nicht recht durchschaute Funktion erfüllt, sondern zählt auch eine Fülle substantieller Musik, freilich zumeist durch die Metamorphose des Pop-Arrangements bis zur Unkenntlichkeit entstellt. Daß aber aus der Breite des Angebots sich auch immer wieder einige originelle Popversionen herausfiltern lassen, die – und darauf kommt es hier an – den Vergleich mit dem Original geradezu herausfordern, mag die Bearbeitung der Mussorgsky'schen »Bilder einer Ausstellung« von der Popgruppe Emerson, Lake und Palmer zeigen.[21] Das eigentliche Stimulans der Hörmotivation, das aus einem Muster »klassischer Horchstrapazen« – so ein Schüleretikett für den Musikunterricht[22] – wie dem Werk Mussorgskys plötzlich ein hochaktuelles, mit Spannung erwartetes Stück Musik werden läßt, ist kaum auf die Bedingungsvariablen Reiz der Neuheit oder Grad der Komplexität zu reduzieren. Kennzeichnend für dieses Thema oder die genannten musiksoziologischen Themen ist weniger der Neuigkeitsgehalt oder ein mittlerer Komplexitätsgrad als vielmehr die Aktualität. Aus der Sicht der Musikpädagogik – und sicher nicht nur aus dieser Sicht – fehlt daher in der Motivationsformel Heckhausens nicht nur der Grad der Offenheit eines Lerngegenstandes – im Sinne von mehrdeutig, fragwürdig, über sich selbst hinausweisend –, sondern eine weitere wesentliche Bedingungsvariable der Lernmotivation: der Aktualitätsgehalt eines Stoffes.

3. Motivation und Methode

Heinz Meyer weist in seinem Aufsatz »Aufmerksamkeit als Lernziel der Hörerziehung« zu Recht darauf hin, daß die verbreitete Methode des Werkhörens mit dem Schema: ein Stück vorspielen – besprechen – wieder vorspielen – wieder besprechen usw. auf die Dauer nur einen sehr geringen Motivationseffekt haben kann: »Der Zwang, an jedem Musikbeispiel etwas Bestimmtes lernen oder über das Gehörte reflektieren zu müssen, löst bei Schülern häufig ähnliches Unbehagen aus wie der berüchtigte Aufsatz im Anschluß an einen Schulausflug. Was einem dabei verleidet wird, ist nämlich merkwürdigerweise nicht das Reden oder Schreiben, sondern die Musik oder der Schulausflug«.[23] Da bei dieser vorherrschenden Methode der Werkbetrachtung die Musik hinter das zurücktritt, was an ihr gelernt werden soll, wird verhindert, worauf es in erster Linie ankommen sollte: den Schülern überhaupt eine affektive Einstellung zur Musik zu ermöglichen, oder, wie Meyer treffend formuliert: »jene Beziehungen zwischen Hörer und Musik zu stiften, welche die Reflektion über Musik erst sinnvoll machen. Eine Sache, zu der ich kein Verhältnis habe (und sei es ein aversives), eine Sache, die mir gleichgültig ist, veranlaßt mich auch nicht zum Fragen, Nachdenken und Lernen, ihr Motivationswert ist gleich null.«[24] Auf den gleichen Sachverhalt hat schon vor zehn Jahren Adorno in seiner »Einleitung in die Musiksoziologie« hingewiesen. Obwohl er in dem Kapitel »Typen musikalischen Verhaltens« den »emotionalen Hörer« anprangert, dem Musik

ebenfalls nur als Mittel zum Zweck, wenn auch in ganz anderer Hinsicht, nämlich »zu Zwecken seiner eigenen Triebökonomie« dient, finden sich im gleichen Zusammenhang zwei Sätze, die auf rationalistische Tendenzen in der Musikpädagogik abzuheben scheinen: »Bewußtes Hören wird mit kaltem und äußerlich reflektierendem Verhalten zur Musik verwechselt«. Und: »In Wahrheit ist auch adäquates Hören nicht denkbar ohne affektive Besetzung«.[25]
Auf die Frage, wie denn der Musikunterricht dazu beitragen kann, affektive Bindungen an Musik zu ermöglichen und dadurch zu erreichen, daß »das Reden über Musik ... nicht vom Lehrer erzwungen, sondern durch die Sache und die Aufgabe herausgefordert wird«, gibt Meyer sehr anregende Antworten. Er empfiehlt z.B. regelmäßige Wiederholungen von Musikausschnitten in verschiedenen Musikstunden, verbunden mit der Aufgabe, die Stücke benennen und unterscheiden sowie verschiedene Ausschnitte den Kompositionen, aus denen sie entnommen wurden, richtig zuordnen zu können, z. B. aufgrund gleicher Besetzung, gleicher thematischer oder motivischer Substanz oder Stileigentümlichkeiten: Aufgaben, deren Reiz dem von Quizaufgaben nicht unähnlich ist, und die zudem vergleichbare Erfolgserlebnisse ermöglichen.[26] In diesem Zusammenhang interessiert vor allem die Tatsache, daß Meyer den Motivationseffekt weniger vom gehörten Musikbeispiel als vom methodischen Zugriff abhängig macht. Nun würde man ihn sicherlich mißverstehen, wenn man seine Vorschläge als neues methodisches Patentrezept mißdeutete, so als wäre Motivaton im Musikunterricht nur mit Hilfe einer einzigen, wenn auch besonders geeigneten Methode möglich. Immerhin machen sie deutlich, daß es mehr methodische Möglichkeiten der Werkbetrachtung gibt, als sich die notorische Schulweisheit träumen läßt.[27]
Um an die Fülle der Möglichkeiten zu erinnern, sei hier versucht, die methodischen Varianten terminologisch und inhaltlich zu differenzieren. Als Methoden der Werkbetrachtung im Musikunterricht lassen sich unterscheiden:
1. die verlaufsgebundene Methode
2. die synthetische Methode
3. die experimentelle Methode
4. die verfremdende Methode
5. die zuordnende Methode (im Sinne Meyers)
6. die vergleichende Methode.

Diese Möglichkeiten, die keinen Anspruch auf Vollständigkeit erheben, seien kurz an einem Beispiel erläutert. Angenommen, im Musikunterricht sollte – im Zusammenhang mit dem Thema Musik und Sprache, Musik und Programm oder als Einführung in neue Chormusik – Goffredo Petrassis »Nonsense« nach »The Book of Nonsense« von Edward Lear besprochen werden[28], so wären folgende methodische Verfahrensweisen denkbar:
1. *Die verlaufsgebundene Methode* würde das Hören eines oder mehrerer musikalischer »Limericks« an den Anfang stellen und den Höreindruck analysieren. Wie gesagt, hat dieses Verfahren, wenn es einseitig praktiziert wird,

viele Nachteile: vor allem aber den, daß es das Ergebnis des Musikunterrichts, zum Musikhören zu motivieren, bereits voraussetzt. Es scheint daher am ehesten in der Grundschule angebracht, da Grundschulkinder noch nicht in gleichem Maße gegen akustische Reize abgestumpft sind wie viele Schüler höherer Klassen.
2. *Die synthetische Methode* würde zunächst den Text analysieren und, von inhaltlichen, formalen, gattungsmäßigen Merkmalen ausgehend, die Frage nach den Möglichkeiten einer musikalischen Vertonung stellen: d. h. die Komposition erst vorspielen, wenn bestimmte Hörerwartungen aufgebaut worden sind.
3. Der synthetischen Methode verwandt und teilweise als Fortführung geeignet ist *das experimentelle Verfahren*, das z. B. in der Aufgabe bestehen könnte, den Text eines oder mehrerer Limericks mit eigenen vokalen und instrumentalen Mitteln zu vertonen und erst dann das Ergebnis mit der komponierten Fassung zu vergleichen.
Zu den experimentellen Verfahrensweisen ist auch die von Wolfgang Longardt prakizierte Methode zu zählen.[29] Sie besteht im wesentlichen darin, daß die Schüler aufgefordert werden, Vermutungen über den weiteren Verlauf zunächst nur fragmentarisch vorgestellter Melodien oder Formverläufe anzustellen, eigene Vorschläge zu erproben und mit der Lösung des Komponisten zu vergleichen: ein Verfahren, das sicherlich dazu beitragen kann, produktive Phantasie zu stimulieren, und darüber hinaus den Kompositionsprozeß als eine Kette von Entscheidungen zwischen verschiedenen Möglichkeiten durchschaubar zu machen. »Irgendeine falsche Scheu hält uns davor zurück, bei Werkbetrachtungen etwas anderes zum Klingen zu bringen als nur das authentische Endprodukt. Damit versperren wir uns Einsichten und Chancen, auf begrenztem Raum mitzumodellieren. Haben Schüler aber am gleichen Tonmaterial auch mitmontiert und Alternativen erprobt, dann können sie erfahrungsgemäß auch sprachlich sachbezogenere Aussagen machen, die nicht nur ›schön-geistig‹ wie aus dem Konzertführer entliehen klingen«.[30]
Als experimetelle Methode verdient auch das von Hermann Josef Wilbert proklamierte »aktualgenetische Verfahren« Beachtung, das die zu besprechenden Hörbeispiele zunächst auf ihren melodischen, harmonischen oder rhythmischen Kern reduziert, um von daher das Spezifische der komponierten Fassungen bewußt zu machen.[31] Die Methoden Longardts und Wilberts eignen sich vor allem für die Behandlung überschaubarer tonaler Werke oder Werkausschnitte, erscheinen jedoch als Zugang zu den hier aus exemplarischen Gründen gewählten Limericks von Petrassi weniger sinnvoll.
4. *Die verfremdende Methode* könnte darin bestehen, daß der Limerick-Text anfangs mit einer unangemessenen Musik verbunden wird, beispielsweise mit einem Ausschnitt aus einer Klassischen Symphonie oder einem barocken Konzertsatz, wobei der Lehrer den Text in einer eigenen Tonbandproduktion der Musik melodramatisch unterlegt. Der eklatante Widerspruch wird nicht nur verbale Reaktionen stimulieren, sondern auch zum Erfinden angemessenerer

Lösungen und vor allem zum Hören der Komposition Petrassis animieren.
5. *Das zuordnende Verfahren* schließlich könnte von der Aufgabe ausgehen, den ins Deutsche übersetzten Text den italienisch gesungenen Limericks aufgrund musikalischer Merkmale zuzuordnen, oder auch Ausschnitte aus Petrassis Komposition und aus einem vergleichbaren, in seinen musikalischen Stilmitteln dennoch charakteristisch verschiedenen Chorstück wie den Michelangelo-Gesängen von Dallapiccola o. ä. jeweils dem einen oder anderen Werk zuzuordnen und dabei beide kennenzulernen.
6. Ein *vergleichendes Verfahren* liegt zwar bei dieser, in jeder Beziehung singulären Musik nicht unbedingt nahe; dennoch mag unter Umständen die Gegenüberstellung mit anderen Werken im Sinne gegenseitiger Erhellung sinnvoll sein. Zu denken wäre an einen Vergleich der musikalischen Schlangendarstellung im 2. Limerick mit entsprechenden musikalisch-rhetorischen Figuren des Barock, etwa mit der Schlangenfigur in Bachs Kantate Nr. 213, oder an eine Gegenüberstellung mit Bussottis »Cinque frammenti all' Italia« oder Nonos »Contrappunto dialettico alla mente«, Kompositionen, in denen der sich bei Petrassi andeutende Prozeß der Sprachauflösung bis zur Zerstückelung fortgeführt erscheint.
Die genannten methodischen Möglichkeiten lassen sich sicherlich nicht in jedem Falle mit gleicher Berechtigung anwenden: das synthetische, das verfremdende und das experimentelle Verfahren etwa eignen sich in der Regel besser für wortgebundene als für absolute Musik. Der Methodenkatalog sollte lediglich den Blick auf die Bedeutung der Methode als einer wesentlichen Bedingungsvariablen der Lernmotivierung richten. Unabhängig vom jeweiligen Hörbeispiel trägt ein schematisch wiederkehrendes methodisches Verfahren allzu oft dazu bei, Motivation im Musikunterricht zu verhindern. Aus dieser Sicht begründet sich auch die Forderung nach einem Wechsel der Methode in der einzelnen Unterrichtsstunde selbst, zumal in Verbindung mit einem Wechsel der Sozialform. Auf die besondere Bedeutung, die auch im Musikunterricht der Bildung von arbeitsteiligen oder arbeitsgleichen Kleingruppen für die Aktivierung jeden einzelnen Schülers zukommt, hat Hans Rectanus zu Recht mit Nachdruck hingewiesen.[32]

4. Motivation und Aktionsform

Im Zusammenhang mit der Analyse effektiver und ineffektiver Lernorganisation hat die neuere Erziehungswissenschaft auf verschiedene Aktionsformen des Lehrens und Lernens hingewiesen und dadurch Alternativen zur traditionellen Lehrerdarbietung ins allgemeine Bewußtsein gehoben, so z. B. das Lernspiel und das Schülerexperiment.[33] Diese Differenzierung macht deutlich, daß es außer vom Unterrichtsgegenstand auch von der Aktionsform des Unterrichts abhängen kann – und zwar vor allem von der Angemessenheit und von einem geplanten Wechsel der Aktionsform –, ob das Lernziel einer Stunde erreicht wird oder nicht. Für den Musikunterricht dürfte vor allem die Feststel-

lung wichtig sein, daß auch der aufregendste Lernstoff keine oder nur geringe Lernmotivationen bewirkt, wenn der Lehrer sich auf die eigene Darbietung als einzige Aktionsform beschränkt. Im Zusammenhang der hier gestellten Frage nach den fachspezifischen Bedingungsvariablen der Lernmotivierung im Musikunterricht seien vor allem zwei Aktionsformen herausgehoben, die in besonderem Maße dazu beitragen können, den Schüler zur kritischen Stellungnahme zu veranlassen oder zur selbständigen Bewältigung von Lernaufgaben herauszufordern: das Streitgespräch und das Schülerexperiment.
Die Aktionsform des *Streitgesprächs* bietet sich immer dann an, wenn zu vermittelnde Informationen Wertungen einschließen, oder wenn es, wie so oft im künstlerischen Bereich, um Fragen geht, bei denen persönliche Vorlieben oder auch Vorurteile mit im Spiele sind, wie z. B. bei Fragen der avantgardistischen oder der Popularmusik. Will man vermeiden, durch einseitige – positive oder negative – Stellungnahmen ebenso einseitige Ansichten oder Verhaltensweisen zu indoktrinieren, und stattdessen die Schüler zum Mitdenken und zur Begründung ihrer Entscheidungen veranlassen, so empfiehlt sich die Konfrontation kontroverser Ansichten. In Dieter Zimmerschieds »Beat – Background – Beethoven« etwa, in dem das Ergebnis einer Schülerbefragung zur Musik mitgeteilt und ausgewertet wird, findet sich eine Fülle von Material, das zu einem Streitgespräch über alle Spielarten gegenwärtiger Musik, aber auch über Fragen des Geschmacks und der Toleranz, insbesondere auch über den Einfluß der Vorbildung auf die sachliche Kompetenz im musikalischen Bereich herausfordern könnte.
Als höchst wirksames Mittel, selbst der Musik gegenüber gleichgültige Schüler für den Musikunterricht zu interessieren, und zwar auch für das Werkhören, hat sich eine andere Aktionsform bewährt: das *Schülerexperiment*. Gemeint ist die experimentelle Lösung von Gestaltungsaufgaben, die von Lehrer und Schülern gemeinsam entworfen und gemeinsam realisiert werden. Solche Gestaltungsaufgaben, die mit vokalen und allen zur Verfügung stehenden instrumentalen Mitteln gelöst werden können, haben eine doppelte Funktion: Einmal sollen sie dem Schüler Gelegenheit geben, sich musikalisch zu betätigen, klangliche Phantasie zu entwickeln, dabei jedoch sich nicht nur motorisch, sondern auch intellektuell zu engagieren. Zum anderen – und dies ist für das Problem der Motivation die entscheidende Zielsetzung – sollen sie auf das Werkhören vorbereiten. Wenn Schüler nicht nur zu Musikkonsumenten verurteilt werden, die vorgegebenes sogenanntes »Bildungsgut« ungefragt rezipieren müssen, sondern Gelegenheit erhalten, musikalische Formverläufe, Formprinzipien oder handlungsgebundene Abläufe frei, d. h. nach eigenen Vorstellungen zu gestalten, sind sie eher bereit, sich anzuhören, wie etablierte Komponisten das gleiche Problem bewältigt haben.
Dies bestätigte sich in mehreren Unterrichtssequenzen in Flensburg (Gymnasium), Satrup und Wyk auf Föhr (Haupt- und Realschule), in denen versucht wurde, das Hören traditioneller und avantgardistischer Kompositionen durch

improvisatorische, dramatisch-musikalische Gestaltung programmatischer Szenen bzw. durch vokale und instrumentale Improvisation bestimmter Formverläufe vorzubereiten. Da Günther Noll bereits ausführlich über aufschlußreiche Versuche berichtet hat, mit Hilfe von Gruppenimprovisation auch unter den in der Regel schwierigen Bedingungen der Hauptschule zum Werkhören hinzuführen[34], sei hier auf eine detaillierte Schilderung ähnlicher Versuche [des Musikseminars der Pädagogischen Hochschule Flensburg] verzichtet. Soviel sei immerhin gesagt, daß sie die von Noll referierten Ergebnisse vollauf bestätigen.[35]

Vor allem aber machen sie deutlich, daß Motivation im Musikunterricht unter anderem auch von der vorherrschenden Aktionsform des Lehrens abhängen kann.

Als besonderes Stimulans, das Aufmerksamkeit und Arbeitsbereitschaft merklich fördern kann, erweist sich daneben immer wieder der Einsatz technischer Mittler. Die Faszination, die auch heute noch von fast schon alltäglichen Medien wie Mikrofon und Tonbandgerät ausgeht, kann für das Unterrichtsergebnis eine nicht zu unterschätzende Bedeutung haben. Außer der Aktionsform ist daher auch die angemessene Verwendung technischer Mittler als Bedingungsvariable der Lernmotivierung im Musikunterricht zu werten.

Epilog

In den vorstehenden Überlegungen wurde versucht, einige Bedingungsvariablen der Lernmotivation auf ihre fachspezifische Bedeutung zu befragen. Am Beispiel der von Heckhausen aufgestellten Motivationsformel zeigte sich, daß ein vom fachlichen Kontext abstrahierendes Ergebnis der Lernpsychologie, so hilfreich es als Denkanstoß sein mag, erst auf die besondere Situation eines Faches transformiert, d. h. im Sinne der fachimmanenten Bedingungen modifiziert werden muß, wenn es für die Schulpraxis relevant werden soll. Da im Musikunterricht von den in Heckhausens Formel berücksichtigten Bedingungsvariablen außer der Leistungsmotivation (LM) auch der sachbereichsbezogene Anreiz (As) nur in einzelnen Fällen vorausgesetzt werden kann – per definitionem setzt der sachbereichsbezogene Anreiz voraus, daß ein Schulfach vom Schüler und das heißt zumeist in seinem Elternhaus oder in der Öffentlichkeit hoch geschätzt wird[36] –, blieben als einzige sachbezogene Anregungsvariablen, auf die ein Lehrer Einfluß nehmen könnte, wie erwähnt, der Erreichbarkeitsgrad (E), der Anreiz (Ae), d. h. der Komplexitätsgrad, und der Neuigkeitsgehalt (N) von Aufgaben. Ein solches, durch die Formel suggeriertes Ergebnis widerspricht jedoch aller praktischen Erfahrung: sie zeigt, daß der Lehrer – zumindest im Musikunterricht – über die genannten hinaus eine Reihe weiterer Faktoren beeinflussen kann, die hier noch einmal zusammenfassend als Bedingungsvariablen der Lernmotivation im Musikunterricht genannt seien: der Grad der Offenheit des Unterrichtsgegenstandes im Sinne von mehrdeutig, fragwürdig, über sich selbst hinausweisend, die Aktualität des Stoffes,

die vorherrschende Aktionsform, die Flexibilität der Sozialform und eine angemessene Verwendung technischer Mittler. Möglicherweise wirft dieser theoretische Ansatz ein neues Licht auf die in der Kontroverse zwischen Küntzel und Meyer diskutierte Frage der Motivation durch neue Musik[37], wenn man, ganz im Sinne Heckhausens, Neuheit nicht nur als chronologischen Begriff versteht, sondern ihn auch auf das Ergebnis des Interessantmachens bzw. Verfremdens von Vertrautem anwendet.[38]
Fragt man nach den praktischen Konsequenzen dieser Überlegungen, so eröffnen sich leider gegenwärtig keine sehr hoffnungsvollen Perspektiven. Die tatsächliche Berücksichtigung der genannten Faktoren, insbesondere die Erprobung experimenteller Aktionsformen oder die gezielte Arbeit mit technischen Mittlern, setzt nämlich andere Bindungen voraus, als sie heute an vielen Schulen anzutreffen sind. Wenn heute nicht einmal Schulneubauten mit einem Musikraum ausgestattet werden, wenn stattdessen weiterhin die Musiklehrer von Stunde zu Stunde mit – zudem noch höchst mangelhaften – Geräten und Instrumenten von Klassenraum zu Klassenraum ziehen müssen und daher aus verständlichen Gründen auf beides gerne verzichten, wird alles amtliche Gerede von der »ästhetischen Erziehung im auditiven Bereich« und von den hehren Lernzielen des Musikunterrichts zu hohlem Pathos. Wenn die Entwicklung und Erprobung neuer pädagogischer Theorien an Pädagogischen Hochschulen und Universitäten lediglich dazu beiträgt, die Diskrepanz zwischen Theorie und Praxis zu vergrößern, dann sollte man lieber ganz auf eine wissenschaftliche Ausbildung der Lehrer verzichten, da der Widerspruch zwischen dem durch die Theorie vermittelten Anspruchsniveau und den Zuständen in der Praxis lediglich Frustrationen heraufbeschwärt, die Idealismus und Aktivität im Keim ersticken. So wenig Erwachsene bereit sein dürften, sich in einem Keller, Abstellraum oder in anderer funktionsgebundener Umgebung mit ästhetischen Dingen zu befassen, so wenig kann man Schülern zumuten, in einer unangemessenen Umgebung musikalisch-künstlerische Interessen zu entfalten. Mit unangemessener Umgebung ist sowohl das eigene, bis an den Rand mit Bänken vollgestellte Klassenzimmer gemeint als auch die riesige und daher unpersönliche und meist auch überakustische Aula. Es muß mit Nachdruck darauf hingewiesen werden, daß der Anreiz der Umgebung für die Motivationsfrage eine entscheidende Bedeutung hat, die im negativen Fall so stark ins Gewicht fallen kann, daß andere, positiv geladene Faktoren aufgehoben werden.
Daher richten sich diese Überlegungen nicht nur an den praktizierenden Lehrer, sondern vor allem auch an die Verantwortlichen in Ministerien und Gemeindeverwaltungen, in der Hoffnung, nicht nur Lernziele beschrieben, sondern auch die Kriterien benannt zu haben, an denen sich der Lernerfolg ablesen läßt.[39]

Anmerkungen

[1] Heinz Heckhausen, Förderung der Lernmotivierung und der intellektuellen Tüchtigkeiten, in: Deutscher Bildungsrat. Gutachten und Studien der Bildungskommission, Band 4: Begabung und Lernen, hrg. von Heinrich Roth, Stuttgart[5] 1970, S. 194.

[2] Dem entspricht Schiefeles Unterscheidung von »Einstellungen (dispositionell, habituell, individualtypisch, relativ konstant)« und »Motiven (aktuell als Bewegen, Begründen, Bestimmen)«, die sowohl von der »intentionalen Spannung« (spontane Motive) als vom »situativen Anreiz« (reaktive Motive) bestimmt werden. Vgl. Hans Schiefele, Motivation im Unterricht, München [4]1963, S. 66.

[3] Heinz Heckhausen, a. a. O., S. 196.

[4] Vgl. dazu Heckhausen, a. a. O., S. 203 ff. und Maria Wasna, Motivation, Intelligenz und Lernerfolg, München 1972, S. 29 f.

[5] Vgl. Rolf Oerter, Moderne Entwicklungspsychologie, Donauwörth [8]1971, S. 125 ff.; Rolf Oerter, Psychologie des Denkens, Donauwörth [2]1971, S. 458 ff. und 481 ff.; Dieter Langer, Informationstheorie und Psychologie, Göttingen 1962, S. 179 ff.

[6] »Hörerziehung kann sich nicht auf die Bereitstellung ›reiner‹ Novitätseffekte kaprizieren«. Heinz Antholz, Unterricht in Musik, Düsseldorf [2]1972, S. 153.

[7] Vgl. Heckhausen, a. a. O. (s. Anm. 1), S. 205.

[8] Gisela Hoepker, »Offene« und »geschlossene« Gedichte, in: Die Schulwarte 5/1970, S. 15-23.

[9] Horst Rumpf, Zum Problem der didaktischen Vereinfachung, in: Schulwissen. Probleme der Analyse von Unterrichtsinhalten, hrg. von Horst Rumpf, Paedagogica Band 8, Göttingen 1971, S. 73.

[10] Horst Rumpf, a. a. O., S. 75.

[11] Vgl. dazu Rolf Oerters Definition der »Neugier als Folge kognitiver Konflikte«: Psychologie des Denkens, Donauwörth [2]1971, S. 464 ff.

[12] Eine Definition, die bezeichnenderweise auch den Strukturbegriff Jerome S. Bruners kennzeichnet: »Die Struktur eines Themas begreifen heißt, es so zu verstehen, daß viele andere Dinge dazu in eine sinnvolle Beziehung gesetzt werden können. Kurz: die Struktur lernen, heißt lernen, wie die Dinge aufeinander bezogen sind«. Der Prozeß der Erziehung, Berlin und Düsseldorf [2]1972, S. 22.

[13] Karlheinz Stockhausen, Texte zur eigenen Werken, zur Kunst Anderer – Aktuelles, Köln 1964, S. 74 ff. (Zyklus für einen Schlagzeuger – Analyse).

[14] Konrad Boehmer, Zur Theorie der offenen Form in der neuen Musik, Darmstadt 1967.

[15] Konrad Boehmer, a. a. O., S. 9.

[16] Vgl. dazu die Rezension von Clytus Gottwald: Zum Problem der »Offenen Form«, in: Zeitschrift für Musiktheorie 1/1970, S. 45 f.

[17] Vgl. die Kontroverse zwischen Gottfried Küntzel und Heinz Meyer in der Zeitschrift »Musica« 3/1969, S. 241 ff., 5/1971, S. 570 ff., 1/1972, S. 51 ff. Ferner Heinz Antholz, Zum Geschichtsdenken gegenwärtiger Musikpädagogik im Horizont didaktischer Ansatzproblematik, in: Aktualität und Geschichtsbewußtsein in der Musikpädagogik, hrsg. von Sigrid Abel-Struth, Mainz 1973.

[18] Terminologisch ist also zu unterscheiden zwischen einem »offenen«, d. h. mehrdeutigen, über sich selbst hinausweisenden Lerngegenstand und einer »offenen« Methode, d. h. einem methodischen Zugriff, der Schüler auch anhand von »geschlossenen« Objekten zu Neugierverhalten und aktiver Mitarbeit anregt. Die neuere Didaktik spricht in solchen Fällen bezeichnenderweise von »offenen Lernsituationen«. Vgl. Hans und Karin Brügelmann, Offene Curricula – ein leeres Versprechen? In: Die Grundschule 3/1973, S. 169 f. und Elke Callies, Offene und geschlossene Lernsituationen, in: Die Grundschule 2/1974, S. 73 ff. In diesem Zusammenhang dürfte der Hinweis auf einen Denkansatz Umberto Ecos aufschlußreich sein, der in seiner Schrift »Das offene Kunstwerk« (Frankfurt 1973) Offenheit weniger als eine Qualität des Kunstwerkes als eine Form der Rezeptionsbeziehung deutet. »Das Modell eines offenen Kunstwerks gibt nicht eine angeblich objektive Struktur der Werke wieder, sondern die Struktur einer Rezeptionsbeziehung«, d. h. einer Beziehung des Hörers zum Werk (S. 15).

[19] Vgl. Anm. 17.

[20] Lehrbuch der Musik, hrsg. von H. Hopf, H. Rauhe, H. Krützfeldt-Junker, Band III, Wolfenbüttel usw. 1972. – Musik aktuell, hrsg. von W. Breckoff, G. Kleinen, W. Krützfeldt, W. S. Nicklis, L. Rössner, W. Rogge, H. Segler, Kassel usw. 1971. – Sequenzen. Musik Sekundarstufe I, hrsg. von R. Frisius, P. Fuchs, U. Günther, W. Gundlach, G. Küntzel, Stuttgart 1972.

[21] Schallplatte: Eurodisc (Ariola) 87226 ET.

[22] Kunst + Unterricht 16/1972, S. 49.

[23] Heinz Meyer, Musik und Bildung 1972, S. 228.

[24] A. a. O., S. 229.

[25] Theodor W. Adorno, Einleitung in die Musiksoziologie, Frankfurt/M. ^{2}1968, S. 20. Vgl. dazu auch Dieter Zimmerschied: »Im Musiksaal tut der Musiklehrer nicht selten den zweiten vor dem ersten Schritt, indem er von vorherein die Reflexion verlangt, ohne dem jungen Hörer überhaupt Gelegenheit gegeben zu haben, adäquat, d. h. in ihm gewohnter und im privaten Raum nie anders geübter Weise gehört zu haben«. Beat-Background-Beethoven, Darmstadt 1971, S. 84.

[26] Heinz Meyer, a. a. O., S. 228 f.

[27] »Je verschiedenartiger die methodischen Ansätze sind, desto größer ist die Chance, viele Kinder zu erreichen«. Dankmar Venus, Unterweisung im Musikhören, Wuppertal usw. 1969, S. 151.

[28] Schallplatte: Telefunkten SLT 43095-B.

[29] Wolfgang Longardt, Musikerziehung braucht Phantasie, Essen 1968.

[30] Wolfgang Longardt, a. a. O., S. 27. Vgl. dazu auch das von Dankmar Venus vorgeschlagene Verfahren, die Schüler durch Gegenüberstellung verschiedener Fortführungen einer Melodie zu ästhetischen Entscheidungen zu veranlassen. Unterweisung im Musikhören, Wuppertal usw. 1969, S. 99 ff.

[31] Hermann Josef Wilbert, Die Förderung des musikalischen Gestaltungsvermögens im Kinde, Wolfenbüttel und Zürich 1967.

[32] Hans Rectanus, Gruppenunterrichtliche Verfahren im Musikunterricht – Möglichkeiten der Differenzierung und Demokratisierung, in: Neue Ansätze im Musikunterricht, hrsg. von H. Rectanus, Stuttgart 1972, S. 100 ff.

[33] Wolfgang Schulz, Unterricht – Analyse und Planung, in: P. Heimann, G. Otto, W. Schulz, Unterricht– Analyse und Planung, Hannover ^{3}1968, S. 13 ff. – Wolfgang Klafki, Integrierte Gesamtschule – Ein notwendiger Schulversuch, In: Zeitschrift für Pädagogik, Weinheim 1968, S. 521 ff. – K. Tiemann, Planspiele für die Schule, Frankfurt/M. 1969. – Edmund Kösel, Sozialformen des Unterrichts, Ravensburg 1973 u. a.

[34] Günther Noll, Zum Problem der Lernmotivation im Musikunterricht, in: Forschung in der Musikerziehung 9/10 – 1973, S. 11 ff.

[35] In einem gemeinsam von Dozent Martin Schulz und dem Verfasser geleiteten Fachpraktikum an der Auguste-Viktoria-Schule in Flensburg wurde die Besprechung folgender Werke durch Gruppenimprovisation vorbereitet: Mozart: Rondo aus dem Fagottkonzert KV 191 (Improvisation und Formverlauf); Strauss: Marktszene aus »Till Eulenspiegel« (Improvisation und literarisches Programm); Penderecki: Pilatus-Szene aus der Lukas-Passion (Improvisation und biblische Massenszene); Penderecki: De natura sonoris (Improvisation und grafische Partitur); Ligeti: Aventures (Improvisation und semantisch nicht fixierte Sprachklänge); Ligeti: Lux aeterna (Improvisation und tonsymbolische Vokalklänge). Um das methodische Verfahren wenigstens anzudeuten, sei erwähnt, daß z. B. im Falle der Aventures von Ligeti von der Vertonung eines dadaistischen Gedichtes, im Falle des Mozart-Rondos von der klanglichen Untermalung eines Gedichtes mit rondoartigem Aufbau ausgegangen wurde.

[36] Vgl. Heckhausen, a. a. O. (s. Anm. 1), S. 195.

[37] Vgl. Anm. 17.

[38] Heckhausen, a. a. O. (S. Anm. 1), S. 196 f.

[39] Der vorliegende Aufsatz ist eine gekürzte Fassung der Antrittsvorlesung des Verfassers an der Pädagogischen Hochschule Flensburg vom Mai 1973.

Lehrplan und Musikunterricht

Willi Gundlach

I.

In den letzten Jahren ist eine Fülle von neuen Lehrplänen erschienen, die die mannigfachen Vorstellungen über neue Formen und veränderte Zielsetzungen des Musikunterrichts wie des Unterrichts insgesamt auch in diesen Bereich der Aussagen über Schule und Pädagogik hineingetragen haben. Deshalb erscheint es notwendig, die kritische Diskussion darüber, die vorerst noch zögernd geführt wird, voranzubringen.[1] Der Lehrplan ist zwar nur ein Faktor von mehreren, die den Unterricht bestimmen, er ist aber sicherlich ein besonders prägnanter Gegenstand der Didaktik.

Eine Diskussion darüber scheint auch deshalb angebracht, weil immer mehr Lehrer mit Lehrplanproblemen in Berührung kommen – nicht nur als Ausführende, sondern in den verschiedensten Funktionen: als Mitarbeiter bei der Entwicklung, als Erprobende, als Auswählende – als kritisch Reagierende insgesamt.

Die Ansichten darüber, was ein Lehrplan leisten und wie er beschaffen sein sollte, sind ebenso verschiedenartig wie die Benennung des Phänomens selbst: Man spricht von Lehrplan, von Rahmenplan, von Richtlinien, von Rahmenrichtlinien und schließlich neuerdings immer öfter von Curriculum.[2]

Ich möchte mich an der Diskussion über die Terminologie hier nicht beteiligen und benutze in Anlehnung an den umgangssprachlichen Gebrauch durchgehend den Begriff »Lehrplan«.

II.

Am Beispiel des neuen Lehrplans für die Grundschule in NRW lassen sich einige Merkmale beschreiben, die m. E. gut als Ausgangspunkt für weiterführende Überlegungen dienen können.

1967 berief der Kultusminister des Landes eine Lehrplankommission, der für das Fach Musik ein Hochschullehrer (Michael Alt, gleichzeitig Vorsitzender), ein wissenschaftlicher Mitarbeiter aus dem Bereich der PH, der Leiter des Lehrerfortbildungsinstituts Musik in NRW und zwei Vertreterinnen der Grundschule angehörten.

Diese Kommission legte einen Lehrplanentwurf vor, der vom Minister 1969 als vorläufige »Richtlinien und Lehrpläne für die Grundschule« veröffentlicht wurden.[3] Die Entwürfe wurden in je einer Grundschule jedes Schulaufsichts-

bezirks und in den Grundschulen, die Gesamtschulen im Schulversuch zugeordnet sind, für die Dauer von vorerst zwei Jahren erprobt. Es handelte sich insgesamt um 200 Grundschulen. Später wurde diese Erprobungszeit auf vier Jahre verlängert. 1973 erschien dann die zweite Fassung des Lehrplans, die nun, vom Schuljahr 1973/74 an schrittweise zur verbindlichen Grundlage für den Unterricht an den Grundschulen des Landes gemacht wurde.[4]
Die Erprobung der neuen Lehrpläne wurde durch eine Reihe von Begleituntersuchungen unterstützt, unter denen sich auch eine Fragebogenaktion für das Fach Musik befand, bestehend aus 26 Fragen, die sich auf die Person des Lehrers – u. a. Fragen nach der Art der Musikausbildung – auf die Unterrichts-Situation – schulisch-organisatorische Bedingungen – und auf den neuen Lehrplan – Anregungen zur kritischen Stellungnahme – bezogen.[5]
Dieses Beispiel des Lehrplans von NRW ist zunächst einmal im Hinblick auf das *Verfahren* der Lehrplanentwicklung anregend und aufschlußreich:
An die Stelle von weitgehend anonymen Prozessen, wie sie früher üblich waren, tritt nun ein erhebliches Maß an Transparenz, das sich in der Nennung der Beteiligten und in der Veröffentlichung einer Erprobungsfassung des Plans zeigt. Der Erprobungscharakter wird in der Tatsache sichtbar, daß zunächst nur eine begrenzte Zahl von Versuchsschulen einbezogen wurden und daß man durch gezielte Befragungen die Resonanz der beteiligten Lehrer so genau wie möglich zu erfahren suchte.
Aber mit einem größeren Maß an Öffentlichkeit des Verfahrens wird auch die *inhaltliche Gestaltung* des Planes durchsichtiger. Hier läßt ein Vergleich der beiden Fassungen interessante Schlüsse zu. Da es im Rahmen dieser Ausführungen nicht um eine Kritik des Lehrplans als solchem geht, sondern um grundsätzliche Ausführungen zur Lehrplanfrage, denen der hier herangezogene Plan lediglich als Beispiel dient, genügt es, einen bestimmten Abschnitt herauszugreifen.
Die Ausführungen über *Musiktheorie* bilden eines von vier »Lernfeldern und Lernzielen« (1969: »Funktionsfelder und Funktionsziele des Musikunterrichts«).
Sie erscheinen einmal als zusammenfassender Abschnitt[6] und danach bei den Unterrichtsempfehlungen für jede der vier Klassen als kürzerer Abschnitt. Während es in den zusammenfassenden Ausführungen in der Fassung von 1969 vor allem um eine Auseinandersetzung mit älteren Methoden des Treffsingens, mit einem »eindimensionalen musiktheoretischen Lehrgang aus Kinderruf, Leiermelodik, Pentatonik und aus vor- und frühgeschichtlichen Modellen« geht, und während »Tätigkeitsformen«, die seit der Reformpädagogik entwickelt wurden, kritisch in den Umkreis heutigen Unterrichts eingefügt werden, spiegelt die Fassung von 1973 in viel stärkerem Maße die didaktische Diskussion der letzten Jahre.
Das beginnt bereits mit der Begrifflichkeit. Neue Termini wie »Parameter«, »Umwelt«, »Schallverläufe« und »Hörpartitur«, ganze Wendungen wie: »au-

ditive Wahrnehmungsfähigkeit differenzieren« oder »Hörbares aus Umwelt und Musik ... ist auf seine Eigenschaften, seine Verlaufsart und seine Wirkungen auf sich selbst und auf andere zu untersuchen«, werden einbezogen.
Es ist unerheblich, wieweit solche Veränderungen im einzelnen auf bestimmte personale oder anderweitig bedingte singuläre Faktoren zurückzuführen sind: wir wollen davon ausgehen, daß die Differenz insgesamt nicht untypisch für Veränderungen ist, wie sie sich üblicherweise in Prozessen dieser Art vollziehen.
In diesem Fall ist lediglich der Grad der Öffentlichkeit höher – und das ist in jedem Fall zu begrüßen.
Während ein Begriff wie »Parameter« – so, wie er hier verwendet wird – ohne Schaden für das, was gesagt werden soll, auch wegbleiben könnte, deuten sich mit anderen dagegen (»Hörpartitur«, »Umwelt«) auch neue Inhalte an. So wird zum einen der Bereich der graphischen Notation und zum anderen eine Instrumentenkunde im erweiterten Verständnis aufgenommen.
So reizvoll eine weitere Ausführung dieser nur angedeuteten vergleichenden Analyse auch wäre – ließe sich an ihr doch ein Element von Geschichtlichkeit im Bereich des Lehrplans zeigen, und damit befände man sich in bester Tradition der Lehrplan-Diskussion seit Erich Weniger[7] – in diesem Zusammenhang kann dieser Frage nicht weiter nachgegangen werden. Hier stellt sich vielmehr ein anderes Problem:
Da ältere Verfahren der Lehrplan-Entwicklung weitgehend anonym erfolgten, fehlten in der Regel auch genauere Begründungen für die vorgelegten Entscheidungen. Das ist heute nicht mehr vertretbar. Zudem ist die pädagogische Landschaft heute bedeutend vielschichtiger geworden und der Grad ihrer Veränderbarkeit hat sich enorm gesteigert. Ob man das begrüßt oder beklagt – in jedem Fall entsteht daraus umso mehr die Notwendigkeit, den Hintergrund des Vorgelegten darzustellen und die Quellen, derer man sich bedient, zu nennen.
Eine solche Forderung mag, so begrüßenswert man sie finden könnte, als unrealistisch gelten, denn Lehrpläne sind, so wie sie sich heute darbieten, meist recht bunte Mischungen aus ganz Konkretem und ganz Allgemeinem.
Man wird deshalb – auch aus diesem Grunde – den Lehrplan, so, wie er sich konkret heute noch allenthalben darbietet, aufgliedern müssen:
Auf der einen Seite gehören Grundsatzausführungen, also vor allem die Darstellung der Lernziele, zum Lehrplan im engeren Sinne.
Methodische Einzelanweisungen aber und Materialien der verschiedensten Art für die Durchführung des Unterrichts, sind davon zu lösen. Sie werden nach allgemeiner Erfahrung öfter zu überarbeiten sein, sie haben gegenüber den Grundsatzausführungen nicht den gleichen Grad der Verbindlichkeit – es ist z. B. zu fragen, wieweit sie in allen Einzelheiten vom Staat in gleicher Weise zu verantworten sind wie Bestimmungen der Lernziele, wieweit sie nicht vielmehr in die Verantwortung des einzelnen Lehrers oder zumindest örtlicher

Gremien fallen – und sie sollten deshalb auch in der Form ihrer Präsentation nicht den Eindruck von verbindlichen Erlassen erwecken, die strikt zu befolgen seien.
Erfolgte aber eine Trennung in dieser Weise – sie wird immer wieder diskutiert, hat sich aber in der Praxis bisher kaum durchgesetzt – dann erschiene es durchaus durchführbar, Grundsatzentscheidungen eingehender zu begründen.
Im Falle des Grundschul-Lehrplans NRW ist in gewisser Weise ein Begründungshintergrund gegeben. Der Zusammenhang der wichtigsten Partien des Lehrplans mit den Auffassungen, die Michael Alt in seiner »Didaktik der Musik«[8] vertritt, ist leicht erkennbar. Aber schon in der zweiten Fassung tauchen neue Elemente auf, die auf Alts Didaktik nicht mehr zurückzuführen sind, die aber umso dringender einer Begründung bedürften. In dieser unkommentierten Form, wie sie hier erscheinen, erhalten sie allzuleicht den Charakter von Setzungen, die zu befolgen, aber nicht zu befragen und schon gar nicht zu bezweifeln sind.
Wer die didaktische Diskussion der letzten Jahre im einzelnen verfolgt hat, wird zwar leicht in der Lage sein, die Herkunft der meisten neuen Topoi selbst abzuleiten, aber diese Möglichkeit wird man nicht allgemein voraussetzen können.
Zudem mag mancher Lehrplan-Autor mit der Verwendung einzelner Begriffe und Aussagen sicherlich vorsichtiger sein, wenn er seinen Lesern Rechenschaft darüber ablegen muß, woher er sie hat und warum er sie verwendet.
Indessen wäre es ungerecht, solche Maßstäbe an bereits erschienene Lehrpläne anlegen zu wollen, wo doch die bisherige Praxis dafür noch kaum Spielraum bietet.
Grundsätzlich ist das Nebeneinander von älteren didaktischen Vorstellungen und neueren Ideen durchaus nicht verwerflich. Es spiegelt nämlich nicht nur die Unabgeschlossenheit der Situation insgesamt wider – es weist auch auf einen ganz wichtigen Faktor hin, nämlich auf den Lehrer, der mit dem Lehrplan arbeiten muß.
Die vergleichenden Befragungen haben u. a. auch eine Tatsache bekräftigt, die jedem Kenner der Situation bewußt ist, die hier jedoch, wo sie durch Zahlen gestützt wird, umso mehr Gewicht erhält. Da die Altersschichtung der Lehrer verhältnismäßig breit gestreut ist, ist dementsprechend auch die Ausbildung sehr verschiedenartig. Das kann man unschwer folgern, wenn man erfährt, wann die einzelnen Lehrer ausgebildet worden sind.
Von 488 Lehrern hatten 7 ihre Ausbildung in der Zeit von 1919-1936 erhalten (1,4 %) und immerhin noch 33 in der Zeit von 1937 bis zum Ende des Krieges (6,7 %). Weitere 183 wurden in der Zeit von 1946-1960 ausgebildet (37,5 %).[9]
Ein Lehrplan, der für alle Lehrer verbindlich sein soll, muß – bei aller wünschenswerten Hinwendung zu neuen Vorstellungen – auch Bezugspunkte bieten, an denen solche Lehrer anknüpfen können, die eine Ausbildung ganz anderer Art erhalten haben, als es heute üblich ist.

So entspricht einer Verschiedenartigkeit der Ausbildung der Lehrer in gewisser Weise auch eine Mehrschichtigkeit des Lehrplans.
Daran wird sichtbar: eine der Hauptschwierigkeiten bei der Lehrplan-Entwicklung besteht darin, die verschiedenen Bezugsebenen in diesem Sinne in überzeugender Weise in einen Zusammenhang zu bringen. Darin unterscheidet sich ein Lehrplan gründlich von didaktischen Entwürfen Einzelner oder einzelner Gruppen. Schließlich ergibt sich hier auch eine Differenz zwischen Lehrplan-Entwürfen für das Schulwesen insgesamt und solchen für begrenzte Schulversuche (wie z. B. den Schulversuch Gesamtschule in NRW mit augenblicklich 17 Schulen.)

III.

Im Anschluß an diese Darstellung des Beispiels aus NRW möchte ich einige Vorschläge zur Lehrplan-Entwicklung machen, die auf entsprechenden Erfahrungen in den letzten Jahren beruhen.

1. Transparenz der Entwicklung

Am Beispiel des NRW-Planes sind bereits einige bemerkenswerte Ansätze für eine größere Transparenz bei der Lehrplan-Entwicklung sichtbar geworden. Ein Lehrplan, der nach wie vor vom Staat verantwortet wird, kann gleichwohl heute nicht mehr anonym veröffentlicht werden. Vielmehr
- sind die Namen der an der Entwicklung Beteiligten zu veröffentlichen,
- ist das Verfahren der Entwicklung darzustellen,
- sind ggf. Begleituntersuchungen zu veröffentlichen,
- sind Ergebnisse der Arbeit möglichst schon in vorläufiger Form der öffentlichen Diskussion zugänglich zu machen.

Wenn auf solche Weise mehr Transparenz erreicht wird, stellt sich allerdings die Frage, ob die so gegebene Möglichkeit zur öffentlichen Diskussion auch immer in wünschenswerter Weise genutzt wird. Es müßten Wege gefunden werden, eine Diskussion des Lehrplans über den Bereich der engeren Fachdiskussion hinaus auszudehnen. E. Weniger hatte in seiner bereits erwähnten Arbeit[10] den Lehrplan als das Ergebnis des Ringens verschiedener gesellschaftlicher Kräfte charakterisiert. Diese unbestreitbare Tatsache zeigt sich oft nur in indirekter Weise: die Prozesse spielen sich meist unter der Oberfläche ab und geraten nur in Fällen besonderer politischer Brisanz ans Licht. Gerade aber, wenn verschiedene Interessen gegeneinander abzuwägen sind, muß ein größtmögliches Maß an Öffentlichkeit der Diskussion angestrebt werden.
Deshalb müssen auch für den Bereich des Musikunterrichts die verschiedenen relevanten Gruppen der Öffentlichkeit wie: Vertreter entsprechender Wissenschaften, der Politik und der Eltern an der Diskussion beteiligt werden.

2. Sicherung eines Versuchsspielraums

Fast alle neuen Veröffentlichungen, die sich auf den Musikunterricht beziehen

– sei es als Lehrplan, als Unterrichtswerk oder als didaktische Schrift – betonen die Unabgeschlossenheit des jeweils Vorgelegten und die Notwendigkeit einer baldigen, möglichst ständigen Revision. Solche Absichten – so gerne man sie zunächst zur Kenntnis nimmt - können allerdings nur dann realisiert werden, wenn gleichzeitig auch ein Spielraum für Weiterentwicklung und Überprüfung gesichert ist.

Die Vorstellung von der Unabgeschlossenheit und der Notwendigkeit einer ständigen Revision besagt zunächst, daß eine Rückkehr zu einem irgendwie gearteten statischen Zustand der Endgültigkeit nicht mehr möglich erscheint. Diese Auffassung wird heute in der Pädagogik allgemein vertreten.

Für die Praxis ist damit allerdings die Gefahr verbunden, daß der Eindruck einer lästigen – weil ständigen und in seinen Dimensionen nicht mehr kalkulierbaren – Unruhe entsteht. Das wiederum schlägt sehr bald auf die öffentliche Diskussion zurück, in der sich dann Verdrossenheit und Abwehr gegen jegliche Fortentwicklung des Bestehenden artikulieren. Als Folge davon sind Schulverwaltungen allzuleicht geneigt, weil sie der Praxis mit Recht ein Minimum an kontinuierlich ungestörter Arbeit sichern wollen, Veränderungen generell zu unterbinden.

Aus diesen Gründen haben Weiterentwicklungen im Lehrplan-Bereich nur dann Aussicht auf Erfolg, wenn das Maß der Weiterentwicklung sorgfältig dosiert ist, wenn sie in Übereinstimmung mit den Schulverwaltungen und den beteiligten Lehrern erfolgen und wenn der Prozeß insgesamt wissenschaftlich begleitet wird, d. h., wenn sein Fortschritt ständig erneut abgesichert, überwacht, ggf. modifiziert wird und wenn seine Ergebnisse sachgemäß ausgewertet werden.

Für diese Arbeiten benötigt man finanzielle und personelle Mittel und es genügt keineswegs, diese aus dem Bereich nebenamtlicher Tätigkeit – wie es bisher noch meist geschieht – abzudecken.

Vielmehr müssen längerfristig arbeitende Gremien oder Institutionen etabliert werden, die in der Lage sind, entsprechende Aufgaben zu übernehmen. Das ist im Bereich wissenschaftlicher Hochschulen bereits mancherorts der Fall.

In NRW sind solche Institutionen etwa

– die Arbeitsstelle Pädagogik der Universität Bielefeld (H. v. Hentig) mit den Projekten »Laborschule« und »Oberstufenkolleg«,

– die Arbeitsgruppe »Kollegstufe« an der Universität Münster (H. Blankertz)

– die Forschungsgruppen zur wissenschaftlichen Begleitung des Gesamtschulversuchs NRW an der PH Ruhr in Dortmund (die auch eine Sektion Musik hat) und an der PH Westfalen-Lippe in Münster.

3. Modalitäten der Veröffentlichung von Lehrplänen

Es wurde schon darauf hingewiesen, daß bei der Veröffentlichung von Lehrplänen eine Trennung des Grundsatzteils vom Methodik- und Materialienteil aus verschiedenen Gründen zweckmäßig ist. Bezieht man außerdem den

Aspekt einer genaueren Begründung der Lehrplan-Aussagen und flankierender Erläuterungen ein, so bietet sich eine gewisse Dreiteiligkeit an.

a) Aussagen über den Lehrplan.
Hierbei handelt es sich um eine Analyse der pädagogisch-didaktischen Situation und einer damit verbundenen Kennzeichnung der Positionen, die in dem jeweiligen Lehrplan vertreten werden.[11]
Zu den Aussagen über den Lehrplan gehört aber auch eine Darstellung des Verfahrens der Lehrplan-Entwicklung mit Auskünften über Zeitraum der Entwicklungsarbeit, Arbeitsmethoden, verwendete Hilfsmittel, den beteiligten Personenkreis usw.
Dieser Teil der Aussagen über den Lehrplan kann nicht in der Verantwortung des Staates stehen. Er stellt vielmehr eine wissenschaftliche Aussage dar, die einer staatlichen Entscheidung über den Lehrplan lediglich als Vorbereitung dienen kann. Gleichwohl – oder gerade deshalb – müssen Aussagen dieser Art offengelegt werden.
Aus diesen Gründen – wie auch aus Gründen der Praktikabilität – sollte er deshalb auch sichtbar vom eigentlichen Lehrplan-Text getrennt werden.

b) Der Lehrplan-Text
Der Lehrplan im engeren Sinne hat heute in der Regel den Charakter von Rahmenrichtlinien. Er enthält vor allem Aussagen über Aufgaben und Lernziele des Unterrichts und setzt diese in Beziehung zu den einzelnen Jahrgangsstufen. Er wird vom Staat herausgegeben und verantwortet, seine Anwendung wird von den Schulverwaltungen überwacht.

c) Weiterführende Empfehlungen
Schließlich erwartet die Schule, daß ein Lehrplan konkrete Angaben über Unterrichts-Inhalte und Unterrichts-Materialien enthält. In der Regel werden bisher Aussagen dieser Art im unmittelbaren Zusammenhang mit dem Lehrplan selbst geboten, das ist aber aus verschiedenen Gründen unbefriedigend: Zum einen erhalten Anweisungen konkreter Art, wie sie im Rahmen von Lehrplänen formuliert werden, einen ungebührlich hohen Verbindlichkeitscharakter, der ihnen im Hinblick auf die Vielfalt möglicher Unterrichts-Situationen, die jeweils andere Lösungen erfordern, nicht zukommen darf. Das betrifft vor allem methodische Hinweise.
Zum anderen sind Informationen über Unterrichtsmaterialien – z. B. Verzeichnisse von Schallplattenbeispielen, Angaben über neuere Unterrichts-Literatur usw. – viel öfter ergänzungsbedürftig als der eigentliche Lehrplan-Text. Aus diesen Gründen empfiehlt sich eine Trennung der Grundsatzaussagen von konkreten Anweisungen.
In der Lehrplan-Praxis der letzten Jahre gibt es eine Reihe von Beispielen solcher Trennung im Bereich des Musikunterrichts.

Zum Lehrplan für die Grundschule in Bayern von 1971[12] erschien z. B. im gleichen Jahr ein »Handbuch für die Grundschule«[13], in dem der Lehrplan mit Erläuterungen und Handreichungen versehen ist. Der Abschnitt über Musik enthält neben dem entsprechenden Lehrplan-Text (8 Seiten) einen Kommentar, der auf 11 Seiten Erläuterungen des Lehrplans und Anregungen für seine unterrichtliche Umsetzung enthält.
In einer weiteren Veröffentlichung,[14] die sich auf den genannten bayrischen Lehrplan bezieht, betrachten die Verfasser »es vornehmlich als ihre Aufgabe, die zeitgemäßen Auffassungen von Unterricht in . . . Musik . . ., wie sie im Grundschullehrplan 1971 enthalten sind, durch den Versuch der Zuordnung, Strukturierung und Aufbereitung der Inhalte für die tägliche Unterrichtspraxis dem Lehrer durchsichtig zu machen.« (Vorwort)
Die Rahmenrichtlinien des Landes Hessen für die Sekundarstufe I von 1972[15] werden durch »Unterrichts-Materialien«[16] ergänzt, die ein Jahr später erschienen. In der Einführung heißt es:
»Die vorliegenden Unterrichtsmaterialien sind notwendiger Bestandteil der Rahmenrichtlinien Musik – Sekundarstufe I. Sie sollen konkrete Anregungen zur Realisierung Lernzielorientierten Unterrichts geben, . . .«
Während die beiden genannten bayrischen Publikationen auf dem Verlagswege erschienen, wurden die »Materialien« vom Kultusministerium veröffentlicht. In beiden Fällen aber handelt es sich um eine Trennung von eigentlichem Lehrplan-Text und weiterführenden Kommentaren.
Natürlich ist das Problem einer ergänzenden Literatur zu Lehrplänen keineswegs neu – im Gegenteil: bereits das 19. Jhdt. kennt eine ganze Reihe von Beispielen, wobei vor allem L. Erk den Zusammenhang von Lehrplan und Material-Veröffentlichung (den Unterrichtszielen der Zeit entsprechend handelte es sich dabei um Liedersammlungen) erstmals in großem Stil herstellte.[17]
Indessen muß diese Frage heute im Zusammenhang einer ganzen Reihe von Faktoren gesehen werden, von denen einige hier skizziert wurden. In den nächsten Jahren werden sie sicherlich in der Diskussion bleiben.

Anmerkungen

1 Vgl. Venus, Dankmar, unter Mitarbeit von Blanke, Almut und Haxsen, Relef C., Über neuere Richtlinien für den Musikunterricht der Grundschule, in: Günther/Gundlach (Hrsg.), Musikunterricht auf der Grundstufe, Frankfurt 1974, 1-26; und: Küntzel, Gottfried: Zur Klassifikation von Lerninhalten im Musikunterricht (in diesem Band).
Vgl. auch Zs. Musik und Bildung, 2/1970, mit mehreren Beiträgen zum Thema.

2 Vgl. Keck, Art. Lehrplan (S. 221 ff.), und Meyer, G., Art. Richtlinien, Unterrichtsplanung (S. 221 f.), beide in: Nicklis, Werner S., Handwörterbuch der Schulpädagogik, Bad Heilbrunn 1973.

3 Richtlinien und Lehrpläne für die Grundschule, Schulversuch in Nordrhein-Westfalen, in: Die Schule in NRW, eine Schriftenreihe des Kultusministers, Heft 40, Wuppertal-Ratingen-Düsseldorf 1969.

4 Richtlinien und Lehrpläne für die Grundschule in Nordrhein-Westfalen, a. a. O., Heft 42, 1973.

5 Grundschulen in NRW im Schulversuch, Berichte und Auswertungen von Erhebungen in: Die Schule in NRW, a. a. O., Nr. 41, Band 1-4, a. a. O. 1973. – Band 2 enthält: Alt, M. und Darius, P. Auswertung der Fragebogen im Fach Musik, S. 26 ff.

[6] Seite MU/5-7; 1969: S. 234-236.

[7] Weniger, Erich: Didaktik als Bildungslehre, Teile I: Die Theorie der Bildungsinhalte und des Lehrplans, Weinheim 1952. – Vgl. dazu auch: Klafki, Wolfgang: Didaktik, in: Klafki, Dahmer, (Hrsg.), Geisteswissenschaftliche Pädagogik am Ausgang ihrer Epoche – Erich Weniger, Weinheim und Berlin 1968, S. 137 ff.

[8] Alt, Michael, Didaktik der Musik, Orientierung am Kunstwerk, Düsseldorf [1]1968.

[9] Berichte und Auswertungen von Erhebungen, a. a. O., Band 3, S. 8.

[10] Weniger, a. a. O.

[11] Die Internationale Konferenz für Öffentlichen Unterricht hat 1960 im Zusammenhang einer Empfehlung zu den allgemeinen Lehrplänen für die Oberschulen beschlossen, daß die »Mit der Ausarbeitung der Lehrpläne beauftragten Instanzen eine vorbereitende Etappe zur Klärung der Grundlagen einschalten sollen.« Dabei seien u. a. Fragen der Entwicklungspsychologie, der für die jeweiligen Schulfächer relevanten wissenschaftlichen Fortschritte, der neuen Erkenntnisse der Didaktik, des Grades der wissenschaftlichen und pädagogischen Schulung der mit dem Unterricht betrauten Lehrer usw. zu beleuchten.
Nach: Piaget, Jean, Theorien und Methoden der modernen Erziehung, Frankfurt/M. 1974, S. 95 f.
Vgl. auch: Tütgen, Hans: Lehrplan und Begabung, in: Roth, H. (Hrsg.), Begabung und Lernen, Deutscher Bildungsrat, Gutachten und Studien der Bildungskommission, Stuttgart 1969, S. 461 ff.

[12] Lehrplan für die Grundschule, Amtsblatt des Bayerischen Staatsministeriums für Unterricht und Kultus, Heft 9, 1971.

[13] Kitzinger, E./Kopp, F./Selzle, E. (Hrsg.), Lehrplan für die Grundschule in Bayern mit Erläuterungen und Handreichungen. Ein Handbuch für die Grundschule, Donauwörth 1971.

[14] Geiling, H. (Hrsg.), Grundschule: Lernziele – Lehrinhalte – Methodische Planung, Band 4: Kunsterziehung – Musik – Werken, bearbeitet von Kießling, H. Müller, H., Möckl, F., Arneth, M., Steigner, M., Vogt, E., München 1972.

[15] Der Hessische Kultusminister, Rahmenrichtlinien, Sekundarstufe I, Musik 1972.

[16] Der Hessische Kultusminister: Unterrichtsmaterialien zu den Rahmenrichtlinien, Musik Sekundarstufe I, 1: 5./6. Jahrgangsstufe, 2: 7./8. Jahrgangsstufe.

[17] Gundlach, W., Die Schulliederbücher von Ludwig Erk, darin vor allem: Die Erkschen Schulliederbücher und die staatliche Ordnung des Musikunterrichts (S. 198 ff.), Köln 1969.

Zur Klassifikation von Lerninhalten im Musikunterricht

Gottfried Küntzel

Seitdem sich die musikdidaktische Theorie im Zuge der Curriculum-Diskussion umorientiert hat und nicht mehr von der Benennung inhaltlicher *Lernstoffe* (z. B. Lieder, Noten, Formeln zum Aufbau tonalen und rhythmischen Bewußtseins, Instrumentenkunde, Werke der Musikgeschichte usw.), sondern von der Benennung musikalischer *Verhaltensweisen* ausgeht, hat sich folgendes Grundmuster für die Anlage von Lehrplänen durchgesetzt:

Produktion Reproduktion Rezeption Transposition	von Musik
Reflexion	über Musik

Dieses von Dankmar Venus entworfene (»keineswegs als vollständig gedachte«) und 1969 veröffentlichte Schema[1] wirkte offensichtlich so übersichtlich und plausibel, daß es allenthalben aufgegriffen und zur Grundlage einer Neugruppierung von Unterrichtsgegenständen gemacht wurde. Die Rahmenrichtlinien Musik Primarstufe von Hessen (1972) zitieren es als allgemeine Übersicht; der in Arbeit befindliche Rahmenlehrplan Musik Primarbereich in Niedersachsen (1974) subsumiert alle Inhalte unter das Fünferraster.[2]
Die folgende Übersicht bezieht einen anonymen Richtlinienentwurf ein, der charakteristisch zu sein scheint für alle Versuche, die traditionellen Unterrichtsinhalte diesem neuen, verhaltensorientierten Klassifikationsschema anzupassen. (Dieser Entwurf liegt dem Verfasser als Photokopie ohne Herkunftsbezeichnung vor. Leider war es bis zur Drucklegung dieses Aufsatzes nicht möglich, das Bundesland ausfindig zu machen, aus dem der Entwurf stammt.)

	Venus (1969)	Hessen (1972)	anonym (1973): Grundstufe
Produktion	Komposition Improvisation	Experiment Improvisation Komposition	Vorübungen zur Improvisation: Singen von Namen, Fragen und Antworten. Finden von kleinen Begleitformen zu gesungenen Liedern (Ostinato, Bordune).
Reproduktion	Vokal-instrumental solistisch-chorisch	stimmlich instrumental, vermittelst anderer Schall- bzw. Klangerzeuger	Nachklatschen von einfachen Rhythmen (4-Takt) und bekannten Liedern. Kinderlieder mit steigenden musikalischen Anforderungen.
Rezeption	Hören von Musik Selbst – nicht selbst gemacht life – per techn. Mittel	in technischer Vermittlung in unmittelbarer Darbietung über Notation	Hören: Unterscheiden von Klängen (hoch – tief; dunkel – hell; laut – leise; scharf – weich) und Instrumenten (Klangstäbe, Triangel, Tamburin).
Transposition	von Musik in Bewegung (Tanz), in sprachliche oder bildliche Darstellung	Bewegung, bildliche, szenische Darstellung verbale Darstellung	Umsetzen von Musik in Bewegung (Darstellen von Liedern im Spiel; Gehen nach Metrum). Umsetzen von Musik in bildnerisches Gestalten.
Reflexion	Nachdenken, Gespräche über Musik, theoretische Kenntnisse (Musikkunde, Notenlehre)	Analyse, Interpretation, kritische Kommunikation, Transfer	Der 4-Takt, Halbe- und Viertelnoten. Erkennen von Melodieteilen. Darstellen einfacher Melodieverläufe durch Linien. Die Begriffe: Schlaginstrument, Blasinstrument, Tastinstrument.

Anonym (1973)

	Mittelstufe	Hauptstufe
Produktion	Finden von Begleitrhythmen zu bekannten Liedern. Singen von kurzen Sätzen (Gesungene Unterhaltung). Produzieren von Klängen und Geräuschen.	Musizieren von Klängen und Geräuschen (Arbeitsthemen: Fabrikhalle, Maschinen, Landleben, Straßenkreuzungen u. a.). Musizieren von graphisch notierten Kompositionen (Umkehrung zum Produzieren). Musizieren von Kompositionen für die Orff-Instrumente (unter Einbeziehung der Improvisation).
Reproduktion	Singen von Liedern mit gesteigerten Anforderungen über den Oktavumfang hinaus. Stimmbildung (Summen, Singen auf Vokalisen, Artikulationsübungen). Der Kanon. Aufführen einfacher Musikstücke mit den Orff-Instrumenten.	
Rezeption	Unterscheiden von Frauen- und Männerstimmen. Erkennen von Blas-, Streich-, Schlag- und Tastinstrumenten. Hören kleiner Musikstücke und Kunstlieder.	Programmusik: ,,Peter und der Wolf" (Prokofjew), ,,Der Zauberlehrling" (Dukas), ,,6. Symphonie" (Beethoven). Darstellen von Programmusik. Die musikalische Form: Oper, Operette, Musical, Konzert, Messe, Choral, Kantate, Jazz, Beatmusik, Popmusik, Schlager. Das Orchester: Streichorchester, Kammerorchester, Kammermusikensemble (Trio, Quartett), Symphonieorchester, Blaskapelle, Tanzorchester, Beatband, Jazzband. Die Instrumente. Der Musiker: Sänger, Solist, Orchestermusiker. Die Musikaufnahme (Schallplatte, Band). Elektronische Musik. Einführung in die Notenschrift. Besuch von Schulkonzerten. Folkloretänze.
Transposition	Einfache Folkloretänze. Erste Dirigierübungen. Umsetzen von Musik (z. B. von Bartok, Strawinski und Ravel) in Bilder. Umsetzen von gehörter Musik (Programmusik) in sprachliche Darstellung.	
Reflexion	Der 3-Takt und der 4-Takt. Ganze-, Halbe- und Viertelnoten. Intervall (Terz und Quint). Liedformen (AB, ABA). Graphisches Darstellen von Melodieverläufen (ein- und zweistimmig). Das Rondo. Das Orchester. Der Chor.	

Wie aus der Zusammenstellung ersichtlich, kann man das Schema unterschiedlich interpretieren und mit Inhalt füllen. Es scheint, als lasse es nur in der inhaltlich unspezifizierten Fassung Raum für ein wirklich neues Konzept von Musikunterricht in der Schulklasse.

Dies ist der Vorteil dieses Schemas und zugleich sein Nachteil. Zwar macht es einige Probleme (scheinbar) gegenstandslos, die in der alten, stofforientierten Konzeption ständige Schwierigkeiten bereitet haben: etwa die Frage nach der Auswahl, Anordnung und Gewichtung der Inhalte, die in übergroßer Fülle die Gesamtheit der objektiv vorgegebenen Kulturwelt ausmachen (»Introduktion in Musikkultur« nennt H. Antholz[3] im Sinne dieser Konzeption das »Ziel« des Musikunterrichts).

Dafür aber hat man sich neue Probleme eingehandelt. Sie liegen u. a. in der begrifflichen Uneinheitlichkeit, mit welcher dieses Schema die musikalischen Verhaltensweisen klassifiziert. Da nützen die eindringlichsten Hinweise, daß diese fünf »Lernfelder« nur in ständiger Durchdringung und Wechselwirkung zu sehen sind, nur wenig. Offensichtlich ist mindestens eines der Lernfelder den anderen übergeordnet: das der Reflexion. Wenn der Begriff richtig ausgelegt wird, dann bedeutet er doch soviel wie Beobachten, Diskutieren und Bewerten mehrerer Dinge – des eigenen Musikverhaltens, des Verhaltens anderer, der aus diesen Verhaltensweisen resultierenden Objektivationen in Gestalt von hör- und lesbarer Musik, die Funktion solcher Musik usw. Außerdem bleibt unentschieden, in welches Lernfeld ein so wichtiges Verhalten wie das Notieren und Decodieren von Notationen gehört. Notenlehre als Aneignen theoretischer Kenntnisse unter »Reflexion« einzuordnen ist in mehrfacher Hinsicht eine Verlegenheitslösung; einmal hat Notenlehre beim Rezipieren, Produzieren und Reproduzieren von Musik eine eminent praktische Funktion, zum anderen kann Notation selbst zum Gegenstand der Reflexion gemacht werden genau wie die Musik, die aus ihr resultiert: als kommunikatives Phänomen.

Die Art, wie das Schema in neueren Lehrplänen und Richtlinien angewendet wird, ist bei aller Brauchbarkeit seiner Einzelpositionen noch unbefriedigend. Es macht nicht deutlich, in welche Rangfolge von Abhängigkeiten, Taxonomien und Hierarchien diese Positionen gebracht werden können. Was ihm m. E. noch fehlt, ist die Möglichkeit, Strukturen deutlich zu machen, nach denen die einzelnen Verhaltensweisen nach Maßgabe ihrer objektiven Bedeutung und übergeordneter Lernziele zueinander in Beziehung zu setzen sind.

Im Folgenden gebe ich einen Versuch wieder, diesen Mangel zu beheben, und zwar in der Form, in der ich einer Kommission zur Erstellung von Rahmenlehrplänen Musik Primarbereich des Niedersächsischen Kultusministeriums die Einleitung des Lehrplantextes vorgeschlagen habe (Stand: Frühjahr 1974).

Der Musikunterricht ist der Teil des Primarstufenunterrichts, der sich mit der hörbaren Umwelt der Kinder befaßt, insbesondere mit jenem System akustischer Zeichen, das man als »Musik« bezeichnet und das in unserer Gesellschaft eine so große Rolle spielt.

Angesichts der großen Hörbeanspruchung eines jeden Kindes durch ständig gegenwärtige Musik fallen dem Musikunterricht zwei zentrale Aufgaben zu:
A. Die Eindrücke, die das Kind über das Ohr empfängt, zu klären, zu ordnen und zu vertiefen,
B. dem Kind zum Ausdruck zu verhelfen, weil es auf Grund der empfangenen Eindrücke das Bedürfnis hat, sich über das Sprechen hinaus zu äußern – sei es mit stimmlichen oder instrumentalen Mitteln oder in Körperbewegung.
Um diese beiden Pole, die der Kürze halber mit R e z e p t i o n und A k t i o n bezeichnet werden sollen, gruppieren sich die Lernfelder des Musikunterrichts im Primarbereich.
In sechs Schritten soll hier ein graphisches Schema entwickelt werden, das den Zusammenhang der Lernfelder mit den wichtigsten Bedürfnissen und Lernpotentialen der Kinder aufzeigt.

1. *Höreindruck*
Er geht von Hör-»Objekten« aus, die das Kind stets in einem sinnlich wahrnehmbaren Zusammenhang (»Kontext«) bemerkt. Es sieht die Schallquelle entweder in Gegenständen (z. B. Motoren), Apparaten (z. B. Radio) oder in sprechenden, singenden, lachenden, musizierenden Menschen. Musik im Fernsehen nimmt es stets im Zusammenhang mit Spielfilmen, Werbespots u. a. wahr. Bei Musik aus dem Radio, von Band oder Schallplatte bemerkt es, wie die anwesenden Erwachsenen auf sie reagieren: tanzend, animiert, ablehnend, gleichgültig. Das Kind registriert stets die Situation, in der Musik erklingt. Dadurch bildet sich seine Einstellung zu den verschiedenen Musikarten und zu anderen Komponenten der Situation (Assoziations- und Selektionsmuster).

2. *Klangaktion*
Das Kind hat das Bedürfnis, sich zu äußern, sich bemerkbar zu machen, Krach zu machen. Es beobachtet, daß beim Hantieren mit Gegenständen, Geräten und Instrumenten Schall entsteht, geht dieser Schallentstehung nach und führt sie absichtsvoll herbei. Musikinstrumente haben besonderen Aufforderungscharakter für Kinder. Dieser Aktions- und Entdeckungsdrang muß Nahrung erhalten, und gefördert werden.
In einem weiteren Stadium der Arbeit muß auch nach dem Adressaten einer Klangaktion gefragt werden: Wer soll das hören? Was soll »mitgeteilt« werden? Wie müssen wir das machen?

3. *Höreindruck ——Klangaktion*
Die natürlichste Reaktion des Kindes auf einen Höreindruck ist, daß es ihn imitiert. Vorgesungenes wird nachgesungen, Geräusche werden nachgeahmt. Vorgespieltes wird nachgespielt, zu erklingender Musik wird mitgespielt. Gehorcht diese Art musikalischer Betätigung noch einem unreflektierten Reiz-Reaktionsschema, so setzt jede differenziertere Gestaltung von Musik vielfältige und anhaltende *Kommunikation* voraus, ebenso die gedankliche Verarbeitung, das »Verstehen« von Höreindrücken. Sie wird zum Gegenstand weiterer Lernfelder.
Die Aktionsseite wird nun unterteilt in P r o d u k t i o n (Experimentieren mit musikalischem Material, Improvisieren und Erfinden musikalischer Verläufe) und in R e p r o d u k t i o n (Wiedergaben fertiger Gestalten nach Gehör und Gedächtnis oder nach Notierungen). Alle Ergebnisse wiederum werden der Hörkontrolle durch das kritische Ohr unterzogen und gegebenenfalls verändert und verbessert.

4.

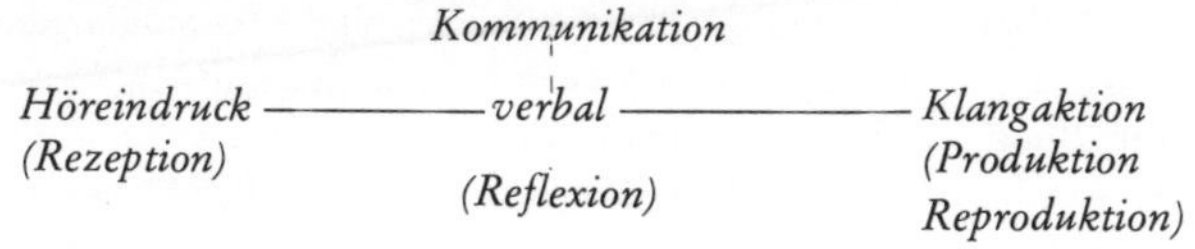

Die Sprache ist das wichtigste Werkzeug zum Aufbau des Verständnisses von Musik, ohne sprachliche Kommunikation ist letztlich weder Rezeption noch gemeinsame Klangaktion möglich. Ein gemeinsamer Höreindruck wird diskutiert: entweder nach den Instrumenten, die zu hören waren, oder nach der Spielweise, oder nach den Klangeigenschaften und dem Formverlauf, oder nach den situativen Umständen der betreffenden Musik: Ort, Anlaß, Zweck, beteiligte Personen usw., erkennbare Wirkung usw. Ebenso werden gemeinsame Klangaktionen vorweg diskutiert: Wahl und Spielweise der Instrumente, Verteilung der Rollen, Zweck und Ziel der Produktion. Der ganze Erarbeitungsprozeß wird durch Diskussion vorangetrieben, ebenso erfolgt Kontrolle und Kritik auf verbalem Wege. Alle diese Klärungsprozesse sind in dem Stichwort R e f l e x i o n zusammengefaßt.

5.

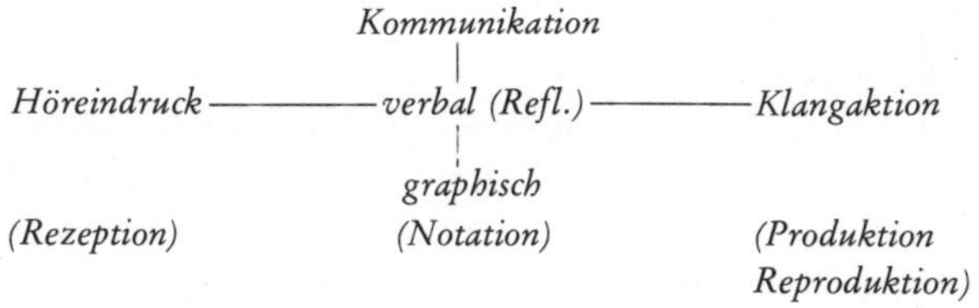

Wo Worte nicht ausreichen, helfen oft graphische Zeichen schneller und präziser weiter. Das Kind lernt, über gehörte Musik mit anderen dadurch zu kommunizieren, daß es die ihm wesentlich erscheinenden Klangeigenschaften und Formabläufe graphisch abbildet und die Zeichen kommentiert. Dadurch und durch den ständigen Rückverweis an das Hörobjekt verschafft es sich und anderen Gewißheit und Klarheit über die Struktur des Gehörten. Ein Zeichensystem entsteht aufgrund von Übereinkunft und gemeinsamer Erfahrung. Die Notenschrift wird erfahren als ein Zeichensystem, das in der Lage ist, Dauer und Tonhöhen besonders genau zu fixieren.
Andererseits dient ein in der Klasse entwickelter graphischer Zeichenvorrat dazu, Klangaktionen zu entwerfen und auszuarbeiten. Die selbstentwickelten Partituren können dann in Gruppen realisiert werden.

6.

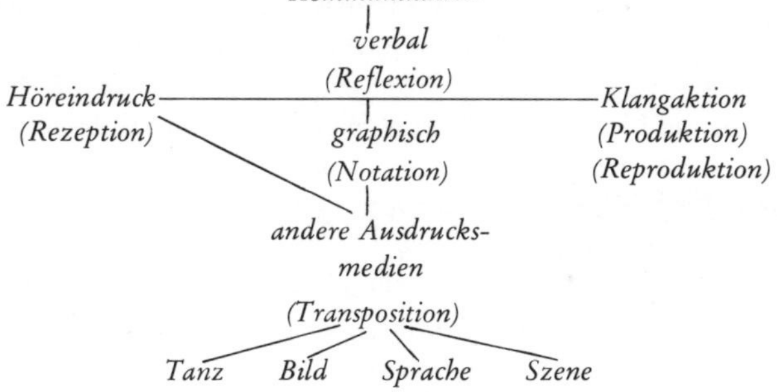

Verbale Auseinandersetzung und graphische Zeichen sind Kommunikationsmittel, die der rationalen Durchdringung musikalischer Erscheinungen dienen.
Mehr auf Entfaltung der Phantasie, der Kreativität und der Kooperation angelegt ist die Transposition, das sind Möglichkeiten, einen musikalischen Höreindruck in andere Ausdrucksmedien umzusetzen oder diese mit Musik zu verbinden.
Alle hier aufgezählten Lernfelder sind daraufhin angelegt, das Hören zu differenzieren, akustische Eindrücke des Kindes mit vielfältigen Ausdrucksmöglichkeiten zu verbinden und gedankliche Verarbeitung des Gehörten bzw. des Selbstgeschaffenen zu ermöglichen.
Der Musikunterricht der Primarstufe soll damit die Grundlage für das Durchschauen und Verstehen von Musik vermitteln; zugleich soll er die Handlungsfähigkeit des Kindes im Bereich musikalischer Kommunikation steigern.
Er soll dem Schüler Gelegenheit geben in der musikalischen Betätigung mit traditionellen und experimentell entwickelten Instrumenten sich die verschiedenen Bereiche der Klangwelt zu erschließen.

Der Begriff »Kommunikation« ist in diese knappe Übersicht eingeführt, um so wichtige Gruppenverhalten wie: Diskussion, die Klärung widersprüchlicher Wahrnehmungen und Auffassungen von Hörobjekten, das Entwerfen gemeinsamer Aktionen, die Entwicklung eines zweckgerichteten, anwendbaren Zeichen- und Begriffsvorrats usw. angemessen zu klassifizieren. Im Grunde müßte dieser Begriff als Oberbegriff zu allen fünf Lernfeldern gelten. Denn wenn je ein Begriff geeignet ist, die Deutungsversuche des Wesens von Musik in der zweiten Hälfte des 20. Jahrhunderts präzise zusammenzufassen, dann ist es dieser.
»Kommunikation« läßt sich übersetzen mit »Austausch von Zeichen« oder »Austausch von Nachrichten«. Bei der musikalischen Kommunikation sind es die Klänge, Rhythmen, Klangformeln und -typen, aber auch ganze Formverläufe und »Werke«, die als solche Zeichen quasi eine »Nachricht« von Mensch zu Mensch überbringen.
Es ist hier unmöglich, die Kommunikationstheorie (mit ihren Bestandteilen wie Zeichen- und Sprachtheorie, Linguistik und Semiotik, Informationstheorie, Kybernetik usw.) in Gänze auch nur anzudeuten; wichtig für unseren Zusammenhang sind vielleicht folgende Teilmomente der Zeichentheorie[4]: Ein Zeichensystem hat drei Dimensionen,
1.) die syntaktische Dimension; sie umfaßt die Auswahl der Elemente eines Zeichenvorrats und die Möglichkeiten ihrer Verknüpfung,
2.) die semantische Dimension; sie bezieht sich auf das, was die Auswahl und Verknüpfung der Elemente für den Benutzer des Systems *bedeutet* – sei es, daß sie einen bestimmten Sachverhalt symbolisiert, sei es, daß sie (wie z. B. bei der ›absoluten‹ Musik, die solches nicht vermag) bestimmte Gefühle, Stimmungen und Vorstellungen auslöst,
3.) die pragmatische Dimension; sie »umfaßt die Beziehungen zwischen den Elementen eines Kommunikationssystems (und deren Verknüpfung) und den durch sie symbolisierten Sachverhalt einerseits und den Benutzern des Kom-

munikationssystems andererseits. Die Pragmatik hat also die Frage nach den Ursachen, Funktionen und Wirkungen von Kommunikationsprozessen und nach den Bedürfnissen, die sie befriedigen, zum Gegenstand.«[5]

Diese dreifache Bestimmung scheint mir geeignet, Musik als ein kommunikatives Phänomen erklärbar zu machen, wenigstens vorläufig und im Hinblick auf unsere Absicht, die fünf Lernfelder ein wenig zu dimensionieren und aufeinander zu beziehen. Die »Sachverhalte« oder »Objekte«, die als Lerngegenstände in den Unterricht eingebracht werden, sind somit als »Zeichen« im musikalischen Kommunikationsprozeß a) der Schulklasse b) der Gesellschaft (auch solcher früherer Zeiten) zu verstehen; es kommt darauf an zu klären, welche ihrer Dimensionen zur Zeit im Vordergrund steht, welche Funktion diese Dimension im Unterricht gerade hat und wie sie mit den anderen Dimensionen zusammenhängt.

Die entscheidende Achse in unserem Diagramm liegt in der Horizontalen. Im Wechselspiel zwischen Musikhören und Musikmachen (einschließlich der Transposition in andere Ausdrucksmedien) findet musikalische Kommunikation im engeren, im primären Sinne statt: Kommunikation zwischen Individuen, zwischen Gruppen, zwischen Einzelnen und Gruppe, zwischen der Schulklasse und den Leuten »draußen«. Die Zeichen, sprich: musikklanglichen Elemente, die für diese Art Kommunikation nötig sind, müssen vorrangig werden, und zwar in beiden Funktionen: für die »Sender«- wie für die »Empfänger«-Seite.[6]

Die senkrechte Achse signalisiert die Kommunikation »über« Musikobjekte und Musikverhalten; sie muß sich notwendigerweise anderer Zeichensysteme bedienen – der Sprache und graphischer Symbole, eventuell auch gestischer (z. B. beim Dirigieren) oder mimischer Zeichen (z. B. zum Erkennen von Reaktionen auf Höreindrücke). Selbstverständlich kann Kommunikation auf der primär-musikalischen Ebene nicht gelernt werden ohne diejenigen der »Meta«-Ebene (Kommunizieren »über« Musik) – jeglicher Unterricht bedarf der Sprache, des Zeigens, des Benennens. Aber die Priorität sollte gesehen werden. Fachterminologie und vorgegebene Notenschrift als Selbstzweck, auf Vorrat zwecks eventueller späterer Verwendung lehren zu wollen war noch nie sinnvoll.

Welchen Lerninhalt der Lehrer auch immer in seinen Unterricht einbringt – er muß sich im Klaren sein, welche Funktion diesem Gegenstand innerhalb des Lernfeldes und in Bezug auf mögliche Ziele aus anderen Lernfeldern zukommt:

– ob der Lerninhalt (vorläufig) um seiner selbst willen bestehen kann (z. B. eine Gruppenimprovisation, ein selbstentworfenes und realisiertes Klangstück, ein gemeinsam gesungenes und gespieltes Lied, eine Tonbandproduktion mit einer Hörszene, ein Tanz, eine Hörvorlage – Musikstück o. a. –, die »besprochen« und in Aktionen umgesetzt wird)

– oder ob der Lerninhalt nur als Mittel dient zu einem Zweck, der den Schülern dann aber auch einsichtig und in absehbarer Zeit zu vollziehen sein muß (hierher gehören alle Fachausdrücke und Notationen, alle Einzelpositionen einer systematischen Musiklehre).

Auch die »Information«, die in manchen musikdidaktischen Grundrissen als eigenständiges Lernfeld fungiert[7], kann letztlich nur einen vermittelnden Stellenwert haben. Sie muß dem Schüler helfen, Musik und Musikverhaltensweisen, die ihn unmittelbar angehen, oder die ihm (als fremdartige) als Problem aufgegeben sind, zu »verstehen«. Abstraktes Wissen, auch wenn es sich auf historische Daten bezieht, nützt nichts, wenn es nicht Antwort gibt auf Fragen, die dem Schüler zuvor als ein ihn betreffendes Problem bewußt geworden sein müssen.

In diesem Sinne wird manchem Leser noch nicht klar sein, welche Lerninhalte in den Lernfeldern »Rezeption« und »Reflexion« zusammengefaßt sein können. Um anzudeuten, in welche Richtung sich die Gedanken der niedersächsischen Lehrplankommission bewegen, seien zum Schluß die Texte mitgeteilt, die ich der Kommission zur inhaltlichen Füllung der beiden genannten Lernfelder im Hinblick auf die Primarstufe vorgeschlagen habe. Was mit den Lernfeldern »Produktion«, »Reproduktion«, »Transposition« inhaltlich gemeint sein kann, wird man sich leichter vorstellen können, zumal in der Tabelle zu Anfang einige Andeutungen enthalten sind. Der Leser wird also Querverbindungen zu diesen drei Feldern selbst vornehmen können. (Querverweise auf die 6 Schritte des graphischen Schemas wurden nachträglich eingefügt.)

Inhalte des Lernfeldes »Rezeption«

A. Hörobjekte

a) Live in der Klasse:

Das Kind hört sich selbst beim Musikmachen allein – in einer Gruppe – in der ganzen Klasse (→ 2) Das Kind hört ein anderes Kind – eine Gruppe – den Lehrer beim Musikmachen (→ 3)

b) durch technische Medien (Radio, Schallplatte, Tonband) was der Lehrer aussucht – was ein Kind mitbringt oder aus dem Vorhandenen aussucht – was zufällig im Radio ist

c) Kinder haben Musik außerhalb der Schule live aufgenommen (Recorder) und bringen die Aufnahme mit

d) was zufällig durchs Fenster oder aus dem Nachbarraum hereindringt (b, c, d: → 1)

B. Analyse beliebiger Hörobjekte nach folgenden Kategorien (→ 4)

1. Schallquelle (z. B. Instrumente, Männer- oder Frauenstimme) – Schallerzeugung (z. B. Spielweise, Art der Stimmäußerung) – Schalleigenschaften (beschrieben nach Höhe, Stärke, Dauer, Klangfarbe, Einsatzabstand u. ä.) – Schallübertragung, die das Hörbild beeinflußt (z. B. Kratzer in der Platte, verhallte Aufnahme, Qualität des Lautsprechers)

2. Komplexität des Hörobjekts:

Ereignisse gleichzeitig und/oder nacheinander; einer – mehrere – viele – wechselnde Gruppierungen; Hauptstimme – Begleitung; Steigerung – Rückentwicklung; Kontraste – Gleichförmigkeit; Wiederholung – Veränderung; Figur (prägnant) – Grund (diffus); Zustand – Prozeß u. v. m.

3. Faszinosum des Höreindrucks (woher es rührt, wenn wir beim ersten Hören besonders gepackt sind): mehr vom Rhythmus – von der Klanglichkeit – von der Melodik her; resultierend aus dem Bekanntheitsgrad – dem Fremdheitsgrad – aus den Assoziationen, die er auslöst usw.
Verbale Einkreisung des Stimmungsgehaltes einer Musik:
Z. B. lustig, traurig, spannend, langweilig, komisch, verrückt, unheimlich, gruselig, flott, beruhigend, gemütlich
4. Situative Einbettung des Hörobjekts:
An welchem Ort, zu welcher Zeit, zu welchem Zweck solche Musik gewöhnlich erklingt; woher wir diese oder ähnliche Musik kennen; welche Sendungstypen des Funks oder Fernsehens solche Musik bringen; an welche Leute sich solche Musik wendet (z. B. Junge oder Alte)
5. Historische und ethnographische Dimensionen (ganz grob: Musik, die es früher schon gab – die erst in unseren Tagen entstanden ist; Musik aus fernen Ländern – aus unserer Nähe usw.)

C. Gezielt ausgewählte Hörobjekte
1. Musikstücke, die eine für die Kinder verständliche »Botschaft« enthalten (Bild, Handlung, Bewegungstyp u. ä.)
2. Beispiele zum Training bestimmter Hördifferenzierungen (Kontraste in den Klangfarben, Lautstärken, Höhenlagen, Tempi; gut unterscheidbare Einzelelemente wie Klangpunkte, -linien, -bänder, -flächen, -wolken, Punkthaufen; charakteristische Verlaufsformen u. ä.)
Unter diesen Beispielen auch solche, die sich mit den entsprechenden einfachen graphischen Mitteln auch mitzeichnen lassen. (→ 5)
3. Beispiele, die nach selbstangefertigten oder gegebenen graphischen Notationen beim Hören mitgelesen werden können, ebenso solche in traditioneller Notenschrift. (→ 5)
4. Musikstücke, die ein bestimmtes Verhalten der Kinder provozieren (s. u.)

D. Verhaltensweisen beim Musikhören
Bei welcher Art von Musik oder bei welchen konkreten Musikstücken möchte ich mitsingen
mit Instrumenten mitspielen,
tanzen, marschieren oder mich pantomimisch bewegen,
malen oder zeichnen? (→ 6)
Welche Musik ist mir angenehm als Hintergrundsmusik, wenn ich spiele, lese, Aufgaben mache, bastle, Handarbeiten mache?
Bei welcher Musik möchte ich gerne nur zuhören und ungestört bleiben? Wann ist ein Punkt erreicht, wo ich *nichts* mehr hören will? (→ 4)
(Hier geht es um Hörbedürfnisse, um Hörgewohnheiten der Kinder und um mögliche Alternativen zum ständig Gewohnten. Konfliktsituationen, gruppendynamische Prozesse müssen im Klassenverband erfahren und durchgespielt werden.)

E. Training der Klangvorstellung, der musikalischen »Einbildungskraft« (Imagination)[8]
1. Ein Bild, eine musikalische Graphik, ein Notenbild, ein Text, ein stumm agierender Musiker oder Tänzer werden gezeigt – wie könnte die dazu gehörige Musik erklingen? Das gleiche bei Filmen, deren Ton weggedreht ist. (→ 6)

2. (Analog zu B 4:) Sich Musik für bestimmte Situationen, für bestimmte Zwecke, für bestimmte Adressaten vorstellen und unter gegebenen Tonträgern heraussuchen.

Lernziele des Lernfeldes »Rezeption«

Der Schüler soll lernen,

– einer Musik zuzuhören, auch wenn sie ihm fremd ist oder er gewohnt ist, bei dieser Musik abzuschalten

– sich hörend auf das Hörobjekt zu konzentrieren und die Dauer dieser Konzentration zu steigern

– sich einer gehörten Musik zu erinnern und sich Musik klingend vorzustellen,

– sich für das Musikhören angemessene Hörbedingungen zu schaffen

– sich aus einer Vielfalt von Hörangeboten seinen Bedürfnissen entsprechend selbst Hörobjekte auszusuchen und die Auswahl zu begründen

– musikalische Höreindrücke nach gegebenen Kategorien zu differenzieren und zu analysieren mit verbalen und graphischen Mitteln (simultane und sukzessive Strukturen, Formen) (→ 5)

– hinter einer Klangstruktur das vom Komponisten Gemeinte (sofern nachweisbar vorhanden) wahrzunehmen: ein Programm, ein Bild, eine Idee, eine Stimmung o. ä.

– sich Rechenschaft abzulegen über den Eindruck, den eine Musik auf ihn macht, und nach den Ursachen dieses Eindrucks zu fragen (→ 6)

– durch Beschäftigung mit einem Hörobjekt seine ursprüngliche Einstellung zu diesem Objekt zu ändern und sich dieser Einstellungsänderung bewußt zu werden.

Inhalte des Lernfeldes »Reflexion«

A Dimensionierung der Umwelt (Natur, technische Zivilisation) unter dem Aspekt »alles, was man hören kann«. Hierbei sind solche Bestimmungsgrößen von Klangeigenschaften und Klangverläufen anzuwenden, die auch für Beschreibung von Musik gelten. (→ 1, 2, 4, 5)

B Die Lautkomponente der Sprache.

Bedeutungsgehalt und Ausdrucksfunktion von Betonung, Höhenlage, Lautkurve, Geschwindigkeit von Gesprochenem untersuchen (auch Fremdsprachen). Dies auch in Verbindung mit Musikbeispielen (→ 4)

C Die Signalfunktion von Hörereignissen

Im Radio Kurzwellenbereich untersuchen auf Informationsgehalt von Geräuschen, Sprache, Musik, Morsezeichen. Sirenen, Klingel- und andere akustische Signale, Zusammenhang zwischen Lautgestalt und Bedeutung.

Senderzeichen und Erkennungsmusiken für Sendungen im Radio und Fernsehen. Typische Filmmusiken für Werbe- und Spielfilme (→ 1)

D Was ist Musik? Wie kann man sie von Nicht-Musik-Hörereignissen unterscheiden? (Diesen Denk- und Definitionsanstoß am besten von Randerscheinungen wie elektronischer Musik her geben). Was finden wir »schön« an Musik, was nicht? (Die Kinder sollen die einfachsten ästhetischen Normen, in denen sie sich bewegen, selbst definieren und sich dadurch deren Vorläufigkeit und Wandelbarkeit bewußt werden.) (→ 4)

E Einfache Zusammenhänge zwischen Schallerzeugung, Materialbeschaffenheit und Klangeigenschaften selbst erkunden: elementare Instrumentenkunde ohne Begrenzung auf die traditionellen Instrumente, aber mit deren Einschluß. (→ 2) (Reflexion im Sinne vor Exploration: Erforschen)

F Symbolverständnis.
Entstehung und Funktion von graphischen Zeichen und Symbolen, entwickelt aus den situativen Bedürfnissen beim Musikmachen und Musikhören in der Klasse. Selbstentwickelte Notationen, das vorgefundene Notensystem, vorgefundene graphische Musiknotation: was leisten sie, was leisten sie nicht? (→ 5) (Die Motivation, Noten zu lernen, ist gegeben, wenn die Kinder wissen, wozu sie die Zeichen gebrauchen können)
G Kontrolle und Verbesserung beim Vergleich einer Musikrealisation (evtl. Tonbandaufnahme) mit einer Notation oder einem vorgefaßten Plan. (→ 3)
H Werturteile über Qualität und Funktionsgerechtigkeit einer Musik oder eines gruppeninternen Musikverhaltens.
Diese Urteile formulieren und begründen.

Lernziele des Lernfeldes »Reflexion«
Der Schüler soll lernen,
- seine musikalischen Erfahrungen gedanklich zu verarbeiten,
- Neugierverhalten gegenüber den Erscheinungen und Herstellungsweisen von Musik zu entwickeln,
- über musikalische Gegenstände und Verhaltensweisen umgangssprachlich zu kommunizieren,
- sich vorgegebener Kommunikationssysteme (Fachtermini, Notationen) im Rahmen seiner situativen Bedürfnisse zu bedienen.

Nachtrag Ende 1974: Im Verlauf der Arbeit an den niedersächsischen Rahmenlehrplänen ist die Problematik des Fünferrasters noch deutlicher erkannt und diskutiert worden. So z. B. gehört das Lernfeld »Transposition« eindeutig auf die Aktionsseite. Die drei Lernfelder Produktion, Reproduktion und Transposition fassen somit alle im Unterricht möglichen, auf Musik bezogenen Aktionen zusammen. Sie bilden den notwendigen Gegenpol zum Lernfeld Rezeption. Zugleich sind sie mit diesem inhaltlich eng verknüpft insofern, als jede Art von Musikmachen auf Vorerfahrung mit Musik, d. h. auf Hören und auf Erinnerung an das Gehörte beruht. Das Lernfeld »Reflexion« hat gegenüber den vier genannten die geringste Eigenständigkeit. Alles, was das Kind an Musik wahrnimmt und selbst macht; alles, was der Lehrer an musikbezogenen Informationen vermittelt, kann zum Gegenstand des Nachdenkens und der Aussprache werden. Auch die graphischen Zeichen, mit denen Menschen sich verständigen, um Musik zu machen, sind selbst ein Moment der Reflexion auf Musik: keines der vier oben genannten kommt ohne Notation aus.
In dem Maße, wie Musik dem Kind erfahrbar wird und Gegenstand der Neugier sein kann, ist sie ein Sachbereich, der wie andere Bereiche sachkundlich zu behandeln und aufzuschlüsseln ist. Im Gegensatz zu speziellen Lernzielen der Musik, etwa der Befähigung zur Musikausübung, ist Reflexion über Musik und menschliches Musikverhalten Teil des allgemeinen intellektuellen Prozesses, in welchem sich das Kind mit Hilfe des Lehrers seine Umwelt erschließt.

Anmerkungen

[1] Venus, D., Unterweisung im Musikhören, Wuppertal u. a. 1969, S. 21f.

[2] Auch in Neukonzeptionen von Studiengängen für die Musiklehrerausbildung hat das Schema Eingang gefunden. Hermann Rauhe nennt in seinem 1971 für die Universität Bremen verfaßten Gutachten die Bereiche »Produktion/Reproduktion/Rezeption/Analyse (Reflexion)«, denen sich die musikalischen Verfahren zuordnen lassen.
Vgl. Günther, U./Rauhe, H. (Hrsg.), Musiklehrerausbildung an der Universität. Ein Konzept in der Diskussion, Stuttgart 1974, S. 43ff.

[3] Antholz, H., Unterricht in Musik, Düsseldorf 1970, S. 118ff.

[4] Anregungen zu den folgenden Gedanken hat mir das Arbeitspapier »Überlegungen zum Begriff des ›Verstehens‹ von Musik« von Thomas Ott gegeben (vorgelegt der Arbeitsgemeinschaft Unterrichtsforschung an der PHN Abteilung Oldenburg, April 1973). Ott bezieht sich hier auf: Eco, U., Einführung in die Semiotik, München 1972.

[5] Ott, Th., a. a. O., S. 3.

[6] H.-P. Reinecke (Musik als Kommunikation – eine neue Begriffsbestimmung«, in: Günther/Rauhe, a. a. O., S. 116) schlägt zur Kennzeichnung der »Sender-Empfänger«-Relation in musikalischer Kommunikation das aus der Neurophysiologie in die Kybernetik übernommenen Begriffspaar »Effektor-Rezeptor« vor: »Das komplementäre Begriffspaar ›Produktion-Reproduktion‹ . . . scheint mir kommunikativen Aspekt zu unterdrücken. Ich . . . möchte . . . zu überlegen geben, anstelle dessen den Effektor/Rezeptor-Aspekt der Kommunikation in den Vordergrund zu stellen . . . Hiermit ließe sich der gemeinte Sachverhalt zumindest deutlicher annähern, etwa wenn man die kreative Effektorleistung (anstelle von ›Produktion‹) der abbildenden Effektorleistung (anstelle von ›Reproduktion‹) und beide der rezeptiven Leistung gegenüberstellen würde.«

[7] So bei Michael Alt in dessen Buch »Didaktik der Musik. Orientierung am Kunstwerk«, Düsseldorf 1968, S. 251. Alt teilt die Unterrichtsinhalte in vier »Funktionsfelder« ein: Reproduktion, Theorie, Interpretation und Information.

[8] Zum Begriff der musikalischen Imagination siehe Kneif, T., Ideen zu einer dualistischen Musikästhetik, in: Musik und Bildung 1970, Heft 9.

Musikalische Hörerziehung und Unterrichtswirklichkeit Oder: Von den Grenzen schulischer Musikerziehung heute

Karl Heinrich Ehrenforth

Die Diskrepanz zwischen hochgesteckten Zielvorstellungen und -erwartungen einerseits und zumeist bescheidenen Realisierungschancen andererseits kennzeichnet die Situation des Schulfachs Musik seit über fünfzig Jahren. In ihrer Bedeutung so dehnungsfähige Begriffe wie »Volk«, »Kultur« und »Musik«[1] verdeckten erhebliche Meinungsunterschiede in den strategischen Vorstellungen. Der nicht ausgetragene Zielkonflikt führte zu einem Scheinkonsens, in dem vor allem sozialromantische Ideen und daraus resultierende problematische Kompromisse die Oberhand behielten.[2] So kam es nicht zu einer nüchternen Bestandsaufnahme musik- und soziokultureller Realitäten, bei denen, wollte man sie ändern, eine musikpädagogische Strategie hätte ansetzen müssen. Erst eine zweite Frage wäre gewesen, welche Rolle der allgemeinbildenden Schule in dieser Strategie hätte übertragen werden können, was sie in Wahrheit zu leisten imstande gewesen wäre.

Unerfüllbare Zielerwartungen nach außen und Identitätskrisen nach innen waren die Folge. Enttäuscht-mitleidige Kritik und Resignation ließen denn auch nicht auf sich warten.[3] Dies feststellen heißt nicht zu leugnen, daß es in den letzten Jahrzehnten erfreuliche Ergebnisse schulmusikalischer Bemühungen vor allem an Gymnasien gegeben hat. Nur darf man nicht übersehen, daß das hier angedeutete Problem bis heute nicht gelöst ist und sich eher verschärft hat. Der volle »Realaspekt« (M. Alt)[4] von Schulmusik ist noch nicht in den Blick gekommen. Er gilt ja nicht nur hinsichtlich erheblich veränderter musikkultureller Umweltfaktoren, sondern auch in Bezug auf relativ konstant gebliebene Unterrichtsbedingungen der Schule. Es ist ungerecht, die schulmusikalischen Schwierigkeiten allein schlechten und lückenhaft ausgebildeten Lehrern, wenig hilfreichen Lehrplänen ohne klare Lernzielorientierung und mangelhafter Medienausrüstung zuzuschreiben. Die Komplikationen übersteigen die engeren fachdidaktischen Grenzen. Mag dies kein Trost für den überlasteten Schulpraktiker sein, so sei ihm jedoch bestätigt, daß die Probleme des Musikunterrichts in der Schule nur zum kleineren Teil seinem Schuldkonto zugeschrieben werden dürfen. Es ist bekannt, daß seit einigen Jahren das ganze westliche Schulsystem auf dem Prüfstand der Kritik steht. Die vielfältigen Meinungen und Thesen können hier nicht diskutiert werden. Deutlich in dieser Kontro-

verse wird jedoch, daß weder der sozialintegrative Lehrer noch das lernzielorientierte Curriculum noch das gesellschaftlich-emanzipatorische Interesse allein genügen, das Schiff der Schule wieder flott zu machen.
Im folgenden soll der Realaspekt von Schulmusik am Beispiel musikalischer Hörerziehung als didaktischem Zentralbereich bedacht werden. Dies geschieht in vier Schritten. Zunächst werden Zielvorstellungen heutiger Hörerziehung im Zusammenhang europäisch-abendländischer Höreinstellungen und die damit verbundenen Verhaltensaspekte dargelegt. In einem zweiten Schritt werden die teils bekannten, teils noch nicht genügend berücksichtigten außerschulischen Bedingungen musikalischer Hörerziehung systematisiert. Schließlich soll die Problematik der innerschulischen Auflagen von Schulmusik und Hörerziehung erörtert werden. Schließlich soll versucht werden, einige Konsequenzen aus der Erörterung zu ziehen. Die folgenden Anmerkungen werden in dem Bewußtsein gemacht, daß die Vielfalt der Aspekte einem Syndrom gleicht, dessen Diagnose eine hierarchische Zuordnung des Problemzusammenhangs noch nicht gestattet.
In der heutigen Musikkultur Europas haben sich historisch drei unterschiedliche Hörweisen entwickelt, die heute nebeneinander bestehen und sich vielfältig überschneiden. In zugegeben etwas grober Einteilung ist zunächst das »aktiv-synthetische« Hören[5] zu nennen, das das vergänglich Erklingende im geistigen Nachvollzug musikalischer Struktur zur Einheit des »ergon« fügt. Dieses Hören ist – wie das ihm zuzuordnende autonome Musikwerk – eine spezifisch abendländische Spätform von Hörkultur.
Historisch vorgelagert, jedoch bis heute nach wie vor wirksam, ist das Hören funktional eingebundener Musik. Das Vernehmen einer Bachschen Passion ist nur indirekt und beiläufig der musikimmanenten Struktur als dem Sinnstifter autonomer Musik verpflichtet. Entscheidend ist die dienende Funktion der Musik als Interpretament eines sie selbst übersteigenden Sinnzusammenhangs, dessen sich der Hörer wie der Komponist bewußt sind, zumindest sein sollten.
Schließlich ist jene uns allen vertraute Höreinstellung zu nennen, die weder der sinnstiftenden Struktur autonomer Musik noch der funktionalen Einbindung von Musik sich zuwendet, sondern die das Divertissement, die psychische Entlastung, den affektiven Stimulans, die akustische Background-Tapete sucht. Der zweifelhafte Vorteil dieses durch die modernen Medien unbegrenzt geförderten Hörverhaltens ist der totale Anspruchsverzicht der Musik: an keiner Stelle verlangt sie die Unterbrechung der alltäglichen Verrichtung, was nicht einmal die Lektüre der Boulevard-Presse erlaubt.
Musikalische Hörerziehung geht bekanntlich vom »aktiv-synthetischen« Hören aus und fügt dieser Höreinstellung einen emanzipatorisch-kritischen Akzent hinzu. Dieses kritisch-reflektive Hören wird zum Leitziel erklärt. Ob ein Schlager, ein klassisches Streichquartett, ein indischer Raga oder ein gregorianischer Jubilus im Unterricht anstehen: der kritisch-reflektive Hörakt steht unabhängig von der musikkulturellen und historischen Einbindung dieser Mu-

sik im Vordergrund musikalischer Hörerziehung heute. Diese Zielvorstellung angesichts des massiven Überhangs von unkritischem Musikkonsum weiterhin als unentbehrlich für die schulische Musikerziehung anzuerkennen, bedeutet jedoch zugleich, sich zweier Tatsachen bewußt zu bleiben:

1. Hier wird das – zum kritisch-reflektiven Hören zugespitzte – Ideal einer späten, hochdifferenzierten »autonomen« Hörkultur zum Ausgang und Ziel einer allgemeinbildenden musikalischen Hörerziehung erklärt. Dieses hohe Ziel gereicht der Musikpädagogik zur Ehre, beschwört jedoch die Gefahr permanenter Überforderung.
2. Die Betonung des kritisch-reflektiven Hörens gefährdet die Doppelpoligkeit ästhetischer Erfahrung, indem der Gegenpol engagierter Betroffenheit, persönlicher An-Eignung und Identifikation aus einsichtigen Gründen abgedunkelt zu werden droht. Das Ergebnis ist zwiespältig: die kritische »Gegensteuerung« gegen den unreflektierten Massenkonsum von Musik droht musikalische Hörerziehung methodisch und sachlich unangemessen zu verengen und sitzt obendrein der Illusion auf, die Gegensteuerung könne im Ansturm gegen die Heere der Werbung und Konsumwelt nachdrücklich gelingen.

Überforderung und drohende Verengung sind keine Argumente für eine andere Hörerziehung, zeigen aber deren Grenzen, die wir nüchtern einkalkulieren müssen.

Wie zweifellos wichtig und doch schwer eine kritisch-reflektive Hörerziehung ist, die den aktiv-synthetischen Ansatz voraussetzt, demonstriert die folgende Aufreihung der vorauszusetzenden bzw. anzustrebenden Verhaltensaspekte. Es sind:

1. die Bereitschaft, still zu sein (Kommunikationsbedingung);
2. die Bereitschaft, hinzuhören (Kommunikationsoffenheit);
3. die Bereitschaft, zuzuhören (Kommunikationswilligkeit);
4. die Fähigkeit, musikalische Strukturen zu unterscheiden, die Semantik musikalischer Sprachmittel zu verstehen und die Tektonik musikalischer Abläufe zu überschauen (Kommunikationsfähigkeit);
5. die Bereitschaft, vorschnelle und unkritische Identifikation mit Musik in Frage stellen zu lassen oder gar selbst in Frage zu stellen (kommunikative Selbstkritik);
6. die Bereitschaft, vorschnelle und unkritische Ablehnung von Musik in Frage stellen zu lassen oder gar selbst in Frage zu stellen (kommunikative Toleranz);
7. die Fähigkeit, die gesellschaftlichen und ökonomischen Bedingungen von Musik zu reflektieren, ihre »affirmativ-manipulatorischen« Tendenzen zu durchschauen und ihre affektiv-irrationale Wirkmächtigkeit an sich zu erfahren und kritisch zu analysieren (kommunikativ-kritische Distanz).

Wie wenig selbstverständlich dieser Komplex von Verhaltensaspekten schon in der nicht-musikalischen Kommunikation des bloßen Miteinander-Redens heute ist, ist jedem Schulpraktiker klar. Aber eben auch, wie groß die Aufgabe ist, der wir uns zu stellen wagen. Das Wagnis dieses Selbstanspruchs wird vollends deutlich, wenn im folgenden die außerschulischen Bedingungen heutiger Hörerziehung genannt werden – dies ohne Anspruch auf Vollständigkeit und mehr hypothetisch als empirisch abgesichert.

1. Die wachsende Rationalisierung und Arbeitsteilung unserer wissenschaftlich und technologisch bestimmten Arbeitswelt der »sekundären Systeme« (Freyer) gefährdet offensichtlich in zunehmendem Maße die *psychohygienische Balance*[6] der Person und damit der Gesellschaft insgesamt. Es scheint, als sei Musik eines der hilfreichsten Medien, diese Balance kurzfristig und schnellwirkend, gleichsam medikamentös, wiederherzustellen. Die totale und vergleichsweise aufwandlose Verfügbarkeit von Musik kommt diesem Bedürfnis unbegrenzt entgegen.

Diese zunächst einleuchtende These ist dennoch gewagt. Sie behauptet, daß Musik eben nicht nur bei offenkundig neurotisch gestörten Patienten im Sinne nonverbaler Psychotherapie einsetzbar ist, sondern daß auch die große Masse der sogenannten Gesunden in unserer Gesellschaft sich mit Hilfe von Musik präventiv gegen die Bedrohung der psychohygienischen Balance als Voraussetzung geistig-seelischer Gesundheit zu schützen sucht. Mag zwischen abstumpfendem Dauerkonsum und therapeutischer Selbsthilfe ein qualitativ erheblicher Unterschied liegen (die Grenzen sind vermutlich fließend), so kann aber für unser Problem konstatiert werden, daß beide Rezeptionsweisen dem kritisch-reflektiven Hören recht krass entgegenstehen.

2. Es kann mit Sicherheit angenommen werden, daß die audiovisuelle Reizüberflutung *lernpsychologische Defekte* hervorruft. Es ist gewiß, daß der zweifellos auch motivierenden Funktion von Funk und Fernsehen als Haben eine mindestens ebenso große Eindrucksübersättigung unverarbeiteter Informationen als Soll gegenübersteht. Dem Schulpraktiker ist die daraus resultierende Aufmerksamkeitsschwäche längst bekannt. Sie wirkt sich im Musikunterricht besonders nachteilig auf die Bereitschaft und Fähigkeit bewußten, visuell entweder gar nicht oder nur umrißhaft gestützten, großräumig vergleichenden und ordnenden Musikhörens aus. Die Entscheidung neuerer Lernbuchkonzeptionen für eine bereits totgeglaubte »Häppchenkost« ist gewiß auf diese Tatsache zurückzuführen.

3. Im Kernbereich der Schule – der Sekundarstufe I – liegt die *entwicklungspsychologisch bedeutsame Umbruchphase* des Jugendalters. Sie löst ein verstärktes Identifikations- und Entlastungsbegehren aus. »Die Revision der internalisierten Werte, Einstellungen und Gesinnungen«[7] führt zu einer – vorübergehenden – Konfliktsituation des Heranwachsenden mit der sozialen Umwelt. In dieser Periode der Statusverunsicherung bietet sich Musik als emotional-affektives Entlastungs- und Bestätigungsmedium in besonderer Weise an. Die Aufforderung, sich mit Musik »auseinander-zu-setzen«, wird in dieser Zeit häufig zurückgewiesen, weil entweder die Infragestellung des sich als hilfreich erweisenden Identifikationsobjekts (»meine Musik«, »mein Idol«) droht,

oder die zur Betrachtung anstehende Musik auf Gleichgültigkeit stößt, eben weil sie nicht »meine Musik« ist oder, als »Opas Musik« disqualifiziert, nicht »meine« sein darf und kann.
Aber Musik ist nicht nur »meine«, sondern auch »unsere«. Als *teilkulturelles Statussymbol* ist bekanntlich Popmusik häufig nur gegen den Widerstand der Schüler in den Unterricht einzubringen. Sie befürchten die Neutralisierung. Daß sich die ganze Problematik auf eine entwicklungspsychologisch bedingte, begrenzte Durchgangsphase beschränkt, gehört zu den allgemeinen Problemen der Jugendschule überhaupt. Für das Fach Musik und speziell für die musikalische Hörerziehung in der Sekundarstufe I sind sie jedoch offensichtlich von nahezu existentieller Bedeutung. Unabhängig von der Tatsache, daß neue Stundentafeln diesem Problem mit ausschließlich administrativer Rigorosität begegnen, muß unsere Fachdidaktik sich mehr als bisher mit der These der Pädagogischen Anthropologie befassen, wonach es »phasenspezifische Empfänglichkeitsperioden, fruchtbare Zeitpunkte für den Erfolg von Lernprozessen«[8] gibt, die genutzt werden müssen. Die meist unproblematische Offenheit für strukturelles wie imaginativ-assoziatives Hören in der Kindheit wandelt sich in der Jugendphase zumeist in das Extrem einer primär emotionalen, grundsätzlich nicht mehr offenen Höreinstellung, die dem Musikpädagogen begreiflicherweise mehr als Verlust denn als Gewinn erscheint und dem von uns intendierten kritisch-reflektiven Hören zusätzliche Komplikationen einbringt.
4. Die Überwindung der ständisch geprägten Dreigliedrigkeit der Schule hat die *soziokulturelle Spannweite*[9] vor allem des Gymnasiums in den letzten zehn Jahren erheblich vergrößert. Sehr unterschiedliche musikalische Verhaltensformen und Bedürfnisse als Resultate nur schwer zu korrigierender Sozialisationsprozesse treffen heute in einer Schulklasse zusammen und gestalten den ohnehin komplexen Erwartungshorizont noch unübersichtlicher. Daß dieses Problem in Gesamtschulen verschärft auftritt, ist bekannt. Nur ein kleiner Teil der Schüler ist darauf vorbereitet und scheint bereit, Musik als ernstzunehmenden »Kommunikationspartner« anzuerkennen.
5. Die Ablehnung vor allem des musikalischen Kunstwerks und der dafür erforderlichen Höreinstellung mag – vornehmlich in Hauptschulen und Gesamtschulen mit einseitiger Sozialstruktur – ihren Grund in der *sozialpsychologisch* bedingten, möglicherweise von uns unterschätzten Befürchtung finden, die Identität mit den internalisierten Normen, Einstellungen und Wertvorstellungen zu verlieren.[10] Identität und Ichfindung sind notwendige Ziele der Entwicklung und Erziehung. Ungelöst scheint die Frage zu sein, ob und in welchem Maße vorläufige, »unkritische« Identifikationen als Hindernisse auf dem Weg zu sich selbst entlarvt werden müssen. Wer sagt mir, was mein wahres Ich ist? Das musikpädagogische Problem ist so zu umreißen: Wie können sozialisationsbedingte Rezeptions- und Wertungsverengungen zu vorurteilsfreier Erfahrungsoffenheit für jede Art von Musik und Musikverhalten geführt werden, ohne daß der Identitätsverlust droht?

6. Die *technische Reproduzierbarkeit* und potentielle Allgegenwart von Musik aller Zeiten und Kulturen kann nicht nur als Zuwachs und Reichtum angesehen werden. Die damit verbundene Neutralisierung der Aura[11], die Verdunkelung der Zusammenhänge, die als »Sitz im Leben« bezeichnet werden, verbauen Verstehenshilfen funktionaler, paramusikalischer Art. Dem Schüler wird die Bereitschaft abverlangt, Musik in der technifizierten Abstraktheit einer Schallplattenwiedergabe in einem nüchternen Unterrichtsraum mit anderen Menschen zusammen zu hören, die recht unterschiedlich motiviert sind und – als Jahrgangsklasse – keine sachbestimmte Wahlgemeinschaft darstellen.
7. Es kann auch vermutet werden, daß die *Allergie gegen Kunstmusik* und die mit ihr verknüpfte Höreinstellung zusammenhängt mit der unsere Zeit durchziehenden »Geschichtsverdrossenheit« (Heimpel). Diese bis zur Geschichtsfeindlichkeit zugespitzte Aversion hat sich in einem infantil anmutenden Präsentismus niedergeschlagen, der autonome Kunst, Konzertwesen und Bildungsbürgertum samt Tradition verwirft. Dieser Präsentismus hat sich in unserem Fachhorizont am deutlichsten bei John Cage gezeigt. Weil Geschichte zu zufällig anmutender, heilsgeschichtlich entblößter Säkularhistorie ohne Sinn und Ziel geworden zu sein scheint, erhofft man durch eine »Emanzipation« von Tradition und Geschichte eine Freiheit für Gegenwart und Zukunft zu gewinnen, über deren gefährlich-illusionären Charakter man sich offenbar nicht im Klaren ist.[12] Ob modische Nostalgiewellen hier bereits eine Wandlung ankündigen oder nur als Surrogate dienen, die zu nichts verpflichten, ob die regressiven Eruptionen in Psychedelisches und Folkloristisches Indikatoren für das so entstandene und mehr und mehr spürbare Vakuum sind, vermag heute keiner auszumachen. Ohne Zweifel spielen die dargestellten Probleme in die Hörerziehung hinein.

Eine Diagnose der Unterrichtswirklichkeit unter dem besonderen Aspekt von musikalischer Hörerziehung muß auch die innerschulischen Auflagen bedenken.

Die heutige Unterrichtsschule ist geprägt von der Klasse als jahrgangseinheitlicher Großgruppe. Es ist bekannt, daß die Norm dieser Großgruppe immer wieder auf die Kritik der pädagogischen Wissenschaft und Praxis gestoßen ist, weil die erziehlichen Wirkungsmöglichkeiten der persönlichen Zuwendung, Förderung und Kontrolle, aber auch die angemessene Berücksichtigung des »personal knowledge« des Schülers erheblich eingeengt werden.

Die Forderung an die Gesamtschule als Ganztagsschule, dieses Problem durch vermehrten Kleingruppenunterricht und spezielle »acitivities« zu lösen, scheint nicht überall erfüllt werden zu können. Neue Schulfächer wie Arbeitslehre, aber auch finanzielle und personelle Engpässe zwingen zu strengerer Ökonomie der Zeitgestaltung und Unterrichtsorganisation als ursprünglich erwartet.

Die Chancen, die Probleme der Großgruppe fachintern zu lösen oder zu überspielen, sind von Fach zu Fach verschieden. So gestattet die Binnendifferenzierung im Kunstunterricht wie kaum in einem anderen Fach eine persönlich zugeschnittene Aufgabenstellung und Lehrerberatung. In den naturwissenschaftlich-mathematischen Schulfächern bietet die Vermittlung mehr oder weniger streng operationalisierbarer und definierbarer Sachverhalte eine von persönlichen Implikationen weitgehend unabhängige Ausgangsbasis, die – auf ganz andere Art wie im Kunstunterricht – die Problematik der Großgruppe zumindest partiell überspielen kann.

Daß diese Tatsache sich mit der in unserer wissenschaftlichen Welt begreiflichen Faszination logischer Stringenz und eindeutiger Begrifflichkeit verbünden und zu dem gefährlichen Schluß führen kann, Schule habe sich als moderne Lernschule auf die Vermittlung operationalisierbarer Sachverhalte zu konzentrieren, hat sich in jüngerer Zeit am deutlichsten in der Problematik von Lernzieltaxonomien und Programmierter Unterweisung offenbart.

Diese Entwicklung kommt nicht von ungefähr. Die neuzeitliche Überbewertung der methodischen und begrifflichen Rationalität (natur)wissenschaftlicher Denkkategorien hat zweifellos zu einer Unterschätzung vieldimensionaler Wirklichkeit von Mensch und Welt geführt. Sie stimmt mehr und mehr bedenklich und greift über auf die Frage nach Ziel und Leistungsvermögen der heutigen Unterrichtsschule. Die Einsicht wächst, daß die Be-greif-barkeit von Wirklichkeit nicht nur orientierende und systematisierende Hilfe, sondern auch Verarmung bedeutet. Die Reduktion auf Verfügbar-Vorfindliches, die Beschränkung der lebendigen, »schmuddeligen« Fülle des Seins[13] auf ein »quasi abschließbares System definierter Verhältnisse«[14] kann auf Dauer in der Schule zum Verlust dessen führen, was sie als »Gegeninstanz« notwendiger denn je zu leisten hätte. Hartmut von Hentigs Forderung nach einer »ganz anderen« Schule, in der die »Wiederherstellung des dialektischen Verhältnisses von Wissen und Erfahrung«, u. zw. einer »offenen und realen (nicht künstlich isolierten) Erfahrung«[15] möglich ist, wird von dem Physiker und Wissenschaftstheoretiker A. M. Klaus Müller[16] aufgegriffen und weitergedacht.

Sein Zentralbegriff – den ich auch für das musikdidaktische Gespräch für außerordentlich fruchtbar halte – ist der der *»biographischen Erfahrung«*. Seine These lautet: Der Anteil »biographischer Erfahrung« als notwendige Voraussetzung für die Ichfindung des Menschen wird in der heutigen, so strukturierten Schule bei weitem zu gering veranschlagt oder gar unmöglich gemacht. Sie wird nahezu ausschließlich der außerschulischen Einflußsphäre überlassen. Was heißt »biographische Erfahrung«? Sie meint die unvertauschbare, individuelle, d. h. ungeteilte und unteilbare Begegnung des Menschen mit Wirklichkeit. Im denkenden, empfindenden, experimentierenden, reagierenden und handelnden Umgang erfährt der Mensch das für ihn Erstmalige dieser Wirklichkeit, das nur ihm gehört, das Spuren in seinem biographischen Profil hinterläßt, die zu seiner Person und seinem Leben gehören. Die Ursprünglichkeit dieser biographischen Erfahrung kann nicht durch den Verweis geschmälert werden, daß andere Menschen heute, gestern oder vor Zeiten die gleiche Erfahrung gemacht haben. Sie ist nicht die gleiche, weil jeweils *andere* Menschen sie gemacht haben, unverwechselbar, unvergleichlich mit ihrer Biographie verwoben.

Diese Erfahrung drängt zur Mit-Teilung. Erst im sprachlichen Nennen, im Ge-Spräch wird diese Erfahrung als »meine« erkannt und bewußt. Die Mit-Teilung der individuellen Erfahrung vermag deutlich zu machen, wo und wie ich der Je-Eigene, der Andere das bisweilen fremde Du ist. Der Austausch läßt das reiche und schwer zu begreifende Spektrum menschlicher Lebens- und Erlebensweisen in seiner unzählbaren Vielfalt aufleuchten. Die Bedeutung solcher Erfahrung und Mit-Teilung für das Heranwachsen junger Menschen kann gar nicht überschätzt werden. Im schulischen Erziehungsprozeß aber stehen dem die Abstraktheit der abgeschlossenen Schulstube und die Großgruppe immer wieder im Wege. Es ist bekannt, daß mit der Größe der Gruppe und der wachsenden Unüberschaubarkeit des Erwartungshorizontes der vielen Einzelnen die Notwendigkeit wächst, nach Form und Inhalt vorprogrammierte, d. h. definierte Verhältnisse zu schaffen, um den Unterrichtserfolg zu sichern. Ungewollt aber wird der Autoritätsdruck verstärkt und der Erfahrungsraum des Einzelnen umgekehrt proportional eingeengt. Auch ein sozialintegrativ eingestellter Lehrer kann sich dem kaum entziehen, es sei denn, er übergibt sich dem Laissez faire.[17]

Was bedeutet dies für die schulische Musikerziehung und dort vor allem für die Hörerziehung?

Zunächst dies: Die Begrenztheit biographischer Erfahrungsmöglichkeiten wird im schulischen Musikunterricht besonders schmerzlich deutlich. Entdekkung von Klang und Geräusch, Gruppenimprovisation, Umgang mit Klangmaterialien und Instrumenten, Bewegungsdarstellung, Musiziermöglichkeiten und Darstellendes Spiel sind im Klassenverband nur sehr geplant und gesteuert zu verwirklichen, manchmal gar nicht. Gerade aber hier wären solche Erfahrungen in besonderer Weise anzustreben. Darauf kann hier nicht näher eingegangen werden.

Vielmehr soll nach der Bedeutung biographischer Erfahrung beim Hören von Musik gefragt werden. Es mag erstaunen, daß auch hier die Großgruppe keine optimalen Bedingungen bietet. Der Einwand, alle Menschen sind heute gewollt oder ungewollt Musikhörer, deshalb müsse musikalische Hörerziehung als Breitenarbeit und in der Großgruppe möglich sein, ist leichtfertig. Die Großgruppe ist nicht nur aus den für alle Schulfächer geltenden pädagogischen Gründen problematisch, sondern aus fachspezifischen Gründen, die sich aus der besonderen Struktur ästhetischer Erfahrung und der daraus abzuleitenden methodisch-didaktischen Erfordernisse ergeben. Eine wirklich lohnende, umfassende musikalische Hörerziehung kann nicht Genüge finden in vordergründiger Sensibilisierung, verengtem Strukturenhören oder kritischer Reflexion. Wer das Violinkonzert von Alban Berg von der dodekaphonischen Konstruktion her meint aufschlüsseln zu können, verkennt die Intention des Komponisten und die Erwartung des Hörers. Hier ist mehr im »Spiel«. Das Bekenntnis, das sich in diesem Werke ausdrückt, drängt auf Mit-Teilung, sucht den Hörer, der die Mit-Teilung anzunehmen und mit seiner eigenen Erfahrung von Trauer, Tod und Trost zu verweben, d. h. mit seiner eigenen Biographie zu verknüpfen bereit ist. Biographische Erfahrung ist dort, wo ein bestimmter Anlaß meines Lebens mich zu dieser oder jener Musik hat greifen lassen, wo Musik mir Antwort gegeben hat in meinem spürbaren, aber so schwer greifbaren Lebensgefühl, wo sie mich gestärkt, abgelenkt, getröstet oder ermuntert hat. Sie ist dort, wo andere die Musik spielen, an der ich mich selbst einst versucht habe. Sie spielt dort hinein, wo das Hören einer bestimmten Musik immer wieder Assoziationen biographischer Herkunft einblendet. Sie läßt eine mit einem anderen Menschen gehörte Musik zum Erinnerungssymbol dieser Gemeinschaft werden. Sie spielt in psychosomatische Tiefen der Person hinein, die gleichermaßen irrational wie real sind.

Es wäre ein Irrtum zu meinen, der alte Erlebnisunterricht solle wieder schmackhaft gemacht werden. Es kann aber auch nicht bezweifelt werden, daß wir es uns mit seiner bisweilen arroganten Verwerfung auch zu leicht gemacht haben. Ästhetische Erfahrung ist immer doppelpolig angelegt, wenn sie es ernst meint: der Anspruch des Werkes (der Musik) und der Anspruch des Hörers sind gleichgewichtig im Blick zu behalten. Aber wie soll das im Großgruppenunterricht gelingen?

Es ist fast zwangsläufig, daß eine lernzielorientierte Unterrichtsschule vor allem den Anspruch der Musik – bzw. ihre Anspruchslosigkeit – anzielt und den Anspruch des Hörers aus gegebenem einsichtigem Anlaß verkürzt zu kritisch-reflektivem Hörverhalten. Aber er soll doch auch die Chance erhalten, sich in der Musik selbst zu finden, die Musik zu seiner Musik zu machen, sie in sein Leben hineinzunehmen? Was bleibt davon?

Man muß sich vor Augen halten, daß der Anspruch musikalischer Analyse, objektive Daten zu bieten, die ohne Umwege in das Verständnis der Musik hineinzuführen vorgibt, täuscht. Weder ist die Begrifflichkeit (was ist ein »Thema«, ein »Rhythmus«?) noch deren logische Stringenz einer mathematischen Deduktion vergleichbar. Der Versuch einer solcherart unantastbaren Musiklehre ist seit Hugo Riemann immer wieder gescheitert, weil die historische und ethnologische Bedingtheit musikalischer Phänomene dem sich widersetzt. So kann musikalische Analyse im Sinne einer Vermittlung des Lernbaren immer nur *Auf*- und *Hin*weis-, nicht aber *Be*weischarakter haben. Sie ist Stütze und Korrektiv für die ästhetische Erfahrung, nicht aber ihr Inhalt. An dieser Stelle meldet der Hörer spätestens seinen Anspruch an, weil ästhetische Erfahrung im flexiblen Gegenspiel von objektverpflichteter kritisch-analytischer Distanz *und* subjektorientierter, »ein-stimmender« Identifikation und An-Eignung zur Wahrheit findet. Diese Wahrheit ist nicht einfach »richtig«, sondern zutreffend.[18]

So schwer es ist, diese Erkenntnis für den schulischen Großgruppenunterricht

fruchtbar zu machen, so klar ist aber auch, daß der unter den dargestellten Umständen begreifliche »Rückzug« auf das Operationalisierbare und Lernbare nicht damit begründet werden kann, daß das subjektive Erlebnis im Rahmen ästhetischer Erfahrung eine eher peinliche, in jedem Fall beliebige Randerscheinung ist, die man dulden, lieber aber übergehen sollte. Wir sollten nicht verkennen, daß gerade die jungen Menschen mit einer Fülle von biographischen Erfahrungen im Bereich der Popmusik in die Schule kommen[19], vergleichbare Erfahrungsangebote mit anderer Musik im nüchternen Stil der Unterrichtsschule aber nur ganz selten haben. Wir sollten daher bedenken, daß die Aversion gegen Musikunterricht häufig auch darin begründet ist, daß die ständige, von außer- und innerschulischen Bedingungen her aufoktroyierte Akzentuierung des kritisch-reflektiven Vermittlungsansatzes ein Vakuum entstehen lassen kann, das der schulischen Musik-Hörerziehung die Notwendigkeit persönlicher An-Eignung und Urteilsbildung im kommunikativ offenen Erfahrungsaustausch versagt. Unter diesem Aspekt sollten wir die Wahlmöglichkeit ab Klasse 9 (in Hauptschulen früher) nicht nur als bedrückend empfinden. Denn die kleinere Gruppe der Interessierten bietet mehr Möglichkeiten, die wir freilich auch nutzen müssen. Das ohnehin erst durch viel Übung zu überwindende Problem der angemessenen Verbalisierung musikalischer Wirkungen und Eindrücke, das sich in der Großgruppe mit der Scheu vor intim-persönlicher Mitteilung in einem oft durch Kliquenbildung geteilten Lernverband verbindet, kann hier partiell bewältigt werden.
»Es läßt sich zwingend erweisen, daß der Klassenverband der heutigen Unterrichtsschule für eine individuelle Entfaltung der musikalischen Anlagen und Bedürfnisse auch unter optimalen Bedingungen keinen angemessenen Rahmen bilden kann. Langfristig ist deshalb mit einer Emigration der Musikpädagogik aus der Unterrichtsschule zu rechnen; das Bedürfnis nach städtischen Musikschulen, nach Musikerziehung im Kindergarten, nach Musikkursen im Rahmen der Erwachsenenbildung und nach bisher noch nicht institutionalisierten Formen moderner Musikpädagogik wird zunehmen.«[20]
So provozierend die Prognose Georg Pichts auf den ersten Blick zu sein scheint, angesichts der von mir geäußerten Bedenken ist sie offenbar folgerichtig. Ist die moderne »Groß-Lernschule« den speziellen und von der Sache her unleugbaren Anforderungen der Musikerziehung nicht gewachsen? Stimmt die These, daß das Schicksal der Musikkultur sich in der Schule entscheide? Es wäre aufschlußreich, festzustellen, inwieweit die musikpädagogischen Reformvorstellungen um den Ersten Weltkrieg vor dem Hintergrund einer flexiblen, lebensgemeinschaftlich orientierten Kleinschule gedacht und entwickelt worden sind: Kerschensteiners Arbeitsschule, die Lietzschen Landerziehungsheime, Wynekens und Halms Schulgemeinde usf. Sie haben der Musikerziehung durchweg mehr Lebensraum geboten als es je die Staatsschule vermochte.[21]
Nicht die Resignation zu fördern, sondern die für eine zukünftige Planung

notwendige Einsicht in Bedingungen und Leistungsfähigkeit der Schulmusik zu vertiefen, ist die Absicht dieser Anmerkungen. Was kann geschehen? Zum Schluß daher einige Überlegungen, die keinen Anspruch auf Neuheit erheben:

1. Die These Pichts, die heutige Unterrichtsschule sei den Anforderungen von Musikerziehung nicht gewachsen, teile ich nicht voll. Noch bieten Primarstufe und Studienstufe Chancen, die wir nicht aufgeben dürfen. Der Exodus des Faches wäre verfrüht. Auf eine »entschulte Schule« zu warten, erscheint zur Zeit utopisch. Immerhin wären neue Modelle von Privatschulen denkbar, die der Kunst- und Musikerziehung breiteren Raum bieten.

2. Eine musikpädagogische Strategie scheint unumgänglich, die den Schwerpunkt der Breitenarbeit von der Sekundarstufe I in die Primarstufe bis einschließlich Klasse 5 verlegt. Zwar ist auch hier die Großgruppe Norm. Aber es zeigt sich mehr und mehr, daß in diesem Bereich am ehesten sowohl ein informativ-lernender als auch spielend-erfahrender Musikunterricht möglich ist. Wann endlich wird die Primarstufenpädagogik in Praxis und Lehrerbildung diesen ihren unaufgebbaren Auftrag verwirklichen dürfen und können?

3. Der undifferenzierte Lernverband der Großgruppe ist für den Musikunterricht in der Sekundarstufe I nicht optimal. Nach Interesse, Lernvoraussetzung und Bedürfnis ausgerichtete Kurse in kleineren Gruppen können am ehesten den außer- und innerschulischen Bedingungen Rechnung tragen.

4. Die schulmusikalische »Front« muß mehr als bisher durch flankierende Maßnahmen entlastet werden. Vorschulerziehung, Musikschule und Erwachsenenbildung müssen inhaltlich und organisatorisch wirkungsvoller mit der Schulmusik verknüpft werden.

5. Hinsichtlich der hier im Besonderen dargestellten Problematik der musikalischen Hörerziehung in der Schule ist die didaktische Reflexion auszudehnen auf nicht ausgeschöpfte Möglichkeiten der Binnendifferenzierung, auf das Problem der angemessenen didaktischen Interpretation von Musik, die den persönlichen Zugang zu ihr nicht verschließt, sondern öffnet: Empirische Untersuchungen von kommunikativen Vorgängen beim Hören und »Besprechen« von Musik, von Unterrichtssprache und Gesprächsführung des Lehrers, von persönlichen Hörprotokollen und deren angemessener Auswertung. Dies alles, um den Raum für biographische und ästhetische Erfahrung auch in der Schule offenzuhalten.

Die Notwendigkeit einer von nüchterner Selbsteinschätzung bestimmten Zielaussage unseres Faches um der Lehrer, der Schüler und der Gesellschaft willen bleibt vordringliche Aufgabe.

Anmerkungen

[1] »Die Kunst, in der das deutsche Volk einen fast unumstrittenen, von allen Kulturnationen anerkannten Platz einnimmt, die Musik. . . . (wirkt) im geistigen Leben des deutschen Volkes durch ihren nach innen gerichteten, gleichsam religiösen Einfluß.« Leo Kestenberg, Musikerziehung und Musikpflege, Leipzig 1921, S. 4.

[2] Z. B. »Vom Volkslied zur Sinfonie« als didaktisch-methodische Generallinie. Der Zusammenhang

von Arbeiterbildung, kulturpolitischen Leitideen der frühen Sozialdemokratie und musikpädagogischer Reformbewegung ist noch ungeklärt.

[3] »Alle die mühevolle, vom Fach aus geleistete Arbeit, die in versuchter Regeneration des Schul- und Chorgesanges bestand, ist nutzlos gewesen, hat nicht einmal gegen das Gröbste: die Salon- und Maschinenmusikseuche aufkommen können. . .« Fritz Jöde in: Die Laute II 3/4 1918/9 S. 14f., hier zit. nach H. Höckner, Die Musik in der deutschen Jugendbewegung, Wolfenbüttel 1927, S. 144.

»Von den hohen Zielen der Kestenbergschen Reform ist in den praktischen Ergebnissen von heute so gut wie nichts übriggeblieben. . . Ein Hoheslied muß an dieser Stelle dem Stand des Schulmusiklehrers gesungen werden, der unter den erbärmlichsten Verhältnissen. . . noch immer versucht und hie und da auch vermocht hat, Erfolge zu erzielen. Viel Idealismus ist aufgebracht. . .« Friedrich Blume in: Das Musikleben 5/6, 1949, S. 139.

»Musikpädagogik trachtet sich zu retten, indem sie zu Musizieren auf der Linie des geringsten Widerstandes ermuntert, oder in der Schule ihr Quartier aufschlägt und dort viel Wesens von sich macht. . .« Th. W. Adorno, Kritik des Musikanten, in: Dissonanzen, Göttingen 1958, S. 100.

»Die spröde Sequenz des Aufbaus eines Musikverständnisses – wie es heißt – von unten her sollte gründlichst überdacht werden. Wie weit man damit kommt, spiegelt sich z. B. in der Unterhaltungsmusik, deren theoretisches Niveau . . . im Grunde das wiedergibt, was mittleres Schulbemühen auf diesem Gebiet gegenwärtig zu erreichen vermag.« H. P. Reinecke, Psychologische Aspekte der Bildungsziele und -inhalte des Faches Musik, in: Musik und Bildung 7/8, 1970, S. 310.

[4] Michael Alt, Didaktik der Musik, Düsseldorf 1968, S. 15.

[5] Heinrich Besseler, Das musikalische Hören der Neuzeit, Berlin 1959.

[6] Vergl. dazu: Art. Psychische Hygiene, in: Fischer Lexikon »Psychologie«, Frankfurt/M.^{12} 1967. Theodor Wilhelm, Theorie der Schule, Stuttgart ^{2}1969, S. 422ff.

[7] Rolf Oerter, Moderne Entwicklungspsychologie, Donauwörth ^{10}1971, S. 81.
Vergl. auch: Dieter Baacke, Jugend und Subkultur, München 1972, S. 11ff.

[8] Heinrich Roth, Pädagogische Anthropologie, Band I, Hannover ^{2}1968, S. 195.

[9] Vergl. auch: Familienerziehung, Sozialschicht, Schulerfolg, b : e tabu, Weinheim ^{4}1974.

[10] Vergl. Henry Clay Lindgren, Einführung in die Sozialpsychologie, Weinheim 1973, S. 56ff. Hartmut von Hentig, Cuernavaca oder: Alternativen zur Schule? Stuttgart 1971, S. 30.

[11] Walter Benjamin, Das Kunstwerk im Zeitalter seiner technischen Reproduzierbarkeit, Frankfurt/M. 1963, S. 18.

[12] Vergl. dazu: Harvey Cox: Das Fest der Narren, Stuttgart ^{2}1970.

[13] Hartmut von Hentig, a. a. O., S. 125.

[14] A. M. Klaus Müller, Definierte Verhältnisse in der Erziehung?, in: Überlebensfragen, Stuttgart 1973, S. 76.

[15] Hartmut von Hentig, a. a. O., S. 109.

[16] Siehe Anmerkung 14.

[17] Zum Verhältnis von Gruppengröße und biographischer Erfahrung siehe A. M. Klaus Müller, a. a. O., S. 84ff.

[18] Vergl. des Verf. Darlegung des hermeneutischen Problems in: Verstehen und Auslegen, Frankfurt/M. 1971, und in: Die Bedeutung der Geschichtlichkeit für die didaktische Interpretation von Musik in: Aktualität und Geschichtsbewußtsein in der Musikpädagogik, hrsg. von Sigrid Abel-Struth, Mainz 1973, S. 68ff.
Der Begriff der »biographischen Erfahrung« ist einerseits umfassender, andererseits enger als der der »ästhetischen Erfahrung«, wie ihn Verf. gebraucht. Umfassender, weil »biographische Erfahrung« sich nicht nur auf ästhetische Phänomene beschränkt, enger, weil hier nur der subjekt-orientierte Pol der »ästhetischen Erfahrung« umschrieben wird, die ihrerseits die Doppelpoligkeit von Werkanspruch und Höreranspruch zu umfassen sucht.

[19] Vergl. Kurt Blaukopf, Neue musikalische Verhaltensweisen der Jugend, Reihe Musikpädagogik, hrsg. von Sigrid Abel-Struth, Band 5, Mainz 1974.

[20] Georg Picht, Wozu braucht die Gesellschaft Musik?, in: Deutscher Musikrat, Referate-Informationen, Heft 22/1972, S. 37 – Der hier zitierte Aufsatz von A. M. Klaus Müller, der als freier Mitarbeiter der Forschungsstätte der Evangelischen Studiengemeinschaft in Heidelberg unter der Leitung von Georg Picht tätig ist, steht offensichtlich in ursächlichem Zusammenhang mit Pichts These vom langfristigen Auszug der Musikpädagogoik aus der Schule.

[21] Wie sehr diese Vorstellungen auch nach dem 2. Weltkrieg noch lebendig waren, zeigen E. Pfannenstiel (Das Volkslied in der Verantwortung des Lehrers, in: Musikerziehung in der Schule, Mainz 1956, S. 88) und Fritz Seidenfaden (Die musische Erziehung in der Gegenwart und ihre geschichtlichen Quellen, Ratingen 1966, S. 124f., 128ff.).

Fundamentum musicum

Situationsanalyse und Perspektivplan

Gerhard Kirchner

Die mittleren siebziger Jahre scheinen in der Bundesrepublik Deutschland der allgemein- und bildungspolitischen Besinnung zu gehören, der Rückschau auf Erreichtes und Nichterreichbares. Mancher muß einsehen, daß nicht alle Blütenträume der sechziger Jahre erfüllt, nicht alle Reformen auf einmal verwirklicht werden konnten. Viele haben aber auch erkannt, wie notwendig der jugendliche Aufbruch war, drohte doch die Bundesrepublik nach dem Wiederaufbau der fünfziger Jahre geistig zu erstarren. Die letzten drei Jahrzehnte könnten mit der Formel Restauration – Revision – Reflexion charakterisiert werden: eine Kette von Reaktionen auf jeweils Vorhergegangenes. Wir sind zu nüchterner Bestandsaufnahme, zur Kurskorrektur[1] aufgefordert unter dem Motto: etwas weniger Idealismus, etwas mehr Realismus.

Analysen des Musikunterichts im westlichen Deutschland führen Unzulänglichkeiten vor allem auf falsche Einstellungen, falsche Konzeptionen, falsche Inhalte und falsche Methoden zurück. Man bedenke jedoch, daß in Nachbarländern trotz ähnlicher Einstellungen, Konzeptionen, Inhalte und Methoden erfolgreicher als bei uns gearbeitet wird. Die Omnipräsenz technisch vermittelter Musik dürfte in allen industrialisierten Staaten vergleichbar sein. Es sind wohl noch andere Faktoren zu berücksichtigen. Selten wird danach gefragt, ob ein als falsch erklärtes musikpädagogisches System sich überhaupt in der erforderlichen Breite und mit der nötigen Intensität entfalten konnte. Zwar wird unser Mangel an Musiklehrern registriert und beklagt, doch schon gibt es Ansätze, aus dieser Not eine Tugend zu machen: den voraussetzungslosen Musikunterricht, ein neues System mit eingeplanter Diskontinuität. Hier soll versucht werden, das Problem andersherum anzugehen.

Der Begriff Fundamentum musicum kann etwa viererlei bedeuten:

1. Grundprinzipien der Disziplin Musik,
2. Musikalische Grundausbildung,
3. Grundlagen des musikalischen Bildungswesens,
4. Basis des Musiklebens.

Eines greift ins andere. Man könnte versucht sein, ein komplexes System von Regelkreisen zu entdecken.[2]

Auch wer nicht mit Eberhard Preussner der Meinung ist, daß »die Musikerziehung die wichtigste Aufgabe innerhalb der Musikkulturen aller Zeiten gewesen«[3] sei, muß doch zur Kenntnis nehmen, daß in der Bundesrepublik Deutschland die in musikalischen Berufen Erwerbstätigen mit Hochschulabschluß sich wie folgt verteilen[4]: Lehrer 41%, Musiker 38%, Bürofachkräfte 3%, Publizisten 2%, Musikalienhändler u. ä. 2%, übrige Berufe 14%. Der große Anteil von Musiklehrern muß überraschen angesichts des Mangels in den allgemeinbildenden Schulen. Gibt es insgesamt zuwenige Musiklehrer oder werden sie unökonomisch eingesetzt? In den 41% sind auch die an Hochschulen, Konservatorien, Musikschulen und im freien Beruf Lehrenden enthalten. Wie sieht die Verteilung in der allgemeinen Schule aus? West-Berlin möge als Beispiel dienen. Die Gymnasien sind einigermaßen mit Musiklehrern versorgt. Katastrophal ist die Situation an den Grund-, Haupt- und Realschulen: Hunderte von Klassen erhalten keinen oder gekürzten oder unqualifizierten Musikunterricht. Einer Tabelle von 1971 sind folgende erschreckende Zahlen über den Ausbildungsgrad und den Einsatz der Musiklehrer in den verschiedenen Schularten entnommen[5]:

	Vollausbildung	Vorbildung	Ohne Ausbildung
Grundschule	7,6%	38,3%	54,1%
Hauptschule	12,5%	36,2%	51,3%
Realschule	57,4%	19,7%	22,9%
Gymnasium	91,9%	4,5%	3,6%

Sonderschulen und Gesamtschulen wurden hier nicht berücksichtigt. Spezielle Angaben für Grund- und Hauptschulen sind möglich, da es sich in Berlin um jeweils selbständige Organisationseinheiten handelt. Zwischen den einzelnen Stadtbezirken gibt es erhebliche Unterschiede: Zehlendorf ist besser versorgt als Kreuzberg. Seit 1971 hat sich die Lage eher verschlechtert. Zwischen den Bundesländern dürfte es graduelle, aber kaum prinzipielle Unterschiede geben.

Sollte es sich aber in Berlin um ein besonders krasses Beispiel handeln, so kann es dazu beitragen, das Problem zu verdeutlichen. Die Lehrkapazität für das Schulfach Musik ist eindeutig ungleich verteilt. Die Grundschule wird offensichtlich quantitativ und qualitativ diskriminiert, das Gymnasium privilegiert. Erschwerend kommt hinzu, daß zur Berliner Grundschule seit dem Zweiten Weltkrieg auch das 5. und 6. Schuljahr gehören; erst mit dem 7. Schuljahr beginnen die Oberschulen (Hauptschule, Realschule, Gymnasium); nur die wenigen altsprachlichen Gymnasien beginnen mit dem 5. Schuljahr, eine gern verschwiegende läßliche Sünde im Berliner Schulsystem. In den anderen Bundesländern kann wenigstens an allen Gymnasien ab 5. Schuljahr mit regelmäßigem Musikunterricht gerechnet werden. Bei der Grundschule handelt es sich aber in Deutschland seit dem Ersten Weltkrieg um eine zwar undifferenzierte, jedoch total integrierte Gesamtschule. Integration soll Chancenungleichheit

abbauen helfen. Wer nach Christopher Jencks' umfangreicher kritischer Veröffentlichung[6] noch an »Chancengleichheit durch Bildung« glaubt, wird allen Schülern die gleiche Chance einräumen dürfen, die Grundschule als musikalische Analphabeten zu verlassen. Die Situation an der Hauptschule ist in Berlin kaum besser, in anderen Bundesländern eher schlechter als an der Grundschule. Die unmittelbaren Ursachen für den Musiklehrermangel an Grund- und Haupt-, z. T. auch an Realschulen sind bekannt: Eine gezielte musikpädagogische Ausbildung erhält an Pädagogischen Hochschulen nur noch ein Studierender mit dem Wahlfach Musik; an manchen Hochschulen belegen nur 2% der Studierenden das Wahlfach Musik; in der Schule unterrichten viele Lehrer nicht oder kaum ihr Wahlfach Musik, weil sie in »wichtigeren« Fächern benötigt werden oder auf »leichtere« Fächer ausweichen.
Die eigentlichen Ursachen liegen tiefer: Der musikpädagogische Regelkreis aus Lernen und Lehren ist seit einem halben Jahrhundert empfindlich gestört, er wurde zum Teufelskreis. Hans Fischer hat ihn bereits 1957 drastisch beschrieben[7]: »Die Hochschulen und Universitäten suchten den Grund für die mangelnde Vorbildung der Studenten in dem unzulänglichen Lehrbetrieb der höheren Schule. Diese wiederum stimmte vernehmliche Klagen an ob des Versagens in der Grundschule. Und hier auf der untersten Sprosse unseres Bildungswesens wurde der Vorwurf unzureichender Ausbildung der Lehrer laut. Damit war der Kreis geschlossen«. Noch bildeten die Pädagogischen Hochschulen den Allround-Lehrer aus, der auch Musik zu unterrichten hatte. Zur gleichen Zeit beurteilt Josef Heer die Lage[8]: »In der Musikerziehung zehrt die Volksschule noch heute von der gediegenen Ausbildung der Lehrkräfte im Lehrerseminar . . . Mag die Ausbildung an einzelnen Seminaren auch durchschnittlich, an einigen sogar schlecht gewesen sein, das ändert nichts an der allgemein gesunden Grundlage.« Inzwischen sind die letzten Absolventen der Lehrerseminare in den Ruhestand getreten. Die Musik in der Lehrerbildung hat von den Lehrerseminaren des Kaiserreichs über die Pädagogischen Akademien der Weimarer Republik und die Hochschulen für Lehrerbildung sowie die Lehrerbildungsanstalten des Dritten Reichs bis zu den heutigen Pädagogischen Hochschulen eine wechselvolle Entwicklung durchgemacht. Gerhard Braun[9] und Ulrich Günther[10] haben sie ausführlich beschrieben. Im selben Jahr wie Fischer urteilt auch Braun[11]: »Mit der Schließung der Seminare in den Jahren 1924 bis 1926 erlosch die große musikalische Tradition dieser Anstalten. War ihre Bedeutung seit Beginn des 20. Jahrhunderts auch zurückgegangen, so hatten sie aber vor allem im 19. Jahrhundert, als die Musikerziehung an den höheren Schulen völlig darnieder lag, eine nicht zu unterschätzende Aufgabe für die Erhaltung der musikalischen Volkskultur geleistet.« Man erinnere sich in großen Zügen: Bis zum Ersten Weltkrieg erhielten alle Musiklehrer für alle Schulgattungen ihre musikalische Ausbildung zunächst acht Jahre lang in der Volksschule (auf der Basis des Singens) und dann sechs Jahre lang in der Präparandenanstalt und im Lehrerseminar (auf der Basis des Violin-, Klavier-

und Orgelspiels). Alle Absolventen des Lehrerseminars waren potentiell Musiklehrer. Die meisten unterrichteten in der Volksschule. Somit schloß sich der Kreis. Die höheren Schulen standen außerhalb: Sie wurden nicht einmal von einem Zehntel aller Schüler besucht; schulischer Musikunterricht wurde nur in den beiden Unterklassen erteilt und zwar durch Absolventen des Lehrerseminars; die meisten Schüler konnten sich Privatmusikunterricht leisten, viele taten es auch. Die musikpädagogische Reform Hermann Kretzschmars kurz vor dem Ersten Weltkrieg verbesserte vor allem die Situation an den höheren Schulen, ohne den eben beschriebenen Regelkreis zu stören. Nach dem Ersten Weltkrieg wurde im Zuge der allgemeinen Reform des Bildungswesens die höhere Schule zur wichtigsten Größe in der Ausbildung von Volksschullehrern. Der Besuch der Pädagogischen Akademie nach dem Abitur dauerte zunächst nur zwei Jahre. Für die meisten Schulfächer konnte die höhere Schule die erforderliche fachliche Vorbildung vermitteln, für das Fach Musik jedoch nicht: es fehlten ihr Lehrer und Sachmittel, diese Aufgaben der bisherigen Präparandenanstalt zu übernehmen. Daran mußte die musikpädagogische Reform Leo Kestenbergs letztlich scheitern. Der Kreislauf war an entscheidender Stelle unterbrochen. Die Weltwirtschaftskrise von 1929 machte die letzten Hoffnungen zunichte. Mit der Installierung der Schulmusikinstitute und der Etablierung des »künstlerischen Lehramts« wurde zwar ein neuer partieller Kreislauf zwischen Gymnasium und Musikhochschule angeregt, der seine Schwächen aber auch heute nur dank kräftiger privatmusikalischer Spritzen übersteht. Braun plädiert im Blick auf Kestenberg für »eine deutliche Scheidung der Reformabsichten und -ziele von Reformmaßnahmen und -ergebnissen«.[12] Am Schluß seiner Arbeit über die Entwicklung bis 1933 stellt Braun die Verlagerung des musikpädagogischen Regelkreises mit Hilfe dreier Zeichnungen[13] überzeugend dar. Betrachtet man auch die weitere Entwicklung bis heute, so kann man feststellen, daß sich der Schwerpunkt der musikpädagogischen Bemühungen in diesem Jahrhundert eindeutig von der Basis an die Spitze unseres Bildungssystems verlagert hat. Unsere Arbeit ist in mancher Hinsicht kopflastig geworden. Und Hochstapelei ist schließlich eine schwierige Kunst! Da der Hauptkreislauf blockiert ist, kommt es immer wieder zu Nebenkreisen, zu kurzgeschlossenen Regelkreisen, zu musikpädagogischen Kurzschlüssen: man denke an die musischen Zirkel von gestern und die amusischen von heute. Heinz Antholz spricht von »ökologischen Nischen«.[14] Nur wer in Jahrhunderten rechnet, kann sich wie Eberhard Preussner gelassen geben: »Reformen kommen, Reformen gehen.«[15] Wer täglich in der Verantwortung steht und gar an Reformen mitwirkt, muß mit Hellmut Becker zu der Einsicht kommen[16], »daß so grundlegende Veränderungen des Bildungssystems . . . auf ihre Ergebnisse hin erst nach etwa dreißig Jahren überprüft werden können. Die Wechselwirkung von Bewußtseinsveränderung, Strukturveränderung und Inhaltsveränderung ist zudem derart komplex, daß die Beobachtung der Folgen von Reformen dadurch zusätzlich erschwert wird.« Von der allgemeinen Reform des Schulwesens und der Lehrerbildung in den zwanziger Jahren ist kein Schulfach so sehr betroffen worden wie die Musik, es hat sich von diesem Eingriff bis heute noch nicht erholt. Die Schweizer Kantone wollen jetzt die deutsche Entwicklung der letzten fünfzig Jahre in der Lehrerausbildung nachvollziehen. Darf man ihnen zuraten?

Bitte keine Nostalgie! Niemand sollte das Rad der Geschichte zurückdrehen wollen. Es gilt, als einseitig erkannte Tendenzen aufzufangen. Unser musikalisches Bildungssystem muß behutsam wieder vom Kopf auf die Füße gestellt, der Schwerpunkt der musikpädagogischen Bemühungen in Richtung Basis verlagert werden. »Was nützen die schönsten Pracht- und Prunkräume der oberen Stockwerke, wenn der Unterbau verwahrlost und in Unordnung ist?«[17] Wir brauchen eine gediegene musikalische Grundausbildung[18] an der Basis unseres musikalischen Bildungssystems.

Über die Notwendigkeit einer musikalischen Grundausbildung aller Schüler gibt es kaum Kontroversen. Umstritten sind das Wozu, Wann, Was und das Wie. Es ist tröstlich, daß sich Musikpädagogen trotz konträrer allgemeiner Zielvorstellungen bei fachspezifischen Einzelfragen wiederfinden können. Als besonders geeigneter Zeitabschnitt werden immer wieder die Schuljahre 3 bis 6 genannt.[19] Davor ist zumindest der Einsatz von Fachlehrern in der Schule fragwürdig. Es wird noch längere Zeit dauern, bis die musikalische Vorschulerziehung alle Kinder eines Jahrganges erreicht. In einigen Bundesländern zeichnen sich für das Fach Musik bereits Differenzierungs- und Wahlmöglichkeiten nach dem 6. Schuljahr ab. Bis zum Ende der Förderstufe muß das Fundament gelegt sein. In Bezug auf die Orientierungs- oder Förderstufe gibt es in den einzelnen Bundesländern parteipolitisch bedingte unterschiedliche Tendenzen: die Klassen 5 und 6 sollen entweder den Grundschulen oder den weiterführenden Schulen zugeordnet oder zu selbständigen Schulen zusammengefaßt werden. Schulwechsel nach Klasse 4 und Kontinuität sind nicht leicht vereinbar. In dieser Hinsicht ist die Berliner Grundschule ideal.

Besonnene Musikpädagogen haben ihre Kollegen schon immer dazu aufgerufen, das Gemeinsame über das Trennende zu stellen. Theodor Warners Aufruf von 1955[20] gilt heute mehr denn je: »Wir sollten in unserer heutigen bedrohlichen Lage zusammenrücken, von jeglichem Methodenstreit ablassen und die Sache selbst zu retten suchen.« Noch strenger könnte es heißen: Konzentration auf das Wesentliche. Wesentlich dürfte aber sein, worüber sich Konsens unter Fachleuten erzielen ließe. Eine solche »Mittelung« ist nicht nur sinnvoll, weil sie die meisten positiven Erfahrungen bündelt, sondern auch nötig, damit möglichst viele Musiklehrer aus Überzeugung mitarbeiten können. »Mitte« darf jedoch, wie Hans-Peter Schmitz in seiner Musizierkunde[21] fordert, »kein Mangel, sondern muß eine Leistung sein.« Dabei sollten wir auch über bundesrepublikanische Grenzen blicken, und zwar in alle Himmelsrichtungen. Auch unter Musikpädagogen »brauchen wir menschliche Solidarität, einen Minimalkanon der Normen unseres Zusammenlebens.«[22]

Sigrid Abel-Struth hat die Möglichkeiten und Aufgaben der musikalischen Grundausbildung vor einigen Jahren[23] unter dem Aspekt des Lehrens und kürzlich[24] unter dem des Lernens systematisiert. Es liegen etliche brauchbare Modelle für musikalischen Basisunterricht vor. Wir brauchen keine völlig neuen. Dabei sollte kein Bereich des musikalischen Interaktionsfeldes vernachlässigt oder überbetont werden: Singen, Spielen, Bewegen, Fühlen, Hören, Denken, Sprechen, Lesen, Schreiben. Man versuche, alle sinnvollen Verbindungen graphisch darzustellen: immer wieder gerät das Hören in den Mittelpunkt. Ohne das Hören gibt es keine Grundeinsichten in musikalische Zusammenhänge. Grunderziehungsprogramme der UNESCO sind »Bestrebungen zur Überwindung der Unwissenheit, besonders des Analphabetentums«.[25] Hochkulturen sind Schriftkulturen. In einer Schriftkultur ist ein Analphabet gegenüber einem »Alphabeten« benachteiligt. Unsere Musikkultur ist eine Schriftkultur. Zoltán Kodály fühlte sich als Kämpfer gegen das musikalische Analphabetentum. »Eine der wichtigsten Aufgaben der Grundschule ist es, den Heranwachsenden die Kulturtechniken des Lesens, Schreibens und Rechnens zu vermitteln und sie darin sicher zu machen.«[26] Wenn der Beweis auch schwerfällt, daß es gleichrangige musikalische Kulturtechniken gibt, so hat Walter Gieseler mit seiner Meinung recht[27]: »Im Grunde ist das Eintreten für eine sinnvoll gebrauchte Notation Kampf gegen musikalischen Analphabetismus.«

Extreme Positionen geben Denkanstöße und führen zu Experimenten, sie taugen nicht für breitanzulegende Projekte. Die Situation ist paradox und wohl nur psychologisch zu deuten: je weniger Wochenstunden dem Musikunterricht in den Stundentafeln und erst recht in Wirklichkeit eingeräumt werden, desto mehr glauben manche Musikpädagogen, immer wieder neue Gebiete erobern zu müssen; gestellte Aufgaben werden nicht erfüllt, zusätzliche gesucht. Leicht gerät Musikpädagogik von einer Abhängigkeit in die andere. Erst kürzlich hat Carl Dahlhaus kritisch auf die langfristige Sequenz Theologie – Philosophie – Historie – Soziologie hingewiesen[28]. Man vergegenwärtige sich kurzfristige »Fremdbestimmungen«. Nicht nur die elementare Musikerziehung leitet jeweils »ihre Argumentation . . . aus der vorausgehenden Erziehungswissenschaft«[29] ab. Die Vertreter des Weges von den Schallereignissen der Umwelt zu den geistigen Grundlagen unserer Musikkultur könnten sich genau so gut auf das Psychogenetische Grundgesetz berufen wie seinerzeit die Vertreter des Weges von der Rufterz zur chromatischen Tonleiter. Muß im Deutschunterricht der Schulanfänger den Weg vom Lallen zum Sprechen, den Weg vom Kritzeln zum Schreiben wiederholen?

Kodály geht in seinem musikpädagogischen Programm davon aus, daß jedes Kind »zuerst die musikalische Muttersprache« kennenlernen müsse[30]. Muttersprache ist für ihn die ungarische Volksmusik in ihrer über die Pentatonik hinausweisenden modal-tonalen Orientierung. Ausgangspunkt für den Musikunterricht in anderen Ländern ist dann »jeweils die entsprechende nationale

Volksmusik.«[31] Während in Deutschland Carl Orff und andere der Pentatonik eine zentrale Rolle zuweisen, schlägt Siegfried Borris bereits 1951 einen anderen Ansatz vor. Seine »Klingende Elementarlehre«, die jetzt erstmalig vollständig gedruckt vorliegt[32], geht vom deutschen Kinderlied und seiner Grundtonbezogenheit aus: »Im Grundton wurzelt das tonale Heimatgefühl für die Ordnung in unserem Tönereich«. Nun mag die Analogie zur Muttersprache durchaus einleuchten, sie in der jeweiligen »Volksmusik« zu suchen, erscheint fragwürdig. Selbst in Ungarn kennen die meisten Stadtkinder und viele Dorfkinder »von Hause aus eine andere Musik«[30]. Muttersprache ist aber Umgangssprache. Analog wäre bei der Umgangsmusik anzusetzen. Sie ist bei uns aber grundtonbezogen. Didaktischer Schluß: Muttersprache – Umweltmusik – Tonikalität. Atonalität wird verständlich erst vor dem historischen und systematischen Hintergrund von Tonalität. »Pädagogische« Musikinstrumente in der Hand jedes Schülers leisten umso größere Dienste, je mehr sie zum Verständnis unseres Tonsystems beitragen. In Kürze dürften mit dem Abbild einer Klaviatur versehene miniaturisierte elektronische Instrumente erschwinglich sein. Ein so verstandener musikalischer Basisunterricht bedarf keiner neuen Lehrpläne. Zumindest der Rahmenplan für die Berliner Grundschule[33] von 1970 erlaubt nicht nur, sondern fordert eine gediegene musikalische Grundausbildung, spricht in diesem Zusammenhang sogar von einem »Lehrgang Musikerziehung«. In dem »allgemeinen Run von Bildungsanliegen an die bildsamste Stufe«[34] wird für den Musikunterricht eigentlich nur das gefordert, was ihm durch den Lehrplan ohnehin zusteht.
Die Beseitigung des Analphabetismus in Entwicklungsländern ist weniger ein Problem der Literaturwissenschaft als der Schulorganisation. Für den Erfolg der musikerzieherischen Konzeption Kodálys in Ungarn dürften nicht zuletzt umfassende organisatorische Maßnahmen und ihre konsequente Durchführung ausschlaggebend gewesen sein. Keine Methode ist so schlecht, daß sie nicht durch konsequente Anwendung zum Erfolg führte – die beste Methode nützt wenig, wird sie nicht konsequent angewandt. Es muß ja nicht gleich alles so straff durchorganisiert sein wie in der DDR, wo bei jedem Schulfach von den Lehrplänen über die Unterrichtshilfen bis zu den Lehrbüchern alles minutiös ineinandergreift[35]. Mit den vielfältigen, doch unverbindlichen Ansätzen im Musikunterricht der allgemeinen Schulen in der Bundesrepublik Deutschland werden wir nicht weiterkommen. Die Deutschen exerzieren der Welt auch hier wieder einmal Extreme vor. Daß zentrale Planung und konsequente Durchführung nicht nur in zentralistischen Staaten möglich sind, beweisen die offenkundigen Erfolge des Programms »Musikalische Früherziehung« des Verbandes deutscher Musikschulen. Die Notwendigkeit eines systematischen Lehrgangs für die musikalische Grundausbildung wird in letzter Zeit immer wieder betont[36]. Angesichts einer heterogenen Lehrerschaft müßte es sich um ein ausgewogenes Rahmenprogramm handeln. Es wäre schon viel gewonnen, wenn vom 3. bis 6. Schuljahr alle Klassen über *eine* Wochenstunde für den

kontinuierlichen Lehrgang verfügen könnten. Da ein Lehrgang im Fach Musik nur einen Teil der verfügbaren Zeit beanspruchen darf, besteht die Gefahr einer Reduktion des Fachunterrichts auf den Lehrgang selbst, auch und gerade wenn er Erfolge aufweisen kann.

Wir haben nicht nur zuwenige Musiklehrer, sondern die wenigen sind auch noch unökonomisch eingesetzt. Wenn diese Fehlentwicklung korrigiert werden soll, müssen wir die Quadratur des Teufelskreises wagen. Eine gewisse Entlastung kann es dadurch geben, daß das für die nahe Zukunft vorausgesagte allgemeine Lehrerüberangebot manchen Musiklehrer vom Unterricht in anderen Fächern befreien wird. In Nordrhein-Westfalen gibt es Überlegungen, für das Lehrerstudium nur noch Fächerkombinationen mit je einem Mangelfach zuzulassen; Musik ist Mangelfach. Die Lehrerweiterbildung und Lehrerfortbildung ist in Berlin für das Fach Musik außerordentlich intensiviert worden; die ersten Auswirkungen dürften bald zu spüren sein. Hat es jemals zuviele Musiklehrer gegeben? Es geht um mehr als nur eine bessere Verwaltung des Mangels. Wir brauchen für alle Schulfächer und alle Schulstufen bei aller notwendigen Differenzierung gleich gut und gleichrangig ausgebildete Lehrer. Leider konnten die deutschen Kultusminister ihre Kollegen vom Finanz- und Innenressort noch nicht davon überzeugen, daß für alle Lehrer ein mindestens achtsemestriges Studium und gleiche Gehaltsregelungen erforderlich sind. Zumindest scheint die Gefahr ungleicher Behandlung der Primarstufenlehrer und der Lehrer für die Sekundarstufe I gebannt. Die besten Musiklehrer sind für die Grundschule gerade gut genug. Und wenn es denn weiterhin unterschiedlich lang ausgebildete und unterschiedlich hoch besoldete Lehrer geben sollte: die best konditionierten und best dotierten Musiklehrer sollten an der musikalischen Grundausbildung mitwirken.

Alle musikpädagogischen Institutionen und Organisationen müßten kooperieren. Interne Schranken unseres Bildungssystems sollten überwunden werden. Das dürfte zu einer Zeit, da im allgemeinen Bildungswesen und in der Lehrerausbildung auch ein institutionelles Umdenken stattfindet, doch nicht allzu schwer fallen. Zuständigkeitsdenken hilft nicht weiter. In einer Situation, in der man sich des Eindrucks nicht erwehren kann, daß manche Pädagogischen Hochschulen sich weniger mit den Problemen der Primarstufe als mehr mit denen der Sekundarstufe I und sogar II beschäftigen[37], müssen sich die Musikhochschulen wohl auch für die Primarstufe verantwortlich fühlen. An spontaner Bereitschaft unter Studienräten, auch in den Klassen 3 und 4 zu unterrichten, dürfte es nicht fehlen. Kein Lehrer sollte gezwungen werden, an einer anderen Schulart zu unterrichten. Sicher gibt es Bedenken, routinierte Studienräte in der Grundschule unterrichten zu lassen, vor allem in Berlin, wo ihre Erfahrung erst in Klasse 7 beginnt. Bedenken gegen frische Absolventen der Pädagogischen Hochschule bestehen anscheinend nicht, auch wenn sie Musik nicht als Wahlfach studiert haben. Wichtig ist die Zusammenarbeit der allgemeinbildenden Schulen mit den Musikschulen, nicht nur im Hinblick auf die

Ganztagsschule der Zukunft. Da unsere Musikschulen Aufgaben erfüllen, die in anderen Staaten von den allgemeinen Schulen wahrgenommen werden, sollten sie endlich ganz von der öffentlichen Hand getragen und von den Schulgesetzen erfaßt werden. Daß die Berliner Musikschulen ein finanziell unwürdiges Dasein fristen, ist bekannt. Der neue Lehrplan »Musikalische Grundausbildung« des Verbandes deutscher Musikschulen[38] könnte als Basis für ein gemeinsames Projekt dienen. Aus der besonderen Situation der Musikschule wird verständlich, daß dort die Ausbildung bereits im 1. Grundschuljahr beginnen, bei zwei Wochenstunden zwei Jahre dauern und in Gruppen mit höchstens 15 Schülern erfolgen soll. Nicht ohne Berechtigung wenden sich die zugehörigen Arbeitsblätter für die Musikalische Grundausbildung[39] »an Musikschulen und allgemein bildende Schulen«. Darüber hinaus sollten für die allgemeinen Schulen alle brachliegenden Lehr-Kräfte reaktiviert und kanalisiert werden.

In diesen vier Jahren gezielter musikalischer Grundausbildung sollte es möglich sein, viele Schüler zu intensiverer Beschäftigung mit Musik anzuregen, sie auch zum Instrumentalspiel zu animieren im Hinblick auf ein mögliches späteres Musiklehrerstudium. Musikschulen und Instrumentalkurse an allgemeinen Schulen hätten dann Aufgaben zu übernehmen, die früher von den Präparandenanstalten erfüllt wurden. Wichtiger als die Bereitstellung kostenlosen Instrumentalunterrichts ist jedoch die rechtzeitige Motivierung der Schüler, sich überhaupt mit einem Instrument zu befassen. »Musikbetonte Züge« sind keine Alternative für eine allgemeinverbindliche musikalische Grundausbildung, wohl aber eine nützliche Ergänzung auch im Hinblick auf den Musiklehrernachwuchs.

Analog den vier Aspekten des Begriffes Fundamentum musicum seien die Vorschläge thesenartig zu einem notwendigen und zugleich realisierbaren Perspektivplan zusammengefaßt:

1. Konzentration auf Wesentliches durch Erarbeiten eines Minimalkonsenses,
2. Kontinuierliche Grundausbildung aller Kinder vom 3. bis 6. Schuljahr durch gezielten Einsatz geeigneter Lehrer,
3. Förderung des Musiklehrernachwuchses durch rechtzeitige Motivation zum Instrumentalspiel,
4. Hoffen auf Besserung durch Einspielen eines neuen musikpädagogischen Regelkreises.

Anmerkungen

1 Karl Steinbuch, Kurskorrektur, Stuttgart 1973.

2 Hartmut von Hentig, Die Schule im Regelkreis, Stuttgart ²1969, S. 12.

3 Eberhard Preussner, Allgemeine Musikerziehung (= Musikpädagogische Bibliothek, Band 1), Heidelberg 1959, S. 7.

4 Bund-Länder-Kommission für Bildungsplanung und Bundesanstalt für Arbeit (Hrsg.), Studien- und Berufswahl 1974, Bad Honnef 1973, S. 208.

5 sr (= Siegfried Rath), Die Lage des Musikunterrichts in den Berliner Schulen, in: Musik in der Berliner Schule. Mitteilungsblatt des Verbandes Deutscher Schulmusikerzieher, Landesverband Berlin, Nr. 5 = 46, 1971, S. 11.

[6] Christopher Jencks, Chancengleichheit, Reinbek bei Hamburg 1973.
[7] Hans Fischer (Hrsg.), Musikerziehung in der Grundschule (= Handbuch der Musikerziehung, Bd. II), Berlin 1958, S. 6 (Vorwort des Herausgebers).
[8] Josef Heer, Die musikalische Ausbildung der Volksschullehrer, in: Hans Fischer (Hrsg.), Musikerziehung in der Grundschule, S. 402.
[9] Gerhard Braun, Die Schulmusikerziehung in Preußen von den Falkschen Bestimmungen bis zur Kestenberg-Reform, Kassel 1957.
[10] Ulrich Günther, Die Schulmusikerziehung von der Kestenberg-Reform bis zum Ende des Dritten Reiches, Neuwied 1967.
[11] Braun, S. 97. [12] Braun, S. 103. [13] Braun, S. 107.
[14] Heinz Antholz, Musikunterricht in der Grundschule und das Dilemma der Lehrerausbildung. Überzeugungen – Umstände, in: Musik und Bildung 1974/3/165.
[15] Preussner, S. 92.
[16] Hellmut Becker, Vorwort zur deutschen Ausgabe von Jencks, Chancengleichheit, S. 11.
[17] Fischer, S. 6.
[18] Sigrid Abel-Struth, Zum Begriff »Musikalische Grundausbildung«. Ein Beitrag zu den erziehungswissenschaftlichen Voraussetzungen der Musikpädagogik, in: Musik im Unterricht (B) 1967/11/353.
[19] Z. B. Theordor Warner, Zur Handwerkslehre der Musikerziehung in der Volksschule, in: Musikerziehung in der Schule. Vorträge der 1. Bundes-Schulmusikwoche Mainz 1955, Mainz 1956, S. 101; Michael Alt, Didaktik der Musik, Düsseldorf 1968, S. 260 u. 274; Heinz Antholz, Musikerziehung in der Volksschule, in: Musik im Unterricht (B) 1968/1/11; Sigrid Abel-Struth, Musikalischer Beginn in Kindergarten und Vorschule, Bd. 2: Praktikum, Kassel 1972, S. 9; Siegfried Borris, Klingende Elementarlehre, Wilhelmshaven 1973, S. 9; Bernhard Binkowski, Konsequenzen der Schulreform für das Fach Musik in der Primarstufe, in: Musik und Bildung 1974/3/142; Karl Heinrich Ehrenforth, Konsequenzen für den Musikunterricht in der Sekundarstufe I, in: Musik und Bildung 1974/4/235.
[20] Warner, S. 101.
[21] Hans-Peter Schmitz, Singen und Spielen. Versuch einer allgemeinen Musizierkunde, Kassel 1958, S. 20.
[22] Steinbuch, S. 10.
[23] Sigrid Abel-Struth, Musikalische Grundausbildung. Handbuch für die elementare Musikerziehung in Schulen, Frankfurt/M. 1967.
[24] Sigrid Abel-Struth, Revision des Musik-Curriculums für den Primarbereich, in: Musik und Bildung 1974/3/152.
[25] Brockhaus Enzyklopädie, Bd. 7, Wiesbaden 1969, S. 726.
[26] Senator für Schulwesen (Hrsg.), Rahmenpläne für Unterricht und Erziehung in der Berliner Schule, A II: Die Grundschule, S. 5, Berlin 1970.
[27] Walter Gieseler, Grundriß der Musikdidaktik, Ratingen 1973, S. 64.
[28] Carl Dahlhaus, Braucht der Musikunterricht eine Rechtfertigung? U. a. in: Musik und Bildung 1973/7-8/400.
[29] Sigrid Abel-Struth, Musikalischer Beginn in Kindergarten und Vorschule, Bd. 1: Situation und Aspekte, Kassel 1970, S. 25.
[30] Frigyes Sándor (Hrsg.), Musikerziehung in Ungarn, Stuttgart 1969, S. 24.
[31] Erzsébet Szönyi, Aspekte der Kodály-Methode, in: Schriftenreihe zur Musikpädagogik, Frankfurt/M. 1973, S. 34.
[32] Siegfried Borris, Klingende Elementarlehre, Wilhelmshaven 1973, S. 9.
[33] Rahmenpläne, A II, S. 9.
[34] Antholz, Musikunterricht in der Grundschule, S. 164.
[35] Alles veröffentlicht bei: Volk und Wissen Volkseigener Verlag Berlin.
[36] Z. B. Abel-Struth: Handbuch, S. 17; Antholz, Musikerziehung in der Volksschule, S. 11; Rahmenpläne, A II, S. 9; Franz Hirtler, Kontinuierlicher Musikunterricht in der Schule, Villingen 1971, S. 10; Borris, S. 9.
[37] Vgl. Paul Wehrle, Rezension »Sequenzen – Musik Sekundarstufe I«, in: Musik und Bildung 1973/1/36.
[38] Verband deutscher Musikschulen. Lehrplan Musikalische Grundausbildung. VDM 502 – 2.74./BE 3502.
[39] Helmuth Hopf, Werner Probst, Hans Joachim Vetter, Lucie Steiner, Wilhelm Keller, Rainer Mehlig, Arbeitsblätter für die Musikalische Grundausbildung, Regensburg seit 1974.

Musik in der sozialpädagogischen Ausbildung

Siegfried Vogelsänger

Die – selbstgewählte – Formulierung dieses Themas enthält eine Vereinfachung: Mit sozialpädagogischer Ausbildung ist hier nämlich sowohl die Ausbildung von Sozialpädagogen als auch die von Sozialarbeitern gemeint. Beide Tätigkeiten überschneiden sich jedoch in der heutigen Berufspraxis sehr oft, wenngleich die Sozialpädagogen ihrer Berufsbezeichnung gemäß häufig mehr pädagogische, die Sozialarbeiter mehr beratende, verwaltende u. ä. Funktionen wahrnehmen. Trotzdem kann man sagen: die – aus der historischen Entwicklung herrührende – Trennung zwischen Sozialpädagogen einerseits und Sozialarbeitern andererseits ist nicht mehr gerechtfertigt, sondern »politisch unklug, fachlich nicht zu vertreten und wissenschaftlich nicht zu begründen«, denn beide haben »dasselbe Ziel«, »dieselbe Vorstellung, wie sie ihr Ziel erreichen wollen« und »arbeiten mit demselben Bezugsrahmen«.[1] Eine neue – beide Berufe umfassende – Bezeichnung ist jedoch noch nicht gefunden, so daß im folgenden immer von beiden Gruppen gesprochen wird (SA/SP).
Da Ausbildung und Tätigkeiten der SA/SP im allgemeinen nicht hinreichend bekannt sind, sollen sie zunächst genauer beschrieben werden, denn nur auf diesem Hintergrund werden auch die Ziele, Aufgaben und Möglichkeiten einer musikpädagogischen Ausbildung für diese Berufe verständlich.
Der Wissenschaftsrat charakterisiert in seinen »Empfehlungen zur Struktur und zum Ausbau des Bildungswesens im Hochschulbereich nach 1970«[2] Ausbildungsziele und Tätigkeitsfelder der SA/SP so: »Das mit Sozialarbeit und Sozialpädagogik zunächst ganz allgemein umschriebene Tätigkeitsfeld ist durch folgendes gekennzeichnet:
– Sozialarbeit und Sozialpädagogik sind als Berufe, anders als z. B. die technischen und kaufmännischen Berufe, verhältnismäßig jung; in diesem Jahrhundert entstanden, beginnen sie erst ein professionelles Selbstverständnis zu gewinnen. Bezeichnend für die Entwicklung ist ein allmähliches Zusammenwachsen aus verschiedenen Teilberufen. Die einschlägigen Berufe, die ursprünglich überwiegend von Frauen ausgeübt wurden, werden inzwischen zunehmend auch von Männern gewählt.
– Das Tätigkeitsfeld befindet sich in einer Entwicklung, in der ständig neue Funktionsbereiche, wie z. B. im Strafvollzug, hinzukommen. Die Wahrneh-

mung dieser Aufgaben gewinnt für die Gesellschaft quantitativ und qualitativ Bedeutung.

Ziel der Ausbildung für dieses Tätigkeitsfeld ist, Wissen und Haltungen zu vermitteln, die u. a. zur Wahrnehmung folgender Funktionen befähigen:

(1) praktische Tätigkeit mit einzelnen und/oder Gruppen in folgenden Bereichen:
- Kindergartenerziehung, vorschulische Erziehung
- Hilfen für behinderte Kinder und Jugendliche
- Jugendpflege, Jugendbildung, Freizeithilfen
- Individuelle Erziehungshilfen (ambulante Jugendfürsorge)
- Heimerziehung
- Erziehungsberatung und Elternbildung
- Familienfürsorge, wirtschaftliche Hilfen
- Gesundheitsfürsorge
- Arbeit mit Inhaftierten, Bewährungs- und Entlassenenhilfe, Gerichtshilfe
- Altenhilfe
- Beschäftigungstherapie und Rehabilitation

(2) Leitende Funktionen
Zum Beispiel: Jugendamtsleiter, Heimleiter, Erziehungsleiter, leitende Aufgaben in Verbänden oder in Wohlfahrts- und Jugendorganisationen

(3) Theoretische und vor allem auch empirische Forschung auf dem Gebiet von Sozialarbeit und Sozialpädagogik

(4) Lehrtätigkeit in Ausbildung und Fortbildung«.[3]

Die »Empfehlungen« enthalten auch Vorschläge für eine dreijährige (sechssemestrige) Ausbildung – die inzwischen vielerorts an Fachhochschulen (z. T. in sozialpädagogischen Fachbereichen von Gesamthochschulen) erfolgt –; dabei werden zwei Studienabschnitte unterschieden: ein mindestens einjähriges Grund- oder Orientierungsstudium, in dem sich der Student seiner »Neigungen und Fähigkeiten bewußt« werden soll, und ein etwa zweijähriges, berufsfeldbezogenes Schwerpunktstudium. Für diesen zweiten Ausbildungsabschnitt könnte sich als »sinnvoll und naheliegend . . . eine Zuordnung nach Altersschwerpunkten erweisen«; er umfaßt demzufolge:

»(1) Arbeit mit Kleinkindern
Ausbildung unter Berücksichtigung der Tätigkeitsbereiche:
Kindergarten
Vorschulische Erziehung

(2) Arbeit mit Kindern und Jugendlichen
Ausbildung unter Berücksichtigung der Tätigkeitsbereiche:
Jugendpflege, Jugendbildung, Freizeithilfen
Individuelle Erziehungshilfen für junge Menschen (ambulante Jugendfürsorge)
Heimerziehung
Hilfen für behinderte Kinder und Jugendliche
Jugendgesundheitspflege
Arbeit mit jungen Gefangenen, Bewährungs- und Entlassenenhilfe für junge Menschen, Jugendgerichtshilfe

(3) Arbeit mit Erwachsenen
Ausbildung unter Berücksichtigung der Tätigkeitsbereiche:

Erziehungsberatung und Elternbildung
Familienfürsorge
Gesundheitsfürsorge
Arbeit mit Inhaftierten, Bewährungs- und Entlassenenhilfe, Gerichtshilfe
Beschäftigungstherapie und Rehabilitation
(4) Arbeit mit alten Menschen
Ausbildung unter Berücksichtigung der Tätigkeitsbereiche:
Gesundheitsfürsorge
Sozialhilfe für alte Menschen
Beschäftigungstherapie und Rehabilitation«.[4]

Hinsichtlich der zweiten Ausbildungsphase nach Abschluß des sechssemestrigen Studiums ist z. Zt. noch keine einheitliche Regelung getroffen. In manchen Konzepten wird daran festgehalten, diese Phase wie bisher in Form eines Berufspraktikums ableisten zu lassen; in anderen Konzepten soll diese Phase als abschließender Teil des Studiums in die Verantwortung der Hochschulen gelegt und die Studiendauer dabei auf mindestens 8 Semester verlängert werden.

Diese Details zum Berufsbild der SA/SP zeigen bereits, daß es keinen zweiten pädagogischen Beruf gibt, der so vielseitige Tätigkeiten einschließt; das erfordert zwangsläufig ein sehr differenziertes Studienangebot. In den »Empfehlungen« werden im Anschluß an die o. g. Schwerpunktmarkierungen die ihnen gemäßen »Aspekte und Stoffgebiete« »für die theoretische Ausbildung« genannt; sie sind unter folgenden Oberbegriffen zusammengefaßt:

Pädagogik, Soziologie, Soziale Institutionen, Psychologie, Psychoanalyse, Medizin, Rechtwissenschaft.[5]

Das sich daraus ergebende umfangreiche Studienangebot – das in vollem Umfang wohl nur an einer Institution wie einer Gesamthochschule vertreten sein kann – ist in den »Empfehlungen« allerdings noch nicht vollständig; es fehlen die künstlerischen Fächer und ihre Didaktiken, die unter dem Sammelbegriff »Ästhetik und Kommunikation« oder »Medienpädagogik« inzwischen jedoch Eingang in die Studienordnungen gefunden haben. Dabei geht es also nicht um die Medien im engen Sinne von »Technischen Medien«, sondern um die Medien der Kommunikation, Gestaltung usw., also um Sprache, Musik, Bildende Kunst, Spiel, Film usw.

Wie sinnvoll eine Zusammenfassung dieser Bereiche unter den o. g. Bezeichnungen ist, mag dahingestellt bleiben. Entscheidend ist vielmehr die Tatsache, daß die Notwendigkeit der Information und Reflexion über die Inhalte, Wirkungen und Möglichkeiten der Kommunikationsmittel mit Hilfe der sie repräsentierenden Didaktiken erkannt worden ist; denn in gesellschaftlich derartig vielfältig verflochtenen Berufen wie denen der SA/SP können die hier anstehenden Fragen und Aufgaben nicht einfach als »Methodenlehre« oder gar als »Handwerkslehre« in Form von schlichten Anweisungen und Anleitungen im Umgang mit den Medien und ihren Möglichkeiten abgehandelt werden. In diesem Sinne heißt es in einem »Arbeitspapier ›Medienpädagogik an Fachhochschulen‹«:

»Pädagogik mit und über Medien will bildnerisches Gestalten, Musik, Sprache, Theater, Spiel und Bewegung sowie die technischen Massenkommunikationsmittel m e d i a l mit der pädagogischen Zielsetzung verwenden,
dem Studenten durch Selbsterfahrung und Fremdbeobachtung Einsicht in sein eigenes und das von anderen geübte Kommunikationsverhalten zu vermitteln und
dem Studenten die didaktischen Möglichkeiten des Einsatzes der Medien (ihre Auswahl, ihre Inhalte und ihre Bedeutung für den Jugendlichen) aufzuzeigen . . .
Der Gegenstand der Medienpädagogik ist also nicht das Gestalten, das Musikmachen, das Spielen und Sichbewegen als solches, sondern es sind die m i t m e n s c h l i c h e n P r o z e s s e, die Verhaltensstrategien, die in den genannten Tätigkeiten als wissenschaftlich erfaßbare Abläufe sichtbar und durch pädagogisches Handeln beeinflußbar werden«.[6]

Unter diesen Aspekten müssen also die Fragen nach den Zielen und Inhalten einer musikpädagogischen Ausbildung für SA/SP gesehen und beantwortet werden. Betrachtet man die gegenwärtige Lage, so findet sich dafür ein vielfältiges Kaleidoskop von Ansichten, Ansätzen und Angeboten: Hier stehen neben musisch-rhythmischen Übungen traditioneller Art Gestaltungsversuche avantgardistischer Prägung, neben praktischer Beschäftigung mit Formen der Popmusik die Orientierung an gesellschaftspolitischen Fragestellungen, neben dem Bau und der Erprobung elementarer Klangwerkzeuge Einführungen in die Probleme der Musiktherapie u. v. a.

Das hängt nicht zuletzt damit zusammen, daß es für Musikdozenten an Fachhochschulen bisher keine Berufsausbildung gibt. Hier wird – infolge der Verlegung der Ausbildung für SA/SP an die Fachhochschulen – als Einstellungsvoraussetzung einerseits die sogenannte »wissenschaftliche Qualifikation« verlangt (in der Regel in Form der Promotion nachzuweisen), andererseits eine berufsfeldbezogene Praxis vorausgesetzt; beides gleichzeitig aber hat so gut wie niemand aufzuweisen. So müssen allenthalben Kompromisse geschlossen werden; und häufig wird das Lehrangebot – mehr oder weniger notdürftig – in Form von stundenweisen Lehraufträgen abgedeckt, wobei vom Privatmusiklehrer bis zum Kirchenmusiker, von der musikalisch ausgebildeten Kindergärtnerin oder der Rhythmikerin bis zum Musikdozenten einer PH oder Musikhochschule fast alle musikalischen und musikpädagogischen Berufe vertreten sind. Es ist allzu verständlich, daß unter diesen Umständen bisher kein einheitliches Konzept, geschweige denn ein am heutigen Diskussionsstand der Musikpädagogik orientiertes Curriculum entstehen konnte.

Darum sind auch die folgenden Überlegungen und Vorschläge nur als ein erster Ansatz in dieser Richtung anzusehen, und manches muß auf dem Hintergrund derzeitiger Ausbildungspraxis wie Zukunftsmusik klingen oder gar utopisch anmuten. Ungeachtet dessen aber muß eines dabei deutlich werden: Musik in der sozialpädagogischen Ausbildung und Berufspraxis ist ein wichtiger Teilbereich musikpädagogischer und -didaktischer Wirksamkeit, der bisher von der »offiziellen« Musikpädagogik jedoch noch kaum zur Kenntnis genommen worden ist.

Vorschläge für einen Studienplan im Wahrnehmungs- und Lernbereich Musik in der sozialpädagogischen Ausbildung

1 Studienziele

1.1 Einsicht in die Zusammenhänge von Kultur – hier speziell Musik – und Gesellschaft.

1.2 Kenntnis musikalischer Erscheinungen verschiedener Zeiten, Stile und Funktionen.

1.3 Sensibilisierung der Ausdrucks-, Wahrnehmungs- und Kommunikationsfähigkeit mit Hilfe des Mediums Musik.

1.4 Fertigkeiten im Umgang mit elementaren Klangwerkzeugen und technischen Mittlern.

1.5 Verständnis für die Möglichkeiten und Grenzen musikpädagogischer Wirksamkeit in sozialpädagogischen Arbeitsfeldern.

2 Studieninhalte

2.1. Fragen der ästhetischen Kommunikation und der Wahrnehmungserziehung am Beispiel Musik:

Musik als Kommunikationsmittel, Kultur- und Konsumgegenstand in der bürgerlichen Kultur und der jugendlichen Teilkultur; Musik als Manipulationsmittel der Kulturindustrie und dessen Auswirkungen auf das ästhetische und gesellschaftspolitische Bewußtsein der Konsumenten;

Musik im Kontext von Geschäft, Werbung, Politik, Technik usw.; Kulturindustrielle Sozialisation durch Musik;

Musik als Erziehungs- und Bildungsmittel in verschiedenen gesellschaftlichen Systemen;

musikalische Verhaltensweisen und Interessen von Kindern, Jugendlichen und Erwachsenen (bezogen auch auf verschiedene Bevölkerungsschichten);

Analyse von Beat-, Pop-, Protest-, Schlagermusik;

Freizeit- und Konsumerziehung u. ä.

2.2 Vertiefung der musikalischen Erfahrungen, Kenntnisse und Fertigkeiten:

Bau und Erprobung elementarer Klangwerkzeuge;

experimentierender, improvisierender und reproduzierender Umgang mit Stimmen und Instrumenten;

Umgang mit technischen Mittlern;

Neigungsgruppen für Rhythmik, Tanz, Folklore, Popmusik, Kunstmusik, Avantgarde usw.;

Besuch und Diskussion von Musik- und Theateraufführungen (öffentliche wie Rundfunk- und Fernsehaufführungen);

Erwerb von Kenntnissen in der Musikliteratur und der Musiklehre u. ä.

2.3 Musikdidaktik und -methodik in sozialpädagogischen Arbeitsfeldern:
2.3.1 Arbeit mit Kleinkindern, Kindern und Jugendlichen:
Bestimmung des Stellenwertes der Musik und ihrer Teilgebiete (Singen und Musizieren, Rollenspiel mit Musik, Musikhören- und -verstehenlernen usw.) für dieses Arbeitsfeld;
Erarbeitung von Materialien (Lieder, Klangwerkzeuge, Musizierformen, Hörbeispiele usw.);
Erprobung und Modifikation neuer musikpädagogischer Konzepte; Erkundung von Möglichkeiten und Grenzen pädagogischer Einflußnahme auf musikalische Aktivitäten, Konsumgewohnheiten usw.;
Methodik des Musikunterrichts mit Gruppen;
Kenntnisse über musikalische Fähigkeiten, Fertigkeiten, Begabungen bei Kindern und Jugendlichen u. ä.
2.3.2 Arbeit mit Erwachsenen und alten Menschen:
Erkundung von Möglichkeiten für musikalische Aktivitäten (Singen, Instrumentalspiel, Tanz, Tonbandmontagen usw.);
Anleitung zum differenzierten und kritischen Konsum von Musik u. ä.
2.3.3 Arbeit mit Behinderten:
Einführung in die musikalische Arbeit mit geistig und körperlich Behinderten, Lernbehinderten und Verhaltensgestörten;
Fragen der Musiktherapie, des Musikunterrichts an Sonderschulen, der Musik bei der Rehabilitation u. ä.
2.3.4 Arbeit im Bereich von Sozialplanung:
Fragen der Bereitstellung und Einrichtung von Räumen für musikalische Aktivitäten (Räume und Materialien zum Singen, Musizieren und Tanzen, für Diskotheken, Tonstudios, Spielplätze usw.) u. ä.

Aus diesem Entwurf wird zunächst deutlich, daß hier potentiell für fast alle Möglichkeiten musikpädagogischer Wirksamkeit ausgebildet werden kann, obwohl die Schwerpunkte der Arbeit von SA/SP vor allem außerhalb von Schule, Sonderschule, Musikschule usw. liegen. Es gibt jedoch zahlreiche Berührungspunkte zu ihnen: So sind z. B. viele SP im Elementarbereich (Kindergarten, Vorschule) oder in sonderpädagogischen Einrichtungen tätig; und schon allein die Tatsache, daß von ihrer Arbeit weithin die Qualität der musikalischen Grundausbildung im Elementarbereich abhängt, sollte Anlaß genug sein, sich mehr als bisher um die musikpädagogische Ausbildung der SA/SP zu kümmern. Darüber hinaus geht es hier aber auch um die – oft unbewußt und unterschwellig wirkende – Vermittlung von Einstellungen, Erwartungen und Haltungen, die sich später in gesellschaftlichem Handeln widerspiegeln; hier können also – je nach Inhalt des Musikunterrichts – entscheidende Weichen für das gesamte Leben gestellt werden. Das skizzierte Ausbildungsprogramm läßt sich allerdings nicht von einem einzelnen Musikpädagogen vollgültig vertreten, sondern dabei müssen verschiedene Kräfte mitwirken. Z. Z. geschieht das häufig in der Zusammenarbeit eines hauptamtlichen Musikdozenten mit nebenamtlichen Lehrbeauftragten. Das darf jedoch nicht dazu führen, daß Theorie und Praxis auf zwei verschiedene Personengruppen verteilt werden; denn der Theorie-Praxis-Bezug – oder die praxisbezogene Lehre – läßt sich nicht dadurch verwirklichen, daß Vertreter der Praxis einerseits und solche der Wissenschaft andererseits in einem einfachen Additionsverfahren zusammengenommen werden, sondern alle an der Ausbildung Beteiligten müssen beide Bereiche in ähnlicher Weise sehen und vertreten. Andernfalls bleibt es allzuleicht bei didaktischen Konzepten und Theorien, deren Umsetzung in die Berufspraxis allein den Praktikern – was in aller Regel heißt: sich selbst – überlassen bleibt, so daß der hohe Anspruch einer Ausbildung, die u. a. zur Analyse und Veränderung gesellschaftlicher Situationen und Verhältnisse befähigen soll, eine Leerformel bleiben muß.

Unter dieser Prämisse gestaltet sich der Studienablauf etwa wie folgt:

Im Grundstudium sollen musikalische Grunderfahrungen, -einsichten und -kenntnisse erworben werden, die für alle Studienschwerpunkte in ähnlicher Weise relevant sind. Das geschieht einerseits in verschiedenen Formen experimentierenden und gestaltenden Umgangs mit Stimme, Klangwerkzeugen, Gesten, Bewegungen usw.

Grunderfahrungen und -einsichten werden andererseits aber auch gewonnen bei der Erkundung, Beobachtung, Analyse und Reflexion gesellschaftlicher Situationen, in denen die Musik eine Rolle spielt (orientierendes und informierendes Lernen): Musik in Haus, Diskothek, Schule, Kirche, Konzertsaal usw.; Musik im Warenhaus und am Arbeitsplatz; Musik in Werbung und Politik usw.

Aus solchen Selbsterfahrungen, Fremdbeobachtungen und Analysen ergeben sich Motivationen zur weiterführenden Beschäftigung und Auseinandersetzung mit Fragen der Musikdidaktik und -methodik, der Musiksoziologie, -psychologie und -ästhetik, der musikalischen Elementar- und Formenlehre, der Instrumentenkunde und Aufführungspraxis, der vokalen und instrumentalen Improvisation und Reproduktion usw.

Hier ist Studium also bereits vielfältig praxisbezogen, indem alle Fragen und Aufgabenstellungen aus selbsterfahrener und -beobachteter Praxis entwickelt werden. Auf solchen Grunderfahrungen und -einsichten kann dann im Schwerpunktstudium aufgebaut werden.

Auch dabei werden die Aufgaben aus der Praxis entwickelt; das geschieht etwa in folgenden Teilschritten:

Beobachtung und Reflexion von Praxis;
Vergleich vorgefundener Praxis mit didaktischen Konzepten und Theorien;
Entwurf einer eigenen Konzeption;
Erarbeitung von Materialien für diese Konzeption;
Erprobung der eigenen Konzeption in der Praxis;
Revision der Konzeption . . .

Bei der Entwicklung solcher Studiengänge zeigt es sich, daß dafür der traditionelle Vorlesungsstil oder der Seminarbetrieb mit Referaten nicht mehr ausreichen. An ihre Stelle tritt häufig das Studium in Projekten, das möglichst interdisziplinär organisiert wird, denn zwischen der Musikpädagogik, den Grundwissenschaften und den anderen Medienfächern gibt es zahlreiche Berührungspunkte. Innerhalb eines Projektes arbeiten verschiedene – auch verschieden große – Gruppen mit unterschiedlichen Aufgaben und Zielsetzungen; ihre Fragestellungen, Zwischenberichte und Ergebnisse werden in Abständen im Plenum vorgestellt, diskutiert und bei Abschluß der Arbeit in einer Dokumentation zusammengefaßt.

In solche Projekte werden auch Kompaktphasen eingebaut, in denen Teilthemen an mehreren, aufeinander folgenden Tagen schwerpunktartig bearbeitet werden. Dabei fallen also die Störungen der kontinuierlichen Arbeit durch häufiges Umschaltenmüssen auf jeweils anders thematisierte Veranstaltungen weg. Erfahrungen mit solchen Arbeitsformen zeigen, daß man hier zu wesentlich besseren Ergebnissen kommt als bei der traditionellen Arbeitsweise mit vielen, über das ganze Semester verteilten Einzelveranstaltungen im Wochenrhythmus. Das erfordert allerdings eine grundlegend andere Stundenplanung; der Erfolg solcher Studienreformen hängt also weitgehend von der Kooperationsfähigkeit der verschiedenen Diziplinen bzw. ihrer Fachvertreter ab.

Dabei müssen auch noch mancherlei Möglichkeiten für ein effektiveres Studium genutzt oder neu entwickelt werden; das beginnt bereits mit der Raumfrage: hier müssen »offene Türen« und Aktionsräume vorhanden sein, damit Gruppen sich jederzeit zusammensetzen, diskutieren, experimentieren, probieren, planen . . . können. Dazu braucht man neben leicht transportablen Geräten für die Aufzeichnung von Interviews, Situationsberichten usw. Auszüge aus grundlegender Literatur in mehrfacher Vervielfältigung zur freien Verfügung, neben Instrumenten und Geräten (vom Orff-Instrumentarium bis hin zu europäischen und außereuropäischen Blas- und Streichinstrumenten, technischen Mittlern usw.) verschiedenste Materialien zur klanglichen Erprobung (Konsummüll, Schrottplatzmaterialien usw.), die z. B. von einer Projektgruppe beschafft werden. Hier müssen neben Kontakten zu den traditionellen Institutionen der Musikausbildung und -pflege (Schule, Musikschule, Chor, Orchester usw.) auch solche zu den Musikmanagern in Diskotheken, Warenhäusern, Betrieben und Musikindustrie gesucht werden, muß neben den Praxisbesuch außerhalb der Hochschule die im Studio gespeicherte Praxisaufzeichnung treten, die jederzeit zur Verfügung steht und Situations- und Unterrichtsanalyse erst wirklich effektiv macht.

Bei der musikpädagogischen Arbeit mit Studierenden der SA/SP zeigen sich allerdings an einem Punkt erhebliche Schwierigkeiten: die meisten von ihnen besitzen – entweder aufgrund eines mangelhaften Musikunterrichts in der Schule oder aufgrund ihrer sozialen Herkunft – kaum nenneswerte musikalische Fertigkeiten und Kenntnisse. Daraus ergibt sich die Frage, ob solche Fertigkeiten und Kenntnisse für die sozialpädagogische Berufspraxis erforderlich sind und

darum im Studium – etwa in einem Nachholkurs – erworben werden müssen. Diese Frage läßt sich jedoch nicht allgemein verbindlich beantworten, denn dafür ist die Berufspraxis zu verschiedenartig.
So wird es z. B. für jemanden, der später u. a. in der Sozialplanung tätig ist, vor allem wichtig sein, sich über den Stellenwert der Musik in unserer Gesellschaft, die musikalischen Interessen von Jugendlichen, die musikalische Einrichtung eines Jugendzentrums u. ä. zu informieren, um sachgemäße Entscheidungen vorbereiten oder selbst treffen zu können. Dafür aber muß er nicht unbedingt vokale und instrumentale Fertigkeiten, Kenntnisse in der Musiklehre u. ä. besitzen.
Ganz anders stellt sich die Situation für einen Erzieher im Elementarbereich dar: er muß sehr wohl über vokale und instrumentale Fertigkeiten verfügen, muß Kenntnisse in der musikalischen Elementarlehre besitzen oder im Bau einfacher Klangwerkzeuge u. ä.; andererseits aber muß er auch etwas wissen über die Funktion der Musik im Sozialisationsprozeß, über Fähigkeiten und Fertigkeiten des kleinen Kindes, über musikalische Begabung usw.
Darum muß das Studienangebot für SA/SP in Musikpädagogik so differenziert sein, daß darin neben der Einführung in musikdidaktische Grundfragen ein Lehrgang in musikalischer Elementarlehre steht, neben einem musikalisch akzentuierten Kreativitätstraining die Reflexion gesellschaftspolitischer Fragen, neben einfachen Anleitungen zur Improvisation und Reproduktion von Musik der Bau von Klangwerkzeugen für einen Kinderspielplatz u. a. m.
Es mag unpopulär sein, den Erwerb musikalischer Elementarfertigkeiten und -kenntnisse in der sozialpädagogischen Ausbildung zu fordern; aber es gibt zahlreiche Situationen, in denen sie ebenso wichtig sind wie z. B. die Kenntnis musiksoziologischer Fakten. Beides sind jedoch letztlich keine Alternativen; andernfalls würde man u. U. der Kindergärtnerin per Studienordnung eine geringere Ausbildung ihres gesellschaftspolitischen Bewußtseins zugestehen als dem Bewährungshelfer; das aber kann nicht gemeint sein.
Bei aller Studienplanung darf auch nicht übersehen werden, daß die Hochschule eine Verantwortung für ihre Absolventen hat. Es geht in einer Zeit, in der Lernen zu einem permanenten Prozeß geworden ist, nicht mehr an, daß jemand mit dem Studienabschluß an der Hochschule allein auf sich gestellt den sehr verschiedenartigen – mitunter fragwürdigen – Einflüssen der Praxis ausgesetzt wird. Hier muß die Hochschule helfen, mit der Praxis wirklich sachgemäß fertig zu werden, etwa dadurch, daß sie immer wieder Informationen und Anregungen dafür gibt. Andererseits schafft sich die Hochschule damit die für sie lebenswichtige Verbindung zur Praxis und kann außerdem auch Einfluß auf die Heranbildung ihres eigenen Nachwuchses nehmen.
Selbstverständlich lassen sich bei aller Offenheit und Flexibilität eines Musik-Curriculums die SA/SP nicht für alle nur denkbaren Möglichkeiten musikpädagogischer Tätigkeit in gleicher Weise qualifizieren. So muß man z. B. eine musiktherapeutische Ausbildung weithin ausklammern, wenn nicht unverant-

wortlichem Dilettantismus Tür und Tor geöffnet werden sollen. Gerade in jüngster Zeit ist hier vor allzu großem Optimismus und zu enger fachlicher Sichtweise gewarnt worden.[7] Darum wird man in diesem Bereich kaum über das Studium grundlegender Literatur und die Veranschaulichung und Reflexion praktischer Arbeit in heilpädagogischen Einrichtungen hinausgehen können.

Auch die Frage, wieweit die Musik einen Beitrag zur Resozialisation straffällig Gewordener leisten kann, läßt sich nur mit aller Vorsicht angehen. Hier könnten blinder Aktivismus oder Parolen wie »Mit Musik geht alles besser« ebenfalls eher das Gegenteil dessen bewirken, was angemessen wäre.

So muß also bei allem Umgang mit Musik in der sozialpädagogischen Ausbildung gesehen werden, daß Musikpädagogik u. a. auch fähig machen sollte, sich gegen Musik schützen zu können, dann nämlich, wenn sie – durch wen und zu welchem Zweck auch immer – mißbraucht wird.

Anmerkungen

[1] W. Bäuerle, Soziale Intervention unter Systemzwang – Aspekte der Entwicklungen in Theorie und Technologie der Sozialarbeit und Sozialpädagogik, in: Sozialarbeit und Sozialpädagogik – Programm und Praxis, Bonn o. J., S. 9f.

[2] Wissenschaftsrat, Empfehlungen zur Struktur und zum Ausbau des Bildungswesens im Hochschulbereich nach 1970, Bonn 1970.

[3] A. a. O., S. 217.

[4] A. a. O., S. 222f.

[5] A. a. O., S. 223f.

[6] Arbeitspapier Medienpädagogik an Fachhochschulen, Anlage zum Protokoll der Sitzung vom 28.2.74 in Siegen/NRW, S. 1.

[7] M. Geck, Musiktherapie zwischen Heilpädagogik und Sozialpsychiatrie, in: Musiktheraphie als Problem der Gesellschaft, Stuttgart 1973;
s. dazu auch H. Spittler und V. Derbolowsky, in: Musiktherapie – Zeitschrift für die musiktherapeutische Forschung und Praxis, 2.1 - 1974, S. 47ff. bzw. S. 57.

Musik als Unterrichtsgegenstand und therapeutisches Mittel in der Sonderpädagogik

Werner Probst

»Musik steht in der Sonderschule wie kaum ein anderes Fach in einem Spannungsfeld zwischen Wunsch, Erwartung, Vermögen und Wollen: Dem Wunsch, den Schüler an Musik teilhaben zu lassen, der Erwartung, hierdurch wohltätig zu wirken, zu entspannen, ja Unheiles heil zu machen, dem Eingeständnis, Gewünschtes nicht leisten zu können, der Feststellung, daß Erwartetes daraufhin nicht realisierbar ist, dem Wollen, aus allem noch das Beste zu machen«.[1]

In der Erfüllung von Vorstellungen, die den musischen Menschen bilden sollten und deren Systematik sich in der »musischen Erziehung« fand, wurde und wird weithin das Behindertenspezifische des Einsatzes von Musik in der Sonderpädagogik gesehen.

Wenn auch Sonderschulen vom angesprochenen Schülerkreis und damit von ihren Inhalten her kein einheitliches Bild bieten, so ist doch das ihnen Besondere, daß behinderte Kinder oder Jugendliche nach der spezifischen Art ihrer Behinderung gesondert erfaßt und in einen dieser angemessenen schulischen Bildungsprozeß einbezogen sind. Die Behinderung impliziert nun, gleich ob geistige, körperliche oder Lernbehinderung vorliegt, hier eine verminderte Leistungsfähigkeit.

Wie auch immer diese Beeinträchtigung definiert sein mag, betroffen von ihr scheint merklich das Fach Musik zu sein: wird doch der Umgang mit Musik gemeinhin in einem beschränkten, besser eng umgrenzten Umfang angeboten, mit dessen Hilfe Freude erlebt, Wohlgefallen produziert, Erfolgserlebnisse erlangt werden können, kurz, eine Kompensation der Behinderung zu erreichen ist. Zur Sonderschule scheint eine besondere Art der Verabreichung von Musik zu gehören, die elementar und emotional geprägt ist. Anders bei der »Normal«-Schule, die »allen Jugendlichen eine ihrer Begabungshöhe und Leistungskraft entsprechende Bildung und Ausbildung zu vermitteln« hat.[2] Als Konsequenz in unterrichtlicher Hinsicht sieht dieser Plan den Fachunterricht vor, »der primär auf Wissen und Können gerichtet ist«.[3] Dieser Schultyp, wie die übrigen weiterführenden Schulen, verlangt Musik als Leistungsfach.

Ich glaube, daß es notwendig ist, die Gefahr einer Einseitigkeit zu sehen, um zu bemerken, was dem jungen Menschen vorenthalten wird, aus guter Absicht, um ihn nicht zu überfordern einerseits, um ihn gesellschaftliche Zusammenhänge erkennen zu lassen andererseits. Wenn vom Musikunterricht unter dem

Aspekt des Behindertenspezifischen die Rede ist, kann damit nicht von vornherein ein vermindertes, treffender ein minderes Angebot und eine Tabuierung von Möglichkeiten, Musik zu erleben und Musik in ihren Zusammenhängen zu sehen, gemeint sein.
Breite oder Einengung des Musikerlebens dürfen nicht schulischen Voraussetzungen folgen in der Weise, daß *den* Behinderten die Breite mangelt, daß Einengung Folge von Behinderung ist, sondern abhängig sind von den Besonderheiten im Erleben von Musik, die *auch* von einer Behinderung betroffen sein können. Zur Erlangung einer didaktischen und methodischen Konzeption ist zu bedenken, wo und wie durch eine Behinderung das Erleben von Musik betroffen sein kann. Ausgesprochen oder unausgesprochen steht hinter dem bisherigen Verständnis von Musikunterricht bei Behinderten:
– Dem Behinderten ist nicht jede Art des Erlebens von Musik möglich, gepflegt werden nur die sogenannten einfachen Formen.
– Bestimmte Gruppen von Behinderten, hier sind vor allem die Lern- und Geistigbehinderten gemeint, können Musik nicht in der vorauszusetzenden Fülle und der dem Werke angemessenen Adäquatheit erleben.
– Der erreichbare Grad der Beherrschung von Techniken reicht nur zur Gestaltung einfachster Formen und zum Singen.
– Vorgeführte Musik zu erfassen, darüber zu reflektieren, zu verbalisieren, ist dem Lernbehinderten nur unvollkommen, dem Geistigbehinderten nicht gegeben.
Dem sollen Überlegungen gegenübergestellt werden, die zwar die Negativ-Urteile nicht ins Gegenteil verkehren, sondern sie vielmehr relativieren auf das Erleben von Musik schlechthin und bei Behinderten im Besonderen.

1) Der Mensch ist grundsätzlich in der Lage, Musik jeder Gattung und Ausprägungsart zu erleben.

2) Dabei gibt es graduelle Unterschiede
a) in der Intensität des Musikerlebens
b) in der Beherrschung von Techniken
c) im Erfassen und Verbalisieren von Musik.

Zu 1)
Wie auch immer das sogenannte Beschäftigen mit Musik aussieht, erst im individuellen Musikerlebnis wird Musik Wirklichkeit.[4] Jeder Mensch, auch der Geistigbehinderte, ist dispositionell ausgerüstet, Musik zu erleben. Wahrgenommene oder vorgestellte Schallereignisse können für jeden Musik werden. Geht man vom Kunstwerk als dem Inbegriff einer Ausgewogenheit von Form und Inhalt aus, wird das Lernbare an ihm vordergründig das Formale sein, wird das Lernbare vom Lernbehinderten nicht voll gefaßt werden können, konnte ein Lehrplan wie der des Landes Niedersachsen sagen, daß den lernbehinderten Schülern »im Regelfalle das Verstehen von Meisterwerken der Musik versagt bleibt«.[5]

Wenn wir als Prämisse annehmen, daß generell ein Erleben von Musik gleich welcher Gattung jedem Menschen möglich ist, wird die Behinderung das Maß der Ausformung einer bestimmten Erlebensweise setzen, etwa der des Selbstmusizierens. Es wird zu bedenken sein, wo die Behinderung einem Mehren von Erfahrungen und Einsichten in einem lustbetonten Umgehen mit Musik entgegensteht und wo nicht. – Das bedeutet für den Musikunterricht u. a. ein Ausweichen da, wo die Musiktheraphie noch ihr Betätigungsfeld von einer anderen Zielsetzung her sieht. –

Zu 2 a):

Die Palette der Intensität oder der Fülle des Musikerlebens reicht von dem »hintergründigen« Erleben einer »Background-Musik«, etwa bei den Hausaufgaben, bis hin zur Ekstase, vom diffusen Angemutetsein bis zum detaillierten Strukturerfassen in ausschließlicher Hingabe an die Erstellung von Musik.[6]

Mit der Behauptung, es gäbe graduelle Unterschiede in der Intensität des Musikerlebens, ist gleichsam vorweg gestellt, daß Musik unbeeinflußt von ihrem ästhetischen Wert erlebt werden kann.

Ein Vergleich aus dem visuellen Bereich möge herangezogen werden: Auch das 7-jährige geistig behinderte Kind nimmt den Kölner Dom wahr, als großes Gebäude, als Kirche, mit zwei hohen Türmen, mit einem Portal. Wann im Laufe seiner Entwicklung wird es das Bauwerk als Inbegriff spätgotischer Frömmigkeit und Baukunst erfassen? Sollte man ihm darum das ihm mögliche visuelle Erlebnis verwehren? Anzunehmen, Hören von Musik sei nur dann zu verantworten, wenn dies in einem vollen Musikerleben und in Entsprechung zum im Musikwerk Indentierten gelänge, hieße einem utopischen Ideal nachhängen, das an der Erlebniswirklichkeit vorbeigeht.

Das behinderte Kind wird jedes Klanggeschehen, sei es eine Beethovensche Sinfonie, sei es ein Kinderstück von Bartòk, entsprechend seiner seelischen Fähigkeiten als Musik wahrnehmen können, individuell, durchaus genügend voll, ohne Rücksicht auf eine Vorschrift oder Vereinbarung.

Grenzen würden hier etwa die Zeit setzen und die Komplexität des wahrzunehmenden Klanggeschehens. Es wird z. B. nicht möglich sein, für die Dauer eines Sonatensatzes ein durchgehend genügend volles Musikerleben zu erwarten – welchem Erwachsenen gelingt das? Aber für die Dauer eines kurzen Ausschnitts, etwa dem Zeitraum von 20 Sekunden, kann diese Musik genügend voll erlebt werden.

Deutliche Gliederung, eindeutig erkennbare Abläufe erleichtern das Erleben von Musik. Das Eindringen kann hier gelenkt, von der »griffigen« Seite her angepackt werden. Bei den Behinderungsgruppen der intelligenzgeschädigten Kinder wird der Weg über die Kenntnis der Klangerzeuger den Bekanntheitsgrad des Erklingenden erhöhen und damit die auditive Wahrnehmung erleichtern.[7]

Es gilt zunächst, einen Teil des Ganzen zu erfassen, der unbedenklich für das Ganze genommen werden kann.

Zu 2 b):
Singen wird häufig als vermeintlich leichteste Spielart, Musik zu vermitteln, gedeutet. Was beim Hören von Musik noch einleuchten mochte, bringt dort, wo sich der Vorgang auch der Klangerzeugung im eigenen Körper abspielt, also zum Beispiel beim Singen, Schwierigkeiten.
Vokale Tonbildung bedeutet Herstellung des Klanglichen des Musikerlebens im Singen. Die vokale Tonbildung jedoch muß geübt werden, ist eine Technik gleich der des Instrumentalspiels. Es bliebe zu überlegen, wieweit die Kontrolle vom Gesungenen zum Gemeinten eine intelligente Leistung darstellt und damit der hohe Ausfall im »richtigen« Singen bei geistig und zum Teil auch bei lern-behinderten Schülern eine Erklärung fände.
Vor diesem Hintergrund ist abzuwägen, welche Gewichtung man der Stimmbildung, dem Erlernen alter und neuer Lieder oder dem vokalen Schallspiel[8] und der von Michael Alt sogenannten Quick-Funktion eines gesungenen Liedes zumißt.[9]
Ähnliches wie vom Singen behauptet, läßt sich beim Instrumentalspiel aufweisen. Auch hier finden wir das Mißverhältnis zwischem dem Gewollten und dem Gekonnten, d. h. in unser System übertragen, zwischen dem Vorgestellten und dessen wahrnehmbar klanglicher Realisation, das technisch zu realisieren ist.
Als das Kreative noch das Schöpferische hieß, glaubte man aus einer diatonischen Reihe eine pentatonische legen zu müssen, um dem Kind mit dem Zuruf »nun spiel einmal« zu eigenschöpferischer Leistung zu verhelfen. Heute, da das Schöpferische ebenso unscharf von Kreativ abgelöst und an die Stelle der Pentatonik das Umweltgeräusch getreten ist, jagt man vielfach einer ähnlichen Utopie nach.
Das Umgehen mit schallerzeugendem Material wird, auch wenn es sich um »eine Befriedigung des Spieltriebs«[10] handelt, der technischen Ausführung bedürfen. Der Körperbehinderte wird besonders benachteiligt sein, setzt man die Beherrschung von Techniken voraus, die er aufgrund seiner Behinderung nur unvollkommen bieten kann, aber auch der Intelligenzschwache, dem die Einsicht in komplexere Zusammenhänge bei der Tonerzeugung auf einem Instrument mangelt. Man kann hier nicht eine modellhafte Perfektion anstreben, sondern muß entsprechend Vermögen zu gültigen Lösungen kommen.
2 c):
Wir sprachen vorhin von der Breite möglichen Musikerlebens, das von einem Angemutetsein bis zu einem detailierten Erfassen von Strukturverläufen reichen kann. Auch dies ist nicht von Ursprung an da, sondern bedarf der Übung und zwar das naive Umfangensein von Musik ebenso wie das Erfassen differenzierter Zusammenhänge. Das Mehren von Erfahrungen, gezielt angesetzt auf musikimmanente Ausdrucks- und Strukturkriterien, bringt ein gedächtnismäßig gespeichertes Reservoir an Informationen, die etwa hier beim Hören von Musik das Musikerlebnis quasi in Komplexergänzung miterstellen.

Durch gezielte Wiederholungen werden hohe Redundanzen erreicht, die wiederum sowohl ein längeres Verweilen als auch ein Erkennen von bisher nicht Bemerktem ermöglichen.
Betrachtet man die Fähigkeit zum Verbalisieren eines Musikgeschehens schließlich als Bestätigung des Umfangs und der Richtigkeit erfaßter Musikstrukturen, so wird als erstes die Fragwürdigkeit eines Unternehmens zu bedenken sein, mit der Sprache das zu erfassen, was mit Mitteln der Musik ausgedrückt wurde.[11] Leichter wird ein Beschreiben von Verläufen und erkannten Konstruktionen sein, die aber andererseits über das Musikerleben selbst wenig aussagen.
Das Übertragen von einem Erlebnisbereich in einen anderen, greif- und begreifbaren, gelingt in bestimmtem Umfange mit Mitteln der Rhythmik, wenn »das Zeitgestaltete in Dinghaftes Handeln umgesetzt« wird, wobei das »Ding der eigene Körper ist«.[12]
Bewegungsmäßige Reaktionen auf Musik, Gestaltungen im Raum lassen nicht nur Zeitgestalten sichtbar werden, sondern erleichtern oft das konzentrierte Verweilen beim Musikerlebnis. Doch auch hier wird nicht erwartet werden können, daß sich das Nach-Außentreten des Musikerlebens als Urvermögen von selbst über Ansätze hinaus ereignet. Der Körper ist ein beharrendes Ding und ohne Vorgabe und Übung von Umsetzungsmöglichkeiten werden stereotypes Verhalten eher vom Musikerlebnis weg und zu verselbständigter Motorik führen als das Musikerlebnis in die Raumdimension freigeben.
Das Aufzeigen der möglichen Breite des Musikerlebens und der graduellen Unterschiede im Erleben von Musik, in der Erstellung der Wahrnehmungsgrundlage und in der Reflexion über Musik bestätigen, daß einem retardierten Übernehmen des Unterrichtsangebotes der Normalschule nicht das Wort geredet werden kann, doch innerhalb des Behindertenbereiches kann es ebenso wenig eine Generalisierung geben.
So wird der Musikunterricht beim Geistigbehinderten zwar sich mit der selben Musikgattung befassen wie der Unterricht bei Blinden, doch der didaktische Ansatz, ebenso wie dessen mögliche methodische Ausformung werden voneinander abweichen. Hören von Musik, dessen übergreifend gesellschaftsbezogenes Ziel etwa das Zurechtfinden im Musikangebot der Gegenwart wäre, hat nicht nur vom Erlebnisinhalt her eine andere Gewichtung beim blinden Menschen, sondern muß auch in seiner methodischen Aufbereitung vom Spezifischen des Musikerlebens beim Blinden ausgehen, dem fehlenden visuellen Eindruck, der je nach dem Zeitpunkt der Erblindung vorhandenen visuellen Vorstellungsmöglichkeiten, der Kompensation des fehlenden visuellen Eindrucks durch taktil aufgenommene Informationen.
Alles das stellt sich ganz anders etwa beim Geistigbehinderten dar. Hier wird es erforderlich sein, beim Hören von Musik einen Dingbezug herzustellen, auch da, wo er von der Musik her nicht unmittelbar gegeben ist. Dieser Bezug auf Dinghaftes, das musikzugehörig ist, etwa das Erkennen und Vorstellen des

Klangerzeugers, wird das Dabeibleiben beim auditiv-sinnenhaft wahrzunehmenden Klanggeschehen erleichtern oder erst ermöglichen. Das Erlangen eines solchen Gedächtnisinhaltes geht wiederum intensiver über Erfahrungen im eigenen Erstellen von Klangereignissen, bei denen die Bewegung wiederum als Verstärker wirken kann. Musikübung und Bewegung sind hier auf das Hören von Musik abzustimmen. Diese erforderliche Verwobenheit setzt sich von einem allumfassenden musischen Tun dadurch ab, daß genau definierte Aktionen zum Erreichen eines definierten Zieles eingesetzt werden.
Es ist Aufgabe des Musikpädagogen, der im Sonderschulbereich tätig wird, nicht nur die Transferierbarkeit allgemeiner musikdidaktischer Ansätze zu überprüfen, sondern aus der Notwendigkeit, die Behinderung in Rechnung zu stellen, zu einer Konzeption zu kommen, die spezifisch für diese Behinderung ist und die damit möglicherweise eine völlig andere Ausprägung erhält.

Der behinderte Mensch und hier vor allem das behinderte Kind sind in den letzten Jahren zunehmend in das Blickfeld der Öffentlichkeit gerückt. Im gleichen Maße wie der Bekanntheitsgrad steigt, werden Meldungen über Indikationen kolportiert, wird gerade da, wo die Abweichung vom »Normalen« undurchsichtig ist, über Wundermittel berichtet. Von besonderer Art scheint dabei die Anwendung von Musik zu sein; denn wie bei kaum einem anderen therapeutischen Mittel tritt hier der Glaube an die Stelle faßbarer Fakten. Veröffentlichungen über die Wirkungsweise von Musik insbesondere bei psychischen und neurotischen Erkrankungen haben während der letzten drei Jahrzehnte ständig zugenommen – Pahlen spricht von ca. 2 000 Arbeiten und Fachzeitschriften, die vornehmlich in den letzten Jahren erschienen sind.[13]
Das Zauberwort Musiktherapie fasziniert Mediziner wie Psychiater und Psychologen, Musikwissenschaftler, Komponisten und Musikpädagogen.
Es fehlen Feldforschungen zu diesem Phänomen und so sei hier eine spekulative Interpretation erlaubt. Der Hinweis Pahlens über die Zunahme musiktherapeutischer Literatur läßt Zusammenhänge vermuten zwischen dem Vordringen der Psychiatrie, der Ausweitung tiefenpsychologischer Theorien, dem Ansatz leib-seelischer Ganzheit, dem musischen Menschenbild und einem Medium, das wie kein anderes auf den seelischen wie den körperlichen Bereich einzuwirken vermag, der Musik. Das zunehmende Selbstverständnis der genannten Wissens- und Wissenschaftsgebiete führt die Musik als Medium mit in den Vordergrund. Eigenartig und scheinbar widersprüchlich, daß die zu Beginn dieser Phase dem Musischen verbundene Musikpädagogik nach der Abkehr vom Anspruch menschenbildender Kraft der Musik die Musiktherapie für sich zu entdecken scheint. Es hat den Anschein, als würde hier durch eine Hintertür das geschmähte Musische wieder auftreten. Man müßte darüber nachdenken, ob mit der Verfachlichung und Versachlichung des Faches Musik ein Vakuum entstand, das es zu füllen gilt.

Eine weitere Beobachtung wird nicht von der Hand zu weisen sein: Das soziale Engagement der studentischen Jugend dringt über die Phase des Protests hinaus zu tätiger Einflußnahme. Ein dem Musikstudenten zunächst fernliegender sozialer Bezug seines künstlerischen Faches wird über eine Musiktherapie möglich. Sowohl die relativ hohe Zahl der Wahlfachstudenten der beiden Abteilungen für Heilpädagogik in Nordrhein-Westfalen als auch die ständigen Nachfragen von Musikstudenten in Musikhochschulen nach therapeutischen Einsatzmöglichkeiten ihres Faches sprechen für diese Annahme.
Aber dennoch trägt das vage, spekulative Verständnis oder Vorverständnis von Musik als therapeutischem Mittel weitgehend diese »Musikbewegung«.
Ihre Einschätzung schwankt zwischen optimistischer Prospektion[14] und kritischer Skepsis: »Die Musiktherapie ist trotz aller gegenteiliger Beteuerungen auch heute noch weitgehend eine Sache der Meinungen, der Spekulation, des Gefühls. Die vorwissenschaftlichen Praktiken der Medizinmänner sind noch keineswegs gänzlich überwunden und durch bessere ersetzt«.[15]
An dieser Stelle können wir uns noch nicht freisprechen von einer sehr pauschalen Verwendung des Begriffes Musiktherapie. Er umfaßt, will man ihn vom bisher Gesagten her interpretieren, die Anwendung des Mittels Musik im medizinischen wie im schulischen Sektor. Wenn im Bereich der Medizin selbst die Forderung, die Blanke bereits vor einem Jahrzehnt stellte: Musik als »eigenständiges, gezieltes Agens« einzusetzen, »dessen Auswirkungen vorhersehbar, lenkbar, überprüfbar, objektivierbar und beliebig oft bei ähnlichen Voraussetzungen reproduzierbar sein müssen«[16] auch heute noch kaum realisierbar ist, so hat oder erprobt doch die Musiktherapie ihren Platz in der Neurosenbehandlung und in dem Angehen funktioneller und psychosomatischer Erkrankungen.[17]
Musiktherapie ist, nach Willms, diagnosespezifisch, d. h., sie verlangt ein diagnostiziertes Krankheitsbild und die Indikation nach einer speziellen Methode.[18] Auch hier unterscheidet der Mediziner zwischen ärztlicher Musiktherapie, die in seiner Hand liegende Maßnahmen zu Beeinflussungen durch Musik umfaßt und die Therapie durch den Musiktherapeuten, der einen »nicht ärztlich medizinischen Fachberuf« nach Anweisung eines Arztes handelnd, ausübt.
Der Inhalt der Arbeit der Musiktherapeuten ist angelehnt an musikpädagogische Praktiken oder z. T. deren direkte Übertragung, vom elementaren Musizieren über Klangexperimente zur Rhythmik.[19] An dieser Stelle wird zum einen der vorhin angesprochene Zusammenhang zwischen musischer Erziehung und Musiktherapie deutlich – Indikationsanzeigen entsprechen vielfach dem musischen Vokabular –, zum anderen die Möglichkeit der Gleichsetzung von Musiktherapie und Unterricht in Musik bei Behinderten.
Es wird notwendig sein, zunächst begrifflich zu scheiden zwischen einer Musiktherapie in medizinischer Anwendung und einer Musikpädagogik, die Wirkungsweisen der Musik impliziert, um feststellen zu können, daß bei gleichen

Musikinhalten die Intendierung eine andere ist: hier das Anstreben von Bildungs- und Erziehungszielen mit dem Einbegreifen des Wirkens von Musik, dort die eindeutig medizinisch-therapeutische Zielsetzung. Gleichheit der Methodiken werden zufällig sein, die unterschiedlichen Intentionen müßten die völlige Entsprechung ausschließen.
Im Bemühen um eine saubere Scheidung der Anwendungsgebiete von Musik markieren manche Autoren die Dreigliederung Musiktherapie – musikalische Heilpädagogik – Musikerziehung.[20] [21] Ist die Musiktherapie in der Hand des Mediziners »eine spezifische therapeutische Methode, die nicht ersetzbar ist durch andere Arbeit«[22], so kann der musikalischen Heilpädagogik, so wie sie heute verstanden wird, nicht in gleicher Weise ein eindeutiger Standort zugewiesen werden. Mit ihr ist sowohl ein Teil des Aufgabenfeldes des Musiktherapeuten angesprochen, als auch der Musikpädagogik im Sonderschulbereich. Wenn Willms im Hinblick auf kindliche Psychotiker ausführt, daß die musikalische Arbeit dazu dient, »bei organisch-pathologischer Ausgangslage möglichst optimale Bedingungen für eine Entwicklung und Förderung zu schaffen«[23], so wird das Aufgabengebiet des Musiktherapeuten ebenso berührt wie das des Sonderpädagogen.
Abgesehen von der Uneindeutigkeit des Begriffes »Heilpädagogik«, die zu einer noch offenen Begriffskritik führte, die sich vornehmlich an den Begriff des Heilens, aber auch an dessen Kombination mit dem der Pädagogik entzündete, scheint es verwirrend zu sein, wiederum durch unterschiedliche Zieleinbettung bestimmte Anwendungen unter einen Begriff zu subsumieren. Zweifelsohne ist dem Musiktherapeuten auch in seiner »heilpädagogischen« Arbeit der Mediziner Auftraggeber, die Indikation bestimmend und auf seine Diagnose hin kontrollierend. (Daß zudem der Begriff des Heilens im medizinischen Umfeld eine andere Sinndeutung erhält als in schulpädagogischer Sicht, gereicht ebenfalls nicht zur Klärung.)
Der Musikpädagoge vermag im schulischen Raum bei Behinderten Musik als Mittel, als Therapie einzusetzen, seine Intentionen sind dabei eindeutig pädagogischer, soziologischer oder psychologischer Natur, Gebiete, für deren Vertretung er aufgrund von Ausbildung und Stellung legitimiert ist. Die Medizin ist ihm Hilfswissenschaft, deren Diagnose er in seinen therapeutischen Bemühungen mit einbezieht. Diese unterschiedliche Aufgabenstellung und notwendigerweise didaktische und methodische Ausprägung sollte sich auch begrifflich ausweisen.
In der Literatur findet der Begriff »heilpädagogische Musikerziehung« ebenso Verwendung wie der der »pädagogischen Musiktherapie«.[24] [25]
Beide sind in letzter Konsequenz nicht unanfechtbar, doch halte ich die Bestimmungen einer »Musiktherapie im pädagosichen Raum« für günstiger als die Koppelung von Pädagogik und Erziehung.
Der Musikpädagoge im Sonderschulbereich, konkret auf die Schulsituation in NRW bezogen: der Sonderschullehrer mit dem Wahlfach Musik, wird mithin

eine zweifache Aufgabe zu erfüllen haben: Unterricht in Musik fachspezifisch zu erteilen und eine pädagogische Musiktherapie anzuwenden. Bei pädagogischer Musiktherapie ist vom Therapeuten ausgehend abzugrenzen, daß Maßnahmen vorgenommen werden, die vom Pädagogen zu leisten sind. Sie müssen die ihm vorbehaltenen Zonen der Bildung des jungen Menschen betreffen. Art, Ausprägung und Grad der Behinderung werden zu erfassen sein. Im Falle etwa der sogenannten Lernbehinderung werden die möglichen Ursachen und deren Folgen, die wiederum den Ausfall bedingen, bedacht werden müssen. So wird eine Verhaltensstörung auf einer Milieuschädigung basieren können, ihrerseits aber eine Konzentrationsschwäche im Gefolge haben, die die Lernleistungen beeinflussen. Gewiß wäre es ideal, könnte der gesamte Wirkzusammenhang von der Ursache her aufgegriffen werden mit der oft geforderten Veränderung gesellschaftlicher Zusammenhänge.[26] [27]

Der Musikpädagoge wird jedoch im konkreten Fall nicht darauf warten können, ebensowenig wie die eingetretene Schädigung ungeschehen gemacht werden kann. Wenn Musik, therapeutisch eingesetzt, Lernverhalten günstig beeinflussen und damit Lernleistungen steigern soll, muß versucht werden, wenigstens ein Glied in der Kette der Bedingtheiten anzugreifen. Unter Umständen wird dessen Veränderung erreicht bei unveränderter Vor-Bedingung, denkbar bei erreichter Abschirmung dieser gegenüber oder dem Herauslösen aus dem Bedingungskomplex im Umkreis der Schule. Es wird zu prüfen sein, welche Stelle der Bedingtheiten-Kette der Angriffspunkt einnimmt. Eine erfolgte Wirkung wird unmittelbar hier zu bemerken sein oder in der Nachfolgewirkung oder in der Vor-Bedingung. Eine verbesserte Lernleistung wird *ein* möglicher Hinweis sein auf eine eingetretene Wirkung.

Bei musiktherapeutischen Maßnahmen im schulpädagogischen Bereich könnten unmittelbar betroffen werden – in ungeordneter Folge, ohne Anspruch auf Vollständigkeit und ohne Rücksicht auf gegenseitige Bedingtheiten: Konzentration, Aufmerksamkeit, körperliche und seelische Dispositionen, kommunikatives Verhalten, Affizierung, Reaktionen, auditives Wahrnehmungs- und Vorstellungsvermögen, Einstellung, Bewegungskoordination. Man würde allerdings in den alten Fehler verfallen, würde vorgegeben werden, dieser Katalog aufgeführter möglicher Angriffspunkte könne mit einem pauschalen Angebot musikalischen Tuns erfüllt werden.

Ein Vorhaben, etwa verminderte auditive Wahrnehmungsfähigkeit lernbehinderter Kinder, die sich wiederum auf die Lese- und Rechtschreibleistung auszuwirken vermag, zu verbessern, wird gezielte Maßnahmen mit akustischen Mitteln allgemein und mit speziell musikalischen erfordern.[28] Dabei werden die Mittel teilweise mit denen eines Unterrichts in Musik identisch sein. Zielrichtung, Auswahl, Dosierung werden nicht einem Musikunterricht entsprechen. Hier wird wie oben angegeben, das Glied »auditive Wahrnehmungsfähigkeit« angegangen, ohne die Ursache der sozio-kulturellen Benachteiligung des Lernbehinderten verändern zu können.[29]

Für die Musikpädagogik in den Sonderschulen scheint sich damit fast ein Kreis zu schließen, der, will man im Bild bleiben, allerdings eine Spirale darstellt: der musische Ansatz im Musikunterricht in Sonderschulen baute auf die Wirkungen, die von der Musikbetätigung ausgingen. Der Ruf nach einem fachspezifischen Unterricht stellte die Reaktion auf ein verschwommenes Wunschdenken dar. Das Wissen um Wirkungen der Musik bedingt die Forderung, Musik als Mittel einzusetzen, wenn die Wahrscheinlichkeit nach positiver Einflußnahme besteht. So wird Musik fachspezifisch und, soweit erforderlich, behindertenspezifisch im Unterricht erscheinen. Daneben wird zu bedenken sein, daß man mit Musik ein Mittel zu einer Therapie zur Hand hat, das gezielt einzusetzen ist.

Anmerkungen

[1] Probst, W., Musik in der Sonderschule für Lernbehinderte, Berlin 1972, S. 7.

[2] Grundsätze, Richtlinien, Lehrpläne für die Hauptschule in Nordrhein-Westfalen, Wuppertal 1968, S. A 1/1.

[3] Grundsätze, Richtlinien, Lehrpläne für die Hauptschule in Nordrhein-Westfalen, Wuppertal 1968, S. A 1/4.

[4] Moog, H., Die Eigenart des Bildungsinhaltes Musik und seine Bedeutung für die Sonderpädagogik, in: Päd. Rundschau, Jg. 21/1967, S. 777.

[5] Richtlinien für die Sonderschulen für Lernbehinderte im Lande Niedersachsen, 1966.

[6] Probst, W., Vom Zukunftsbezogensein im Musikerleben. Diss. Köln 1960, S. 38ff.

[7] Probst, a. a. O.

[8] Probst, W., Zum Unterricht in Musik an Sonderschulen für Geistigbehinderte, in: Ztschr. f. Heilpäd., H. 3/1973.

[9] Alt, M., Didaktik der Musik. Orientierung am Kunstwerk, Düsseldorf 1968, S. 46.

[10] Keller, W., Ludi musici. Schallspiele, Boppard 1972.

[11] Wellek, A., Musikpsychologie und Musikästhektik, Mainz 1963.

[12] Moog, H., a. a. O., S. 784.

[13] Pahlen, K., Musiktherapie, München 1973, S. 14.

[14] Terich, H. R., Musik in der Medizin, Stuttgart 1958.

[15] Kneutgen, J., Wie man aus der Musiktherapie eine Wissenschaft machen könnte, in: Pahlen, Musiktherapie, München 1973, S. 168.

[16] Blanke, K. F., Musik als therapeutisches Mittel bei cerebralgeschädigten Kindern, Düsseldorf 1965, S. 66.

[17] Kohler, C., Musiktherapie, Theorie und Methodik, Jena 1971.

[18] Willms, H., Musiktherapeut, ein neues Berufsbild in einer alten Disziplin, in: Musiktherapie, Z. f. d. musiktherapeutische Forschung und Praxis, Heft 1/1973, S. 7.

[19] Wolfgart, H., Das Orff-Schulwerk im Dienste der Erziehung und Therapie behinderter Kinder, Berlin 1971.

[20] Keller, W., Ziele und Aufgaben des Instituts für Sozial- und Heilpädagogik am Mozartteum in Salzburg, in: Musiktherapie, Z. f. d musiktherapeutische Forschung und Praxis, Heft 1/1974.

[21] Schwabe, Ch., Musiktherapie – Musikalische Heilpädagogik – Musikerziehung. Versuch einer Begriffsbestimmung, in: Pahlen, Musiktherapie, München 1973.

[22] Willms, a. a. O., S. 10.

[23] Willms, a. a. O., S. 10.

[24] Richtlinien und Lehrpläne für die Schule für Lernbehinderte (Sonderschule) in Nordrhein-Westfalen, S. 488.

[25] Probst, W., Musik in Sonderschulen zwischen Unterricht und Therapie, in: Ztschr. f. Heilpädagogik, Heft 5/1972.

[26] Geck, M., Musiktherapie als Problem der Gesellschaft. Stuttgart 1973.

[27] Linke, N., Anthropologie und Musikerziehung, in: Neue Musikzeitung, Juni/Juli 1974.

[28] Fritze, C., Untersuchungen zur Förderung auditiver Wahrnehmung bei lernbehinderten Sonderschülern. Diplomarbeit, Dortmund 1974.

[29] Fritze/Probst/Reinartz, Auditives Wahrnehmungstraining, Dortmund, in Vorbereitung.

Hochschulpolitische Fragen der Kunst- und Musikhochschulen

Richard Jakoby

Eine Bemerkung zuvor: Das mir gestellte Thema unterscheidet begrifflich Kunst- von Musikhochschulen, obwohl im Begrifflichen »Musikhochschule« unter dem übergreifenden Terminus »Kunsthochschule« mit zu fassen ist. Entsprechend verfährt auch der Gesetzgeber, und zwar sowohl auf Länderebene (Hochschulgesetze bzw. Kunsthochschulgesetze der Länder) als auch auf Bundesebene (Hochschulrahmengesetz; s. u.). Es kann hier dennoch mit der oben gemachten Einschränkung die Unterscheidung im gestellten Thema akzeptiert werden, da nach üblichem Sprachgebrauch »Kunsthochschule« deutlich genug den Bereich der Bildenden Künste, »Musikhochschule« den der Musik und der Darstellenden Künste meint; durch Bezeichnungen wie »Hochschule für Musik und Darstellende Künste« oder »Hochschule für Musik und Theater« will man der Situation insofern gerecht werden, als in diesen Hochschulen auch Abteilungen, Fachbereiche, Institute oder dergl. für Oper, Schauspiel und Tanz vorhanden sind.
Die ganze hochschulpolitische Problematik der letzten Jahre ist aktualisiert und konkretisiert in dem vom Bundeskabinett am 29. August 1973 beschlossenen Entwurf zum Hochschulrahmengesetz[1] des Bundes einschließlich des Kontextes, in dem dieser Entwurf zu sehen ist, d. h. in den Diskussionen, offiziellen Hearings, Gegenentwürfen und dergl.. Bei der Vorbereitung des Entwurfs zum HRG hatte Verfasser seitens der »Rektorenkonferenz der Musikhochschulen in der BRD einschließlich Westberlins« (früher: Arbeitsgemeinschaft der Direktoren der Musikhochschulen der Bundesrepublik Deutschland einschließlich Westberlin) den Auftrag, in den zuständigen politischen Gremien die Interessen der Musikhochschulen wahrzunehmen. Er ließ sich dabei von dem Prinzip leiten, in allen Belangen eine absolute Gleichberechtigung der Kunsthochschulen – nun im weiteren Sinne, nämlich Kunst- und Musikhochschulen umfassend, verstanden – im Vergleich zu den sogenannten wissenschaftlichen Hochschulen zu erreichen. Wohl wissend, daß die üblicherweise fast polar, wenn nicht gar antithetisch gesehene Gegenüberstellung von Kunst einerseits und Wissenschaft andererseits in weiten Bereichen der Kunst wie der Wissenschaft[2] vom Inhaltlichen her keine Berechtigung hat, mußte aus hochschulpolitischen Gründen von dieser üblichen Sicht her oder auf diese übliche

Sicht hin argumentiert werden, da in der gegebenen institutionellen Situation eben die Kunsthochschulen (noch) von den Wissenschaftlichen Hochschulen unterschieden werden; daran ändert auch noch nichts die Tatsache, daß einige Kunsthochschulen sich inzwischen als künstlerische *und* wissenschaftliche Hochschule verstehen oder gar in ihrer Verfassung so formuliert sind; es ändert daran weiter auch nichts die Tatsache, daß einige Kunsthochschulen oder vergleichbare Institute in Universitäten eingegliedert, in Gesamthochschulen integriert oder die gegenseitigen Beziehungen in einem Verbundsystem (wie in Nordrhein-Westfalen) geregelt worden sind; denn selbst in diesen zitierten Formen muß die Gleichberechtigung von Kunst – und der sie tragenden personellen und institutionellen Situation – und Wissenschaft gewährleistet sein, was bei weitem nicht selbstverständlich ist, wie Beispiele beweisen. Über diese Gleichberechtigung hinaus mußte darauf geachtet werden, daß auch die besonderen Notwendigkeiten hinsichtlich der Eingangsvoraussetzungen, der Lehrkörperstruktur sowie der Studieninhalte und -formen Berücksichtigung fänden. Es sind inzwischen am Entwurf schon einige Veränderungen vorgenommen worden, und bis zur Verabschiedung durch den Bundestag scheint es noch manche Veränderungen zu geben; aber – nach Sicht des Verfassers – beziehen sich bis jetzt die Veränderungen nicht auf jene spezifischen Punkte der Gleichberechtigung und der besonderen Notwendigkeiten, von denen hier die Rede ist.

Der Entwurf[3] geht von der funktionalen Einheit des Hochschulwesens aus und trifft deshalb einheitliche Regelungen für alle Hochschularten, die bisher mit unterschiedlicher Rechts- und Aufgabenstellung unverbunden nebeneinander bestehen. Der Entwurf will damit die wichtigsten Voraussetzungen für die Zusammenfassung verschiedener Hochschuleinrichtungen zu Gesamthochschulen schaffen. Die zunehmend gesehenen und vorhandenen Schwierigkeiten beim Aufbau von Gesamthochschulen scheinen den Gesetzesgeber aber vorsichtiger zu Werke gehen zu lassen, als das noch vor zwei bis drei Jahren erwartet werden konnte. Die Praxis hat Perspektiven gezeitigt, die der kooperativen bzw. additiven Form der Gesamthochschule – zumindest als längerfristige Zwischenlösung – größere Chancen einräumen als bei den ersten Planungen und Entwürfen. Ziel bleibt aber offenbar für das Bundeskabinett und die Mehrheit des Bundestages die Integration des Studiensystems.

Von den weiteren Anliegen des Entwurfs:

a) Zuwendung im Forschungsbereich zu Aufgaben, die von der Gesellschaft gestellt werden;

b) Studienreform;

c) Neuordnung des Hochschulzugangs;

d) Funktionsgerechte Mitbestimmung;

e) Neuordnung der Personalstruktur;

mußten vor allem in den Punkten c) und e) die besonderen Notwendigkeiten der Kunsthochschulen in die Formulierungen des Gesetztextes eingebracht

werden, wenn nicht die Gefahr heraufbeschworen werden sollte, die Kunsthochschulen und ihre Anliegen – gerade wegen ihrer Eigenheiten – aus dem Gesetzestext herauszulassen. Der Schaden, den man durch ein solches Abhängen den Kunsthochschulen und indirekt damit dem Kunstwesen schlechthin zugefügt hätte, wäre gar nicht zu übersehen gewesen, zumal alle anderen tertiären Bildungseinrichtungen, soweit sie staatlich sind oder stattlich anerkannt sind, vom Gesetzestext mit erfaßt werden.
Mit Zitaten[4] aus dem verabschiedeten Entwurf sei im folgenden belegt, wie weit die prinzipiellen Ziele der Gleichberechtigung und der besonderen Notwendigkeiten erreicht worden sind:

Gesetz und besonderer Teil der Begründung (Auszüge)
§ 1 *Geltungsbereich*
Dieses Gesetz gilt für die Einrichtungen des Bildungswesens, die nach Landesrecht staatliche Hochschulen sind. Es gilt, soweit dies in § 72 bestimmt ist, auch für die Hochschulen, die die Eigenschaft einer staatlich anerkannten Hochschule erhalten haben.
. . . .
. . . . In den Geltungsbereich des Entwurfs fallen daher . . . . . alle Einrichtungen, »die nach Landesrecht staatliche Hochschulen sind.« Positiv bedeutet Satz 1, daß der Entwurf für staatliche Hochschulen jeder Art gilt, also insbesondere für die Universitäten und Technischen Hochschulen (auch die auf einzelne Fachrichtungen beschränkten, wie die Medizinischen Hochschulen, Landwirtschaftlichen Hochschulen und Tierärztlichen Hochschulen) die Pädagogischen bzw. Erziehungswissenschaftlichen Hochschulen, die Sporthochschulen, ferner für die Hochschulen, die nach Landesrecht nicht wissenschaftliche Hochschulen sind, insbesondere die Kunsthochschulen einschließlich der Musikhochschulen und die Fachhochschulen; der Entwurf gilt selbstverständlich auch für Gesamthochschulen.
. . . .

1. Kapitel: Aufgaben der Hochschulen
1. Abschnitt: Allgemeine Bestimmungen
§ 2 *Aufgaben*
(1) Die Hochschulen dienen der Pflege und Entwicklung der Wissenschaften und der Künste durch Forschung, Lehre und Studium. Sie bereiten auf berufliche Tätigkeiten vor, die die Anwendung wissenschaftlicher Erkenntnisse und wissenschaftlicher Methoden oder die Fähigkeit zu künstlerischer Gestaltung erfordern.
(2) die Hochschulen tragen Verantwortung für die Heranbildung des wissenschaftlichen und künstlerischen Nachwuchses.
. . . .
Den allgemeinen wissenschaftlichen und künstlerischen Auftrag der Hochschulen umschreibt daher Absatz 1 Satz 1: Pflege und Entwicklung der Wissenschaften und Künste durch Forschung, Lehre und Studium. Die Einbeziehung der Künste entspricht der Tradition des Hochschulwesens und trägt den Gemeinsamkeiten wissenschaftlicher und künstlerischer Arbeit und Ausbildung Rechnung.
. . . .
Der wissenschaftliche und künstlerische Auftrag der Hochschulen erfüllt gesellschaftliche Funktionen. Absatz 1 Satz 2 bestimmt eine der bedeutendsten gesellschaftlichen

Aufgaben der Hochschulen; die Vorbereitung auf berufliche Tätigkeiten, die einer wissenschaftlichen Vorbildung bedürfen oder die Fähigkeit zu künstlerischer Gestaltung erfordern.
Dieser Auftrag zur beruflichen Ausbildung tritt nicht neben die wissenschaftliche oder künstlerische Aufgabenstellung der Hochschulen, sondern ist deren Bestandteil. Dem wissenschaftlichen und künstlerischen Bildungsauftrag an den Hochschulen wird ein praktisches Ziel gesetzt; wissenschaftliche und künstlerische Berufsausbildung oder Berufsvorbereitung. Hierzu gehört selbstverständlich auch der Beruf des Forschers.

. . . .

§ 3 *Freiheit von Kunst und Wissenschaft, Forschung , Lehre und Studium*

(1) Die Mitglieder der Hochschule nutzen und wahren im Bewußtsein ihrer Verantwortung vor der Gesellschaft die ihnen gewährleistete Freiheit von Kunst und Wissenschaft, Forschung, Lehre und Studium. Das Land und die Hochschulen haben sicherzustellen, daß diese Rechte ausgeübt werden können.

(2) Die Freiheit der Forschung (Artikel 5 Abs. 3 Satz 1 GG) umfaßt insbesondere die Fragestellung und die Grundsätze der Methodik sowie die Bewertung des Forschungsergebnisses und seine Verbreitung. Beschlüsse der zuständigen Hochschulorgane in Fragen der Forschung sind insoweit zulässig, als sie sich auf die Organisation des Forschungsbetriebes, die Förderung und Abstimmung von Forschungsvorhaben und auf die Bildung von Forschungsschwerpunkten beziehen. Entsprechendes gilt für künstlerische Entwicklungsvorhaben.

(3) Die Freiheit der Lehre (Artikel 5 Abs. 3 Satz 1 GG) umfaßt, unbeschadet des Artikels 5 Abs. 3 Satz 2 GG, insbesondere den Inhalt der Lehre, den methodischen Ansatz und das Recht auf Äußerung von wissenschaftlichen und künstlerischen Lehrmeinungen. Beschlüsse der zuständigen Hochschulorgane in Fragen der Lehre sind insoweit zulässig, als sie sich auf die Organisation des Lehrbetriebes und auf die Aufstellung und Einhaltung von Studien- und Prüfungsordnungen beziehen.

(4) Die Freiheit des Studiums umfaßt, unbeschadet der Studien- und Prüfungsordnungen, insbesondere die freie Wahl von Lehrveranstaltungen, das Recht, innerhalb eines Studienganges Schwerpunkte nach eigener Wahl zu bestimmen, sowie die Erarbeitung und Äußerung wissenschaftlicher und künstlerischer Meinungen. Beschlüsse der zuständigen Hochschulorgane in Fragen des Studiums sind insoweit zulässig, als sie sich auf die Organisation des Studienbetriebes und auf die Gewährleistung eines ordnungsgemäßen Studiums beziehen.

Das Hochschulrahmengesetz kann als einfaches Gesetz den Inhalt der verfassungsrechtlichen Gewährleistung von Kunst- und Wissenschaftsfreiheit (Artikel 5 Abs. 3 Satz 1 GG) weder authentisch interpretieren noch konstitutiv bestimmen. Die Regelung kann nur allgemein anerkannte und durch die Rechtsprechung des Bundesverfassungsgerichts bestätigte Aspekte dieser Grundrechte deklaratorisch hervorheben. Dadurch unterstreicht sie die Bedeutung der Verfassungsgarantien wissenschaftlicher und künstlerischer Freiheit für die Gestaltung des Hochschulwesens und weist zugleich die Grundrechtsträger auf gesicherte Inhalte und Grenzen ihrer Freiheitsrechte hin.
Wissenschaft und Kunst haben gesellschaftliche Wirkungen und Bedeutung.

. . . .

Andererseits folgt aus der Schlüsselfunktion, die einer freien Wissenschaft sowohl für die Selbstverwirklichung des einzelnen als auch für die gesellschaftliche Entwicklung zukommt, die in Satz 2 niedergelegte Pflicht des Landes, der Hochschulen und ihrer Organisation, die Ausübung der in § 3 erwähnten Rechte zu ermöglichen. Die Verpflichtung des Landes schließt die Verantwortung für eine freie Wissenschaft und Kunst ein. Das Land hat jeder Aushöhlung der Freiheitsgarantien vorzubeugen. Dazu gehört nicht nur, daß das Land die Pflege freier Wissenschaft und Kunst und ihre Vermittlung in Lehre und Studium finanziell und organisatorisch ermöglicht, sondern auch, daß es funktionsfähige Institutionen für einen freien Wissenschaftsbetrieb erhält bzw. herstellt. Entsprechende Verpflichtungen haben im Rahmen ihrer Zuständigkeiten und Möglichkeiten auch die Hochschulen selbst und ihre Organe.

. . . .

Die in Absatz 2 für die Forschung aufgestellten Grundsätze sollen nach Satz 3 für künstlerische Entwicklungsvorhaben entsprechend gelten. Die entsprechende Anwendung muß die Besonderheiten künstlerischer Tätigkeit berücksichtigen und die Grundsätze diesen Besonderheiten anpassen.

. . . .

Die Freiheit des Studiums gehört zu den bestimmenden Merkmalen des Hochschulwesens in Deutschland. Sie umfaßt insbesondere die freie Wahl der Lehrveranstaltungen und das Recht, innerhalb eines Studienganges Schwerpunkte nach eigener Wahl zu bestimmen. Darüber hinaus enthält sie das Recht, eigenständig wissenschaftliche und künstlerische Meinungen zu erarbeiten und zu äußern. . . . .

2. Abschnitt: Studium und Lehre

§ 8 *Ziel des Studiums*

Lehre und Studium sollen den Studenten auf ein berufliches Tätigkeitsfeld vorbereiten und ihm die dafür erforderlichen fachlichen Kenntnisse, Fähigkeiten und Methoden so vermitteln, daß er zu wissenschaftlicher oder künstlerischer Arbeit, zu wissenschaftlich-kritischem Denken und zu verantwortlichem Handeln in einem freiheitlichen, demokratischen und sozialen Rechtsstaat befähigt wird.

§ 9 *Studienreform*

(1) Die Hochschulen haben die ständige Aufgabe, im Zusammenwirken mit den zuständigen staatlichen Stellen Inhalte und Formen des Studiums im Hinblick auf die Entwicklungen in Wissenschaft und Kunst, die Bedürfnisse der beruflichen Praxis und die gesellschaftlichen Erfordernisse zu überprüfen. . . . .

§ 11 *Studiengänge*

. . . .

(5) Für die Vertiefung und Ergänzung eines Studiums, insbesondere für die Heranbildung des wissenschaftlichen und künstlerischen Nachwuchses, sollen Aufbaustudien angeboten werden, die in der Regel einen berufsqualifizierenden Abschluß voraussetzen.

. . . .

§ 21 *Sonstige Leistungsnachweise*

(1) Kenntnisse und Fähigkeiten, die für ein erfolgreiches Studium erforderlich sind, können von Studienbewerbern, die sie in anderer Weise als durch ein Studium erworben haben, in einer besonderen Hochschulprüfung (Einstufungsprüfung) nachgewiesen werden. Nach dem Ergebnis dieser Prüfung soll der Bewerber in einem entsprechenden Abschnitt des Studienganges zum Studium zugelassen werden.

(2) Das Landesrecht kann vorsehen, daß die Einstufungsprüfung im Zusammenwirken mit den zuständigen staatlichen Stellen so gestaltet wird, daß sie zugleich den Nachweis der allgemeinen Zugangsvoraussetzungen nach § 28 erbringt.

(3) Eine in einer Studienordnung oder Prüfungsordnung vorgesehene Studienleistung wird auch durch die erfolgreiche Teilnahme an einer entsprechenden Studieneinheit des Medienverbandes nachgewiesen, deren Gleichwertigkeit nach § 14 anerkannt ist.

. . . .

Absatz 1 eröffnet die Möglichkeit der Zulassung zu einem verkürzten Studium für die Studienbewerber, die das Ziel einzelner Studienabschnitte außerhalb des durch Studien- und Prüfungsordnungen geregelten Hochschulstudiums erreicht haben. Die Vorschrift ist deswegen von besonderer Bedeutung für solche Bewerber, die auf Grund ihres Schulabschlusses oder anderer Hochschulzugangsbeurteilungen zunächst keinen Studienplatz erhalten haben und nun – nach einschlägiger Bewährung in der Praxis und dem Erwerb entsprechender Kenntnisse – in zumutbarer Zeit einen Hochschulabschluß erwerben wollen.

. . . .

3. Abschnitt: Forschung

§ 23 *Aufgaben der Forschung*

(1) Die Forschung in den Hochschulen dient der Gewinnung wissenschaftlicher Erkenntnisse sowie der wissenschaftlichen Grundlegung und Weiterentwicklung von Lehre und Studium. Gegenstand der Forschung in den Hochschulen sind alle wissenschaftlichen Bereiche sowie die Anwendung wissenschaftlicher Erkenntnisse in der Praxis einschließlich der Folgen, die sich aus der Anwendung wissenschaftlicher Erkenntnisse ergeben können.

(2) Die Forschung in den Hochschulen dient auch der Analyse von Problemen in allen Bereichen des gesellschaftlichen Lebens und zeigt wissenschaftlich begründete Lösungsmöglichkeiten auf. Sie soll die besonderen Aufgaben, die sich in der Region der Hochschule stellen, berücksichtigen.

§ 27 *Künstlerische Entwicklungsvorhaben*

Die Vorschriften dieses Abschnittes gelten für künstlerische Entwicklungsvorhaben sinngemäß.

2. Kapitel: Zugang zur Hochschule

§ 28 *Allgemeine Voraussetzungen*

(1) Jeder Deutsche im Sinne des Artikels 116 des Grundgesetzes ist zu dem von ihm gewählten Hochschulstudium berechtigt, wenn er die für dieses Studium erforderliche Qualifikation nachweist. Zulassungshindernisse, die in der Person des Studienbewerbers liegen, ohne sich auf die Qualifikation zu beziehen, regelt das Landesrecht.

(2) Der Nachweis nach Absatz 1 Satz 1 wird für die Zulassung zu einem Studium, das zu dem ersten berufsqualifizierenden Abschluß führt, in der Regel durch eine auf das gewählte Studium vorbereitende Schulbildung erbracht.

. . . .

§ 33 *Besondere Eingangsverfahren*

(1) Für Studiengänge, in denen eine Auswahl der Bewerber nur nach Schulleistungen (§ 32 Abs. 1 Nr. 1) ungeeignet wäre oder eine Auswahl nach Art und Dauer der Tätigkeit (§ 32 Abs. 1 Nr. 2) wegen einer unverhältnismäßig hohen Zahl von Bewerbern zu unzumutbaren Wartezeiten führen würde, sind im Zusammenwirken von Bund und Ländern, Hochschulen und Schulen besondere Eingangsverfahren zu entwickeln. Die Zulassung nach § 32 Abs. 1 Nr. 3 bleibt unberührt.

(2) Das besondere Eingangsverfahren soll die Vergleichbarkeit der Qualifikationsanforderungen fördern und dem Bewerber insbesondere Gelegenheit geben, in den Schulleistungen nicht ausgewiesene Fähigkeiten und Kenntnisse nachzuweisen, die für den Studien- und Berufserfolg von Bedeutung sein können. Das Verfahren kann in eine schriftliche Vorauswahl und ein abschließendes Auswahlverfahren gegliedert werden. Die Teilnahme an dem Verfahren kann bis auf einmalige Wiederholung beschränkt werden, wenn dies zur ordnungsgemäßen Durchführung des Verfahrens zwingend erforderlich oder zur Wahrung der Chancengleichheit für Bewerber nachfolgender Jahrgänge geboten ist.

. . . .

Die erstgenannte Voraussetzung betrifft die Fälle, in denen eine Auswahl der Bewerber allein nach Schulleistungen ungeeignet erscheint. Hierzu werden solche Studiengänge gehören, die Fähigkeiten erfordern, über die das bisherige Schulzeugnis nicht oder zu wenig aussagt.

. . . .

2. *Abschnitt: Wissenschaftliches und künstlerisches Personal, Tutoren*

§ 45 *Hauptberufliches wissenschaftliches und künstlerisches Personal*

Das hauptberuflich tätige wissenschaftliche und künstlerische Personal der Hochschule besteht aus den Hochschullehrern (Professoren und Assistenzprofessoren), den wissenschaftlichen und künstlerischen Mitarbeitern sowie den Lehrkräften für besondere Aufgaben. Die Vorschrift zählt abschließend die Personalgruppen der Hochschule auf, die an der Hochschule hauptberuflich eine wissenschaftliche oder künstlerische Tätigkeit ausüben. Die Aufrechterhaltung oder Einführung von anderen als den hier genannten Rechtsverhältnissen oder Aufgabenumschreibungen ist damit – vorbehaltlich der Übergangsregelung in § 76 – ausgeschlossen. . . . .

§ 47 *Einstellungsvoraussetzungen für Hochschullehrer*

(1) Einstellungsvoraussetzungen sind mindestens:

1. für Assistenzprofessoren ein abgeschlossenes Hochschulstudium sowie die für die Erfüllung der Aufgaben eines Hochschullehrers (§ 46) erforderliche pädagogische Eignung und Befähigung zu wissenschaftlicher oder künstlerischer Arbeit. . . . .

2. für Professoren

a) die Einstellungsvoraussetzungen für Assistenzprofessoren sowie zusätzliche wissenschaftliche oder künstlerische oder besondere fachpraktische Leistungen; soweit es den Anforderungen der zu besetzenden Stelle entspricht, kann die Befähigung zu wissenschaftlicher Arbeit (Nummer 1) auch durch eine Promotion und durch hervorragende wissenschaftsnahe fachpraktische Leistungen nachgewiesen werden.

oder

b) überragende einschlägige Leistungen in der Praxis und pädagogischen Eignung.

An die Stelle einer Promotion nach Nummer 1 und 2 kann ein gleichwertiger wissenschaftlicher Qualifikationsnachweis treten, wenn in der entsprechenden Fachrichtung eine Promotion nicht üblich ist.

. . . .

. . . . Als eine dritte Möglichkeit regelt Absatz 1 Nr. 2b die Einstellung von solchen Bewerbern, die sich nicht durch die für den Professor grundsätzlich geforderten wissenschaftlichen und künsterlischen Nachweise, sondern durch so überragende fachbezogene Leistungen im Beruf ausgewiesen haben, daß auf diese Nachweise verzichtet werden kann. . . . .

§ 54 *Wissenschaftliche und künstlerische Mitarbeiter*
(1) Wissenschaftliche Mitarbeiter sind die in den Fachbereichen, den wissenschaftlichen Einrichtungen oder den Betriebseinheiten zugeordneten Beamten und Angestellten, denen wissenschaftliche Dienstleistungen obliegen. Im Rahmen der bestehenden Möglichkeiten kann ihnen auch Gelegenheit zu selbständiger Forschung gegeben werden.
(2) Einstellungsvoraussetzung für wissenschaftliche Mitarbeiter ist in der Regel ein abgeschlossenes Hochschulstudium.
(3) Zur Abhaltung von Vorlesungen, Übungen und ähnlichen Lehrveranstaltungen sind wissenschaftliche Mitarbeiter nur verpflichtet, wenn sie einen Lehrauftrag übernehmen. Die durch den Lehrauftrag entstehende Belastung darf im Verhältnis zu den Dienstaufgaben nach Abs. 1 nicht erheblich sein. Die Einstellung als wissenschaftlicher Mitarbeiter darf nicht an die Übernahme eines Lehrauftrages gebunden sein.
(4) Die Absätze 1 und 3 gelten für künstlerische Mitarbeiter entsprechend.
. . . .
§ 57 *Lehrkräfte für besondere Aufgaben*
Die Vermittlung praktischer Fertigkeiten und Kenntnisse, die nicht die Einstellungsvoraussetzungen für Hochschullehrer erfordert, kann hauptberuflich tätigen Lehrkräften für besondere Aufgaben übertragen werden.
Als Grundlage für das Studium sind in bestimmten Fachrichtungen praktische Fertigkeiten und praktische Kenntnisse, z. B. technischer oder künstlerischer Art, erforderlich. Ihre Vermittlung kann Lehrkräften übertragen werden, die nicht die Einstellungsvoraussetzungen für Professoren oder Assistenzprofessoren erfüllen müssen. Hierzu gehören z. B. die Vermittlung von Sprachkenntnissen, die Anleitung zum Spielen eines Musikinstruments, die Werkstattlehre in technischen Fächern u. a..
Die Beschränkung der Funktionen dieser Lehrkräfte soll sicherstellen, daß sie nicht für Aufgaben eingesetzt werden, die nach der Personalstruktur dieses Entwurfs von Professoren, Assistenzprofessoren oder Lehrbeauftragten wahrzunehmen sind. Den Lehrkräften für besondere Aufgaben obliegt daher nicht die wissenschaftsbezogene Lehre an der Hochschule, auch nicht, soweit sie propädeutischen Charakter hat.

Abweichend vom oben auszugsweise zitierten Entwurf des Kabinetts ist u. a. im 2. Abschnitt: »Wissenschaftliches und künstlerisches Personal« der »Assistenzprofessor« fallengelassen worden; an seiner Stelle soll ein genauerer Passus zugunsten des Hochschullehrernachwuchses aufgenommen werden.
Ein besonderes Problem bietet die Formulierung des § 57. Während der Gesetzestext die Belange der Musikhochschulen nicht negativ tangiert, erwähnt der Kommentar unglücklicherweise als Beispiel u. a. ». . . die Anleitung zum Spielen eines Musikinstruments . . .«. Diese Formulierung ist zwar schon eine korrigierte Fassung[5], aber sie könnte immer noch zu Mißverständnissen führen, obwohl grundsätzlich § 45 das künsterlische Personal einer Hochschule dem wissenschaftlichen gleichstellt. Wiederholte Einwände seitens des Verfassers gegen diesen Kommentar zum Gesetzestext haben außer einer Abschwächung gegenüber früheren Formulierungen seitens des zuständigen Planungsgremiums des Bundestages bisher nur zu der schriftlich gegebenen Feststellung geführt, daß ggf. der Gesetzestext, nicht der Kommentar bindend sei. Hier gilt es weiterhin, wachsam zu sein, wenn es nicht durch diesen Vor- bzw. Hinter-

posten, d. h. über eine falsche Auslegung des § 57 zu einer Degradierung zumindest eines Teils der Instrumentallehrer kommen soll.
Sieht man von dieser Gefahr falscher Auslegung, die nicht bagatellisiert werden darf, ab, so sind nach bisherigem Stand alle prinzipiellen Ziele erreicht. Von diesem Gesichtspunkt her müßten die Kunst- und Musikhochschulen an der schnellen und möglichst ungeänderten Verabschiedung des HRG interessiert sein. Diese Feststellung gilt nur für die Gesichtspunkte der Gleichberechtigung und der besonderen Notwendigkeiten, nicht für manche anderen Aspekte, die von gleicher Problematik für alle Hochschulen sind, z. B. für das Problem der Paritäten, der Studienzeitregelung, der Forschung mit Mitteln Dritter, um nur einige zu nennen.
Trotz der vorbereiteten Verabschiedung des HRG durch den Bundestag haben einige Länder durch Landesgesetze mitunter Regelungen getroffen, die nicht mit dem Inhalt des HRG vereinbar sind. Dies gilt vor allem für die in manchen Ländern erlassenen Kunsthochschulgesetze, die der Verfasser deshalb für gefährlich hält, weil sie jenes Abhängen signalisieren, von dem oben die Rede war. Mehr bedauerlicher- als erstaunlicherweise setzen sich für solche Sonderstellungen der Kunsthochschulen manche Leute in den Reihen der Kunsthochschulen ein, die, vom Argument der »Eigenständigkeit der Kunst« geblendet, aus diesem Argument die falschen Konsequenzen ziehen wollen. Es muß deshalb noch einmal mit Nachdruck dieses gesagt werden: Es kann in unseren hochschulpolitischen Bemühungen nur um beides gehen, nämlich auf der einen Seite um die absolute Gleichberechtigung von Wissenschaftlichen Hochschulen und Kunsthochschulen, auf der anderen Seite um die Durchsetzung unserer spezifischen Belange.
Wenn hier das HRG zum Niederschlag wichtiger hochschulpolitischer Konstellationen erklärt worden ist, dann soll damit keineswegs gesagt sein, daß nicht noch viele andere brisante hochschulpolitische Fragen auf Lösungen drängen, etwa die der Organisation der Lehrerausbildung, weiter die Frage des Verhältnisses der Hochschulen zu den Konservatorien oder Musikschulen, die Frage der Zusammenarbeit mit dem Deutschen Musikrat, mit der Deutschen Orchestervereinigung, der Bühnengenossenschaft, dem Bühnenverein, den Kultur- und Bildungsgremien der politischen Parteien im Hinblick auf kulturpolitische Entscheidungen und dergl. mehr[6]. Wichtig ist dabei zu betonen, daß diese organisatorisch-politische Arbeit nicht zum Selbstzweck werden darf, nicht bestehenden Institutionen ihr Daseinsrecht mitverbürgen hilft, ohne es zu problematisieren. Diese Arbeit kann nur den Inhalten dienen, d. h.: Funktion von Kunst- und Kunstpädagogik zu orten und dieser Funktion ein Optimum an Realisierungsmöglichkeiten zu verschaffen.
Es dürfen also bei den organisatorischen und seit Jahren aktuellen hochschulpolitischen Fragen die inhaltlichen eines künstlerischen oder kunstpädagogischen Studiums nicht in den Hintergrund treten. Es gibt überhaupt keine Disziplin an unseren Kunst- und Musikhochschulen, die nicht hinsichtlich ihrer

Inhalte problematisch geworden wäre. Denken wir etwa an die Ausbildung in der Opern- oder der Schauspielabteilung. Wenn Theater und Musiktheater als kulturelle Institutionen ihre Existenzberechtigung neu zu begründen haben, müssen zwangsläufig auch die zu den entsprechenden Berufen führenden Studiengänge diskutiert werden.
Bei allen Gesichtspunkten von Bildung und Ausbildung kann die Hochschule nicht die berufliche Zukunft und damit auch die soziale Sicherung des Studenten außer acht lassen. Noch immer wird zum Beispiel im Fach Ballett die Ausbildung von entsprechenden Instituten in fast unverantwortlicher Verkennung der späteren Existenz des Tänzers oder der Tänzerin gehandhabt. Dieses harte Studium mit der zunehmend so geringen Anwendbarkeit, was die Berufsjahre – statistisch gesehen – angeht, muß abgesichert werden in einem Begleitstudium, etwa einem solchen, das die Bewegung und die Musik in einem Sinne verbinden läßt, wie es in jenem Zweig der rhythmisch-musikalischen Ausbildung geschieht, der zum Musiktherapeuten führt, einem inzwischen sozialpädagogisch und -therapeutisch interessanten und sehr gesuchten Beruf.
Auch die Ausbildung in den Ausbildungsklassen (Orchesterklassen) soll ergänzt werden, etwa durch ein pädagogisches Begleitstudium. Dies kann einmal dem Studierenden hinreichende soziale Sicherung geben, wenn sich die Orchesterlandschaft anders, negativer, darstellen sollte, zum anderen können die auch instrumental-pädagogisch ausgebildeten Musiker mithelfen, den allseits eklatanten Mangel an Instrumentallehrern jeder Art – ob an Musikschulen oder freiberuflich tätig – zu mindern. An solchen Begleitstudien sind vor allem die Kommunen, d. h. die Träger der Jugendmusikschulen, Musikschulen oder Konservatorien wie auch der meisten Orchester, verständlicherweise sehr interessiert, aber auch eine breite Öffentlichkeit, die nicht auf die Chance einer instrumentalen Unterweisung – gerade in unserem technisierten Zeitalter – verzichten möchte.
Große Umwälzungen hat es in den letzten Jahren auf dem gesamten Gebiete der Pädagogik, vor allem dem der Schulpädagogik, gegeben. Die lt. Grundgesetz den Ländern zustehende Hoheit im Schul- und Hochschulbereich kann nur als eine von vielen Ursachen für die zum Teil babylonischen Verhältnisse auf dem Bildungssektor erkannt werden. Koordinierende Gremien wie die Kultusministerkonferenz (KMK), die Bund-Länder-Kommission für Bildungsplanung, der Wissenschaftsrat, die Kommission für die Harmonisierung der Lehrerausbildung u. a. vermochten bisher an diesen Verhältnissen wenig zu ändern.
Vereinigungen wie der Verband Deutscher Schulmusikerzieher (VDS), der Arbeitskreis für Schulmusik und allgemeine Musikpädagogik (AfS), die Arbeitsgemeinschaft Musikerziehung und Musikpflege des Deutschen Musikrates (AGMM), die Arbeitsgemeinschaft der Leiter von Schulmusikabteilungen, die Arbeitsgemeinschaft der Dozenten an Pädagogischen Hochschulen oder auch gemischte Gremien diskutieren organisatorische und inhaltliche Pro-

bleme und bieten in ihren Diskussionen das diffuse Bild divergierendster Ansätze. Dabei drängt sich zunehmend der Eindruck auf, daß wir als Musiker, Musikpädagogen oder Musikwissenschaftler die gesellschaftspolitischen Entwicklungen in ihren Konsequenzen für die von uns vertretenen Disziplinen nicht rechtzeitig erkannt, die Funktion eben dieser Disziplinen in unserer Gesellschaft nicht genügend reflektiert, zumindest aber nicht überzeugend artikuliert haben. So mußte es zum Beispiel dazu kommen, daß im Strukturplan des Deutschen Bildungsrates die »Musikerziehung«, wenn sie überhaupt erwähnt wird, mit antiquierten Akzenten eingetönt ist. Wir haben uns nicht rechtzeitig begrifflich und vor allem nicht rechtzeitig hochschulpolitisch artikuliert. Es ist m. E. nicht so, als ob die Politiker die Bedeutung und die Wirkung von Musik nicht anerkennen – aber man kann von ihnen nicht die Artikulation und Konkretion unserer Belange erwarten. Dem Referenten erscheint es im Prinzip müßig, noch die Frage zu erörtern, in welchem Ausmaß Universität, Musikhochschule oder Pädagogische Hochschule an der Ausbildung beteiligt sind. Die Entwicklung läßt schon jetzt erkennen, daß die Hochschulen ohnehin organisatorisch zusammenrücken – ob in integrierter oder additiver Form, und es wird eine Frage der Zweckmäßigkeit und der Wirtschaftlichkeit sein, wo die einzelne Lehrveranstaltung stattfindet. In diesen zu erwartenden Zusammenschluß sollte jede Institution ihr Bestes einbringen. Viel wichtiger als eine Erörterung von Kompetenzen ist es, gemeinsam an der Revision und Neudefinition der Ziele, Inhalte und Methoden zu arbeiten. Das zu erwartende organisatorische Zusammenrücken der Institute wird es möglich machen, die verschiedenen Akzentuierungen leichter zu bewältigen.

In diesem Rahmen hat die künstlerisch-praktische Ausbildung nicht in erster Linie die künstlerische Betätigung des Musiklehrers im Schulunterricht zum Ziel. Sie soll vielmehr über die eigene Musikalisierung die für eine Vermittlung spezifisch musikalischer Erscheinungsformen notwendigen Einsichten, Fähigkeiten und Fertigkeiten bereitstellen, die auch für eine Beurteilung allgemeiner auditiver Gegebenheiten wesentlich sind. Außerdem zielt die künstlerisch-praktische Ausbildung über den Unterricht an allgemeinbildenden Schulen hinaus auf gesellschaftlich notwendige Funktionen im Bereich der außerschulischen Musikerziehung (von der Früherziehung bis zur Erwachsenenbildung) und des allgemeinen Musiklebens.

Von den Diskussionen auf dem pädagogischen Sektor ergeben sich notwendigerweise auch neue Gesichtspunkte für die Ausbildung jener Musikpädagogen, die nicht an einer allgemeinbildenden Schule tätig sein werden, also der Lehrer an Musikschulen (Jugendmusikschulen), der freiberuflich tätigen Instrumentallehrer und der Lehrer für rhythmisch-musikalische Erziehung.

Es ist eine Frage der Perspektive, ob man in der Arbeit der Musikschulen und freiberuflichen Musiklehrer den Akzent mehr auf die sozialen, sozialanthropologischen Seiten legt und möglichst vielen Kindern und Jugendlichen Kompensationen, ja Therapien ermöglicht, oder ob man den Akzent mehr auf die

Findung und Ausbildung von Begabungen legt, leistungsorientiert arbeitet. Der Lehrermangel zwingt leider meistens dazu, eines zugunsten des anderen zu vernachlässigen. Und wie man auch die Prioritäten setzt, man setzt sich sofort auch Vorwürfen aus; im einen Falle dem Vorwurf elitären Verhaltens, im anderen dem des fachlichen Dilettierens. Gerade unter dem Gesichtspunkt dieses Problems kann nur eine intensive Zusammenarbeit zwischen Musikschulen, allgemeinbildenden Schulen und Hochschulen beiden Aufgaben gerecht werden.
In der vorberuflichen Ausbildung berühren sich die Aufgabenfelder von Musikschule einerseits und Hochschule, ggf. Konservatorium, andererseits. Die Musikschulen erwarten von den Hochschulen gut ausgebildete Lehrer; die Hochschulen von den Musikschulen gut vorbereitete Studienbewerber. An beiden Enden ist man noch recht unzufrieden, obwohl das Niveau der Musikschulen stetig steigt, das Verständnis der Hochschulen für pädagogische Ausbildung ebenfalls. Die Hochschulen bemängeln das Leistungsniveau am Kegelscheitel der Musikschulen und sehen den Grund für den statistischen Mangel an Hochbegabungen und gut ausgebildeten Studienbewerbern darin, daß die Breitenarbeit, die einen Rückgriff auf nicht genügend qualifizierte Lehrkräfte notwendig mache, auf Kosten der Auslese und systematischen Pflege der Hochbegabungen geschehe. Um die Abstimmung der Interessen und Gesichtspunkte wird man weiter bemüht sein müssen, zumal sich für die Musikschulen neue Situationen ergeben werden, wenn Zug um Zug Gesamt- oder Ganztagsschulen entstehen. Hier wird es darauf ankommen, die Integration der Musikschulen und Privatpraxen zu erreichen und sorgfältig vorzubereiten.
Konzeption und Situation des musikalischen Bildungswesens in der Bundesrepublik Deutschland werden bei der fast stürmischen Entwicklung im gesamten Bildungsbereich nicht nur von der politisch-organisatorischen Position und von den Finanzen, sondern auch vom guten Willen der beteiligten Personen und Institutionen, die ihr Prestigedenken zugunsten sachlicher Notwendigkeiten aufzugeben haben, abhängig sein.

Anmerkungen

[1] Im folgenden zitiert als HRG.

[2] Das Grundgesetz formuliert in Artikel 5 Abs. 3: Kunst und Wissenschaft, Forschung und Lehre sind frei.

[3] Vgl. »Allgemeiner Teil der Begründung« im Entwurf des Gesetzes.

[4] Die Zitate sind dem Gesetzestext und dem im Entwurf mitgelieferten sog. »besonderen Teil der Begründung« entnommen.

[5] Eine frühere Fassung (1970) lautete z. B. noch: ». . . . . Hierzu gehören z. B. . . . . die Instrumentallehrer im Kunsthochschulbereich . . . .«(!)

[6] Vgl. Verfasser: Die Ausbildung der Schulmusiker aus der Sicht der hochschulpolitischen Situation, in Musik und Bildung, 1971, Heft 12, S. 607ff.
Musik in der Lehrerausbildung (zus. mit Ulrich Günther), in: Musik in Schule und Gesellschaft, Mainz 1972, S. 39ff.
Konzeption und Situation der Musikschule im musikalischen Bildungswesen der BRD, in: Die Musikschule – Bd. I – Bausteine für Musikerziehung und Musikpflege, Mainz 1973, S. 16ff.

Staatliche Hochschule für Musik und Theater Hannover. Struktur – Zielsetzungen – Geschichte, Hannover 1973, S. 9ff.

Vgl. dazu u. a. auch die Beiträge dieser Publikation sowie etwa die Veröffentlichungen des Deutschen Musikrats, in: Referate – Informationen, insbesondere die Hefte 23, 24, 25 und 28.

Überlegungen zur heutigen Musiklehrerausbildung

Bernhard Binkowski

A. Die gegenwärtige Situation (Mai 1974) in der Ausbildung von Musiklehrern bietet ein schillerndes Bild bundesdeutscher Kulturvielfalt. Alle Versuche in den vergangenen Jahren, hier eine Vereinheitlichung oder wenigstens eine Annäherung in der Ausbildung zu erreichen, scheinen ergebnislos verlaufen zu sein. Der Grund hierfür dürfte weniger in der mangelnden Bereitschaft der Ausbildungsinstitute und ihrer Vertreter als vielmehr in der uneinheitlichen Lehrerausbildung überhaupt liegen. So fällt es auch den Experten in Hochschulen und erst recht in den Kultusministerien sehr schwer, sich einen umfassenden und zutreffenden Überblick zu verschaffen. Wenn an dieser Stelle trotzdem der Versuch einer Situationsanalyse gemacht wird, so ist dies nur möglich aufgrund von Vorarbeiten, die von der Arbeitsgemeinschaft Musikerziehung und Musikpflege des Deutschen Musikrates geleistet worden sind. Der Überblick soll zusammenfassen die Musikhochschulen, die Pädagogischen Hochschulen bzw. Universitäten sowie neuentstandene Lösungsversuche, die zum größeren Teil an neugegründeten Gesamthochschulen oder Universitäten entwickelt worden sind.
An den *Musikhochschulen* werden nach wie vor Musiklehrer für die SI- und SII-Stufe an Gymnasien ausgebildet. Musik wird, bis auf den integrierten Studiengang in Hamburg, nur als 1. (Haupt- oder Lang-) Fach angeboten. Im allgemeinen beträgt die Studiendauer dafür 8 Semester. Soweit an Musikhochschulen eine direkte Reallehrerausbildung stattfindet, ist ein 6-semestriges Studium dafür vorgesehen. Ein wissenschaftliches 2. (Bei- oder Kurz-) Fach ist in den meisten Ländern obligatorisch, wobei nur Bayern, das Musik als Doppelfach rechnet, und vorübergehend Rheinland-Pfalz eine Ausnahme machen. Als wissenschaftliches Fach, dessen Studiendauer zwischen 4 und 6 Semester liegt, können fast alle Schulfächer gewählt werden, vereinzelt sind davon ausgenommen Kunst – und Leibeserziehung. In einigen Ländern ist es möglich, Musikwissenschaft als 2. Fach zu studieren, nach dem Hamburger Modell kann auch ein musikorientiertes Schwerpunktfach an die Stelle des wissenschaftlichen Faches treten. Ein numerus clausus für dieses Fach besteht in keinem Land. Fachdidaktik wird an allen Musikhochschulen gelesen, sie ist an den meisten Instituten mit verpflichtender Schulpraxis verbunden. In den Ländern, in denen die Erziehungswissenschaften für alle Studenten in der 1. Phase obligatorisch sind, gilt diese Bestimmung auch für Schulmusikstudierende.

Das anteilmäßige Verhältnis zwischen Musik, wissenschaftlichem Fach und Erziehungswissenschaften beträgt durchschnittlich 3 : 2 : 1, innerhalb des Musikstudiums verteilen sich die Zahlen auf den künstlerischen, den fachwissenschaftlichen und den fachdidaktischen Bereich in den Studienplänen etwa im Verhältnis 2 : 2 : 1. Die Gesamtstudiendauer liegt zwischen 8 und 11 Semestern. An allen Hochschulen muß der Bewerber eine Aufnahmeprüfung, deren Anforderungen variieren, ablegen. Vorsemester und Vorbereitungskurse gibt es nur an einigen Instituten. Die Bestimmungen für die Abschlußprüfung sind zum größten Teil in Neubearbeitung. Bisher schwanken sie zwischen einer weitgehenden Angleichung an den Rahmen der wissenschaftlichen Prüfungsordnungen und eigenen Prüfungsordnungen für das Künstlerische Lehramt an Gymnasien, in denen mehr Fächer in beträchtlich mehr Zeit geprüft werden. Aber allgemein ist in den letzten Jahren die Zahl der Prüfungsfächer verringert worden, und teilweise wird das Examen in Etappen abgelegt.
Die Durchlässigkeit innerhalb der verschiedenen Studiengänge einer Hochschule ist in letzter Zeit beträchtlich gestiegen, und der Studienplatzwechsel zu einer anderen Hochschule kann ohne Schwierigkeiten erfolgen. Gleichwertige Studiengänge an einer Pädagogischen Hochschule können zwischen 2 und 4 Semestern angerechnet werden. Institutionelle Zusammenarbeit ist bis auf Hamburg an einigen Hochschulen im Fach Musikwissenschaft realisiert, während in den übrigen wissenschaftlichen Fächern die Kooperation mehr auf informelle Art erfolgt. Insgesamt gesehen bieten die Musikhochschulen in der Musiklehrerausbildung noch ein verhältnismäßig einheitliches Bild.
Auch die *Pädagogischen Hochschulen* entsprechen überwiegend den gewohnten Vorstellungen. Sie bilden Musiklehrer für die P- und SI-Stufe an Grund- und Hauptschulen und meist auch an Realschulen aus. Musik kann hier als 1. oder 2. Fach studiert werden. Die Studienzeit für das 1. Fach ist generell, die für das 2. Fach überwiegend auf 6 Semester festgesetzt. Unterschiedlich sieht die Regelung für die Wahl des wissenschaftlichen Faches aus. In den südlichen Ländern ist oft nur eine geringe Auswahl von sog. wissenschaftlichen Langfächern (z. B. Deutsch, Mathematik, Englisch) zugelassen, während in den übrigen Ländern incl. Westberlin wie an den Musikhochschulen fast alle Schulfächer zur Wahl stehen. Fachdidaktik mit Schulpraxis und Erziehungswissenschaft sind allerorts obligatorisch, das Verhältnis zwischen 1. Fach, 2. Fach und Erziehungswissenschaften beträgt überwiegend 1 : 1 : 1. Für die Proportionen innerhalb des Faches Musik lassen sich keine übereinstimmenden Richtzahlen feststellen, sie schwanken auch innerhalb eines Landes von Hochschule zu Hochschule.
Aufnahmeprüfungen und Vorbereitungskurse für das Musikstudium gibt es nicht. Für die Studiengänge in Musik sind auch an den Pädagogischen Hochschulen häufig neue Prüfungsordnungen in Arbeit. Für Studenten, die aus der Schulmusikabteilung einer Musikhochschule kommen, werden z. T. die absolvierten Semester oder aber einzelne durch Schein abgeschlossene Fächer

oder Übungen angerechnet. Institutionelle Zusammenarbeit mit anderen Hochschulen ist bisher nur selten zu finden. Viele Pädagogischen Hochschulen bieten dem Studenten nach seiner 1. Prüfung ein Aufbaustudium über 2 Semester oder ein 8-semestriges Erweitertes Studium an. In den Pädagogischen Hochschulen einiger Bundesländer (z. B. Nordrhein-Westfalen) kann das Studium der Musikpädagogik auch mit dem Ziel der Diplomprüfung oder Promotion betrieben werden. In Hessen und Bayern werden die Musiklehrer in besonderen Instituten von Universitäten unter ähnlichen Bedingungen wie an der PH der übrigen Länder ausgebildet.

Neue Entwicklungen. a) In Nordrhein-Westfalen kann in den Musikwissenschaftlichen Instituten an Universitäten und in einigen Gesamthochschulen Musikwissenschaft als 1. oder 2. Schulfach 6 oder 8 Semester studiert werden. Kombinationsmöglichkeiten gibt es mit Musik als 2. Fach, aber ebenso mit anderen Schulfächern (einschl. Hauswirtschaftswissenschaft). Die Lehrbefähigung wird für das Fach Musik in SII erworben. Ungeklärt ist bisher u. a. der Anteil der künstlerisch-praktischen Fächer in diesem Studium, wo diese studiert werden sollen, und mit welchen Qualifikationen ein solcher Lehrer ggf. Musikunterricht in der Sekundarstufe I erteilen würde.

b) Am Institut für Musikerziehung der Universität Frankfurt kann – zunächst noch nicht allgemein, sondern nur unter bestimmten Voraussetzungen – das wissenschaftliche Studium der Musikpädagogik mit den Abschlüssen Diplom, Magister und Promotion absolviert werden. c) Ein Modellversuch wird an den niedersächsischen Universitäten Oldenburg und Osnabrück durchgeführt. Seine Merkmale sind: Einphasige Ausbildung, unter Einbeziehung des sonst üblichen Vorbereitungsdienstes, über 10 Semester – Gleichwertigkeit des 1. und 2. Faches – Kombinationsmöglichkeit von Musik mit jedem anderen Schulfach – Ansiedlung des Fachgebietes Musikerziehung im Fachbereich Kommunikation/Ästhetik – Ausbildung für die P-, SI- und SII-Stufe – keine Aufnahmeprüfung – Verhältnis Erziehungswissenschaften: 1. Fach : 2. Fach = 1 : 1 : 1 – für alle drei Bereiche zusammen 12 Wochenstunden, wovon etwa ein Viertel auf die Schulpraxis fällt – Verteilung zwischen Projektstudien und Kursen im Verhältnis 2 : 3. Es werden im Studium drei fachspezifische und drei fachdidaktische Themenbereiche angeboten.

d) Weitgehend ungeklärt ist noch die Frage, ob und ev. unter welchen Voraussetzungen Instrumentallehrer für allgemein bildende Schulen ausgebildet werden sollen. Die Problematik ist weniger eine fachspezifische als eine kulturpolitische, da sie zusammenhängt mit der Form der künftigen Schule. Der jüngste KMK-Beschluß vom 26./27. 4. 74 sieht für das Studium der Lehrer in der Primarstufe und SI 6 Semester und der Lehrer in SII 8 Semester als Regelstudienzeit vor. Welche Auswirkungen der Beschluß auf die Musiklehrerausbildung haben wird und besonders welche Innovationen und Reformabsichten dadurch beeinträchtigt werden könnten, ist noch nicht abzusehen.

Bei Betrachtung der Studieninhalte im Fachstudium Musik sind zwei Haupttendenzen festzustellen: Stärkere Betonung des reinen Fachstudiums unter Einbeziehung der künstlerisch-praktischen Ausbildung gegenüber eine Akzentuierung interdisziplinärer Aspekte. Aber innerhalb dieser Tendenzen gibt es im Hinblick auf Gewichtungen der einzelnen Disziplinen eine beträchtliche Zahl unterschiedlicher Regelungen, die nicht geringer sein dürfte als die strukturellen Verschiedenheiten.

B. Angesichts der Vielfalt der Studiengänge und Studieninhalte in der Musiklehrerausbildung ist es schwer, Vorschläge zu unterbreiten, die von allen beteiligten Institutionen als akzeptabel betrachtet werden könnten; denn hinter jeder Konzeption der Ausbildung steht eine entsprechende Konzeption des schulischen Musikunterrichts. Anläßlich der 9. Bundesschulmusik in Kassel wurden Gedanken zur Bewältigung dieser Diskrepanz vorgetragen, die einmal von den Begriffen Curriculum mit Lernzielbestimmungen, das andere Mal von den unterschiedlichen Konzeptionen des Musikunterrichtes ausgingen. Diesmal soll das Problem von einer anderen Seite her beleuchtet werden, nämlich in Verbindung mit der Rolle und den Aufgaben des Lehrers in der heutigen Gesellschaft.

1. Die Bedeutung des Lehrers ist im Verlauf der Geschichte abhängig gewesen von der Rolle, die ihm in der jeweiligen Gesellschaftsform zugedacht war. Solange es im Mittelalter nur die Gelehrtenschule gab, in der im Auftrage der Kirche Mönche und weltliche Geistliche unterrichteten, waren sie Lehrende und Repräsentanten der Institutionen in einer Person. Erst seit sich die Schule aus dem kirchlichen Auftrage gelöst hatte und seit durch die Einführung der allgemeinen Schulpflicht eine allgemeine Volksbildung erstrebt wurde, haben sich Bild und Rolle des Lehrers ständig gewandelt. Mit dem Beginn und im Verlauf der industriellen Entwicklung setzte eine starke Aufwertung und Verselbständigung des Lehrerberufes ein, denn die fortschreitende Industrialisierung brauchte in ständig zunehmendem Maße besser vorbereitete und ausgebildete Menschen. Die Arbeitswelt, die in der Spätphase der Industrialisierung durch hohe intellektuelle Anforderungen an den einzelnen gekennzeichnet ist, verlangt von ihm die Fähigkeit, entsprechend der Entwicklung im Arbeitsprozeß sich zu spezialisieren, im Zeichen des rapiden Wandels der Arbeitsverhältnisse und des möglichen Austausches des erlernten Berufes sich psychische Mobilität zu erwerben und in einer Zeit einseitig orientierter Arbeit durch kreatives Verhalten das Leben zu humanisieren.

Gerade diese Periode des wirtschaftlichen Aufstieges verunklarte aber die Rolle, die der Lehrer sich selbst zugedacht hatte. Auf der einen Seite waren (und sind) jene Vertreter des Lehrerstandes, die sich gegen die einseitigen Rationalisierungsprozesse, die mit der Industrialisierung verbunden waren, zur Wehr setzten und die ihre Zuflucht in der Vergangenheit suchten. Für sie war die Gegenwart einseitig zweckorientiert, anti-kulturell und a-historisch ausgerichtet. Durch ihre Tätigkeit suchten sie ein Bollwerk gegen den kulturellen Verfall zu

errichten und das Überkommene, oft unbesehen, zu verteidigen.
Auf der anderen Seite stand (und steht) jener Typus von Lehrer, der mehr gegenwarts- und zukunftsbezogen sich gab, die Tradition unterbewertete und aus dem Erziehungsprozeß weitgehend ausklammern wollte. Beide Typen hatten auf die Gesellschaft einen negativen Einfluß, weil sie von Teilansichten eines Ganzen ausgingen und diese verabsolutieren wollten.
2. Will man über die Aufgaben, die dem Lehrer in unserer Zeit gestellt sind, etwas aussagen, so sind einige Vorüberlegungen anzustellen.
Unterricht will in planmäßigen Prozessen den Schüler zur Sozialisation befähigen. Er kann dieses Ziel erreichen durch eine auf längere Distanz geplante Beeinflussung und Veränderung des Schülerverhaltens im kognitiven, emotionalen und psychomotorischen Bereich. Je nach der vorherrschenden politischen Denkweise und seiner eigenen Einstellung wird der Lehrer sich bemühen, durch Unterricht einen gesellschaftspolitischen Schülertyp zu entwickeln, der mehr systemorientiert eingestellt ist oder der eine Verbesserung des bestehenden Systems erreichen möchte.
Erziehung will dem Schüler helfen, über den Weg des Sich-Befreiens zu einer Bindung in Freiheit zu gelangen, damit er zu sich selbst finden, seine Aufgaben in der Gemeinschaft erkennen und dadurch mündig werden kann. Diese Mündigkeit soll ihn u. a. dazu befähigen, die gesellschaftlichen Zustände kritisch zu untersuchen, sie zu beurteilen und ggf. an ihrer Veränderung mitzuwirken.
In Unterricht und Erziehung spielt das Verhalten des Lehrers eine bedeutende Rolle. Agiert er autoritär, so wird er die Individualität des Schülers einengen, spontanes Reagieren beschneiden und den einzelnen eher in einen Zustand von Unfreiheit und Untertanenbewußtsein führen. Gewährenlassendes Verhalten (Laissez faire) widerspricht dem Erziehungsziel der Charakterbildung und bewirkt einen oft planlosen, oberflächlichen und resultatarmen Unterricht.
Unsere Gesellschaft erwartet vom heutigen Lehrer in Unterricht und Erziehung ein demokratisches Verhalten. Dieses ist mit einem Erziehungsstil verbunden, der den Schüler zu Sozialisation und Individuation zu führen vermag. Der Lehrer wird diese Ziele eher erreichen, wenn er in seinem Verhalten Eigenschaften wie Engagement statt Treibenlassen, Systematik statt Zufälligkeit, phantasievolle Flexibilität statt starres Festhalten an einer Methode oder verstehende Teilnahme statt dirigistische Führung verkörpert.
Eine solche Verhaltensweise besagt nicht, daß der Lehrer keine Autorität besitzen soll. Erziehung ohne pädagogische Autorität ist nicht möglich. Sie darf aber nicht auf Unterordnung des Schülers abzielen, sondern muß dessen wachsende Mündigkeit ermöglichen. Daher muß es ihr Ziel sein, die jugendliche Selbsttätigkeit zu entwickeln, damit der einzelne im gesellschaftlichen Entwicklungsprozeß verantwortlich mitzuwirken vermag. Mit zunehmender Selbständigkeit des Schülers muß der Lehrer bereit sein, sich zurückzuziehen und allmählich überflüssig zu werden.
Umstritten ist heute die Einschätzung der *Leistung*. Im Zusammenhang mit

den Begriffen der Leistungsgesellschaft und der Leistungsschule ist der Leistungsbegriff überhaupt in einen gewissen Mißkredit geraten. Demgegenüber steht die Auffassung, daß Leistungsbetonung und persönliche Lebenserfüllung insofern im Zusammenhang stehen, als besonders intellektuelle Leistung der Sozialisierung dient und dadurch das Gefühl des eigenen Wertes im Individuum steigert (H. Heckhausen). Teilt man diese Auffasung, so muß aber eine Begrenzung der Anforderungen an den Schüler verlangt werden. Ohne sie entsteht jener verhängnisvolle Leistungdsdruck, der die jugendliche Aktivität verformt und verkümmern läßt.
Leistungen sind aber nicht nur auf kognitivem, sondern ebenso und zunehmend mehr auf kreativem Gebiet zu erstreben. Denn sie dienen sowohl der (wirtschaftlichen) Chancenangleichung wie der harmonischen Entwicklung des einzelnen auf das Ziel der individuellen Freiheit. Chancenangleichung wird nur unter zwei Voraussetzungen möglich sein: durch Optimierung der Unterrichtsergebnisse und durch objektive Leistungsbeurteilung. Ersteres fordert vom Lehrer, daß er seinen Unterricht durch ständige Eigenkontrolle von Vorhaben und Ertrag einer Unterrichtsstunde so gut wie möglich gestaltet. Die objektive Leistungsbeurteilung nach allgemein anerkannten Maßstäben gilt insbesondere für kognitive Leistungen. Kreative Leistungen stehen dagegen enger mit einer Lehrereinstellung im Zusammenhang, die durch nicht-dirigierten Unterricht gekennzeichnet ist. Für die Objektivierung der Leistungsbemessung spricht ein weiterer Grund: In einer Gesellschaft, die auf dem Leistungsprinzip basiert, erhält der Lehrer, der diese Leistung zu beurteilen hat, eine in diesem Maße früher unbekannte Macht, über das Lebensschicksal seiner Schüler mitzubestimmen. Denn ein Zeugnis als das Ergebnis von Leistungskontrollen bildet heute einen entscheidenden Ausgangspunkt für den möglichen sozialen Auf- oder Abstieg im Wirtschaftsprozeß und für das Ausmaß gesellschaftlichen Ansehens. Der Lehrer muß durch objektive Leistungsbeurteilung dem Schüler die Gewißheit verschaffen, daß dieser nicht von persönlichem Wohlwollen, sondern nur von der eigenen Leistung abhängig ist. Hegt der Schüler hieran berechtigte Zweifel, so wird er durch Anpassungsbereitschaft vielleicht sein Ziel einer guten Beurteilung erreichen, dabei aber seine Selbständigkeit einbüßen. Er wird dann im Leben auch nicht bereit und fähig sein, sich für seine Mitmenschen zu engagieren.
In der pluralistischen Gesellschaft ist der Lehrer nicht mehr allein Repräsentant von Institutionen (Staat, Kirchen), sondern er erhält einen Auftrag auch von Gruppen mit unterschiedlichen Interessen und in steigendem Maße auch von den Familien. Er muß die an ihn gestellten Erwartungen, soweit sie berechtigt sind, im Rahmen des Möglichen erfüllen, muß aber darüber hinaus die Behauptung des Eigenwertes eines Schülers und dessen Freiheitsanspruch gegenüber allen Auftraggebern als Erziehungsziel vertreten. Bei seiner Aufgabe kann er sich nur noch beschränkt auf allgemein gültige Werte und Normen stützen. Mit deren schnellen Veränderung wachsen aber die Konfliktsituatio-

nen in der Gesellschaft. Es ist daher eine wichtige Aufgabe des Lehrers, seine Schüler für eine friedliche und faire Lösung von Konflikten vorzubereiten, indem er ihre Gesprächsfähigkeit entwickelt und durch eigene Gesprächsbereitschaft den Weg weist. Gegenüber den unterschiedlichen Erwartungen, denen er ausgesetzt ist, muß er zwar geistige Mobilität zeigen, aber auch eine gewisse innere Distanz bewahren, wenn er über die Rolle des Repräsentanten hinaus Persönlichkeit bleiben will.

In seiner Eigenschaft als Informator fällt dem Lehrer u. a. die Aufgabe zu, den jungen Menschen über offene und geheime Quellen der Manipulation aufzuklären. Auch hier muß er sich um größte Objektivität bemühen, damit er durch einseitige Information nicht selbst zum Manipulator wird. Aus dem Gesagten läßt sich für die Aufgaben des heutigen Lehrers folgendes feststellen:

– Er hat den Schüler dafür vorzubereiten, die Aufgaben, die dem einzelnen von Staat und Gesellschaft gestellt werden, erfüllen zu können;
– er soll den Jugendlichen zur friedlichen Lösung von Konflikten durch Entwicklung seiner Gesprächsfähigkeit und -bereitschaft befähigen;
– er darf die primäre Aufgabe, die individuellen Rechte des Schülers zu wahren, nie aus dem Auge verlieren;
– im Interesse der Selbstfindung des Schülers wird er seinen Unterricht fördernd und nicht herrschend, dem Schüler dienend und nicht ihn dirigierend führen;
– er muß ein fachlich fundiertes Wissen und Können besitzen, um einerseits nicht in Dilettantismus zu verfallen und andererseits den Unterricht flexibel gestalten zu können;
– mit einem positiven Verhältnis zu seinem Fach soll er die Lerninhalte kritisch untersuchen, damit er mit persönlichem Engagement und Objektivität den Schüler informieren kann;
– dafür muß er in der Lage und bereit sein, sich durch ständiges Lernen über neue Entwicklungen in Schule und Unterricht zu informieren und Innovationen im Rahmen seiner Möglichkeiten mitzubestimmen;
– der Unterrichtsstoff soll in Beziehung zum Leben des Schülers stehen und sachgerecht und unverfälscht vermittelt werden;
– für die Lösung von Aufgaben soll er Alternativen aufzeigen und den Jugendlichen zu Entscheidungen befähigen;
– die Beurteilung von Schülerleistungen muß korrekt und objektiv erfolgen.

Insgesamt gesehen lautet die Aufgabe des Lehrers, einen Erziehungsstil zu entwickeln, dessen Ziel soziale Bindung bei Förderung der Selbständigkeit und Initiative des einzelnen ist. Der heutige Lehrer übernimmt in seiner Tätigkeit somit eine von Grund auf soziale Rolle und steht distanziert einem früher vorherrschenden charismatischen Sendungsbewußtsein gegenüber.

C. Werden diese Forderungen und Ansprüche auf den Musiklehrer übertragen, so ergeben sich für dessen Ausbildung und unterrichtliche Tätigkeit Konsequenzen.

1. *Anti-Dilettantismus:* Der Student bedarf einer gründlichen Ausbildung in den Disziplinen der Musik. Sie muß sich auf den künstlerischen und wissenschaftlichen Bereich erstrecken. Der nur in einem der beiden Bereiche sorgfältig ausgebildete Student würde einem Fremdsprachenlehrer gleichen, der nur gut zu parlieren oder gut zu erklären vermag. Im Hinblick auf seine unterrichtliche Tätigkeit muß er sich die Fähigkeit der künstlerischen und der verbalen Interpretation erwerben. Daraus ergibt sich, daß der einzelne in den künstlerischen Fächern, in Theorie, Musikwissenschaft, Musikpädagogik und in der Didaktik der Musik auszubilden ist. Die Fachwissenschaften sollen eng mit den für alle Lehrer unerläßlichen Erziehungswissenschaften zusammenarbeiten.
Flexibilität in der Auswahl des Stoffes und in der Unterrichtsführung darf nicht richtungslos sein, sondern bedarf der sachlichen Fundierung. Der Studierende soll sie sich bereits im Studium erwerben, indem er mit Ausgangspunkten und Inhalten von Musik – Curricula konfrontiert wird. Er muß daher auch in die unterschiedlichen Konzeptionen von Musikunterricht eingeführt werden. Sie gehen z. B. aus von der Herstellung eines gesunden Spannungsverhältnisses zwischen Tradition und Gegenwart, vom Begriff der auditiven Wahrnehmungserziehung, von der Entwicklung der Kreativität durch experimentelle Klangerfahrung, von der Anknüpfung an sog. Popmusik, von den soziologischen Bezügen der Musik oder von der in den letzten Jahren stärker propagierten Projektarbeit. Eine solch umfassende Information wird der Unterrichtsführung zugute kommen, da der Lehrer dann nicht auf *ein* Verfahren und *ein* Lösungsangebot eines Problems fixiert ist. Sie wird auch die Einsicht fördern, daß der Musiklehrer eine ständige Lernbereitschaft besitzen muß, die ihm ermöglicht, übergeordnete und fachliche Lernziele sowie Lerninhalte und -verfahren kritisch zu beurteilen. Diese Haltung dürfte eine gute Voraussetzung bilden für die Entwicklung von Innovationsbereitschaft, welche der Fähigkeit und des persönlichen Mutes bedarf, zu eigenen Erkenntnissen zu kommen und diese ggf. durchzusetzen.
Die geforderte *Aktualität* des vom Lehrer herausgesuchten Stoffes darf sich nicht an modischen Trends und an einer schnell entbrennenden und abflauenden Begeisterung für irgendwelche »Wellen« orientieren. Aktuell sollte in dem Sinne interpretiert werden, daß der Stoff einen Bezug zum und eine Bedeutung im Leben des Schülers *und* späteren Erwachsenen besitzt. Aktuelle Unterrichtsinhalte bereiten den Nicht-Fachmann somit auf sein Verhältnis zur Musik in seiner freien Zeit vor. Damit Musikunterricht aktualisiert werden kann, wird in der Ausbildung die Musikwissenschaft ihr Aufgabenfeld im Hinblick auf relevante Aspekte des heutigen Unterrichtes zu erweitern haben.
Eine *objektive Darstellung*, die von einer vorurteilsfreien Auswahl des Stoffes ausgehen muß, beinhaltet ein sachliches und unverfälschtes Lehrverfahren. Ansatzpunkte hierfür sind:
– das Ausschalten persönlicher Vorurteile gegenüber bestimmten Musikstilen oder -gattungen,

– gewissenhaft-unparteiische Beurteilung von Musik der Vergangenheit und Gegenwart,
– sachlich-richtige Analyse eines Musikstückes,
– umfassendes Darstellen bzw. Erarbeiten eines Stoffes, etwa eines Kunstwerkes hinsichtlich seiner formalen, ästhetischen und soziologischen Verknüpfungen und Zusammenhänge,
– Entwicklung objektiver Maßstäbe für das Beurteilen von Musik bereits im Studium.

Eine solche Objektivität kann am besten in einem *nicht-dirigistischen Unterricht* erreicht werden, der dem Schüler keine subjektive Problemlösung aufzwingen will. Vielmehr sollte auch der Musiklehrer sich bemühen, seinerseits immer offen und lernbereit zu sein, mit der Gruppe gemeinsam nach einer Antwort zu suchen, das sachliche Unterrichtsgespräch zu fördern und dem einzelnen zu helfen, zu eigener Erkenntnis und Stellungnahme vorzudringen. Dadurch würde er einen positiven Einfluß auf die Entwicklung der Schüler-Initiative und -Selbständigkeit ausüben. Das objektive Lehrverfahren bietet eine gute Vorausetzung für eine objektive Leistungsbeurteilung. Zusammen mit den Ansatzpunkten für eine Beurteilung von Musik sollen im Studium auch Kriterien für Lernzielkontrollen erarbeitet und angewandt werden.

Die *Erfüllung der von Staat und Gesellschaft gestellten Aufgaben* bedingt, daß auch vom Musiklehrer keine Tendenzen vertreten werden, die sich gegen den Bestand der freiheitlich-rechtsstaatlichen Demokratie richten. Darüber hinaus muß im Musikunterricht vom Schüler *Leistung ohne Leistungsdruck* gefordert werden. Leistung wird ermöglicht durch Kontinuität des musikalischen Lernprozesses und soll zu geistiger Disziplin und Konzentrationsfähigkeit im eigenen Musizieren und Hören führen sowie Einsichten und Einordnung in Zusammenhänge ermöglichen. Leistungsdruck kann u. a. vermieden werden, wenn der Lehrer die subjektiven Aspekte der Schülerleistung durch eine weitgehende Differenzierung der gestellten Aufgaben berücksichtigt.

Hiermit wäre von Seiten des Musiklehrers auch der erste Schritt getan, die *individuellen Rechte* des Schülers zu wahren. Dazu muß die Erkenntnis treten, daß Schule nicht nur zielgerichtetes und zweckgebundenes Lernen zur Ausbildung des homo sapiens beinhalten darf, sondern daß der homo ludens in einer allseitig entwickelten Persönlichkeit einen angemessenen Anteil besitzen muß. Die Schule muß daher alle Einseitigkeit in Form der Unter- oder Überintellektualisierung, der Un- oder Dauerreflektiertheit vermeiden, indem sie neben dem auf Leistung ausgerichteten Lernen auch das Spiel, jene »lustvolle körperliche oder geistige Tätigkeit, die sich selbst genügt und keine außer ihr liegenden Ziele verfolgt« (Rüssel) im Erziehungsplan gebührend berücksichtigt. Nur dann werden die individuellen Rechte des Schülers durch Entwicklung seines Intellekts und seiner Phantasie, durch Eingewöhnung in zweckgebundene Arbeit und gelöstes Tun berücksichtigt und das Leben für ihn lebenswert gemacht werden.

Die Erkenntnis, daß Musik als Teil der Kunst die Kluft überbrücken könnte, da die Zweckfreiheit eine wichtige Komponente ihres Wesens darstellt, droht im Musikunterricht der Gegenwart verloren zu gehen. Will der Musiklehrer sich dem Zeitgeist, der alles Heil von zweckgebundenem Lernen und Leistung erwartet, nicht passiv anpassen, so ist von ihm zu fordern, daß er – notfalls in eigener Innovation – ein Unterrichtskonzept entwickelt, in dem ernstes Lernen und Leistung mit heiterem Spiel und Entspannung sinnvoll verknüpft ist. Er wird dann die alte Erfahrung bestätigt finden, daß die Leistungsbereitschaft des Schülers nicht beeinträchtigt und oft gesteigert wird, wenn im Unterrichtsprozeß Ausgeglichenheit zwischen angespanntem und zielgerichtetem Lernen und Betätigung im Zustande psychischer und körperlicher Gelöstheit erreicht wird. Er wird den Schüler damit auch optimal auf ein positives Freizeitverhalten vorbereiten.

Fachlich muß der künftige Musiklehrer derart ausgebildet werden, daß er jene Fertigkeiten und Kenntnisse zu entwickeln vermag, die den Schüler befähigen,

– aktiv in Musiziergruppen (Improvisation, Gruppensingen und – musizieren, Chor, Orchester) mitzuwirken, dadurch Verbindung und Verständigung mit anderen Individuen einzuleiten und der Gefahr der Isolation zu entgehen,
– differenziert Musik zu hören, um gegen die zunehmende Vermassung und Nivellierung des Geschmacks unter dem Einfluß der akustischen Massenmedien geschützt zu werden,
– sich durch kreatives Verhalten einen persönlichen Freiheitsraum zu verschaffen und
– eine möglichst enge Beziehung zu Kunstmusik herzustellen, durch die er zu der Erfahrung gelangen kann, daß Kunst dem Menschen die neue Dimension des Möglichen eröffnet.

II. Der *programmierte Unterricht* wird im Fach Musik nur langsam weiterentwickelt. Trotzdem darf er in der Ausbildung nicht unberücksichtigt bleiben, und vorliegende (Teil-) Programme sollten dem Studenten zum Kennenlernen und zur Stellungnahme unterbreitet werden. Dabei sind Vorteile und Gafahren dieser Unterrichtsform herauszuarbeiten. Als Vorteile sind zu nennen:

– Programmiertes Lernen könnte die ungleichen Kenntnisse und Fähigkeiten für das aktive Hören durch gestufte Programme und individuelle Lerngeschwindigkeit schneller und wirksamer ausgleichen,
– die Motivation zu Lernen und Leistung kann dadurch beim einzelnen und insgesamt gesteigert werden,
– eine größere Vielfalt des Unterrichtsstoffes wird den divergierenden Schülerinteressen entgegenkommen und
– die Selbstkontrolle des Schülers steigert die Entwicklung der Selbständigkeit.

Gefahren könnten sich ergeben:

– aus einer Überbetonung der Technik, wenn der psychologische Ausgleich durch den Lehrer nicht erfolgt,

– wenn die Verantwortung des Lehrers für den Schüler auf technische Medien übertragen wird und die Gefahr der Abkaspelung und der daraus entstehenden Kontaktarmut übersehen wird,
– wenn das programmierte Lernen eine Verarmung des eigenen Musizierens zur Folge hat.
Der Student sollte zu der Erkenntnis kommen, daß solcher Unterricht nur als Hilfsmittel verwendet werden und den Lehrer nicht ersetzen kann. Wenn programmiertes Lernen aber in dem dreistufigen Prozeß der Einführung, des Einübens und des Nachvollzuges in der zweiten Phase eingesetzt wird, so kann es Lernprozesse vereinfachen und Denkprozesse fördern.
Ansprüche, die an die Ausbildung gestellt werden, müssen aber auch die *Realitäten* von Hochschule und Schule berücksichtigen, wenn sie einerseits nicht neue wichtige Disziplinen übergehen und andererseits nicht in Utopie verfallen wollen. Die Realitäten sind zugegebenermaßen je nach der politischen Konstellation in einem Lande verschieden, weil die Bildungsplanung von der politischen Polarisierung beeinflußt wird. Generell aber wäre es irreal, wenn ein Curriculum der Musiklehrerausbildung sich nicht an der tatsächlichen Studienzeit orientieren und den Studenten überfordern würde, oder wenn eine schulische Situation der Ausbildung zugrunde gelegt würde, die vielleicht als Wunschbild angestrebt wird, für deren absehbare Realisation aber keine Aussicht besteht. Übereinstimmung zwischen den Ausbildungsstätten sollte aber wenigstens in folgenden vier Punkten erzielt werden:
a) Die Inhalte der einzelnen Ausbildungsfächer sind in Bezug auf ihre Wichtigkeit für die Praxis des Unterrichts ständig zu überprüfen und ev. zu eliminieren oder weiterzuentwickeln.
b) Die eigene künstlerische Aussagefähigkeit des Studenten soll möglichst optimal ausgebildet werden, damit der direkte Kontakt zwischen Schüler und Musik nicht nur über die technischen Medien, sondern auch durch menschliche Vermittlung hergestellt werden kann.
c) Der Umgang mit technischen Mittlern incl. dem Synthesizer muß entsprechend ihrer Bedeutung im Unterricht geübt werden.
d) Die Anforderungen der reformierten SII-Stufe auf dem Gebiet des fächerübergreifenden Unterrichtes müssen in die Studieninhalte Eingang finden. Das bedingt eine enge Kooperation zwischen den praktischen und theoretischen Fächern der Musik, der Musikwissenschaft, Musikpädagogik, der Didaktik der Musik und den Erziehungswissenschaften. Dadurch kann der Student auch auf die neue Form des Unterrichtes in Einheiten und auf die Entwicklung von Projekten vorbereitet werden.
III. Unter Berücksichtigung des Gesagten sollen für die Ausbildung von Musiklehrern *12 Forderungen* aufgestellt werden.
1. In jeder Ausbildung muß die Disziplin Musik den fachlichen Kern des Studiums bilden.
2. Die Ausbildung umfaßt für alle Musikstudenten an allen Hochschulen den

künstlerischen Bereich, in dem die Fähigkeit für die Darstellung von Musik entwickelt wird, den fachwissenschaftlichen Bereich, zu dem Teile der Theorie, die Musikwissenschaft und die Musikpädagogik gehören, und den fachdidaktischen Bereich. In enger Beziehung damit muß das Studium in den Erziehungswissenschaften stehen.
3. Schwerpunktbildung im Studium muß für jeden Studierenden möglich sein, ein Schwerpunkt soll im künstlerischen (oder musikalisch-praktischen) Bereich liegen.
4. Eine didaktische Begründung für das praktische Tun und Reflektion über die Bedeutung der praktischen Fächer für den Musikunterricht sind ebenso notwendig wie die Erarbeitung ihrer technischen Grundlagen.
5. Der Student und spätere Lehrer muß in der Lage sein, die Praxis des Musikunterrichts in weitestem Sinne fachwissenschaftlich zu begründen.
6. Die Fachdidaktik soll die Erkenntnis des Zusammenhanges und gegenseitigen Bezuges von Theorie und Unterrichtspraxis absichern.
7. Zur Erweiterung des Blickfeldes soll der Student schon in den ersten Semestern sich Grundelemente der Psychologie und Soziologie erarbeiten.
8. Im Rahmen der Möglichkeiten einer Hochschule soll interdisziplinäre Arbeit im Studium realisiert werden. Diese hat sich zu erstrecken auf die Fächer der künstlerischen Ausbildung untereinander sowie auf das Verhältnis der drei Ausbildungsbereiche, die in Korrelation zueinander zu entwickeln sind.
9. Außerhalb der bestehenden Gesamthochschulen sollen die verschiedenen Hochschulen dort, wo es möglich und nötig ist, zusammenwirken.
10. Die Studienzeit soll aufgeteilt werden in ein Grund- und ein Hauptstudium. Zur Entlastung der Studenten müssen die Anforderungen im Grundstudium in allen Fächern, die zum Fundament für einen fach- und sachgerechten Unterricht gehören, auf ein vernünftiges und vertretbares Maß reduziert werden. Ein solches Grundstudium bildet die beste Voraussetzung für Durchlässigkeit im Studium.
11. Das Hauptstudium soll so aufgefächert werden, daß der einzelne darin einen Schwerpunkt seiner Wahl bilden kann, in dem er sich besondere Qualifikationen erwirbt.
12. Die Abschlußprüfung soll in nur wenigen Fächern abgenommen werden. Die anderen Fächer können, soweit es als nötig erachtet wird, in hochschuleigenen Prüfungen vorher abgeschlossen werden, wobei dem Studierenden eine Zeitwahl einzuräumen ist.
In einem Satz zusammengefaßt, muß das Ziel der Musiklehrerausbildung darin bestehen, daß der Student sich im Studium jene Qualifikationen und Qualitäten erwerben kann, die er im Musikunterricht seinen Schülern in einem ihnen gemäßen Rahmen vermitteln soll.

Literaturangaben
Zu A.
Synopse der Musiklehrerausbildung in der Bundesrepublik, Manuskript, Deutscher Musikrat, Bonn - Bad Godesberg.
Zu B.
Deutscher Bildungsrat, Strukturplan für das Bildungswesen, 1970.
H.-J. Gamm, Kritische Schule, 1970
H. Heckhausen, Leistungsmotivation, in: H. Thomae (Hrsg.) Handbuch der Psychologie, Band II, 1965
H. v. Hentig, Der Beruf des Lehrers, in: Neue Sammlung 3, 1963
A. Kolb, Die Rollenproblematik des Lehrerberufes, in: Soziologie der Schule, Sonderheft der Kölnischen Zeitschrift für Soziologie und Sozialpsychologie, 1959
H. Roth (Hrsg.), Begabung und Lernen, 1969
G. Winkler, Die demokratische Leistungsschule, 1967
Zu C.
Binkowski B., Die Musik im Strukturplan des Deutschen Bildungsrates, 1970
– , Zur Planung zukünftiger Musiklehrerausbildung 1973
Frisius R., Musik in der Gesamthochschule, 1971
Günther U., Anmerkungen zur künftigen Musiklehrerausbildung 1971
Ickstadt A., Auswirkungen der Schulreform auf die Musiklehrerausbildung für die Sekundarstufe II, 1974
Jakoby R., Musik in der Lehrerausbildung, 1973
– , Zum Problem der Differenzierung auf der Sekundarstufe, 1970
Kirchner G., Mittelfristige Studienreform verwirklicht, 1974
Mahling Chr.-H., Die musikwissenschaftliche Ausbildung der Schulmusikerzieher, 1970
Rauhe H., Hamburger Modell für die Ausbildung von Schulmusikerziehern, 1971
– , Musiklehrerausbildung im Zeichen der Bildungsreform, 1974
(Alle Beiträge unter C in »Musik und Bildung«)

Bibliographie der Schriften von Michael Alt

Gregor Vedder

A. Selbständige Veröffentlichungen
I. Schriften
II. Schulbücher
III. Schallplattenwerke und wissenschaftliche Bildreihen

B. Beiträge zu Sammelwerken

C.
I. Aufsätze, gedruckte Reden und Artikel
II. Forschungsberichte

D. Herausgebertätigkeiten, Musikausgaben

E. Schriften über Michael Alt

Abkürzungen und Erscheinungsort der Zeitschriften

Bd.	=	Band
DGG	=	Deutsche Grammopohon-Gesellschaft
DHSch	=	Die Deutsche Höhere Schule, Frankfurt (Diesterweg)
FiME	=	Forschung in der Musikerziehung, Mainz (Schott)
Forts.	=	Fortsetzung
H.	=	Heft
IZE	=	Internationale Zeitschrift für Erziehung, Köln (Bachem)
Jg.	=	Jahrgang
Mitt.	=	Mitteilungen
MB	=	Musik und Bildung, Mainz (Schott)
MPf	=	Die Musikpflege
Mus. i. Unt.	=	Musik im Unterricht, Mainz (Schott)
VME	=	Völkische Musikerziehung, Braunschweig (Litolff)
ZdGW	=	Zeitschrift für deutsche Geisteswissenschaften, Jena
Ztschr.	=	Zeitschrift

A. Selbständige Veröffentlichungen

I. Schriften

1. Erziehung zum Musikhören, Leipzig: Kistner und Siegel 1935, 106 S. (Handbücher der Musikerziehung, hrsg. von G. Schünemann)

2. Deutsche Art in der Musik, Leipzig: Eichblatt Verlag 1936, 44 S.
3. Didaktik der Musik, Düsseldorf: Schwann 1968, 280 S.
II. Schulbücher
1. Musikbuch für Mädchenschulen (mit Paul Manderscheid), Düsseldorf: Schwann 1934
2. Klingendes Leben, Singebuch für Mädchen an Oberschulen, Düsseldorf: Schwann 1941
3. Deutsche Musikkunde, Düsseldorf: Schwann 1941
4. Musica, Musikbuch für Realschulen (mit Josef Eßer), Düsseldorf: Schwann 1953
5. Musikkunde für die Oberstufe höherer Schulen, Düsseldorf: Schwann 1955
6. Das Musikalische Kunstwerk, Musikkunde in Beispielen für Gymnasien, Düsseldorf: Schwann, Teil I 1966, Teil II 1965, Ausgabe für Realschulen 1968
III. Schallplattenwerke und wissenschaftliche Bildreihen
1. Musikkunde in Beispielen, Schallplattenwerk mit Beiheften. DGG in Zusammenarbeit mit dem Pädagogischen Verlag Schwann, Düsseldorf 1957, LPEM 19301 - 19344
2. Kleine Musikschule in Beispielen, Beiträge zur Gestaltung des elementaren Musikunterrichtes. DGG in Zusammenarbeit mit dem Pädagogischen Verlag Schwann, Düsseldorf, LPEM 19361 - 19365
3. Musik für den Anfang. Ein Lehrgang des Werkhörens. DGG - Schwann, Hamburg - Düsseldorf, 1973
4. Bildreihen zur Sinfonik und Kammermusik mit Werkinterpretationen, München: Staatliches Institut für Film und Bild 1954
5. Bildreihe »Mozart« mit Biographie, München: Staatliches Institut für Film und Bild 1956

B. Beiträge zu Sammelwerken

1. Die Musikerziehung im geistigen Gefüge der höheren Schule, Mainz: Schott 1955, S. 180–192 (Musikerziehung in der Schule, hrsg. von E. Kraus)
2. Die Interpretation des musikalischen Kunstwerks in der Schule, Hamburg: Sikorski 1957, S. 186-196 (Musik als Lebenshilfe, hrsg. von E. Kraus)
3. Von der Eigenständigkeit der Musikerziehung in der Volksschule, Mainz: Schott 1963, S. 158-166 (Quantität und Qualität in der deutschen Musikerziehung, hrsg. von E. Kraus)
4. Aufgaben der musikdidaktischen Forschung, Ratingen: Henn 1964, S. 378-396 (Die Pädagogische Hochschule. Struktur und Aufgaben, hrsg. von der Pädagogischen Hochschule Dortmund), gekürzt in Mus. i. Unt. 1964, H. 6, 7, 8
5. Zur wissenschaftlichen Grundlegung des Musikunterrichtes, Mainz: Schott 1965, S. 64-80 (Fortschritt und Rückbildung in der deutschen Musikerziehung, hrsg. von E. Kraus)
6. Die Musik im Bildungsplan der Schule, Ratingen: Henn 1967, S. 97-109 (Grundfragen der Musikdidaktik, hrsg. von J. Derbolav)
7. Der Wandel des musikalischen Bewußtseins durch die Medien und die pädagogischen Folgen, Mainz: Schott 1968, S. 34-45 (Der Einfluß der Technischen Mittler auf die Musikerziehung unserer Zeit, hrsg. von E. Kraus)
8. Die Mitsprache der Pädagogik bei der Zielproblematik des Musikunterrichtes, Mainz: Schott 1970, S. 39-54 (Bildungsziele und Bildungsinhalte des Faches Musik, hrsg. von E. Kraus); siehe auch MB, 1971, H. 5, S. 224-229

C.

I. Aufsätze, gedruckte Reden und Artikel

1. Schulmusik und Erziehungswissenschaft. In: Mitt. der Hochschule für Musik Köln, 1929
2. Die geistesgeschichtliche Aufgabe des Musikunterrichtes. In: Mpf, 1931, H. 1, S. 4-11
3. Die Stoffauswahl in der Oberstufe. In: Mpf, 1931, H. 10, S. 452-466
4. Die Musikgeschichte in der Schule. In: VME, 1933/1934, H. 4, S. 217-221
5. Vom Neuen Musikunterricht. In: Rhein – Ruhr, Duisburg 1936, Nr. 11, S. 177f.
6. Neue Ziele des Musikunterrichtes. In: DHSch, 1936, H. 12, S. 298-306
7. Die Biographie in der musikalischen Werkerklärung. In: VME, 3. Jg., 1937, H. 4, S. 156-161; H. 5, S. 209-217
8. Die Behandlung der altgermanischen Tonkunst im Unterricht. In: DHSch, 1937, H. 20, S. 678-685
9. Altklassische Polyphonie mit Instrumentalbegleitung? In: Die Kirchenmusik, Düsseldorf: Schwann 1938, H. 1, S. 6f.
10. Die deutsche Musikbegabung. In: ZdGW, 1938, H. 1, S. 68-86
11. Zur Gestaltung der Schulfeier. In: DHSch, 1938, H. 3, S. 68-72
12. Noten in der Schülerbücherei. In: VME, 1938, H. 11, S. 397
13. Das musikalische Schrifttum im Musikunterricht. In: VME, 1938, H. 11, S. 503-508
14. Die Musikerziehung in der deutschen Schule. In: IZE, 1939, H. 5/6, S. 325-337
15. Deutsches Schrifttum über Musikerziehung. In: IZE, 1939, H. 5/6, S. 384-392
16. Schulmusik und Privatunterricht. In: Der Musikerzieher, Mainz: Schott 1940, H. 5, S. 63-65
17. Das Liedgut in der Mädchenerziehung. In: Frau und Kultur, 1940, H. 10
18. Grundsätzliches zur neuen Volksliederpflege. In: DHSch, 1940, H. 11/12, S. 192-197
19. Ein Leben für die Musikerziehung. Zum Gedenken an E. Jos. Müller. In: Die Neue Volksschule, Bonn: Dümmlers 1949, H. 7, S. 234-236
20. Musikalische Laienbildung im Privatunterricht. In: Mus. i. Unt., 1950, H. 3, S. 65-68
21. Praktische Hinweise zum Thema Musikerziehung und Forschung. In: Mus. i. Unt., 1955, H. 1, S. 4-6
22. Der geistige Beitrag des Musikunterrichtes zum Gesamtplan der Oberstufe. In: Die Höhere Schule, Düsseldorf: Schwann 1957, H. 5, S. 106-109
23. Musikkunde in Beispielen. In: fono – forum, Bielefeld 1959, H. 6, S. 26f.
24. Die Schallplatte im Musikunterricht. In: Musik-Erziehung (Ztschr. für Erneuerung der Musikpflege). Wien: Österreichischer Bundesverlag 1959, H. 4, S. 224-229
25. Vom Stoffplan zur Bildungseinheit. In: Mus. i. Unt., 1962, H. 5, S. 135-140
26. Die Musik in der kulturellen Lebensausrüstung des Volksschülers. In: Mus. i. Unt., 1963, H. 5, S. 141-145
27. Igor Strawinskys »Psalmensinfonie«. In: Mus. i. Unt., 1963, H. 6, S. 185-191
28. Aufgaben der Musikdidaktischen Forschung. In: Mus. i. Unt., 1964, H. 6, S. 177-184; Forts. H. 7/8, S. 238-242
29. Grundfragen einer Didaktik der Musik. In: Mus. i. Unt., 1965, H. 6, S. 188-192
30. Um die Zukunft der deutschen Schulmusik. In: Mus. i. Unt., 1965, H. 7/8, S. 221-223

31. Forschung in der Musikerziehung. Zur Gründung des gleichnamigen Arbeitskreises. In: Kulturarbeit, Stuttgart: Kohlhammer 1965, H. 11, S. 206f.
32. Das Musische als integratives Moment der Erziehung, Ratingen: Henn 1965, Bd. I, S. 11-20 (Dortmunder Hochschulreden, hrsg. von F. Grütters)
33. Brennpunkte musikpädagogischer Forschung. In: Mus. i. Unt., 1966, H. 2, S. 45-52
34. Arbeitskreis »Forschung in der Musikerziehung«. In: Deutscher Musikrat, Referate/Informationen, 1966, H. 4, S. 7f.
35. Igor Strawinskys »Klavierkonzert«, ein exemplarisches Werk des Neoklassizismus. In: Mus. i. Unt., 1967, H. 9, S. 265-274
36. Musiktheorie im Unterricht – Handhabungshilfe oder eigengesetzliches Funktionsfeld? In: Mus. i. Unt., 1967, H. 12, S. 412-418
37. Zur musikalischen Ausbildung des Volksschullehrers. In: Mus. i. Unt., 1968, H. 2, S. 41-43
38. Der Wandel des musikalischen Bewußtseins durch die technischen Mittler. In: Mus. i. Unt., 1968, H. 6, S. 201-206
39. Die Funktionsfelder des Musikunterrichts und ihre Integration. In: MB, 1969, H. 3, S. 109-111
40. Aufgaben des Arbeitskreises »Forschung in der Musikerziehung«. In: FiME, 1969, H. 1, S. 1-3, Beiheft zur Ztschr. »Musik und Bildung«
41. Empirische Forschung in der Musikpädagogik. In: FiME, 1969, H. 2, S. 41f. Beiheft zur Ztschr. »Musik und Bildung«
42. Die neue pädagogische Literatur. In: MB, 1971, H. 5, S. 257-259
43. Die Mitsprache der Pädagogik bei der Zielproblematik des Musikunterrichtes, MB 1971, H. 5, S. 224-229 (Teil I eines Plenumsvortrages auf der Saarbrücker Schulmusiktagung)

II. Forschungsberichte

1. Literaturberichte (Musikwissenschaft). In: Deutsches Philologen-Blatt, Leipzig: Quelle und Meyer 1933, H. 14, S. 167-168; H. 15/16, S. 183-184; 1934, H. 32 S. 352; H. 33 S. 363-364
2. Forschungsjahresberichte (Musik). In: ZdGW, 1938, H. 1, S. 279-285; 1939/1940, H. 1, S. 90-95; 1940/1941, H. 1, S. 73-80; 1941/1942, H. 1, S. 70-76; 1942/1943, H. 1, S. 71-76; 1943/1944, H. 3/4, S. 254-256
3. Forschung in der Musikerziehung – Bestandsaufnahme und Zwischenbilanz. In: MB, 1970, H. 3, S. 127-129

D. Herausgebertätigkeiten, Musikausgaben

1. Forschung in der Musikerziehung. Beiheft der Ztschr. »Musik und Bildung«, Mainz: Schott 1969ff. (mit H. Antholz und E. Kraus)
2. Das Schulorchester, Köln: Tonger 1928f., Bd. 805, 806, 810, 830, hrsg. von H. Lemacher und P. Mies
3. Die Spielschar. Instrumentalmusik für die Schule, Düsseldorf: Schwann 1940, H. 1 und 2

E. Schriften über Michael Alt

1. Fr. Eberth: Michael Alt zum 60. Geburtstag. In: Mus. i. Unt., 1965, H. 5, S. 171
2. M. Alt: Michael Alt. In: Beiträge zur rheinischen Musikgeschichte, 5. Folge, Köln: Arno-Volk-Verlag 1967, S. 1-3

3. K.-E. Eicke: Orientierung am Kunstwerk – Michael Alt zum Gedächtnis. In: Neue Musikzeitung, Regensburg-München 1974, Nr. 2 April/Mai, S. 23
4. W. Gundlach: In memoriam Michael Alt. In: MB, 1974, H. 3, S. 193

Die Autoren der Beiträge

Sigrid Abel-Struth
Dr. phil., o. Prof. für Musikpädagogik am Institut für Musikpädagogik der Johann Wolfgang Goethe-Universität Frankfurt

Heinz Antholz
Dr. phil., o. Prof. und Direktor des Seminars für Musik und ihre Didaktik an der Pädagogischen Hochschule Rheinland, Abteilung Bonn

Bernhard Binkowski
o. Prof. für Musikpädagogik, Leiter der Schulmusikabteilung der Hochschule für Musik in Stuttgart

Peter Brömse
Dr. phil., o. Prof. für Musikpädagogik an der Universität Gießen

Karl Heinrich Ehrenforth
Dr. phil., o. Prof. für Musikpädagogik/Didaktik der Musik und Leiter der Abteilung Schulmusik an der Staatlichen Hochschule für Musik Westfalen-Lippe in Detmold

Wilfried Fischer
Dr. phil., Prof. für Musik, Didaktik und Methodik des Musikunterrichts an der Pädagogischen Hochschule Flensburg

Willi Gundlach
Dr. phil., o. Prof. für Musik und ihre Didaktik an der Pädagogischen Hochschule Ruhr, Abteilung Dortmund

Ulrich Günther
Dr. phil., o. Prof. für Musik und auditive Kommunikation an der Universität Oldenburg

Richard Jakoby
Dr. phil., o. Prof., Direktor der Staatlichen Hochschule für Musik und Theater Hannover

Gerhard Kirchner
Dr. phil., o. Prof. für Musikpädagogik an der Staatlichen Hochschule für Musik und darstellende Kunst Berlin

Friedrich Klausmeier
Dr. phil., o. Prof. für Musikerziehung an der Pädagogischen Hochschule Niedersachsen, Abteilung Hannover

Ernst Klusen
Dr. phil., o. Prof. für Musikerziehung und Direktor des Instituts für Musikalische Volkskunde der Pädagogischen Hochschule Rheinland, Abteilung Neuß

Gottfried Küntzel
Dr. phil., o. Prof. für Musikerziehung an der Pädagogischen Hochschule Niedersachsen, Abteilung Lüneburg

Helga de la Motte-Haber
Dr. phil., Wissenschaftliche Rätin und Professorin an der Pädagogischen Hochschule Rheinland, Abteilung Köln

Günther Noll
Dr. paed., Wissenschaftlicher Rat und Professor an der Pädagogischen Hochschule Rheinland, Abteilung Bonn

Werner Probst
Dr. phil., Wiss. Rat und Prof. für Musik in der Sondererziehung und Rehabilitation Behinderter an der Abteilung für Heilpädagogik der Pädagogischen Hochschule Ruhr in Dortmund

Hermann Rauhe
Dr. phil., o. Prof. für Erziehungswissenschaft mit Schwerpunkt Musikpädagogik an der Universität Hamburg und Prof. für Musikwissenschaft an der Hochschule für Musik (Leiter der Schulmusikabteilung)

Hans-Peter Reinecke
Dr. phil., Direktor des Staatlichen Instituts für Musikforschung Preußischer Kulturbesitz Berlin, Professor für Musikwissenschaft an der Universität Hamburg sowie der Hochschule für Musik und Darstellende Kunst Hamburg

Joachim Thiele
Dr. phil., Dr. rer. nat., o. Prof. für Erziehungswissenschaft an der Universität Hamburg

Gregor Vedder
Dr. phil., Akademischer Oberrat im Fachbereich Musik der Pädagogischen Hochschule Ruhr, Abteilung Dortmund

Siegfried Vogelsänger
Dr. päd., Dozent für Musikpädagogik an der Fachhochschule Niederrhein, Fachbereich Sozialwesen

Michael Alt

Didaktik der Musik

3. erweiterte Auflage 1973

In diesem Entwurf einer Musikdidaktik werden als Lernfelder die Reproduktion, die Theorie, die Interpretation und die Information voneinander abgehoben, um zu fragen, was sie zur Neuorientierung des Musikunterrichts beitragen können. Im Zuge der aufkommenden Medienkultur soll der Unterricht alle Schichten der Musik, von der Darbietungsmusik bis zur Werbemusik, in eine übergreifende Sach- und Verstehensordnung bringen, wobei jede Erscheinung den ihr gemäßen geistigen Ort und Stellenwert im Musikganzen findet. Das richtet sich vor allem gegen jede »Einschüchterung durch das Klassische«.
Es sollen aber auch jene ideologischen Übersteigerungen eingedämmt werden, die den Musikunterricht in außerfachlichen Bezirken ansiedeln möchten. So bleibt hier die Musikdidaktik vor allem darauf bedacht, die innere Stimmigkeit des Schulfaches Musik weiter auszubauen, besonders die für die neue Musikpädagogik bedeutsam gewordenen Gebiete der Interpretation und der Information.

Pädagogischer Verlag Schwann Düsseldorf

Heinz Antholz

Unterricht in Musik

2. erweiterte Auflage 1972

Während Didaktik und Methodik der Musik in der Grund- und Hauptschule sich bisher primär an musisch-funktionaler Musik im Unterricht und im Schulleben orientierten, fordert Antholz prinzipiell, d. h. vom Beginn der Grundschule an und stufendurchgängig, den Fachunterricht in Musik im Rahmen des Bildungsauftrages der Pflichtschule. Von diesem Grundsatz aus führt er zu kritischen fachdidaktischen Fragen und zu Einblicken in »übliche« Unterrichtspraxis. Seine Überlegungen konvergieren in der Forderung nach Hörerziehung im Zeitalter der Medienkultur.

Pädagogischer Verlag Schwann Düsseldorf

Winfried Pape

Musikkonsum und Musikunterricht

1. Auflage 1974

Der Musikkonsum der Jugendlichen stößt vielfach auf Ablehnung oder Unverständnis. In der vorliegenden Untersuchung kommen jugendliche Konsumenten einer bestimmten Altersgruppe, Schulbildung und sozialen Herkunft erstmals selbst zu Wort.
In einer repräsentativen Befragung von rund eintausendfünfhundert Hauptschülern in Hessen und Nordrhein-Westfalen ging es um folgende Themen: Abhängigkeit der Musikinteressen von Alter, Geschlecht und sozialen Bedingungen – Befriedigung dieser Interessen durch die Massenmedien (Funk, Fernsehen und Jugendzeitschriften) – Kritik der Jugendlichen am Angebot des schulischen Musikunterrichts.
Die ermittelten Daten und ihre Analyse fordern zu einer inhaltlichen und methodischen Neukonzeption des herkömmlichen Musikunterrichts heraus.

Pädagogischer Verlag Schwann Düsseldorf